（总第38期）中英文对照 Chinese/English（No.38）

天津统计年鉴 2022

TIANJIN STATISTICAL YEARBOOK

天津市统计局　国家统计局天津调查总队　编

Compiled by Tianjin Municipal Bureau of Statistics &
Survey Office of the National Bureau of Statistics in Tianjin

中国统计出版社
China Statistics Press

图书在版编目（CIP）数据

天津统计年鉴. 2022 = Tianjin Statistical Yearbook 2022：汉、英 / 天津市统计局，国家统计局天津调查总队编. -- 北京 ：中国统计出版社，2022.11
ISBN 978-7-5037-9873-3

Ⅰ. ①天… Ⅱ. ①天… ②国… Ⅲ. ①统计资料－天津－2022－年鉴－汉、英 Ⅳ. ①C832.21-54

中国版本图书馆 CIP 数据核字(2022)第 130310 号

天津统计年鉴 2022

作　　者/ 天津市统计局　国家统计局天津调查总队
责任编辑/ 张　洁
校　　对/ 李　娜　戴　华
封面设计/ 王　芳
出版发行/ 中国统计出版社有限公司
地　　址/ 北京市丰台区西三环南路甲 6 号　邮政编码/100073
发行电话/ 邮购（010）63376909　书店（010）68783171
网　　址/ http://www.zgtjcbs.com
印　　刷/ 鑫艺佳利（天津）印刷有限公司
经　　销/ 新华书店
开　　本/ 890mm×1240mm　1/16
字　　数/ 990 千字
印　　张/ 31
版　　别/ 2022 年 11 月第 1 版
版　　次/ 2022 年 11 月第 1 次印刷
定　　价/ 420.00 元 （含光盘）

《天津统计年鉴 2022》编辑委员会

Tianjin Statistical Yearbook 2022 Editorial Board and Staff

编者说明

一、《天津统计年鉴》是一部全面反映天津市国民经济和社会发展情况的大型资料性年刊，创刊于 1984 年，逐年出版，形成系列。《天津统计年鉴 2022》系统收录了天津市 2021 年经济、社会各方面的统计数据，以及其他重要历史年份的全市主要统计数据。全书中英文对照，配有光盘。

二、本年鉴文字资料主要登载有《2021 年天津市国民经济和社会发展统计公报》《2021 年天津市经济形势分析》。为方便读者使用，书的篇目索引标明了全书结构。在书中每篇后附有主要统计指标解释。

三、本年鉴的统计数据主要取自各专业统计年报，少部分取自抽样调查数据和专业部门统计数据。

四、本年鉴所使用的度量衡单位均采用国际统一标准计量单位；行业分类标准采用《国民经济行业分类》(GB/T 4754-2017)；人均指标采用常住人口计算。

五、本年鉴中部分数据的合计数和相对数由于四舍五入取舍不同而产生的计算误差，均未做机械调整。

六、本年鉴表中的符号使用说明：“空格”表示该项统计指标无数据、数据不足本表最小单位数或数据不详；“#”表示其中的主要项。

七、由于与不同年份有关专业的普查、调查、清查结果相衔接，以及国家统计制度变化和有关主管部门提供的统计数据有调整等原因，年鉴中部分指标的历史年度数据会有变动。读者在使用历史资料时，凡以前年度的年鉴与本年鉴数据有出入的，均以本年鉴为准。

八、《天津统计年鉴》自公开出版以来，得到了国内外广大读者的关心和支持，对本年鉴的内容和编辑工作提出了许多宝贵意见，对此我们深表谢意。限于我们的水平，书中难免有不足之处，敬请广大读者继续给予批评指正，帮助我们进一步改进年鉴编辑工作、提高年鉴编辑水平，更好地为广大读者服务。

Preface

I. *Tianjin Statistical Yearbook* is a large-sized statistics publication to reflect various aspects of Tianjin's economic and social development, which was started in 1984 and published year after year, having formed a series of yearbooks. *Tianjin Statistical Yearbook 2022* takes Tianjin economic and social statistics of 2021 systematically, and other statistics of main years. The book is written in Chinese & English, and is equipped with electric CD.

II. Written materials in the book include *Statistical Communique on the 2021 National Economic and Social Development of Tianjin, Analysis of Tianjin Economic Situation 2021*. In order to help readers using these statistical materials better, Subject Index is used to describe the framework of the book, and Explanatory Notes on Main Statistical Indicators are attached after each chapter.

III. The major data sources of this book are obtained from annual professional statistical report, a few from sample surveys and departments' statistics.

IV. The units of measurement used in this book are internationally stander measurement units; sector listed in this table is classified by the standard of GB/T 4754-2017. When calculating per capital indicators, we use permanent population.

V. Statistical discrepancies due to rounding are not adjusted in this book.

VI. Notations used in this book: "blank" indicates the data not available or the figure is not large enough to be measured with the smallest unit in the table. "#' indicates the major items of the total.

VII. As a result of keeping consistent with data of census, surveys and checks, the change of national statistics system and adjustment of figures provided by departments some data in this yearbook is different from former yearbook. When using historical data, users should take the data of this book as standard.

VIII. Since *Tianjin Statistical Yearbook* had been published openly, we have been concerned and supported by the readers at home and abroad. Your advance much valuable suggestion on content and edition of the yearbook, we deeply thanks for this all. Based on our limited level, perhaps there are some mistakes in this book, we welcome all of the readers give us your criticism in order to help us further improving our edition level, and providing services for the readers better.

篇目索引

SUBJECT INDEX

SUBJECTS	PAGE

目　录
CONTENTS

第一篇　综　合

Chapter 1　General Survey

第二篇　人　口

Chapter 2　Population

第三篇　国民经济核算

Chapter 3　National Accounts

第四篇　就业和劳动工资

Chapter 4　Employment and Remuneration

第五篇 价格指数

Chapter 5 Price Indices

第六篇　人民生活

Chapter 6　People's Living Conditions

第七篇　财　政

Chapter 7　Government Finance

第八篇　资源环境和公共设施

Chapter 8　Resources Environment and Public Facilities

第九篇 能源生产和消费

Chapter 9 Energy Production and Consumption

第十篇 固定资产投资和房地产

Chapter 10 Investment in Fixed Assets and Real Estate

第十一篇 对外经济贸易

Chapter 11 Foreign Trade, Economic Cooperation

第十二篇　农　业

Chapter 12　Agriculture

第十三篇　工　业

Chapter 13　Industry

第十四篇　建筑业

Chapter 14　Construction

第十五篇　规模以上服务业

Chapter 15　Service Industry above Designated Size

第十六篇　批发和零售业

Chapter 16　Wholesale and Retail Trade

第十七篇 交通运输和邮电

Chapter 17 Transportation, Post and Telecommunication Services

第十八篇 住宿和餐饮业与旅游
Chapter 18 Accommodation and Catering Services, Tourism

第十九篇 金融业
Chapter 19 Financial Intermediation

第二十篇 科学技术

Chapter 20 Science and Technology

第二十一篇 教 育

Chapter 21 Education

第二十二篇　卫生和社会服务

Chapter 22　Public Health and Social Services

第二十三篇 文化和体育

Chapter 23 Culture and Sports

第二十四篇　公共管理及其他

Chapter 24　Public Management and Others

第二十五篇　各区基本情况

Chapter 25　Basic Statistics on Districts

2021 年天津市国民经济和社会发展统计公报

天津市统计局

国家统计局天津调查总队

2022 年 3 月 14 日

2021 年，是中国共产党成立 100 周年，也是实现“十四五”发展目标的夯基之年。面对世界百年未有之大变局和世纪疫情交织叠加，天津市坚持以习近平新时代中国特色社会主义思想为指导，深入贯彻落实习近平总书记对天津工作“三个着力”重要要求和一系列重要指示批示精神，按照党中央、国务院决策部署，在市委、市政府坚强领导下，立足新发展阶段，完整准确全面贯彻新发展理念，服务和融入新发展格局，坚持稳中求进工作总基调，笃定高质量发展不动摇，着力打好“治、引、育、稳、促”组合拳，不断巩固拓展疫情防控和经济社会发展成果，全市经济运行稳中有进、稳中有固，经济结构更优，质量效益向好，民生福祉增强，实现“十四五”良好开局。

一、综合

初步核算，全市地区生产总值 15695.05 亿元，按可比价格计算，比上年增长 6.6%。其中，第一产业增加值 225.41 亿元，比上年增长 2.7%；第二产业增加值 5854.27 亿元，增长 6.5%；第三产业增加值 9615.37 亿元，增长 6.7%。三次产业结构为 1.4∶37.3∶61.3。

财政收入增长较快。全年一般公共预算收入 2141.04 亿元，比上年增长 11.3%，其中税收收入 1621.87 亿元，增长 8.1%，占一般公共预算收入的比重为 75.8%。主体税种均保持增长，增值税 673.17 亿元，企业所得税 337.34 亿元，个人所得税 129.04 亿元，分别比上年增长 3.5%、8.6%和 24.8%。全年一般公共预算支出 3150.25 亿元，与上年持平。其中，教育支出增长 9.3%，社会保障和就业支出增长 14.8%，卫生健康支出增长 2.9%，住房保障支出增长 7.4%。

动能转换不断加快。新产业发展势头良好，高技术产业（制造业）增加值比上年增长 15.5%，快于全市规模以上工业 7.3 个百分点，占比为 15.5%，比上年提高 0.1 个百分点。工业战略性新兴产业增加值增长 10.3%，快于全市规模以上工业 2.1 个百分点，占比为 26.1%。规模以上服务业中，新服务营业收入增长 19.9%，战略性新兴服务业和高技术服务业营业收入分别增长 7.5%和 10.1%。高技术产业投资增长 38.2%，其中高技术制造业投资增长 22.5%，高技术服务业投资增长 57.5%。新产品产量实现快速增长，服务机器人、新能源汽车、集成电路等产量分别增长 1.7 倍、54.3%和 53.2%。

数字赋能提速加力。实施数字化发展三年行动，出台数字经济“1+3”行动方案，打造“津产发”数字经济综合应用平台和 41 个应用场景，工业互联网进一步拓展，现代冶金、轻纺产业加速迈向智能化高端化绿色化，海尔互联工厂成为全球“灯塔工厂”。北方大数据交易中心加快建设，“云服务”“云体验”等新业态新模式不断涌现，用云量规模和赋智量增速位居全国上游。

营商环境持续优化。持续深化“放管服”改革，“一制三化”改革升级版加快实施。“证照分离”改革全面落地，办理涉企经营许可事项 13.1 万件。全力推行企业登记“一网通办”，制定网上办、一次办、马上办、零跑动、全市通办等事项清单 3795 项，服务效能不断提升。中国（天津）知识产权保护中心建成，城市综合信用排名稳居全国前列。全年新登记市场主体 26.78 万户，增长 4.5%；其中民营市场主体 26.58 万户，增长 4.4%。

民营市场活力不断释放。全年民营经济增加值 5954.67 亿元，比上年增长 6.8%，占比为 37.9%。规模以上民营企业工业增加值增长 7.3%，占比 26.5%；限额以上民营企业批发和零售业商品销售额增长 29.0%，快于全市限上销售额 2.4 个百分点，占比 60.1%，比上年提高 1.1 个百分点；限额以上民营企业住宿和餐饮业营业额增长 24.4%，快于全市限上营业额4.2个百分点，占比59.5%，比上年提高2.0个百分点；民营企业出口增长19.7%，占比为41.3%。

居民消费价格温和上涨。全年居民消费价格上涨1.3%，涨幅比上年回落0.7个百分点。分类别看，食品烟酒价格上涨1.3%，衣着下降2.2%，居住上涨0.7%，生活用品及服务上涨1.0%，交通通信上涨4.7%，教育文化娱乐上涨3.4%，医疗保健与上年持平，其他用品及服务下降2.2%。

表1　2021年天津市居民消费价格涨幅

指　　标	比上年上涨（%）
居民消费价格	1.3
其中：食品烟酒	1.3
衣　着	-2.2
居　住	0.7
生活用品及服务	1.0
交通和通信	4.7
教育文化和娱乐	3.4
医疗保健	0.0
其他用品和服务	-2.2

工业生产者价格持续上涨。全年工业生产者出厂价格比上年上涨10.9%，购进价格上涨14.7%。

二、农业

农业生产提质增效。全年农林牧渔业总产值509.26亿元，比上年增长2.1%。其中，农业产值258.39亿元，增长1.8%；牧业产值142.48亿元，增长9.8%。粮食产量再创历史新高，粮食总产量达到249.9万吨，连续6年稳定在200万吨以上，增长9.5%。生猪稳产保供取得显著成效，年末生猪存栏171.2万头，增长5.4%；全年出栏203.9万头，增长5.1%；猪肉产量17.1万吨，增长11.2%。

现代都市型农业持续优化。大力推动高标准农田建设和全程社会化服务，全年建成高标准农田面积27.1万亩，新增设施农业20万亩，新增高效节水灌溉面积7.1万亩，发展稻渔综合种养50万亩，病虫害统防统治实现全覆盖，水稻机耕、机插、机收率均达100%。小站稻和宝坻区列入全国全产业链重点链和水稻全产业链典型县，小站稻种植面积达101.9万亩，品牌影响力和知名度持续提升。

三、工业和建筑业

“制造业立市”扎实推进。全年全市工业增加值5224.57亿元，比上年增长8.0%，制造业增加值占地区生产总值比重为24.1%，规模以上工业增加值增长8.2%。规模以上工业中，分门类看，采矿业增加值增长3.3%，制造业增长8.3%，电力、热力、燃气及水生产和供应业增长17.9%。分经济类型看，国有企业增加值增长12.0%，民营企业增长7.3%，外商及港澳台商企业增长6.5%。分企业规模看，大型企业增加值增长6.3%；中小微型企业增加值增长10.3%，快于规模以上工业2.1个百分点。分重点行业看，医药制造业增加值增长18.9%，计算机、通信和其他电子设备制造业增长13.1%，石油、煤炭及其他燃料加工业增长22.5%。规模以上工业在目录的403种产品中，58.8%的产品产量实现增长。生物医药、信息安全等先进制造业集群不断壮大，“细胞谷”“北方声谷”等加快建设，认定“信创谷”等10个产业主题园区。

重点产业链加速提质。全面实施“链长制”，大力实施产业链高质量发展三年行动计划，集中攻坚信创、高端装备、集成电路等12条重点产业链，产业基础高级化、产业链现代化实现大踏步前进。12条重点产业链工业增加值增长9.6%，快于规模以上工业1.4个百分点；在链工业企业营业收入、利润总额分别增长21.0%、57.8%，分别快于规模以上工业2.1个、7.1个百分点。

表2　2021年天津市主要工业产品产量

产品名称	单位	产量	比上年增长（%）
天然原油	万吨	3407.02	5.1
天然气	亿立方米	39.02	7.5
发电量	亿千瓦时	775.20	1.9
中成药	吨	20171.90	32.3
钢　材	万吨	5991.73	0.8
电　梯	台	70811	23.6
新能源汽车	辆	25784	54.3
光　纤	万千米	2198.17	11.8
光　缆	万芯千米	508.93	28.4
集成电路	亿块	29.84	53.2
电子元件	亿只	9910.35	14.8
光电子器件	亿只	272.91	8.6
锂离子电池	亿只	9.21	26.1

工业效益增长较快。全年规模以上工业营业收入比上年增长 18.9%，利润总额比上年增长 50.7%，营业收入利润率为 6.45%，比上年提高 1.29 个百分点。减税降费扎实推进，年末规模以上工业企业资产负债率为 54.1%，比上年末降低 0.3 个百分点；全年规模以上工业企业百元营业收入成本 85.66 元，比上年减少 0.14 元。

建筑业健康发展。全年建筑业总产值 4653.05 亿元，增长 6.0%。建筑业企业房屋施工面积 18022.62 万平方米，其中新开工面积 4580.40 万平方米。截至年末，全市具有特级、一级资质的总专包建筑业企业 360 家，比上年末增加 24 家。

四、服务业

服务业生产稳步恢复。全年批发和零售业增加值 1496.09 亿元，比上年增长 8.8%，批发和零售业商品销售额增长 26.1%，其中限额以上批发和零售业商品销售额增长 26.6%；交通运输、仓储和邮政业增加值 871.10 亿元，增长 8.7%；住宿和餐饮业增加值 137.05 亿元，增长 6.7%，住宿和餐饮业营业额增长 14.3%，其中限额以上住宿和餐饮业营业额增长 20.2%；金融业增加值 2153.18 亿元，增长 2.7%；房地产业增加值 1083.80 亿元，增长 6.2%。全年规模以上服务业企业营业收入比上年增长 19.6%，其中生产性服务业营业收入比上年增长 24.3%。会展经济、互联网相关服务、商务服务、专业技术服务等现代服务业增长较快。全年共举办国际汽车展、105 届糖酒会等展会共 63 场，展览面积 172.66 万平方米。互联网和相关服务、商务服务、专业技术服务等营业收入分别增长 14.3%、18.5%和 15.3%。

世界一流智慧绿色港口建设加力推进。北疆港区 C 段智能化集装箱码头投产运营，成为全球首个“智慧零碳”码头。全市集装箱吞吐量突破 2000 万标箱，达到 2026.94 万标准箱，增长 10.4%，位居全球十大港口前列，港口货物吞吐量 5.30 亿吨，增长 5.3%。海铁联运量突破 100 万标准箱。

客货运输保持增长。全年全市货运量 57568.27 万吨，增长 7.5%；货物周转量 2681.69 亿吨公里，增长 2.8%。全年客运量 1.35 亿人次，增长 16.4%；旅客周转量 324.04 亿人公里，增长 16.2%。机场旅客吞吐量 1512.17 万人次，增长 13.8%；货邮吞吐量 19.49 万吨，增长 5.4%。

表 3　2021 年天津市货物运输业务量及增长速度

指　　标	单位	绝对数	比上年增长（%）
货运量	万吨	57568.27	7.5
# 铁　路	万吨	11750.00	5.6
公　路	万吨	34527.01	7.0
水　运	万吨	10158.69	11.2
货物周转量	亿吨公里	2681.69	2.8
# 铁　路	亿吨公里	553.59	6.8
公　路	亿吨公里	672.71	5.1
水　运	亿吨公里	1451.26	0.6
机场货邮吞吐量	万吨	19.49	5.4

表 4　2021 年天津市旅客运输业务量及增长速度

指　　标	单位	绝对数	比上年增长（%）
客运量	万人	13516.42	16.4
# 铁　路	万人	3405.56	29.2
公　路	万人	8915.57	12.5
旅客周转量	亿人公里	324.04	16.2
# 铁　路	亿人公里	116.61	21.5
公　路	亿人公里	54.30	14.4
机场旅客吞吐量	万人次	1512.17	13.8

截至年末，全市民用汽车拥有量 360.03 万辆，其中私人汽车拥有量 309.54 万辆；民用轿车 223.70 万辆，其中私人轿车 206.16 万辆。

邮电业务快速增长。全年邮电业务总量 345.07 亿元，增长 28.9%。其中，电信业务总量 206.31 亿元，增长 31.2%；邮政业务总量 138.75 亿元，增长 25.7%。全年快递业务量 12.34 亿件，增长 33.0%。年末固定电话用户 331.1 万户，移动电话用户 1745.1 万户，固定互联网宽带接入用户 584.5 万户。全年累计建成 5G 基站 2.5 万个，获评全国首批千兆城市。

五、国内贸易

消费市场持续恢复。获批率先培育建设国际消费中心城市，制定实施国际消费中心城市建设方案，推出海河国际消费季、发展新型消费、活跃假日消费、汽车促销等举措，以佛罗伦萨小镇、V1 汽车世界、创意米兰生活广场为代表的新型消费商圈拓展升级，消费潜力进一步释放。加快实施天津发展夜间经济十大行动，激发市民夜间消费潜力。完成金街提升改造工作，改造提升商业载体面积13.9万平方米。全年社会消费品零售总额增长5.2%，其中限额以上社会消费品零售总额增长7.5%。限额以上商品网上零售额增长8.0%，占限上社零额比重达26.2%。

消费结构提档升级。限额以上单位商品零售额中，服装、鞋帽、针纺织品类零售额增长5.3%，日用品类增长16.2%，体育、娱乐用品类增长37.5%，智能家用电器和音像器材增长2.1倍，金银珠宝类增长32.8%，化妆品类增长27.5%，新能源汽车增长74.4%，智能手机增长12.4%。

六、固定资产投资

固定资产投资平稳增长。全年固定资产投资（不含农户）比上年增长4.8%。分产业看，第一产业投资下降45.8%，第二产业投资增长7.8%，第三产业投资增长4.9%。分领域看，工业投资增长7.6%，其中制造业投资增长13.8%；基础设施投资增长1.7%，其中交通运输和邮政投资增长2.7%，信息传输和信息技术服务投资增长47.4%。

房地产市场保持稳定。全年房地产开发投资增长6.2%。全市新建商品房销售面积增长9.8%，其中住宅销售面积增长9.3%；商品房销售额增长9.9%，其中住宅销售额增长9.1%。

七、金融

金融市场发展稳健。全年全市社会融资规模增量累计3184亿元。年末中外金融机构本外币各项存款余额35903.09亿元，比年初增加1758.08亿元，比上年末增长5.2%。各项贷款余额41054.17亿元，比年初增加2194.78亿元，增长5.7%；其中，制造业、高技术制造业、高技术产业中长期贷款分别增长7.3%、17.1%和22.9%。

证券市场规模持续提升。全年新增上市公司3家，年末全市上市公司共有63家。年末证券账户684.19万户，比上年末增长9.3%。全年各类证券交易额66785.01亿元，增长8.9%。其中，股票交易额39145.17亿元，增长8.1%；债券交易额24181.63亿元，增长7.8%；基金交易额3174.58亿元，增长25.2%。期货市场成交额132583.75亿元，增长2.3%。

保险市场平稳增长。全年原保险保费收入660.47亿元，比上年增长2.8%。其中，财产险业务原保险保费收入154.11亿元，下降5.1%；人身险业务原保险保费收入506.36亿元，增长5.5%。全年赔付支出187.30亿元，增长13.4%。其中，财产险业务赔付支出96.19亿元，增长16.4%；人身险业务赔付支出91.10亿元，增长10.3%。年末共有保险机构374家，保险公司从业人员7.97万人。

八、开发开放

贸易规模创历史新高。全年外贸进出口总额8567.42亿元，比上年增长16.3%。其中，进口4691.82亿元，增长9.3%；出口3875.61亿元，创近5年来新高，增长26.1%。从贸易方式看，一般贸易出口2239.24亿元，占全市出口比重为57.8%，比上年提高1.0个百分点，增长28.3%，快于全市出口2.2个百分点；加工贸易出口1182.19亿元，增长3.4%。从贸易伙伴看，对欧盟、美国、日本、韩国、东盟出口分别增长35.8%、9.1%、23.4%、22.5%和17.5%。“一带一路”、RCEP市场份额不断提升，全年对“一带一路”沿线国家出口占比33.3%，对RCEP成员国出口占比29.5%。

招商引资势头良好。全年共引进国内招商引资项目3573个，实际利用内资3378.18亿元，比上年增长15.5%。其中引进服务业项目2568个，到位资金2575.22亿元，增长6.9%，占比76.2%；引进制造业项目765个，到位资金670.61亿元，增长80.0%，占比19.9%。全市新批外商投资企业744家，合同外资额304.90亿美元，实际直接利用外资突破50亿美元，达到53.89亿美元，增长13.8%。

对外开放水平进一步提升。跨境电子商务创新试验园区能级和品质持续提升，新增3家跨境电商示范园区，1家创新试验区。融入“一带一路”建设成效明显，中埃•泰达苏伊士经贸合作区、天津意大利中小企业园等重点项目加快推进，累计建成“鲁班工坊”20个。全年新设境外企业机构100家，中方投资额22.87亿美元，增长38.8%。对外承包工程新签合同额66.5亿美元，完成营业额59.4亿美元，分别增长12.4%和4.9%。年末在外劳务人员1.58万人。

自贸试验区服务辐射和示范引领作用突出。全年自贸试验区新设立企业12792家，比上年增长18%。“保税租赁海关监管新模式”入选国务院自由贸易试验区第四批“最佳实践案例”。设立滨海高新区、中新生态城为自贸试验区联动创新区，在国家超级计算天津中心、国家干细胞工程产品产业化基地挂牌成立联动创新示范基地。截至年末，累计实施制度创新措施502项，累计向全国复制推广38项试点经验和实践案例。

九、京津冀协同发展

全力服务承接北京非首都功能疏解。全年引进北京地区投资项目1076个，到位资金1369.80亿元，增长8.5%，占全市内资比重超过40%。中央企业和单位在津新设机构173家，一批高质量项目落地，总投资1621亿元。滨海—中关村科技园累计注册企业突破3000家，宝坻京津中关村科技城等承接载体加快建设，京津合作示范区体制机制全面理顺。

重点领域协同发展取得丰硕成果。"轨道上的京津冀"提速发力，京唐、京滨、津兴高铁加快建设，津静线市域（郊）铁路首段开工，津石高速天津东段、塘承高速滨海新区段主体完工。京津通勤便利化12项措施全面落实。雄安新区至天津港货运快速通关机制进一步完善。京津冀核心区1小时交通圈、相邻城市间1.5小时交通圈基本形成。京津冀协同发展产业投资基金、京津冀（天津）科技成果转化基金完成设立，京津冀国家技术创新中心天津中心完成挂牌。京津冀异地就医医保门诊联网直接结算覆盖各级各类医院1013家，有力提升三地医疗服务便利化水平。着力推进大气污染联防联控，空气质量明显改善，京津冀地区$PM_{2.5}$平均浓度36.9微克/立方米。

十、城市建设和公用事业

城市基础设施建设成效明显。地铁建设提速推进，滨海新区Z2线开工建设，4号线南段、6号线二期建成通车，运营总里程达到265公里，优化9号线行车组织、城际列车高峰开行时刻、公交接驳，"津城""滨城"双城发展格局加快构建。全年城市公交客运量11.54亿人次，增长29.2%，其中轨道交通客运量4.64亿人次，增长37.0%。年末全市公路里程15307.17公里，其中高速公路里程1324.79公里。农村公路300公里提升改造完成。新增公共停车泊位1.3万个，津门湖新能源车综合服务中心投入使用，群众出行更加便捷。

公用事业服务能力提升。推进供热旧管网和503公里燃气管网改造。新改扩建5座污水处理厂，建成一批垃圾处理、危废处置设施，生活垃圾分类设备不断完善，分类质量不断提升。

十一、教育和科学技术

教育事业优质均衡发展。扎实推进义务教育优质均衡发展三年行动，提升改造C级校舍12.54万平方米，新增中小学学位5.9万个，配置中小学教学仪器设备91万台（套、件），提升改造学校体育运动场馆52.2万平方米。高校"双一流"建设项目全部通过国家首轮验收，"世界一流"建设学科增至14个。截至年末，全市共有研究生培养机构24所，普通高校56所，中等职业教育学校71所，普通中学535所，小学895所。全年研究生招生3.00万人，在校生8.63万人，毕业生2.15万人。普通高校招生16.18万人，在校生58.34万人，毕业生14.35万人。中等职业教育学校招生3.46万人，在校生9.94万人，毕业生3.08万人。普通中学招生17.78万人，在校生53.16万人，毕业生15.00万人。小学招生12.42万人，在校生75.19万人，毕业生11.20万人。幼儿园2346所，在园幼儿31.60万人。

人才发展实现新成就。打造"海河英才"行动计划升级版，累计引进各类人才42.3万人。深入实施人才引领战略，新增两院院士4位，年末在津院士38人，新建博士后工作站27个，新进站博士后600人。

创新活力持续迸发。成功举办第五届世界智能大会。现代中药创新中心成为部市共建国家级制造业创新中心，国家人工智能创新应用先导区、国家先进制造业与现代服务业"两业"融合试点区成功获批，飞腾CPU+麒麟操作系统的"PK"体系市场占有率接近80%。产业创新体系加快建设，国家级企业技术中心累计达到72家，国家"专精特新"小巨人企业累计达到130家，国家科技型中小企业、市级雏鹰企业、市级瞪羚企业分别达到9196家、4974家和378家。全年签订技术合同12560项，增长27.9%；合同成交额1321.83亿元，增长18.8%；技术交易额620.12亿元，增长3.2%。

重大创新平台建设取得突破性进展。汇集全国顶级科学家和科研团队，打造物质绿色创造与制造、先进计算与关键软件（信创）、合成生物学、现代中医药、细胞生态5个海河实验室，新一代超级计算机、组分中药国家重点实验室等天津版"国之重器"加快建设。大学科技园建设加快推进。出台大学科技园建设指导意见和三年行动计划，着力打造高校成果转化"首站"、区域创新创业"核心孵化园"和新兴产业"策源地"。认定4家高水平大学科技园，孵化企业130余家，转化科技成果60余项，有力推动科技、教育、经济融通发展。

关键核心技术攻关成效显著。22项科技成果获得国家科学技术奖，攻克酶蛋白理性设计等关键核心技术，断热稀土涂层打破国外垄断，二氧化碳人工合成淀粉实现实验室条件下“从0到1”的突破，银河麒麟操作系统、“神工”脑机交互系统等在解决“卡脖子”问题中发挥重要作用。全年市级科技成果登记数1972项，其中，属于国际领先水平137项，达到国际先进水平253项。全年专利授权9.79万件，增长29.8%，其中发明专利7376件，增长40.2%。PCT专利申请受理量444件，增长18.7%。年末有效发明专利4.34万件，增长13.8%。

十二、文化旅游、卫生健康和体育

文化事业蓬勃发展。围绕庆祝中国共产党成立100周年，举办“奋斗百年路 启航新征程”群众性文艺演出和“第六届市民文化艺术节”等演出活动，天津博物馆“红色记忆——天津革命文物展”“周恩来邓颖超纪念馆基本陈列”“平津战役基本陈列”3项展览入选中央宣传部、国家文物局向社会公开推介的庆祝中国共产党成立100周年的109项精品展览。开展第三批基层综合性文化服务中心达标验收工作。截至年末，全市共有艺术表演团体115个，文化馆17个，博物馆69个，公共图书馆20个，街乡镇综合文化站255个。全市电影放映单位109个，放映场次111.92万场，观影人数1682.64万人次，实现票房收入7.00亿元。全年出版图书9417万册，期刊2571.28万册，报纸1.85亿份。全市规模以上文化及相关产业企业实现营业收入1701.11亿元，按可比口径计算，比上年增长2.8%。

旅游业快速复苏提振。推进长城、大运河国家文化公园建设，实施杨柳青大运河文化公园文化小镇遗址区等运河沿线考古及北洋大学堂、广东会馆等沿线文物修缮。组织开展“津门新地标”评选活动、“邂逅•天津”创意城市艺术计划、“年味天津”系列主题活动。全年共接待国内游客1.79亿人次，增长26.7%；国内旅游收入1968.81亿元，增长47.9%。

卫生健康体系建设完善升级。建立健全疫情监测机制，开展新冠病毒疫苗接种，加强医疗救治保障，全年接种3054.3万剂次，12岁以上人群首针接种率达95.9%。截至年末，全市共有各类卫生机构6084个，其中医院432个。卫生机构床位6.88万张，其中医院6.22万张。卫生技术人员12.13万人，其中执业（助理）医师5.16万人，注册护士4.67万人。医疗卫生机构诊疗人数10907.4万人次，其中医院诊疗人数6552.9万人次。

体育事业发展实现新突破。在东京奥运会上，天津体育健儿共获得3枚金牌和1枚铜牌。在第十四届全运会上，共获得18枚金牌、10枚银牌、16枚铜牌。成功举办了全运会棒球资格赛、全运会击剑比赛。全面开展全民健身场地设施建设工作，全年共建成社区体育园150个、多功能运动场49个、健身步道18条、登山步道5条、笼式足球场2个，乒乓球运动场1个，街镇级体育公园1个，更新社区健身园628个。积极普及、组织开展群众性冰雪运动。

十三、人口、就业和人民生活

城镇化水平上升。年末全市常住人口总量1373万人，其中城镇常住人口1165万人，乡村常住人口208万人。城镇化率为84.88%，比上年末提高0.18个百分点。

就业质量继续提高。着力完善积极就业政策，大力推动创业带动就业，开展“迎新春送温暖、稳岗留工”专项行动，建立常态化重点企业用工帮扶机制，开发1.4万个政策性岗位，推动退役军人培训就业一体发展，用真情实招促进大学生、退役军人、农民工等重点群体“好就业、就好业”。全年新增就业37.62万人。

居民收入稳步增加。全年全市居民人均可支配收入47449元，增长8.2%。其中，工资净收入29775元，增长8.9%；经营净收入3243元，增长15.9%；财产净收入4576元，增长7.9%；转移净收入9855元，增长4.0%。按常住地分，城镇居民人均可支配收入51486元，增长8.0%；农村居民人均可支配收入27955元，增长8.8%，快于城镇居民增速0.8个百分点。城乡居民收入之比为1.84，连续3年缩小。

生活环境更加宜居。全年老旧小区改造开工154个，面积778.54万平方米，惠及10.18万户居民。大力推进“百村示范、千村整治”工程，第二批150个农村人居环境整治示范村建设全部启动。深化农村全域清洁化工程，开展村庄清洁行动16.4万村次，整治违章建筑2800余处、村庄建筑立面240余万平方米，清理各类垃圾、柴草、杂物等59万余吨，整治疏浚河道、坑塘、沟渠9.2万公里。

十四、社会保障和社会救助

社会保障进一步加强。全民参保计划持续推进，年末全市参加城镇职工基本医疗保险人数 637.64 万人，参加城乡居民基本医疗保险人数 537.38 万人。参加城镇职工基本养老保险人数 765.14 万人，参加城乡居民养老保险人数 171.96 万人，分别比上年增长 4.7% 和 1.3%；参加城镇职工工伤保险人数 408.41 万人，增长 0.7%；参加城镇职工失业保险人数 372.30 万人，增长 6.6%；参加城镇职工生育保险人数 366.05 万人，增长 3.5%。

社会救助体系健全发展。年末全市老人家食堂达到 1701 个，养老机构 396 家。老年日间照料服务中心（站）1357 个，床位数 1.4 万张。提供住宿的社会服务机构拥有床位 6.17 万张。全市低保对象 12.76 万人，特困供养人员 1.21 万人，各类福利机构年末收养人员 2.6 万人。开展全市残疾人职业技能培训、农村实用技术培训，完成培训 4229 人，全年新增残疾人就业 5581 人。全年社会救助总支出 23.63 亿元。全年医疗救助总人数 16.06 万人，医疗救助支出 3.88 亿元。

十五、扶贫协作和生态环保

脱贫攻坚成果进一步巩固。东西部协作和支援合作工作取得新进展，全年投入财政资金 28.41 亿元，实施帮扶项目 1202 个，选派干部人才 3378 人。“津企陇上行”“民族团结一家亲•百行百业交流行”等活动影响力不断扩大。帮助结对地区 8.12 万名农村劳动力实现就业增收，其中脱贫人口 7.08 万人。全年实现消费帮扶金额超过 37.29 亿元。

污染防治攻坚持续深入推进。着力打好蓝天、碧水、净土保卫战，完成 87 台锅炉改燃并网或深度治理，天津港国Ⅴ及以上集疏港车辆占比达到 80%，全市 $PM_{2.5}$ 年均浓度 39 微克/立方米，比上年下降 20.4%；优良天数 264 天，优良天数比率达到 72.3%。工业园区污水集中处理基本实现全覆盖，废水排放企业及污水处理厂排放达标率接近 100%，开展入海排口规范整治，推进“美丽海湾”建设，地表水优良水质断面增加到 15 个，12 条入海河流水质基本实现“总体Ⅳ类”。开展重点企业土壤污染隐患排查整改，农用地、建设用地保持安全利用，完成 63 条农村黑臭水体治理，开展 20 吨及以上农村生活污水治理设施排水水质监督性监测，出水水质达标率为 93.4%。出台碳达峰碳中和促进条例，编制碳达峰实施方案，成功发行全国首单“碳中和”资产支持票据，中新生态城智慧能源小镇建成投运。

生态环境质量显著改善。大力实施“871”重大生态建设工程。全面加强七里海、大黄堡、北大港、团泊 4 个湿地保护和修复，加快实施退耕还湿、生态补水工程，七里海湿地恢复浅滩 1.5 万亩、修复湿地植被 1.6 万亩，北大港湿地南部水循环区域列入国际重要湿地名录。深入推进双城绿色生态屏障区建设，重点推动造林绿化、水系连通、生态修复，林木绿化覆盖率达到 25%，蓝绿空间提升到 65%，碳汇能力提高 15%。强化海岸线“蓝色海湾”整治修复，整治岸线 4.78 公里、修复滨海湿地 531.87 公顷。宝坻区成功创建国家生态文明建设示范区、西青区辛口镇成功创建“绿水青山就是金山银山”实践创新基地。

注：

1. 本公报中数据均为初步统计数。部分数据因四舍五入的原因，存在总计与分项合计不等的情况。

2. 全市生产总值、各产业增加值绝对数按现价计算，增长速度按可比价格计算。

3. 规模以上工业企业是指年主营业务收入 2000 万元及以上的全部法人工业企业。

4. 规模以上服务业统计范围包括年营业收入 2000 万元及以上的交通运输、仓储和邮政业，信息传输、软件和信息技术服务业，水利、环境和公共设施管理业，卫生行业法人单位；年营业收入 1000 万元及以上的房地产业（不含房地产开发经营），租赁和商务服务业，科学研究和技术服务业，教育行业法人单位；以及年营业收入 500 万元及以上的居民服务、修理和其他服务业，文化、体育和娱乐业，社会工作行业法人单位。

5. 限额以上批发业企业是指年主营业务收入 2000 万元及以上的批发业企业；限额以上零售业企业是指年主营业务收入 500 万元及以上的零售业企业；限额以上住宿和餐饮业企业是指年主营业务收入 200 万元及以上的住宿和餐饮业企业。

6. 固定资产投资（不含农户）统计口径范围为计划总投资 500 万元及以上的固定资产项目投资及全部房地产开发项目投资。

7. 邮电业务总量按 2020 年价格计算。

资料来源：

本公报中财政数据来自天津市财政局；市场主体数据来自天津市市场监督管理委员会；交通运输数据

来自天津市交通运输委员会；机动车数据来自天津市公安局；邮政数据来自天津市邮政管理局；电信数据来自天津市通信管理局；文化设施、旅游数据来自天津市文化和旅游局；电影、出版数据来自天津市委宣传部；存贷款数据来自中国人民银行天津分行；上市挂牌企业数据、证券期货数据来自中国证券监督管理委员会天津监管局、天津市金融工作局；保险数据来自中国银行保险监督管理委员会天津监管局；利用外资、境外投资、对外承包工程、对外劳务合作数据来自天津市商务局；进出口数据来自天津海关；扶贫协作、利用内资数据来自天津市人民政府合作交流办公室；教育数据来自天津市教育委员会；科技创新数据来自天津市科学技术局、天津市工业和信息化局；专利数据来自天津市知识产权局；人才、新增就业、社会保障数据来自天津市人力资源和社会保障局；医疗保险数据来自天津市医疗保障局；医疗卫生数据来自天津市卫生健康委员会；体育事业数据来自天津市体育局；社会救助服务数据来自天津市民政局；环境保护数据来自天津市生态环境局；其他数据来自天津市统计局、国家统计局天津调查总队。

2021年天津市经济形势分析

2021年，面对复杂多变的国内外经济形势，天津市坚持以习近平新时代中国特色社会主义思想为指导，深入贯彻落实习近平总书记对天津工作“三个着力”重要要求和一系列重要指示批示精神，按照党中央、国务院决策部署，在市委、市政府坚强领导下，立足新发展阶段，完整准确全面贯彻新发展理念，服务和融入新发展格局，坚持稳中求进工作总基调，笃定高质量发展不动摇，着力打好“治、引、育、稳、促”组合拳，不断巩固拓展疫情防控和经济社会发展成果，全市经济持续恢复，经济结构更优，质量效益向好，民生福祉增强，实现“十四五”良好开局。

一、全市经济运行总体平稳

根据地区生产总值统一核算结果，2021年天津市地区生产总值为15695.05亿元，按可比价格计算，比上年增长6.6%，比2019年增长8.1%，两年平均增长3.9%。其中，第一产业增加值为225.41亿元，比上年增长2.7%；第二产业增加值为5854.27亿元，增长6.5%；第三产业增加值为9615.37亿元，增长6.7%。

（一）三次产业稳步增长

农业生产形势较好。2021年，农林牧渔业总产值比上年增长2.1%。粮食产量再创新高，总产量249.87万吨，增长9.5%。生猪生产能力逐步提高，出栏量增长5.1%，猪肉产量增长11.2%，牛出栏量增长3.8%，羊出栏量增长13.4%。

工业保持平稳增长。2021年，规模以上工业增加值比上年增长8.2%，两年平均增长4.9%。分经济类型看，国有企业增加值增长12.0%，民营企业增长7.3%，外商及港澳台商企业增长6.5%。分三大门类看，采矿业增加值增长3.3%，制造业增长8.3%，电力、热力、燃气及水生产和供应业增长17.9%。分行业看，医药制造业增加值增长18.9%，计算机、通信和其他电子设备制造业增长13.1%，石油、煤炭及其他燃料加工业增长22.5%，带动作用突出。

服务业稳步恢复。2021年，服务业增加值占全市生产总值的比重为61.3%。其中，批发和零售业增加值比上年增长8.8%，两年平均增长3.5%，批发和零售业商品销售额增长26.1%。交通运输、仓储和邮政业增加值增长8.7%，两年平均增长2.9%，公路和水运货物周转量分别增长5.1%和0.6%。金融业增加值增长2.7%，两年平均增长4.2%，金融机构（含外资）本外币各项存款余额增长5.2%，贷款余额增长5.7%。房地产业增加值增长6.2%，两年平均增长2.8%，新建商品房销售面积增长9.8%。住宿和餐饮业增加值增长6.7%。

（二）内需稳定外需拓展

固定资产投资增速回升。2021年，固定资产投资（不含农户）比上年增长4.8%，两年平均增长3.9%，比前三季度加快0.6个百分点。其中，工业投资增长7.6%，两年平均增长4.6%；基础设施投资增长1.7%，两年平均增长10.5%；房地产开发投资增长6.2%，两年平均增长0.8%。

新开工项目明显增多。2021年，全市新开工项目（不含房地产开发项目）1207个，比上年增长20.9%，计划总投资增长45.4%。其中，新开工计划总投资10亿元以上项目45个，增长18.4%；计划总投资增长53.3%。

消费品市场保持稳定。2021年，社会消费品零售总额比上年增长5.2%。其中，限额以上社会消费品零售总额增长7.5%，两年平均增长2.6%，比前三季度加快0.5个百分点。居民生活类商品零售增长较快，限额以上单位商品零售额中，蔬菜类零售额增长12.8%，肉禽蛋类增长4.4%，日用品类增长16.2%。限额以上商品网上零售额增长8.0%。

外贸出口快速增长。2021年，全市外贸进出口总额8567.42亿元，比上年增长16.3%。其中，进口4691.82亿元，增长9.3%；出口3875.61亿元，创近5年来新高，增长26.1%，自2月份以来始终保持20%以上的增速。从贸易伙伴看，对欧盟、美国、日本、韩国出口分别增长35.8%、9.1%、23.4%和22.5%，对东盟出口增长17.5%。

（三）就业和收入总体良好

就业形势总体稳定。2021年，新增就业37.62万人，超额完成全年计划目标，企业就业人员周平均工作时间达到47小时，高校毕业生等重点群体就业得到保障。

居民收入增长较快。2021 年，全市居民人均可支配收入 47449 元，比上年增长 8.2%，两年平均增长 5.8%。其中，城镇居民人均可支配收入 51486 元，增长 8.0%；农村居民人均可支配收入 27955 元，增长 8.8%，快于城镇居民增速 0.8 个百分点。

（四）物价涨幅有所回落

居民消费价格温和上涨。2021 年，居民消费价格比上年上涨 1.3%，涨幅比上年回落 0.7 个百分点。分类别看，食品烟酒价格上涨 1.3%，衣着下降 2.2%，居住上涨 0.7%，生活用品及服务上涨 1.0%，交通通信上涨 4.7%，教育文化娱乐上涨 3.4%，医疗保健与上年持平，其他用品及服务下降 2.2%。

工业生产者价格涨幅仍处高位。2021 年，工业生产者出厂价格比上年上涨 10.9%，其中，生产资料价格上涨 13.5%，生活资料价格上涨 1.0%。工业生产者购进价格比上年上涨 14.7%。

二、高质量发展不断巩固深化拓展

2021 年，天津市保持战略定力和历史耐心，坚持以新发展理念引领高质量发展，把经济发展的战略重点转到拼质量、拼效益、拼结构、拼绿色度上来，高质量发展成效不断显现。

（一）经济结构进一步优化

工业结构向高端迈进。坚持“制造业立市”，以产业链为核心抓手，深入实施《产业链高质量发展三年行动计划》，集中攻坚信创、高端装备等 12 条重点产业链，对全市工业发展形成有力支撑。2021 年，制造业增加值占地区生产总值的比重达到 24.1%，比上年提升 2.3 个百分点。规模以上工业中，制造业增加值增长 8.3%，快于全市工业 0.1 个百分点，占比为 69.5%，对全市工业增长的贡献率达到 74.1%。12 条重点产业链工业增加值增长 9.6%，快于规模以上工业 1.4 个百分点，占全市工业比重达到 72.7%。其中，信创、集成电路、生物医药等 8 条产业链增加值实现两位数增长。

现代服务业发展活跃。规模以上服务业中，生产性服务业营业收入增长 24.3%。成功举办海河国际消费季，持续激发消费市场活力。成功举办国际汽车展览会、第 105 届糖酒会等多个大型展会，会展经济带动作用逐步显现。世界一流智慧绿色港口建设不断加快，集装箱吞吐量全年突破 2000 万标准箱，达到 2026.94 万标准箱，增长 10.4%，位居全球十大港口前列。

需求结构提档升级。制造业和社会领域投资增势较好，2021 年，制造业投资比上年增长 13.8%，快于全市投资 9.0 个百分点，制造业技改投资项目 452 个，投资增长 21.9%；教育、卫生和社会工作、文化体育和娱乐业等社会领域投资增长 7.4%。加快推进国际消费中心城市建设，升级类商品旺销，限额以上商品中，体育、娱乐用品类商品零售额增长 37.5%，化妆品类增长 27.5%，金银珠宝类增长 32.8%，新能源汽车增长 74.4%；全市居民人均消费支出 33188 元，增长 16.6%，其中人均服务性消费支出增长 26.6%。一般贸易出口增速占比双提升，增长 28.3%，快于全市出口 2.2 个百分点，占比 57.8%，比上年提高 1.0 个百分点。

（二）动能转换不断加快

高技术产业投资快速增长。2021 年，全市高技术产业在建项目 492 个，比上年增长 33.0%；高技术产业投资增长 38.2%。其中，高技术制造业项目 248 个，投资增长 22.5%；高技术服务业项目 244 个，投资增长 57.5%。

新产业发展势头良好。2021 年，规模以上工业中，高技术产业（制造业）增加值比上年增长 15.5%，两年平均增长 9.9%，快于全市工业平均水平 5.0 个百分点，占比为 15.5%，比上年提高 0.1 个百分点。工业战略性新兴产业增加值增长 10.3%，两年平均增长 7.3%，快于全市工业平均水平 2.4 个百分点，占比为 25.3%。服务机器人、新能源汽车、集成电路等新产品产量分别增长 1.7 倍、54.3%和 53.2%。规模以上服务业中，战略性新兴服务业和高技术服务业营业收入分别增长 11.0%和 12.7%。

（三）质量效益继续向好

财政收入始终保持两位数增长。2021 年，一般公共预算收入 2141.06 亿元，比上年增长 11.3%。其中，税收收入 1621.89 亿元，增长 8.1%，占比为 75.8%，比前三季度提高 0.4 个百分点，增值税、企业所得税、个人所得税分别增长 3.5%、8.6%和 24.8%。非税收入 519.17 亿元，增长 22.7%。

企业效益同比增长较快。2021 年，规模以上工业企业营业收入比上年增长 18.9%，两年平均增长 8.2%。利润总额比上年增长 50.7%，快于全国 16.4 个百分点，两年平均增长 6.5%；39 个行业大类中，34 个行业实现盈利，占比 87.2%。营业收入利润率为 6.5%，比上年提高 1.4 个百分点。

（四）市场活力持续释放

民营市场主体稳步增加。2021 年，全市民营经济增加值 5954.67 亿元，比上年增长 6.8%，快于全市经济 0.2 个百分点，占比为 37.9%。新登记民营市场主体26.58万户，增长4.4%，占全部新登记市场主体的比重达99.2%。规模以上民营企业工业增加值增长7.3%，占比26.5%；限额以上民营企业批发和零售业商品销售额增长29.0%，快于全市限上销售额2.4个百分点，占比60.1%，比上年提高1.1个百分点；限额以上民营企业住宿和餐饮业营业额增长24.4%，快于全市限上营业额4.2个百分点，占比59.5%，比上年提高2.0个百分点。

中小微企业增长好于全市。2021年，全市中小微企业增加值5805.68亿元，比上年增长7.9%，快于全市经济1.3个百分点，占比为37.0%。规模以上工业中，中小微企业增加值增长10.3%，快于全市规上工业2.1个百分点，占比达到45.9%。限额以上中小微企业批发和零售业商品销售额增长27.4%，快于全市限上销售额0.8个百分点，占比85.8%，比上年提高0.5个百分点。限额以上中小微企业住宿和餐饮业营业额增长22.7%，快于全市限上营业额2.5个百分点，占比63.9%，比上年提高1.3个百分点。

三、经济运行中存在的问题

总的看，2021年，全市经济持续恢复，高质量发展态势不断深化拓展。但同时也要看到，国内外经济环境更加复杂严峻，各项不确定性因素增多，经济下行压力依然较大。

（一）从需求侧看，投资、消费增速低位徘徊，结构优化仍需提速

2021年，天津市固定资产投资增速低于全国平均水平0.1个百分点。投资结构依然偏重，全年房地产开发投资占全市投资的比重接近一半（47.4%），对全市投资增长的贡献率达到60%，其中，土地购置费占比达到23.2%；制造业、基础设施等实体领域投资占比不足三分之一（32.6%）。民间投资持续不振，投资比上年下降0.8%，占比35.0%，比上年回落2.0个百分点。

2021年，天津市社会消费品零售总额增速低于全国平均水平7.3个百分点。重点商品种类较为单一，自身波动对全市消费品市场影响较大，占全市限上社零额比重28.9%的汽车类零售额比上年仅增长0.3%，占比17.1%的服装类零售额增长5.3%，均低于全市平均水平；家电类零售额下降17.5%。

（二）从供给侧看，大宗商品价格上涨、部分重点产业供应链紧张对企业生产经营造成制约

2021年，天津市规上工业增加值增速低于全国平均水平1.4个百分点。国际海运运力不足，企业用工紧张等多重因素影响全市工业发展，特别是全球性芯片供应短缺，对重点行业汽车制造业影响突出，全年汽车产量下降21.7%，增加值下降2.2%。

企业生产成本压力进一步显现。受大宗商品价格高位运行影响，规上工业企业单位成本上升明显。2021年，规上工业企业每百元营业收入中的成本为85.6元，自6月份以来单位成本连续环比上升。生产资料价格上涨导致各行业利润出现分化，采矿业、原材料制造业利润持续高速增长，分别增长1.1倍和2.4倍，汽车、电力行业利润下行压力加大，分别下降10.2%和68.2%。

四、下一步展望及对策建议

2022年是天津市经济逐步回归常态运行的一年，经济发展中的有利因素和不利因素交织，机遇与挑战并存。

从国际看，随着世界各国特别是发达国家新冠肺炎疫苗接种率的提高，全球产业链供应链不断恢复，经济持续复苏。但受新冠变异病毒扩散、通胀压力上涨等因素影响，恢复态势有所减缓，近期多个国际组织预期2021—2023年全球经济增速将放缓，世界银行（WB）预计2021年全球经济增长5.5%，2022年和2023年将显著减速至4.1%和3.2%，其中2021年和2022年预期均比上次预测下调0.2个百分点。经济合作与发展组织（OECD）预计2021年全球经济将增长5.6%，2022年放缓至4.5%，2023年进一步放缓至3.2%。

从国内看，2021年，全国主要指标实现预期目标，为“十四五”发展奠定坚实基础。但外部环境更趋复杂严峻和不确定，国内经济面临需求收缩、供给冲击、预期转弱三重压力。

从天津市看，一方面，全市笃定高质量发展不动摇，各项政策措施持续显效，经济增长将继续保持在合理区间，有望实现稳中有进。另一方面，因为国内外各项风险挑战因素叠加，经济运行中结构性问题显现，全市经济稳增长还将面临较大挑战。

下一步，要坚持以习近平新时代中国特色社会主义思想为指导，把握新发展阶段，贯彻新发展理念，构建新发展格局，发扬历史主动精神，坚持稳字当头、稳中求进，扎实做好“六稳”“六保”工作，努力推动经济实现质的稳步提升和量的合理增长，确保全市经济高质量发展行稳致远，以实际行动迎接党的二十大

胜利召开。为此提出以下建议：

（一）继续抓牢工业产业链建设，加快构建现代服务业产业链

坚持制造业立市，围绕已打造的12条重点工业产业链，加大串链、补链、强链力度，重点关注汽车和新能源汽车、新材料等当前发展较慢的产业链，在链上抓招商、抓项目、抓企业，不断推进产业基础高级化、产业链现代化，进一步做优做强。

聚焦设计、航运、信息技术、融资租赁等天津市优势生产性服务业企业，积极探索构建现代生产性服务业产业链，推动服务业与制造业深度融合、互相促进，形成符合天津市高质量发展的新的核心产业，稳定对全市经济发展的支撑作用。

（二）围绕重点项目积极扩大有效投资，持续激发消费市场潜力

主动融入、服务京津冀协同发展，立足“一基地三区”功能定位，积极承接北京非首都功能疏解，同时一并吸引长三角、珠三角的市场主体聚集。进一步加大科技创新投入力度，充分运用好海河实验室、海河产业基金和各项优惠政策，引育符合高质量发展的新兴产业。要适当靠前谋划布局，推动“十四五”重点项目尽快开工，形成新的增量。坚持穿透式管理，用好地方政府专项债券，以政府投入撬动社会资本，激发民间投资活力。

围绕打造国际消费中心城市、区域商贸中心城市建设，努力办好第二届海河国际消费季，形成品牌效应，扩大天津市影响力；发挥重点商圈商街吸聚作用，引进一批有影响力的新业态、新品牌、新产品，满足消费升级需求；发挥国家会展中心“窗口”作用，联动商圈建设；积极促进城市核心区域高端服务业集聚发展，挖掘消费市场新的增长空间。

（三）进一步优化营商环境，提升企业信心，稳定市场预期

继续深入实施“一制三化”改革3.0升级版，扎实推进优化营商环境建设三年行动计划，加强各项助企纾困政策落地落细，适时推出更为精准有力的支持政策，切实扩大政策措施的覆盖面和惠及面。引导金融机构加大对实体经济的支持力度，帮助企业缓解原材料成本上升等因素带来的资金压力，增强企业发展信心。

探索搭建权威政策宣介平台，在平台内构建按领域进行详细分类的齐全政策库，使企业仅通过关注一个平台，即可直接了解与企业相关的全部政策，增加企业对政策知晓的及时性、可信性。同时积极推动数字化、智能化应用，推广滨海新区泰达企业服务云平台和政务帮办平台的“政策找企业”功能，通过丰富企业画像、政策画像，抓取、研判企业动态，提前介入，靠前服务，做到惠企政策精准送达，实现从“企业找政策”到“政策找企业”的根本性转变。

（李娜　刘永明）

第一篇 综 合

Chapter 1 General Survey

1-1 行政建制(2021底)
Administrative Divisions,End of 2021

单位：个(unit)

项　目	Item	街道办事处 Subdistrict Offices	居民委员会 Residents' Committees	镇政府 Town Governments	乡政府 Township Governments	村民委员会 Village Committees
全市总计	**Total**	**124**	**1882**	**125**	**3**	**3520**
和平区	Heping District	6	64			
河东区	Hedong District	13	168			
河西区	Hexi District	14	149			
南开区	Nankai District	12	171			
河北区	Hebei District	10	118			
红桥区	Hongqiao District	9	114			
东丽区	Dongli District	11	103			
西青区	Xiqing District	5	131	7		133
津南区	Jinnan District	3	118	8		151
北辰区	Beichen District	8	155	9		121
武清区	Wuqing District	6	98	24		622
宝坻区	Baodi District	6	61	18		751
滨海新区	Binhai New Area	16	333	5		139
宁河区	Ninghe District	2	35	13		270
静海区	Jinghai District	2	31	16	2	384
蓟州区	Jizhou District	1	33	25	1	949

资料来源：天津市民政局
Source: Tianjin Municipal Civil Affairs Bureau

1-2 法人和产业活动单位数(2021年底)(按登记注册类型分)

Number of Judicial Entities and Establishments, End of 2021(Grouped by Registered Type)

单位：个(unit)

项 目	Item	合 计 Total	法人单位 Judicial Entities	# 企业法人 Enterprise Judicial Entities	产业活动单位 Establishments
总 计	**Total**	**432532**	**405795**	**376552**	**26737**
内 资	**Domestic-funded**	**423508**	**399355**	**370117**	**24153**
国 有	State-owned	13272	10863	1470	2409
集 体	Collective-owned	2083	1836	1445	247
股份合作	Cooperative	428	354	332	74
联营企业	Joint Ownership Enterprises	198	155	118	43
国有联营	State Joint Ownership	65	34	27	31
集体联营	Collective Joint Ownership	61	54	49	7
国有与集体联营	State-owned and Collective Joint Ownership	24	22	19	2
其他联营	Others	48	45	23	3
有限责任公司	Limited Liability Corporations	49617	44050	43976	5567
国有独资公司	Sole State-owned Corporations	1303	1126	1121	177
其他有限责任公司	Other Limited Liability Corporations	48314	42924	42855	5390
股份有限公司	Share Holding Corporations Ltd.	5833	2805	2789	3028
私营企业	Private Enterprises	330096	317938	316745	12158
私营独资	Sole Private Enterprises	18054	17724	17226	330
私营合伙	Private Partnership	7698	7634	7368	64
私营有限责任公司	Private Limited Liability Corporations	301845	290306	289886	11539
私营股份有限公司	Private Share Holding Corporations Ltd.	2499	2274	2265	225
其 他	Others	21981	21354	3242	627
港澳台商投资	**Enterprises with Investment from Hong Kong, Macao and Taiwan**	**3941**	**2565**	**2561**	**1376**
与港澳台商合资经营	Hong Kong, Macao and Taiwan Joint Venture	1143	1024	1023	119
与港澳台商合作经营	Hong Kong, Macao and Taiwan Cooperative Operation	43	31	30	12
港澳台商独资	Hong Kong, Macao and Taiwan Funded Solely	2196	1398	1397	798
港澳台商投资股份有限公司	Hong Kong, Macao and Taiwan Share Holding Corporations Ltd.	276	61	61	215
其他港澳台投资	Others	283	51	50	232
外商投资	**Foreign Funded Enterprises**	**5083**	**3875**	**3874**	**1208**
中外合资经营	Chinese-foreign Joint Venture	1168	1029	1029	139
中外合作经营	Chinese-foreign Cooperative Operation	63	53	53	10
外资企业	Foreign Investment Enterprise	3223	2533	2532	690
外商投资股份有限公司	Foreign-funded Share Holding Corporations Ltd.	280	100	100	180
其他外商投资	Others	349	160	160	189

1-3 法人和产业活动单位数(2021年底)(按行业类别分)

Number of Judicial Entities and Establishments, End of 2021(Grouped by Sector)

单位：个(unit)

项 目	Item	合 计 Total	法人单位 Judicial Entities	# 企业法人 Enterprise Judicial Entities	产业活动单位 Establishments
总 计	**Total**	**432532**	**405795**	**376552**	**26737**
农、林、牧、渔业	**Farming, Forestry, Animal Husbandry and Fishery**	**11033**	**10985**	**3235**	**48**
农 业	Farming	6331	6323	1345	8
林 业	Forestry	844	842	321	2
畜牧业	Animal Husbandry	2304	2284	930	20
渔 业	Fishery	943	941	396	2
农、林、牧、渔服务业	FFAF Services	611	595	243	16
采矿业	**Minerals Mining**	**98**	**70**	**70**	**28**
煤炭开采和洗选业	Mining and Washing of Coal	4	4	4	
石油和天然气开采业	Extraction of Petroleum and Natural Gas	13	6	6	7
黑色金属矿采选业	Mining and Processing of Ferrous Metal Ores	4	4	4	
有色金属矿采选业	Mining and Processing of Non-Ferrous Metal Ores	1	1	1	
非金属矿采选业	Mining and Processing of Nonmetal Ores	17	15	15	2
开采专业及辅助性活动	Professional and Support Activities for Mining	53	35	35	18
其他采矿业	Mining of Other Ores	6	5	5	1
制造业	**Manufacturing**	**45382**	**44654**	**44643**	**728**
农副食品加工业	Processing of Food from Agricultural Products	1189	1180	1175	9
食品制造业	Manufacture of Food	955	928	928	27
酒、饮料和精制茶制造业	Manufacture of Alcohol, Beverages and Refined Tea	226	222	222	4
烟草制品业	Manufacture of Tobacco	1	1	1	
纺织业	Manufacture of Textile	636	627	627	9
纺织服装、服饰业	Manufacture of Textile Wearing and Apparel	1095	1075	1075	20
皮革、毛皮、羽毛及其制品和制鞋业	Manufacture of Leather, Fur, Feather and Related Products, Footwear	232	227	227	5
木材加工和木、竹、藤、棕、草制品业	Processing of Timber, Manufacture of Wood, Bamboo, Rattan, Palm and Straw Products	897	885	885	12
家具制造业	Manufacture of Furniture	836	832	832	4
造纸和纸制品业	Manufacture of Paper and Paper Products	1397	1384	1384	13
印刷和记录媒介复制业	Printing, Reproduction of Recording Media	941	930	930	11
文教、工美、体育和娱乐用品制造业	Manufacture of Articles for Culture, Education, Industrial Art, Sport Activity and Amusement	1793	1784	1783	9
石油、煤炭及其他燃料加工业	Processing of Petroleum, Coal and Other Fuels	198	194	194	4

1-3续表1 *Continued*

单位：个(unit)

项 目	Item	合 计 Total	法人单位 Judicial Entities	# 企业法人 Enterprise Judicial Entities	产业活动单位 Establishments
化学原料和化学制品制造业	Manufacture of Raw Chemical Materials and Chemical Products	1786	1744	1743	42
医药制造业	Manufacture of Medicines	398	383	383	15
化学纤维制造业	Manufacture of Chemical Fibers	26	25	25	1
橡胶和塑料制品业	Manufacture of Rubber and Plastic	2401	2366	2366	35
非金属矿物制品业	Manufacture of Non-metallic Mineral Products	2212	2142	2142	70
黑色金属冶炼和压延加工业	Smelting and Pressing of Ferrous Metals	1297	1284	1284	13
有色金属冶炼和压延加工业	Smelting and Pressing of Non-ferrous Metals	422	421	421	1
金属制品业	Manufacture of Metal Products	6326	6242	6242	84
通用设备制造业	Manufacture of General Purpose Machinery	6548	6471	6471	77
专用设备制造业	Manufacture of Special Purpose Machinery	3919	3865	3865	54
汽车制造业	Manufacture of Motorcar	1308	1275	1274	33
铁路、船舶、航空航天和其他运输设备制造业	Railway, Watercraft, Aerospace and Other Transport Equipment	1808	1778	1777	30
电气机械和器材制造业	Manufacture of Electrical Machinery and Equipment	2241	2198	2198	43
计算机、通信和其他电子设备制造业	Manufacture of Computers, Communication and Other Electronic Equipment	1353	1332	1332	21
仪器仪表制造业	Manufacture of Measuring Instruments	997	982	982	15
其他制造业	Other Manufacturing	357	340	339	17
废弃资源综合利用业	Comprehensive Recycling of Waste	264	261	261	3
金属制品、机械和设备修理业	Metal Products, Machine and Equipment Repair	1323	1276	1275	47
电力、热力、燃气及水生产和供应业	**Production and Supply of Electricity, Heat, Gas and Water**	**1201**	**1113**	**1094**	**88**
电力、热力生产和供应业	Production and Supply of Electric Power and Heat Power	755	716	704	39
燃气生产和供应业	Production and Supply of Gas	145	115	113	30
水的生产和供应业	Production and Supply of Water	301	282	277	19
建筑业	**Construction**	**31504**	**30407**	**30407**	**1097**
房屋建筑业	Building Engineering	6026	5715	5715	311
土木工程建筑业	Civil Engineering	7691	7354	7354	337
建筑安装业	Building Installation	5302	5123	5123	179
建筑装饰和其他建筑业	Building Decoration and Others	12485	12215	12215	270

1-3续表2 *Continued*

单位：个(unit)

项　目	Item	合　计 Total	法人单位 Judicial Entities	#企业法人 Enterprise Judicial Entities	产业活动单位 Establishments
批发和零售业	**Wholesale and Retail Trade**	**113103**	**105134**	**104907**	**7969**
批发业	Wholesale	76455	74872	74688	1583
零售业	Retail	36648	30262	30219	6386
交通运输、仓储和邮政业	**Transportation, Storage and Post Services**	**19324**	**17796**	**17744**	**1528**
铁路运输业	Railway Transport	45	25	25	20
道路运输业	Highway Transport	8114	7797	7759	317
水上运输业	Waterway Transport	398	372	368	26
航空运输业	Air Transport	150	133	131	17
管道运输业	Pipeline Transport	21	18	18	3
多式联运和运输代理业	Intermodality and Forwarding	7006	6495	6494	511
装卸搬运和仓储业	Loading,Unloading and Storage	2752	2610	2605	142
邮政业	Post Services	838	346	344	492
住宿和餐饮业	**Accommodation and Catering Services**	**8192**	**6214**	**6210**	**1978**
住宿业	Accommodation	1513	1334	1332	179
餐饮业	Catering Services	6679	4880	4878	1799
信息传输、软件和信息技术服务业	**Information Transmitting, Software and Information Technology Services**	**19886**	**18967**	**18890**	**919**
电信、广播电视和卫星传输服务	Telecommunication, Broadcast Television and Satellite Transmission Services	736	341	333	395
互联网和相关服务	Internet and Relative Services	1836	1756	1740	80
软件和信息技术服务业	Software and Information Technology Services	17314	16870	16817	444
金融业	**Financial Intermediation**	**8432**	**5057**	**5040**	**3375**
货币金融服务	Monetary and Financial Services	5794	3392	3379	2402
资本市场服务	Capital Market Services	1405	1206	1205	199
保险业	Insurance	921	201	201	720
其他金融业	Others	312	258	255	54
房地产业	**Real Estate**	**17325**	**15153**	**15102**	**2172**
租赁和商务服务业	**Leasing and Business Services**	**55837**	**52813**	**51792**	**3024**
租赁业	Leasing Services	5861	5718	5701	143
商务服务业	Business Services	49976	47095	46091	2881

1-3续表3 *Continued*

单位：个(unit)

项 目	Item	合 计 Total	法人单位 Judicial Entities	#企业法人 Enterprise Judicial Entities	产业活动单位 Establishments
科学研究和技术服务业	**Scientific Research and Technical Services**	**51859**	**50466**	**49764**	**1393**
研究与试验发展	R&D	2801	2739	2640	62
专业技术服务业	Special Technical Services	11973	11243	10861	730
科技推广和应用服务业	Science and Technology Generalizing and Application Services	37085	36484	36263	601
水利、环境和公共设施管理业	**Management for Water Conservancy, Environment and Public Facilities**	**2328**	**2257**	**1884**	**71**
水利管理业	Management for Water Conservancy	192	173	45	19
生态保护和环境治理业	Ecological Protection and Management for Environment	289	280	251	9
公共设施管理业	Management for Public Facilities	1790	1751	1546	39
土地管理业	Management for Land	57	53	42	4
居民服务、修理和其他服务业	**Resident Services, Repair and Other Services**	**10272**	**9720**	**9471**	**552**
居民服务业	Resident Services	4402	4078	3914	324
机动车、电子产品和日用产品修理业	Motor Vehicle, Electronic Products and Household Products Repair Industry	3372	3222	3205	150
其他服务业	Others	2498	2420	2352	78
教 育	**Education**	**9524**	**8866**	**4697**	**658**
卫生和社会工作	**Health Care and Social Work**	**3483**	**3298**	**1782**	**185**
卫 生	Health Care	2525	2363	1557	162
社会工作	Social Work	958	935	225	23
文化、体育和娱乐业	**Culture, Sports and Recreational Services**	**10798**	**10481**	**9820**	**317**
新闻和出版业	News Publication	140	132	93	8
广播、电视、电影和音制作业	Broadcast, TV, Movies and Record Production Industry	1734	1674	1650	60
文化艺术业	Culture and Art	4266	4190	3884	76
体 育	Sports	1573	1481	1241	92
娱乐业	Recreational Services	3085	3004	2952	81
公共管理、社会保障和社会组织	**Public Management, Social Security and Social Organizations**	**12951**	**12344**		**607**
中国共产党机关	Chinese Communist Party Agencies	310	291		19
国家机构	Government Agencies	4112	3541		571
人民政协、民主党派	The People's Political Consultative Conference Committees and Democratic Parties	63	59		4
社会保障	Social Security	99	93		6
群众团体、社会团体和其他成员组织	Mass Organizations, Social Organizations and Other Groups	2849	2842		7
基层群众自治组织及其他组织	Grass-roots Mass Autonomy Organizations and Others	5518	5518		

1-4 各区法人和产业活动单位数(2021年底)(按登记注册类型分)

项　目	Item	和平区 Heping District	河东区 Hedong District
总　计	**Total**	**11586**	**14766**
内　资	**Domestic-funded**	**10883**	**14471**
国　有	State-owned	931	776
集　体	Collective-owned	89	108
股份合作	Cooperative	37	22
联营企业	Joint Ownership Enterprises	10	6
国有联营	State Joint Ownership	4	2
集体联营	Collective Joint Ownership	2	
国有与集体联营	State-owned and Collective Joint Ownership	1	2
其他联营	Others	3	2
有限责任公司	Limited Liability Corporations	2408	1715
国有独资公司	Sole State-owned Corporations	83	47
其他有限责任公司	Other Limited Liability Corporations	2325	1668
股份有限公司	Share Holding Corporations Ltd.	305	295
私营企业	Private Enterprises	6675	10880
私营独资	Sole Private Enterprises	439	526
私营合伙	Private Partnership	170	102
私营有限责任公司	Private Limited Liability Corporations	5954	10144
私营股份有限公司	Private Share Holding Corporations Ltd.	112	108
其　他	Others	428	669
港澳台商投资	**Enterprises with Investment from Hong Kong, Macao and Taiwan**	**330**	**189**
与港澳台商合资经营	Hong Kong, Macao and Taiwan Joint Venture	37	17
与港澳台商合作经营	Hong Kong, Macao and Taiwan Cooperative Operation	8	4
港澳台商独资	Hong Kong, Macao and Taiwan Funded Solely	187	117
港澳台商投资股份有限公司	Hong Kong, Macao and Taiwan Share Holding Corporations Ltd.	26	36
其他港澳台投资	Others	72	15
外商投资	**Foreign Funded Enterprises**	**373**	**106**
中外合资经营	Chinese-foreign Joint Venture	56	17
中外合作经营	Chinese-foreign Cooperative Operation	5	3
外资企业	Foreign Investment Enterprise	243	52
外商投资股份有限公司	Foreign-funded Share Holding Corporations Ltd.	24	23
其他外商投资	Others	45	11

Number of Judicial Entities and Establishments by Districts, End of 2021 (Grouped by Registered Type)

单位：个(unit)

河西区 Hexi District	南开区 Nankai District	河北区 Hebei District	红桥区 Hongqiao District	东丽区 Dongli District	西青区 Xiqing District
18806	**18147**	**12305**	**6923**	**29321**	**29106**
18279	**17703**	**12174**	**6823**	**29053**	**28469**
1026	865	576	512	786	798
83	98	73	60	205	156
45	41	8	4	9	9
9	15	4	1	11	14
1	4	2		2	6
2	2			4	3
2	1	1		2	2
4	8	1	1	3	3
3300	1752	1095	634	1804	3606
96	81	30	19	51	59
3204	1671	1065	615	1753	3547
534	360	287	162	265	326
12674	13934	9794	5161	25432	22686
870	1130	525	225	413	606
179	173	133	43	172	121
11406	12435	9030	4848	24693	21806
219	196	106	45	154	153
608	638	337	289	541	874
249	**216**	**72**	**60**	**91**	**183**
32	25	10	1	21	41
2	2		2	1	
140	139	46	40	47	110
34	27	10	11	7	17
41	23	6	6	15	15
278	**228**	**59**	**40**	**177**	**454**
49	28	5	6	49	96
3	1	1	1	4	1
163	154	39	21	99	340
28	22	8	7	13	10
35	23	6	5	12	7

1-4 续表

项　　目	Item	津南区 Jinnan District	北辰区 Beichen District
总　　计	**Total**	**31330**	**25838**
内　资	**Domestic-funded**	**30961**	**25491**
国　有	State-owned	654	568
集　体	Collective-owned	220	152
股份合作	Cooperative	11	73
联营企业	Joint Ownership Enterprises	6	13
国有联营	State Joint Ownership	1	1
集体联营	Collective Joint Ownership		10
国有与集体联营	State-owned and Collective Joint Ownership	2	2
其他联营	Others	3	
有限责任公司	Limited Liability Corporations	1171	1287
国有独资公司	Sole State-owned Corporations	39	52
其他有限责任公司	Other Limited Liability Corporations	1132	1235
股份有限公司	Share Holding Corporations Ltd.	281	403
私营企业	Private Enterprises	27277	22167
私营独资	Sole Private Enterprises	1035	782
私营合伙	Private Partnership	154	106
私营有限责任公司	Private Limited Liability Corporations	26001	21114
私营股份有限公司	Private Share Holding Corporations Ltd.	87	165
其　他	Others	1341	828
港澳台商投资	**Enterprises with Investment from Hong Kong, Macao and Taiwan**	**89**	**110**
与港澳台商合资经营	Hong Kong, Macao and Taiwan Joint Venture	19	24
与港澳台商合作经营	Hong Kong, Macao and Taiwan Cooperative Operation		3
港澳台商独资	Hong Kong, Macao and Taiwan Funded Solely	48	64
港澳台商投资股份有限公司	Hong Kong, Macao and Taiwan Share Holding Corporations Ltd.	10	11
其他港澳台投资	Others	12	8
外商投资	**Foreign Funded Enterprises**	**280**	**237**
中外合资经营	Chinese-foreign Joint Venture	50	71
中外合作经营	Chinese-foreign Cooperative Operation	3	1
外资企业	Foreign Investment Enterprise	204	149
外商投资股份有限公司	Foreign-funded Share Holding Corporations Ltd.	11	7
其他外商投资	Others	12	9

Continued

单位：个(unit)

武清区 Wuqing District	宝坻区 Baodi District	滨海新区 Binhai New Area	宁河区 Ninghe District	静海区 Jinghai District	蓟州区 Jizhou District
53858	**18670**	**111983**	**11099**	**21828**	**16966**
53212	**18579**	**107810**	**11012**	**21668**	**16920**
869	546	1932	779	639	1015
103	91	278	139	101	127
16	10	91	7	11	34
10	4	66	13	7	9
3	1	33	2		3
4	1	17	6	5	5
	1	5	2	1	
3	1	11	3	1	1
6545	1774	20184	869	430	1043
54	68	505	23	72	24
6491	1706	19679	846	358	1019
499	264	1368	102	192	190
41613	12784	81926	7511	17915	11667
1493	1476	2883	1306	2270	2075
2110	98	3579	74	379	105
37864	11132	74824	6037	15139	9418
146	78	640	94	127	69
3557	3106	1965	1592	2373	2835
262	**35**	**1959**	**31**	**52**	**13**
42	9	821	12	27	5
5	1	14	1		
189	20	1009	16	21	3
11	5	64	1	3	3
15		51	1	1	2
384	**56**	**2214**	**56**	**108**	**33**
70	21	589	15	35	11
2	6	26	2	4	
266	17	1378	21	63	14
22	5	86	6	1	7
24	7	135	12	5	1

1-5 国民经济和社会发展总量与速度指标

指 标	Item	总量指标 Aggregate Data 1978	2000	2010
人 口(万人)	**Population (10 000 persons)**			
年末常住人口	Year-end Permanent Population		1001.14	1299.29
# 城镇人口	Urban		724.83	1033.59
年末户籍人口	Year-end Registered Population	724.27	912.00	984.85
就 业(万人)	**Employment (10 000 persons)**			
城镇非私营单位从业人员	Employment Personnel in Urban Non-Private Units	217.40	201.75	205.65
城镇登记失业人数	Registrated Unemployment in Urban Areas		10.50	16.10
国民经济核算	**National Accounting**			
全市生产总值(亿元)	Gross Domestic Product (100 million yuan)	82.65	1591.67	6830.76
第一产业	Primary Industry	5.03	73.69	131.71
第二产业	Secondary Industry	57.53	794.75	3259.74
第三产业	Tertiary Industry	20.09	723.23	3439.31
人均生产总值(元)	Per Capita GDP (yuan)			
(按常住人口计算)	(Calculated by Permanent Population)	1133	16236	54053
财 政(亿元)	**Government Finance (100 million yuan)**			
一般公共预算收入	General Public Budget Revenue	39.25	133.61	1068.81
一般公共预算支出	General Public Budget Expenditure	14.51	187.05	1376.84
对外贸易(亿美元)	**Foreign Trade (USD 100 million)**			
货物进出口总额	Total Value of Imports and Exports	9.88	171.57	822.01
出口额	Exports	8.65	86.29	375.17
进口额	Imports	1.24	85.28	446.84
物价总指数(上年=100)	**Price Indices (preceding year=100)**			
居民消费价格指数	Consumer Price Index	100.0	99.6	103.5
商品零售价格指数	Retail Price Index	100.0	98.6	103.4

注：1.本表价值指标除邮电业务总量按不变价格计算外，其余均按当年价格计算。邮电业务总量1978-1989年按1980年不变价格计算，1990-2000年按1990年不变价格计算，2001-2010年按2000年不变价格计算，2011-2015年按2010年不变价格计算，2016-2020年起按2015年不变价格计算，2021年起按2020年不变价格计算，表17-8同。2.本表速度指标中，全市生产总值、农林牧渔业总产值、邮电业务总量指标均按不变价格计算，表17-8和17-9同。

Principal Aggregate Indicators on National Economic and Social Development and Growth Rates

		指数(%)(2021为以下各年) Index(%)(2021 as Percentage of the Following Years)				平均增长速度(%) Average Annual Growth Rate (%)		
2020	2021	1978	2000	2010	2020	1979–2021	2001–2021	2011–2021
1386.60	1373.00		137.1	105.7	99.0		1.5	0.5
1174.44	1165.40		160.8	112.8	99.2		2.3	1.1
1130.68	1151.56	159.0	126.3	116.9	101.8	1.1	1.1	1.4
255.33	256.44	118.0	127.1	124.7	100.4	0.4	1.1	2.0
27.01	27.45		261.4	170.5	101.6		4.7	5.0
14007.99	15695.05	4495.1	662.2	205.0	106.6	9.3	9.4	6.7
210.34	225.41	745.6	189.1	124.8	102.7	4.8	3.1	2.0
911.77	5854.27	4443.4	708.1	187.2	106.5	9.2	9.8	5.9
8885.88	9615.37	5680.4	626.1	221.1	106.7	9.8	9.1	7.5
101068	113732	2342.2	470.2	187.5	107.0	7.6	7.7	5.9
1923.11	2141.06	5454.9	1602.5	200.3	111.3	9.7	14.1	6.5
3151.35	3152.55	21726.7	1685.4	229.0	100.0	13.3	14.4	7.8
1059.31	1325.65	13417.5	772.7	161.3	124.7	12.1	10.2	4.4
443.60	599.66	6932.5	694.9	159.8	135.2	10.4	9.7	4.4
615.71	725.99	58547.6	851.3	162.5	117.1	16.0	10.7	4.5
102.0	101.3	702.5	156.9	129.9	101.3	4.6	2.2	2.4
101.0	101.5	429.0	125.0	119.2	101.5	3.4	1.1	1.6

Note: a) Figures in value terms in this table are current prices, except for the total post and telecommunication business, which is at 1980 constant prices from 1978 to 1989, at 1990 constant prices from 1990 to 2000, at 2000 constant prices from 2001 to 2010， at 2010 constant prices from 2011 to 2015 ang at 2020 constant prices from 2016 to 2020. Since 2021, it was calculated at 2020 constant prices, and same as table 17-8. b)The indices and growth rates of the follow indicators are calculated at constant prices: gross domestic product, gross output value of agriculture, forestry, animal husbandry and fishery, business value of post and telecommunication services. Same as tables 17-8 and 17-9.

1-5续表1

指 标	Item	1978	2000
能源生产与消费(万吨标准煤)	**Production and Consumption of Energy (10 000 tons of SCE)**		
一次能源生产量	Primary Energy Production		1201.94
能源终端消费量	Energy Final Consumption		2553.60
农 业(亿元)	**Agriculture (100 million yuan)**		
农林牧渔业总产值	Gross Output Value of Agriculture, Forestry, Animal Husbandry and Fishery	6.72	156.30
建筑业(亿元)	**Construction (100 million yuan)**		
建筑业总产值	Gross Output Value	8.78	238.10
交通运输、邮政业和信息传输	**Transportation, Postal and Information Transmission**		
港口货物吞吐量(万吨)	Volume of Freight Handled at Coastal Ports (10 000 tons)	1131	9582
集装箱吞吐量(万国际标准箱)	Handled Containers (10 000 TEU)	1	171
邮电业务总量(不变价)(亿元)	Business Value of Post and Telecommunication Services (Constant Price)(100 million yuan)	0.27	75.37
移动电话年末用户(万户)	Number of Mobile Telephone Subscribers at Year-end (10 000 subscribers)		122.8
固定电话年末用户(万户)	Number of Fixed Telephone Subscribers at Year-end (10 000 subscribers)	8.4	247.1
金融业(亿元)	**Financial Intermediation (100 million yuan)**		
中资金融机构人民币存款年末余额	RMB Deposits Balance of Chinese Financial Institutions Year-end	33.24	2281.55
中资金融机构人民币贷款年末余额	RMB Loans Balance of Chinese Financial Institutions Year-end	80.14	1863.60
累计股票筹资额	Accumulated Capital Raised		32.79
保险公司保费金额	Insurance Premium of Insurance Companies		31.47
保险公司赔款及给付金额	Indemnity Expenditure and Payment of Insurance Companies		7.20
教 育(万人)	**Education(10 000 persons)**		
普通高校在校学生数	Students Enrollment Regular HEIs	2.32	11.77
普通中学在校学生数	Students Enrollment Regular Secondary Schools	76.40	57.06
普通小学在校学生数	Students Enrollment Regular Primary Schools	78.68	71.71
文 化	**Culture**		
图书出版总印数(万册)	Number of Books Published (10 000 copies)	7367	5881
电视制作节目时间(万小时)	Time for TV Programs Production (10 000 hours)		

Continued

总量指标 Aggregate Data			指数(%)(2021为以下各年) Index(%)(2021 as Percentage of the Following Years)				平均增长速度(%) Average Annual Growth Rate (%)		
2010	2020	2021	1978	2000	2010	2020	1979–2021	2001–2021	2011–2021
5007.63	5318.13	5546.36		461.5	110.8	104.3		7.6	0.9
5860.20	8206.70	8193.51		320.9	139.8	99.8		5.7	3.1
289.41	476.44	509.26	1177.1	205.1	130.9	102.1	5.9	3.5	2.5
2424.49	4388.17	4653.05	52996.0	1954.2	191.9	106.0	15.7	15.2	6.1
41325	50290	52954	4682.1	552.6	128.1	105.3	9.4	8.5	2.3
1008	1835	2027	202700.0	1185.4	201.1	110.5	19.4	12.5	6.6
435.16	1779.54	345.07	2839682.2	20778.9	2654.6	128.9	26.9	28.9	34.7
1089.6	1711.0	1745.1		1421.1	160.2	102.0		13.5	4.4
366.8	325.8	311.2	3722.5	126.0	84.8	95.5	8.8	1.1	-1.5
15912.21	32685.23	34355.20	103355.0	1505.8	215.9	105.1	17.5	13.8	7.2
12864.75	37340.85	39717.35	49560.0	2131.2	308.7	106.4	15.5	15.7	10.8
361.66	792.72	1018.37		3105.7	281.6	128.5		17.8	9.9
214.01	672.09	660.47		2098.7	308.6	98.3		15.6	10.8
54.19	168.18	187.30		2601.4	345.6	111.4		16.8	11.9
42.92	57.22	58.34	2514.7	495.7	135.9	102.0	7.8	7.9	2.8
45.86	49.04	53.16	69.6	93.2	115.9	108.4	-0.8	-0.3	1.4
50.59	73.01	75.19	95.6	104.9	148.6	103.0	-0.1	0.2	3.7
3774	9485	9746	132.3	165.7	258.2	102.8	0.7	2.4	9.0
2.2	1.7	2.9			131.8	170.6			2.5

1-5续表2

指 标	Item	1978	2000
科 技(亿元)	**Science and Technology (100 million yuan)**		
研究与试验发展经费支出	Expenditures on Research and Development		24.69
婚姻家庭(对)	**Marriages and Divorces, Family Size (couple)**		
结婚登记总数	Registered Number of Marriages	63599	61416
离婚数	Number of Divorces	1481	13338
居民生活	**Living**		
城镇居民人均可支配收入(元)	Per Capita Annual Disposable Income of Urban Residents (yuan)	388	7946
农村居民人均可支配收入(元)	Per Capita Annual Disposable Income of Rural Residents (yuan)	153	3598
中资金融机构人民币住户存款余额(亿元)	RMB Household Deposits of Chinese Financial Institutions (100 million yuan)	4.02	1172.40
卫 生	**Health Care**		
医院、卫生院(个)	Number of Hospitals and Health Care Centers (unit)	310	488
执业(助理)医师(万人)	Number of Licensed (Assistant) Doctors (10 000 persons)	1.58	3.00
医院、卫生院床位数(万张)	Number of Beds of Hospitals and Health Care Centers (10 000 units)	1.73	3.88
城市市政建设	**Municipal Works**		
自来水供水总量(亿吨)	Annual Supply of Tap Water (100 million tons)	2.16	6.11
天然气销售量(亿立方米)	Volume of Natural Gas Supply (100 million cu.m)	2.05	2.35
供热面积(万平方米)	Heating Area (10 000 sq.m)		3260
年末实有铺装道路长度(公里)	Length of Paved Roads at Year-end (km)	764	3608
排水管道长度(公里)	Length of Sewer Pipelines (km)	1051	7032
年末公共交通车辆运营数(辆)	Number of Public Vehicles in Operation at Year-end (unit)	1205	5358
城市绿地面积(平方公里)	Areas of Green Land (sq.km)		17.70

Continued

总量指标 Aggregate Data			指数(%)(2021为以下各年) Index(%)(2021 as Percentage of the Following Years)				平均增长速度(%) Average Annual Growth Rate (%)		
2010	2020	2021	1978	2000	2010	2020	1979-2021	2001-2021	2011-2021
229.56	485.01	574.33		2326.2	250.2	118.4		16.2	8.7
86799	89844	80408	126.4	130.9	92.6	89.5	0.5	1.3	-0.7
28132	72353	39387	2659.5	295.3	140.0	54.4	7.9	5.3	3.1
21800	47659	51486	13269.6	647.9	236.2	108.0	12.0	9.3	8.1
9764	25691	27955	18271.2	777.0	286.3	108.8	12.9	10.3	10.0
5525.28	14843.50	16223.20	403562.2	1383.8	293.6	109.3	21.3	13.3	10.3
438	566	570	183.9	116.8	130.1	100.7	1.4	0.7	2.4
2.85	4.92	5.18	327.8	172.7	181.8	105.3	2.8	2.6	5.6
4.41	6.54	6.62	382.7	170.6	150.1	101.2	3.2	2.6	3.8
7.72	9.03	9.47	438.4	155.0	122.7	104.9	3.5	2.1	1.9
15.80	58.94	66.41	3239.5	2826.0	420.3	112.7	8.4	17.2	13.9
24034	55336	56716		1739.8	236.0	102.5		14.6	8.1
5439	9234	9387	1228.7	260.2	172.6	101.7	6.0	4.7	5.1
15140	22338	23402	2226.6	332.8	154.6	104.8	7.5	5.9	4.0
7928	12399	13258	1100.2	247.4	167.2	106.9	5.7	4.4	4.8
77.01	107.24	101.54		573.7	131.9	94.7		8.7	2.5

1-6 国民经济和社会发展结构指标
Structural Indicators of National Economy and Social Development

单位：%(%)

指　标	Item	2000	2010	2020	2021
常住人口	**Resident Permanent**				
城　镇	Urban	72.4	79.6	84.7	84.9
乡　村	Rural	27.6	20.4	15.3	15.1
户籍人口	**Registered Population**				
男　性	Male	50.5	50.3	49.6	49.6
女　性	Female	49.5	49.7	50.4	50.4
全市生产总值	**Gross Domestic Product**				
第一产业	Primary Industry	4.6	1.9	1.5	1.4
第二产业	Secondary Industry	49.9	47.7	35.1	37.3
第三产业	Tertiary Industry	45.5	50.4	63.4	61.3
一般公共预算收入	**General Public Budget Revenue**				
# 增值税	Value-added Tax	19.5	11.2	33.8	31.4
企业所得税	Income Tax of Enterprises	21.9	11.8	16.1	15.8
个人所得税	Individual Income Tax	8.5	4.0	5.4	6.0
能源使用	**Energy Consumption**				
农林牧渔业	Farming, Forestry, Animal Husbandry and Fishery	2.3	1.4	1.3	1.3
工业和建筑业	Industry and Construction	61.5	72.2	67.2	65.0
服务业	Service Industry	24.9	15.0	16.4	18.1
生活消费	Living Consumption	11.4	11.5	15.1	15.6
农林牧渔业产值	**Gross Output Value of FFAF**				
农　业	Farming	53.4	51.7	48.0	50.7
林　业	Forestry	0.9	0.8	3.3	1.9
牧　业	Animal Husbandry	33.1	28.2	30.5	28.0
渔　业	Fishery	12.6	16.2	14.3	15.9
农林牧渔服务业	FFAF Services		3.1	3.9	3.5
建筑业总产值	**Gross Output Value of Construction**				
房屋和土木工程建筑	Building and Civil Engineering	81.4	81.9	85.7	86.2
建筑安装业	Equipment Installation	16.6	10.7	8.2	8.0
建筑装饰和其他建筑业	Building Decoration and Others	2.0	7.4	6.1	5.8
货运量	**Freight Traffic**				
铁　路(天津地区)	Railway (Tianjin Area)	11.7	18.3	20.8	20.4
公　路	Highway	71.1	50.1	60.2	60.0
水运、民航	Waterway and Civil Aviation	15.8	28.6	17.1	17.7
管道运输	Pipelines	1.5	3.0	1.9	2.0

1-6续表 *Continued*

单位：%(%)

指 标	Item	2000	2010	2020	2021
进出口贸易总额	**Imports and Exports**				
出口总额	Exports	50.3	45.6	41.9	45.2
进口总额	Imports	49.7	54.4	58.1	54.8
金融机构存款余额	**Deposits of Financial Institutions**				
中资金融机构	Chinese Financial Institutions		98.1	98.7	98.8
外资金融机构	Foreign Financial Institutions		1.9	1.3	1.2
金融机构贷款余额	**Loans of Financial Institutions**				
中资金融机构	Chinese Financial Institutions		97.4	99.0	99.1
外资金融机构	Foreign Financial Institutions		2.6	1.0	0.9
在校学生	**Student Enrollment**				
普通高校	University and College Students	7.3	28.1	30.3	29.6
普通中学	Regular Secondary School Students	48.5	38.8	31.1	32.2
普通小学	Regular Primary School Students	44.2	33.1	38.6	38.2
卫生机构	**Structure of Health Care Institutions**				
# 医院、卫生院	Hospitals and Health Care Centers	16.4	16.3	9.7	9.4
卫生技术人员	**Structure of Medical Technical Personnel**				
# 执业(助理)医师	Licensed (Assistant) Doctors	46.1	40.7	43.2	42.5
注册护士	Registered Nurses	33.3	34.5	37.5	38.5
城镇居民消费	**Consumption of Urban Residents**				
食品烟酒	Food, Tobacco and Liquor	40.1	35.9	29.5	26.9
衣 着	Clothing	8.9	9.4	6.0	5.6
居 住	Residence	9.2	9.8	25.1	23.1
用品及其他	Articles for Daily Use and Others	41.8	45.0	39.3	44.4
农村居民消费	**Consumption of Rural Residents**				
食品烟酒	Food, Tobacco and Liquor	42.6	39.0	33.4	33.1
衣 着	Clothing	9.3	9.0	6.0	5.6
居 住	Residence	29.1	25.5	20.9	19.1
用品及其他	Articles for Daily Use and Others	19.0	26.5	39.7	42.3
空气质量	**Air Quality**				
二级和好于二级的天数	Days of Grade II and Better than Grade II		84.4	66.9	72.3

1-7 国民经济和社会发展比例和效益指标
Main Indicators of Proportion and Benefit in National Economy and Social Development

单位：%(%)

指　　标	Item	2000	2010	2020	2021
人　口	**Population**				
出生率(‰)	Birth Rate(‰)	7.72	8.18	5.99	5.30
死亡率(‰)	Death Rate(‰)	6.17	5.58	5.92	6.23
自然增长率(‰)	Natural Growth Rate(‰)	1.55	2.60	0.07	-0.93
就　业	**Employment**				
城镇登记失业率	Unemployment Rate Registered in Urban Areas	3.2	3.6	3.6	3.7
直接利用外资	**Direct Use of Foreign Capital**				
实际使用外资金额相当于签约额比例	Proportion of Actual Use of Foreign Capital to Foreign Investment Contracted	55.7	70.9	13.1	17.7
农　业	**Agriculture**				
每公顷耕地农业机械总动力(千瓦)	Total Power of Agricultural Machinery per Hectare of Cultivated Land(kW)	14.0	14.7	10.3	10.7
每公顷播种面积农产品产量(吨)	Output of Crops per Hectare of Sown Area(ton)				
粮　食	Grain	3.6	5.2	6.5	6.7
棉　花	Cotton	1.2	1.2	1.3	1.1
油　料	Oil-bearing Crops	1.3	3.0	3.9	3.4
规模以上工业	**Industry**				
总资产贡献率	Ratio of Total Assets to Industrial Output Value	8.9	17.3	7.7	9.8
营业收入利润率	Ratio of Profits to Operating Revenue	6.2	9.0	5.1	6.5
每百元资产实现的营业收入(元)	Operating Revenue on Assets per 100 yuan(yuan)	66.4	118.8	87.7	98.1
建筑业	**Construction**				
产值利润率	Ratio of Pre-tax Profit to Gross Output Value	1.1	2.7	1.6	1.8
产值利税率	Ratio of Profits and Taxes to Gross Output Value	4.0	6.0	3.7	3.7
全员劳动生产率(万元/人)	Overall Labour Productivity(10 000 yuan/person)	8.68	37.03	39.13	52.57

1-7续表 *Continued*

单位：%(%)

指 标	Item	2000	2010	2020	2021
邮电通信业	**Post and Telecommunication Services**				
电话普及率(含移动电话)(部/百人)	Access to Telephones (Include Mobile Phone)(set/100 persons)	46.6	112.1	146.8	149.8
移动电话普及率(部/百人)	Access to Mobile Phones(set/100 persons)	12.3	83.9	123.4	127.1
每一邮电局所服务面积(平方公里)	Average Service Area per Post and Telecommunications Office(sq.km)	21.2	14.1	14.9	14.9
教 育	**Education**				
新增劳动力平均受教育年限(年)	Average Year of Education of Newly Increased Labour (year)		14.68	15.63	15.70
学龄儿童毛入学率	Percentage of School-aged Children Enrolled	99.99	122.95	105.08	107.52
初中毕业升学率	Percentage of Entering Senior Secondary Schools	89.40	110.26	98.17	98.22
卫 生	**Health Care**				
平均每个医院、卫生院负担人口(万人)	Average Burden Population of Each Hospital and Health Care Centers (10 000 person)	1.87	2.89	2.45	2.42
病床周转次数(次)	Turnover of Beds (time)	13	23	20	25
病床使用率	Utilization Rate of Beds	56	78	57	63
文 化	**Culture**				
每百万人有公共图书馆(个)	Number of Public Libraries per Million Persons (unit)	3.1	2.4	1.9	1.5
每百万人有博物馆(个)	Number of Museums per Million Persons (unit)	1.4	1.4	5.1	5.0
婚 姻	**Marriages and Divorces**				
粗离婚率(‰)	Crude Divorce Rate (‰)	1.4	2.2	5.2	2.9
居民生活	**People's Life**				
城镇与农村居民收入增长率比例(以农村居民收入指数为100)	Proportion of Growth Rate of Annual Income of Urban Residents to the Growth Rate of Annual Income of Rural Residents (rural=100)	98.7	97.2	99.8	99.3

1-8 平均每天社会经济活动(2018—2021年)
Average Daily Social and Economic Activities,2018-2021

指　标	Item	单 位	Unit	2018	2019	2020	2021
全市每天创造的财富 Daily Production							
全市生产总值	Gross Domestic Product	亿 元	100 million yuan	36.61	38.51	38.27	43.00
第一产业	Primary Industry	亿 元	100 million yuan	0.48	0.51	0.57	0.62
第二产业	Secondary Industry	亿 元	100 million yuan	13.25	13.55	13.42	16.04
第三产业	Tertiary Industry	亿 元	100 million yuan	22.88	24.45	24.28	26.34
一般公共预算收入	General Public Budget Revenue	亿 元	100 million yuan	5.77	6.60	5.25	5.87
主要工业产品产量	Output of Major Industrial Products						
粗　钢	Crude Steel	万 吨	10 000 tons	4.96	6.01	5.93	5.00
钢　材	Steel Products	万 吨	10 000 tons	12.96	14.95	15.64	16.42
水　泥	Cement	万 吨	10 000 tons	1.79	1.88	1.51	1.73
天然原油	Crude Petroleum Oil	万 吨	10 000 tons	8.45	8.53	8.86	9.33
原　盐	Salt	吨	ton	5360	5159	5344	4980
发电量	Electricity	万千瓦时	10 000 kWh	19159	19601	20632	21238
汽　车	Motor Vehicle	辆	unit	2363	2853	2584	2029
两轮脚踏自行车	Bicycle	万 辆	10 000 units	6.36	4.93	6.08	7.35
微波炉	Microwave Oven	万 台	10 000 sets	1.64	1.58	1.59	1.60
布	Cloth	万 米	10 000 m	22	102	11	11
纱	Yarn	吨	ton	36	35	24	16
天然气	Natural Gas	万立方米	10 000 cu.m	930	956	992	1069
硫　酸	Sulfuric Acid	吨	ton	581	527	590	589
烧　碱	Caustic Soda	吨	ton	2550	2372	2249	1886
合成洗涤剂	Synthetic Detergents	吨	ton	1736	1322	1010	915
饮料酒	Alcoholic Beverage	千 升	kL	1052	912	661	635
集成电路	Integrated Circuits	万 块	10 000 units	446	404	517	817
锂离子电池	Lithium-ion Battery	万 只	10 000 units	172	180	200	252
主要农产品产量	Output of Major Farm Products						
粮　食	Grain	吨	ton	5745	6116	6234	6846
棉　花	Cotton	吨	ton	50	50	28	11
油　料	Oil-bearing Crops	吨	ton	20	11	8	8
肉　类	Meat	吨	ton	928	834	809	836
蛋　类	Eggs	吨	ton	532	530	569	525
奶　类	Milk	吨	ton	1316	1298	1368	1419
蔬　菜	Vegetables	吨	ton	6958	6652	7281	6547
水产品	Aquatic Products	吨	ton	894	718	778	749
水　果	Fruit	吨	ton	1091	980	867	829

1-8续表 *Continued*

指 标	Item	单 位	Unit	2018	2019	2020	2021
全市每天消费量	**Daily Consumption**						
生活用煤、气、水、电	Coal, Gas, Water & Electricity for Living						
煤 炭	Coal	万 吨	10 000 tons	0.12	0.10	0.06	0.06
液化石油气	Liquid Petroleum Gas	吨	ton	262	212	206	232
天然气和煤气	Natural Gas and Coal Gas	万立方米	10 000 cu.m	266	268	332	357
水	Water	万 吨	10 000 tons	114.6	118.6	126.0	130.6
电	Electricity	万千瓦时	10 000 kWh	3058	3128	3445	3670
每天其他经济活动	**Other Daily Economic Activities**						
社会货物运输量	Freight Traffic	万 吨	10 000 tons	147	156	146	158
客运量	Passenger Traffic	万人次	10 000 person-times	52.7	53.7	31.7	37.0
港口货物吞吐量	Freight Handled at Ports	万 吨	10 000 tons	139	135	137	145
邮电业务总量(不变价)	Total Business Value of Post and Telecommunication Services (constant price)	万 元	10 000 yuan	23316	36816	48621	9454
出版图书	Books Published	万 册	10 000 copies	26	32	26	27
出版报纸	Newspapers Issued	万 份	10 000 copies	87	68	54	51
出版期刊	Magazines Issued	万 册	10 000 copies	7	8	7	7
邮寄快递	Letters Delivered	万 件	10 000 copies	158	191	254	338
外贸出口总额	Total Value of Exports in Foreign Trade	亿 元	100 million yuan	8.79	8.27	8.40	10.62
实际使用外资金额	Actual Use of Foreign Capital	万美元	USD 10 000	1329	1296	1294	1476
全社会房屋竣工面积	Floor Space of Buildings Completed	万平方米	10 000 sq.m	6.28	4.68	4.56	5.30
每天人口和婚姻动态	**Daily Population Changes And Marriages**						
出生人口	Birth	人	person	285	288	227	200
死亡人口	Death	人	person	232	227	224	236
结婚对数	Marriages	对	couple	267	264	245	220
离婚对数	Divorces	对	couple	177	204	198	108

1-9 国民经济主要指标人均水平(2019—2021年)

Per Capita Annual Level of Main Indicators of National Economy,2019-2021

指 标	Item	单 位	Unit	2019	2020	2021
全市生产总值	Gross Domestic Product	万 元	10 000 yuan	10.16	10.11	11.37
一般公共预算收入	General Public Budget Revenue	万 元	10 000 yuan	1.74	1.39	1.55
一般公共预算支出	General Public Budget Expenditure	万 元	10 000 yuan	2.57	2.27	2.28
主要工业产品产量	Output of Major Industrial Products					
天然原油	Crude Petroleum Oil	吨	ton	2.25	2.34	2.47
天然气	Natural Gas	立方米	cu.m	252	262	283
发电量	Electricity	千瓦时	kWh	5169	5449	5618
粗 钢	Crude Steel	吨	ton	1.59	1.57	1.32
钢 材	Steel Products	吨	ton	3.94	4.13	4.34
水 泥	Cement	吨	ton	0.50	0.40	0.46
锂离子电池	Lithium-ion Battery	只	unit	47	53	67
集成电路	Integrated Circuits	块	unit	107	137	216
农林牧渔业总产值	Gross Output Value of FFAF	元	yuan	2994	3438	3691
主要农产品产量	Output of Major Farm Products					
粮 食	Grain	公 斤	kg	161	165	181
棉 花	Cotton	公 斤	kg	1.3	0.7	0.3
油 料	Oil-bearing Crops	公 斤	kg	0.3	0.2	0.2
蔬 菜	Vegetables	公 斤	kg	175	192	173
肉 类	Meat	公 斤	kg	22	21	22
蛋 类	Eggs	公 斤	kg	14	15	14
奶 类	Milk	公 斤	kg	34	36	38
水产品	Aquatic Products	公 斤	kg	19	21	20
水 果	Fruit	公 斤	kg	26	23	22
外贸出口总额	Total Value of Exports in Foreign Trade	万 元	10 000 yuan	2.18	2.22	2.81
社会货物运输量	Freight Traffic	吨	ton	41.14	38.65	41.72

主要统计指标解释

国民经济行业分类

《国民经济行业分类》（GB/T 4754-2017）是由国家统计局组织修订，自 2017 年 10 月 1 日开始执行。此次修订《国民经济行业分类》，门类、大类的调整在参考联合国 ISIC Rev.4 的同时，更多的是考虑部门管理和统计工作需要；中类的调整多为部门管理需要；小类的调整除考虑上述因素外，还要保证与联合国标准的对接转换。修订后的《国民经济行业分类》（GB/T 4754-2017）共有门类 20 个，大类 97 个，中类 473 个，小类 1381 个。

三次产业划分

三次产业的划分是世界上较为常用的产业结构分类，但各国的划分不尽一致。根据国家统计局《三次产业划分规定》和《国民经济行业分类》(GB/T 4754-2017),我国的三次产业划分是:

第一产业是指农、林、牧、渔业(不含农、林、牧、渔专业及辅助性活动)。

第二产业是指采矿业(不含开采专业及辅助活动)，制造业(不含金属制品、机械和设备修理业)，电力、热力、燃气及水生产和供应业，建筑业。

第三产业即服务业，是指除第一、二产业以外的其他行业。

法人单位

指同时具备以下条件的单位：1.依法成立、有自己的名称、组织机构和场所、能够独立承担民事责任；2.独立拥有和使用（或授权使用）资产或者经费、承担负债、有权与其他单位签订合同；3.具有包括资产负债表在内的账户，或者能够根据需要编制账户。法人单位包括企业法人、事业单位法人、机关法人、社会团体法人、民办非企业法人和其他法人。

产业活动单位

指经过法定程序批准成立的、不能独立承担民事责任的单位。包括：由各级工商行政管理机关核准登记，领取《营业执照》的分支机构或经营单位；由各级登记主管机关备案，或依据相关法律法规由各级主管部门批准建立的事业单位分支机构和社会团体分支机构。产业活动单位是法人单位的组成部分，应同时具备以下三个条件：1.在一个场所从事或主要从事一种社会经济活动；2.相对独立组织生产经营或业务活动；3.能够掌握收入和支出等业务考核资料。

登记注册类型

企业单位的登记注册类型，依据其在市场监管部门登记注册的类型填写。机关、事业单位和社会团体及其他组织的登记注册类型，按其主要经费来源和管理方式，根据实际情况，比照《关于划分企业登记注册类型的规定》确定。

市场监管部门对企业(单位)登记注册的类型分为以下几种:

国有企业 指企业全部资产归国家所有，并按《中华人民共和国企业法人登记管理条例》规定登记注册的非公司制的经济组织。不包括有限责任公司中的国有独资公司。

集体企业 指企业资产归集体所有，并按《中华人民共和国企业法人登记管理条例》规定登记注册的经济组织。

股份合作企业 指以合作制为基础，由企业职工共同出资入股，吸收一定比例的社会资产投资组建，实行自主经营，自负盈亏，共同劳动，民主管理，按劳分配与按股分红相结合的一种集体经济组织。

联营企业 指两个及两个以上相同或不同所有制性质的企业法人或事业单位法人，按自愿、平等、互利的原则，共同投资组成的经济组织。联营企业包括国有联营企业、集体联营企业、国有与集体联营企业和其他联营企业。

有限责任公司 指根据《中华人民共和国公司登记管理条例》规定登记注册，由两个以上，五十个以下的股东共同出资，每个股东以其所认缴的出资额对公司承担有限责任，公司以其全部资产对其债务承担责任的经济组织。有限责任公司包括国有独资公司以及其他有限责任公司。

股份有限公司 指根据《中华人民共和国公司登记管理条例》规定登记注册，其全部注册资本由等额股份构成并通过发行股票筹集资本，股东以其认购的股份对公司承担有限责任，公司以其全部资产对其债务承担责任的经济组织。

私营企业 指由自然人投资设立或由自然人控股，以雇佣劳动为基础的营利性经济组织。包括按照《公司法》《合伙企业法》《私营企业暂行条例》以及《个人独资企业法》规定登记注册的私营独资企业、私营合伙企业、私营有限责任公司、私营股份有限公司和个人独资企业。

其他内资企业 指上述第（1）条至第（7）条之外的其他内资经济组织。

港澳台商合资经营企业 指港澳台地区投资者与内地的企业依照《中华人民共和国中外合资经营企业法》及有关法律的规定，按合同规定的比例投资设立，分享利润和分担风险的企业。

港澳台商合作经营企业 指港澳台地区投资者与内地企业依照《中华人民共和国中外合作经营企业法》及有关法律的规定，依照合作合同的约定进行投资或提供条件设立，分配利润、分担风险和亏损的企业。

港澳台商独资经营企业 指依照《中华人民共和国外资

企业法》及有关法律的规定，在内地由港澳台地区投资者全额投资设立的企业。

港澳台商投资股份有限公司 指根据国家有关规定，经商务部（原外经贸部）批准设立，并且其中港、澳、台商的股本占公司注册资本的比例达25%以上的股份有限公司。凡其中港、澳、台商的股本占公司注册资本的比例小于25%的，属于内资中的股份有限公司。

其他港澳台商投资企业 指在中国境内参照《外国企业或个人在中国境内设立合伙企业管理办法》和《外商投资合伙企业登记管理规定》，依法设立的港、澳、台商投资合伙企业。

中外合资经营企业 指外国企业或外国人与中国内地企业依照《中华人民共和国中外合资经营企业法》及有关法律的规定，按合同规定的比例投资设立，分享利润和分担风险的企业。

中外合作经营企业 指外国企业或外国人与中国内地企业依照《中华人民共和国中外合作经营企业法》及有关法律的规定，依照合作合同的约定进行投资或提供条件设立，分配利润、分担风险和亏损的企业。

外资企业 指依照《中华人民共和国外资企业法》及有关法律的规定，在中国内地由外国投资者全额投资设立的企业。

外商投资股份有限公司 指根据国家有关规定，经商务部（原外经贸部）批准设立，并且其中外资的股本占公司注册资本的比例达25%以上的股份有限公司。凡其中外资股本占公司注册资本的比例小于25%的，属于内资中的股份有限公司。

其他外商投资企业 指在中国境内依照《外国企业或个人在中国境内设立合伙企业管理办法》和《外商投资合伙企业登记管理规定》，依法设立的外商投资合伙企业。

城乡划分标准

根据国务院国函[2008]60号文件中《统计上划分城乡的规定》，城乡划分标准为：以我国的行政区划为基础，以民政部门确认的居民委员会和村民委员会辖区为划分对象，以实际建设为划分依据，将我国的地域划分为城镇和乡村。

实际建设是指已建成或在建的公共设施、居住设施和其他设施。

城镇包括城区和镇区。

城区是指在市辖区和不设区的市，区、市政府驻地的实际建设连接到的居民委员会和其他区域。

镇区是指在城区以外的县人民政府驻地和其他镇，政府驻地的实际建设连接到居民委员会和其他区域。与政府驻地的实际建设不连接，且常住人口在3000人以上的独立的工矿区、开发区、科研单位、大专院校等特殊区域及农场、林场的场部驻地视为镇区。

乡村是指该规定划定的城镇以外的区域。

现行价格（或称当年价格）

指报告期的实际价格，如工业品的出厂价格，农副产品的收购价格，商业的零售价格等。它反映当年的实际情况，使国民经济各项指标互相衔接，便于对生产、流通、分配、消费之间进行综合平衡。

平均增长速度

平均增长速度表明社会经济现象在一个较长的时期内逐期平均增长变化的程度，它不能根据各个环比增长速度直接求得，但与平均发展速度之间存在着一定的数量关系：

平均增长速度＝平均发展速度－1

平均发展速度是一种根据环比发展速度计算的序时平均数，由于各时期对比的基础不同，所以计算平均发展速度不能采用一般的序时平均数的计算方法，计算方法分为水平法和累计法。水平法，又称几何平均法，即将环比发展速度按连乘法用几何平均数公式计算。累计法，也称方程法，根据一段时期内各年发展水平总和与基期水平的关系，列出方程式计算平均发展速度。水平法着重考虑最后一年所达到的发展水平；累计法着重考虑整个时期累计发展水平的总量。

本《年鉴》内所列的平均增长速度，除固定资产投资用“累计法”计算外，其余均用“水平法”计算。从某年到某年平均增长速度的年份，均不包括基期年在内。如改革开放以来的平均增长速度是以1978年为基期计算的，则写为1979-2021年平均增长速度，其余类推。

Explanatory Notes on Main Statistical Indicators

Industrial Classification of National Economy

The *Industrial Classification of National Economy* (GB/T 4754-2017) was organized by the National Bureau of Statistics, and the new Classification was came into force on October 1, 2017. The revision taking into more consideration of demand of management and statistic than ISIC/Rev.4 of the United Nations in major divisions and divisions, and the demand of management is more considered in major groups, besides aforesaid factors, combine with ISIC/Rev.4 of the United Nations is ensured in groups.The revised version of the *Industrial Classification of the National Economy* (GB/T 4754-2017) is composed of 20 major divisions, 97 divisions, 473 major groups and 1381 groups.

Category of Three Industries

The *Category of Three Industries* is the most commonly used industrial structure classification in the world, the categories vary from country to country. According to *the Regulations on the Category of Three Industries* and *the Industrial Classification of the National Economy* (GB/T 4754-2017), the categories of three industries are:

Primary Industry includes agriculture, forestry, animal husbandry and fishery (excluding professional and auxiliary activities of agriculture, forestry, animal husbandry and fishery).

Secondary Industry includes minerals mining (excluding mining professional and auxiliary activities), manufacturing (excluding metal products, machinery and equipment repair), production and supply of electricity, heat, gas and water and construction.

Tertiary Industry namely service industry, includes all other industries not included in primary or secondary industry.

Legal Entity

Refers to a unit meet the following conditions at the same time: Established by law, it has its own name, organization and location, ability to independently bear civil liability; Independently owned and use (or authorize the use of) assets or funds, assume liabilities, and entitled to sign contracts with other units; Having accounts including balance sheet, including, or can prepare accounts according to needs. Legal entities including corporate, legal institutions, corporate bodies, corporate social groups, private non-enterprise legal persons and other legal entities.

Industrial Activity Units

Refers to a unit which is established with the approval of legal procedures and can not bear civil liability independently. It contains: the branches or business units approved and registered by industrial and commercial administrative organs at all levels and receiving business license; and the branches of public institutions and social organizations established by the registration authorities at all levels or approved by the competent departments at all levels in accordance with relevant laws and regulations. Industrial units should also meet the following conditions: engaged in a place or primarily in a social economic activity; a relatively independent production activities or operating activities; the ability to provide income and expenditure and other related information.

Registration Status

The Registration Status of the enterprises grouped by registered type in market supervision agencies. For the Registered Type of government agencies, institutions and social organizations, which are classified mainly by their sources of funding and manner of management. According to the actual instance, confirming in accordance with *Provisions on the registration of enterprises registered type*.

Enterprises (units) are grouped by the following several registered type in market supervision agencies:

State-owned Enterprises refer to non-corporation economic units where the entire assets are owned by the state and which have registered in accordance with the *Regulation of the People's Republic of China on the Management of Registration of Corporate Enterprises*. Excluded from this category are sole state-funded corporations in the limited liability corporations.

Collective-owned Enterprises refer to economic units where the assets are owned collectively and which have registered in accordance with the *Regulation of the People's Republic of China on the Management of Registration of Corporate Enterprises*.

Cooperative Enterprises refer to a form of collective economic units (enterprises) where capitals come mainly from employees as their shares, with certain proportion of capital from the outside, where production is organized on the basis of independent operation, independent accounting for profits and losses, joint work, democratic management, and a distribution system that integrates remuneration according to work with divided according to capital share.

Joint Ownership Enterprise refer to economic units established by two or more corporate enterprises or corporate institutions of the same or different ownership, through joint investment on the basis of equality, voluntory participation and mutual benefits. They include state joint ownership enterprises, collective joint ownership enterprises, joint state-collective enterprises, and other joint ownership enterprises.

Limited Liability Corporations refer to economic units established with investment from 2-50 investors and registered in accordance with the *Regulation of the People's Republic of China on the Management of Registration of Corporate Enterprises*, each investor bearing limited liability to the corporation depending on its share of investment, and the corporation bearing liability to its debt to the maximum of its total assets. Limited liability corporations include exclusive state-funded limited liability corporations and other limited liability corporations.

Share-holding Corporations Ltd. refer to economic units registered in accordance with the *Regulation of the People's Republic of China on the Management of Registration of Corporate Enterprises*, with total registered capitals divided into equal shares and raised through issuing stocks. Each investor bears limited liability to the corporation depending on the holding of shares, and the corporation bears liability to its debt to the maximum of its total assets.

Private Enterprises refer to profit-making economic units invested and established by natural persons, or controlled by natural persons using employed labour. Included in this category are private-owned enterprises, private partnership enterprises, private limited liability corporations, private share-holding corporations Ltd. and sole private enterprises registered in accordance with the *Corporation Law*, *Partnership Enterprises Law*, *Interim Regulations on Private Enterprises* and *sole proprietorship enterprise law*.

Other Domestic-funded Enterprises refer to domestic-funded economic units other than those mentioned above from one to seven.

Joint Venture Enterprises with Funds from Hong Kong, Macao and Taiwan refer to Enterprises established by investors from Hong Kong, Macao and Taiwan with enterprises in the mainland of china in accordance with the *law of the People's Republic of China on Sino-foreign joint ventures* and other relevant laws, Where the establishment of the investment and the sharing of profits and risks are stipulated under joint venture contract.

Cooperative Enterprises with Funds From Hong Kong, Macao and Taiwan established by investors from Hong Kong, Macao and Taiwan with enterprises in the mainland of china in accordance with the *law of the People's Republic of China on Sino-foreign Contractual Joint Venture* and other relevant laws, Where the investment or provision of facilities and the sharing of profits, risks and deficits are stipulated under cooperative contract.

Enterprise with Sole Investment from Hong Kong, Macao and Taiwan refer to enterprises established in the mainland of china with exclusive investment from investors from Hong Kong, Macao and Taiwan in accordance with the *law of the People's Republic of China on Wholly Foreign-owned Enterprises* and other relevant laws.

Share-holding Corporation Ltd. With Investment from Hong Kong, Macao and Taiwan refer to share-holding corporations Ltd. Established with the approval from Ministry of Commerce of the People's Republic of China (the former Ministry of Foreign Trade and Economic) Relations in line with relevant state regulations, where the share of investment from Hong Kong, Macao and Taiwan businessmen exceeds 25% of the total registered capital of the corporation. In case the share of investment from Hong Kong, Macao and Taiwan is less than 25% of the total registered capital, the enterprise is to be classified as domestic-funded share-holding corporation Ltd.

Other Enterprises with Funds from Hong Kong, Macao and Taiwan refer to partnership enterprises with investments from Hong Kong, Macao and Taiwan established within the territory of China in accordance with *Administrative Measures on the Establishment of Partnership Enterprises in China by Foreign Enterprise or Foreign Individuals* and *Regulation for the Administration of the Registration of Foreign-invested Partnership Enterprise*.

Joint Venture Enterprise with Foreign Investment refer to enterprises jointly established by foreign enterprises or foreigners with enterprises in the mainland of China in accordance with the *Law of the People's Republic of China on Sino-foreign Contractual Joint Venture* and other relevant laws, where the investment or provision of facilities and the sharing of profits and risks are stipulated under cooperative contracts.

Cooperative Enterprise with Foreign Investment refer to enterprise jointly established by foreign enterprises or foreigners with enterprises in the mainland of China in accordance with the *Law of the People's Republic of China on Sino-foreign Contractual Joint Venture* and other relevant laws, where the investment or provision of facilities and the sharing of profits, risks and deficits are stipulated under cooperative contracts.

Enterprises with Sole Foreign Investment refer to enterprise established in the mainland of China with exclusive investment from foreign investors in accordance with the *Law of the People's Republic of China on Wholly Foreign-owned Enterprises* and other relevant laws.

Share-holding Corporations Ltd. With Foreign Investment refer to share-holding corporations Ltd. Established with the approval from Ministry of Commerce of the People's Republic of China (the former Ministry of Foreign Trade and Economic) Relations in line with relevant state regulations, where the share of investment from foreign investors exceeds 25% of the total registered capital of the corporation. In case the share of foreign investment is less than 25% of the total registered capital, the enterprise is to be classified as domestic-funded share-holding corporation Ltd.

Other Enterprises with Foreign Funds refer to partnership enterprises established within the territory of China in accordance with *Administrative Measures on the Establishment of Partnership Enterprises in China by Foreign Enterprises or Foreign Individuals* and *Regulations for the Administration of the Registration of Foreign-invested Partnership Enterprises*.

The Division Standard of Urban and Rural Areas

According to the *Regulation on the Division of Urban and Rural Areas in Statistics of State Department* No.60 [2008], the division standard of Urban and Rural Areas is as follows: based on the administrative division, with the residents' committee and village committee areas confirmed by The Department of Civil Affairs as the division objects, with the actual construction as the division basis, our region is divided into urban and rural areas.

The actual construction refers to the public facilities, residential facilities and other facilities which are completed or under construction.

Urban Area including city and township.

City refers to the residents' committee and other areas connected with the actual construction of district and municipal government in the districts of city and the city without districts.

Township refers to the residents' committee and other areas connected with the actual construction of district and municipal government outside city zones and other areas. Township also including the independent mining areas, development areas, scientific research units, universities and other special areas, as well as the station of farms and forest farms, which are not connected with the actual construction of government and the resident population is more than 3000 people.

Rural areas refer to the areas besides urban areas defined by the regulation.

Actual Price (current price)

includes all other industries not included in primary or secondary industry, including transport, storage, post services; information transmitting, computer services and software; wholesale and retail trade; accommodation and catering services; finance; real estate; leasing and business services; scientific research, technical services and geological prospecting; management for water conservancy, environment and public facilities; resident services and other social services; education; health care, social security and social welfare; culture, sports and recreational services; public management and social organizations and so on.

Average Annual Increase Rate

shows the average growth rate of social and economic development during a longer period. It can not be directly calculated by chain based growth rate. The relation is:

Average Annual Growth Rate = Average Speed of Development−1

Average speed of development is the time series average of speed which calculated by chain based. Because the reference bases during the different periods are not same, average speed of development can not be calculated by the general method. Level approach and accumulative approach for calculating average speed of development rate are applied. The "level approach", or the method of calculating the geometric average, is derived by the formula of geometric average of the chain-based speeds of development, or comparing the level of the last year of the interval with that of the beginning year; the other is called the "accumulative approach" or the "algebraic average", "equation" method, which is derived by the summation of the actual figure of each year in the interval divided by the figure in the base year. The level approach focuses on the level of the last year, while the accumulative approach emphasizes the aggregate development in the duration.

The average annual growth rates listed in the *Yearbook* are calculated by the level approach except for the growth rate of investment in fixed assets. The base year is not listed in the duration for which average annual growth rates are computed. For instance, the average annual growth rate of the years since 1978 is shown as the average annual growth rate of 1979-2021 without showing the base year 1978.

第二篇 人 口

Chapter 2 Population

2-1 人口主要指标

Main Statistics on Population

年 份 Year	常住人口 (万人) Permanent Population (10 000 persons)	户籍人口 (万人) Registered Population (10 000 persons)	户籍户数 (万户) Registered Households (10 000 households)	人口密度 (人/平方公里) Population Density (person/sq.km)	人口出生率 (‰) Birth Rate (‰)	人口死亡率 (‰) Death Rate (‰)	人口自然增长率(‰) Natural Growth Rate (‰)
1978		724.27	171.82	640	15.47	6.26	9.21
1980		748.91	179.67	660	13.29	6.04	7.25
1985		804.80	216.86	710	13.94	5.78	8.15
1990	884.03	866.25	258.31	764	15.62	5.79	9.83
1995	941.83	894.67	276.89	749	10.23	6.23	4.00
2000	1001.14	912.00	293.04	763	7.72	6.17	1.55
2001	1004.06	913.98	295.63	854	7.58	5.94	1.64
2002	1007.18	919.05	299.67	856	7.49	6.04	1.45
2003	1011.30	926.00	303.27	860	7.14	6.04	1.10
2004	1023.67	932.55	316.62	870	7.31	5.97	1.34
2005	1043.00	939.31	322.95	887	7.44	6.01	1.43
2006	1075.00	948.89	328.66	914	7.67	6.07	1.60
2007	1115.00	959.10	333.42	948	7.91	5.86	2.05
2008	1176.00	968.87	337.49	1000	8.13	5.94	2.19
2009	1228.16	979.84	341.90	1044	8.30	5.70	2.60
2010	1299.29	984.85	345.83	1105	8.18	5.58	2.60
2011	1341.00	996.44	350.27	1140	8.58	6.08	2.50
2012	1378.00	993.20	351.24	1172	8.75	6.12	2.63
2013	1410.00	1003.97	356.60	1199	8.28	6.00	2.28
2014	1429.00	1016.66	362.63	1215	8.19	6.05	2.14
2015	1439.00	1026.90	370.58	1224	5.84	5.61	0.23
2016	1443.00	1044.40	379.17	1227	7.37	5.54	1.83
2017	1410.00	1049.99	385.62	1199	7.65	5.05	2.60
2018	1383.00	1081.63	396.57	1176	6.67	5.42	1.25
2019	1385.00	1108.18	406.25	1178	6.73	5.30	1.43
2020	1386.60	1130.68	415.94	1163	5.99	5.92	0.07
2021	1373.00	1151.56	426.38	1151	5.30	6.23	-0.93

注：1.人口密度2005年以后按市民政局行政区划面积计算，2005年以前按市规划局土地面积计算。此表人口密度为常住口径；表2-8同。
2.本表2011-2019年数据根据第七次全国人口普查数据修订。出生率、死亡率、自然增长率未修订；表2-6同。

Note: a)After 2005, the population density is calculated with administrative areas measured by Tianjin Municipal Civil Affairs Bureau, and those before 2005 are calculated with areas measured by Tianjin Planning Bureau. The population density in this table is calculated at permanent coverage. Same as table 2-8. b)The data in this table from 2011 to 2019 were revised based on the data from the seventh National Population Census. The birth rate, death rate, and natural growth rate have not been revised. Same as table 2-6.

2-2 户籍人口构成及户规模

Composition of Registered Population and Household Size

单位：%(%)

年 份 Year	按户口性质分 By Registered Character		按性别分 By Sex		性别比 (女=100) Sex Ratio (Female=100)	家庭平均户规模 (人/户) Average Family Household Size (person/household)
	非农业 Non-agricultural	农 业 Agricultural	男 性 Male	女 性 Female		
1978	49.49	50.51	50.84	49.16	103.40	4.22
1980	52.43	47.57	50.73	49.27	102.97	4.17
1985	55.38	44.62	50.82	49.18	103.35	3.71
1990	56.04	43.96	50.79	49.21	103.20	3.35
1995	56.77	43.23	50.66	49.34	102.67	3.23
2000	58.39	41.61	50.51	49.49	102.05	3.11
2001	58.56	41.44	50.48	49.52	101.92	3.09
2002	58.88	41.12	50.45	49.55	101.84	3.07
2003	59.37	40.63	50.47	49.53	101.89	3.05
2004	59.64	40.36	50.46	49.54	101.86	2.95
2005	59.87	40.13	50.44	49.56	101.77	2.91
2006	60.18	39.82	50.41	49.59	101.65	2.89
2007	60.51	39.49	50.38	49.62	101.52	2.88
2008	60.72	39.28	50.35	49.65	101.42	2.87
2009	61.08	38.92	50.32	49.68	101.30	2.87
2010	61.37	38.63	50.29	49.71	101.15	2.85
2011	61.61	38.39	50.27	49.73	101.11	2.84
2012	62.06	37.94	50.21	49.79	100.84	2.83
2013	62.97	37.03	50.18	49.82	100.72	2.82
2014	63.45	36.55	50.16	49.84	100.64	2.80
2015	63.94	36.06	50.15	49.85	100.60	2.77
2016	70.00	30.00	50.13	49.87	100.50	2.75
2017	69.66	30.34	49.89	50.11	99.57	2.72
2018	70.29	29.71	49.79	50.21	99.17	2.73
2019	70.86	29.14	49.69	50.31	98.77	2.72
2020	71.75	28.25	49.62	50.38	98.50	2.72
2021	72.35	27.65	49.61	50.39	98.45	2.70

注：2016年开始户籍人口取消农业与非农业划分，改用乡村与城镇进行划分。

Note: The agricultural and non-agricultural population of household registration from 2016 adopted the classification of urban and rural population.

2-3 各区户籍人口户数、人口数及人口密度
Registered Households, Population and Population Density by Region

地　区	Region	年末户数(万户) Year-end Households (10 000 households)		年末人口数(万人) Year-end Population (10 000 persons)		年平均人口(万人) Average Annual Population (10 000 persons)	人口密度(人/平方公里) Population Density (person/sq.km)
		2020	2021	2020	2021	2021	2021
全市总计	**Total**	**415.94**	**426.38**	**1130.68**	**1151.56**	**1141.12**	**966**
# 中心城区	Central Districts	160.66	163.56	418.13	424.23	421.18	21802
和平区	Heping District	15.43	16.04	44.91	46.39	45.65	46530
河东区	Hedong District	31.34	31.70	77.13	77.70	77.42	18664
河西区	Hexi District	32.64	33.65	90.93	93.29	92.11	19375
南开区	Nankai District	34.56	35.14	90.02	91.48	90.75	22081
河北区	Hebei District	25.64	25.87	64.21	64.51	64.36	21757
红桥区	Hongqiao District	21.05	21.16	50.93	50.86	50.90	21415
东丽区	Dongli District	17.14	17.81	43.83	45.32	44.57	951
西青区	Xiqing District	16.98	17.58	46.59	47.76	47.18	857
津南区	Jinnan District	19.43	20.57	53.30	55.66	54.48	1460
北辰区	Beichen District	18.00	18.59	45.37	46.87	46.12	991
武清区	Wuqing District	35.33	36.33	107.72	110.00	108.86	698
宝坻区	Baodi District	24.93	25.55	74.87	75.65	75.26	501
滨海新区	Binhai New Area	55.70	57.60	149.70	153.85	151.77	642
宁河区	Ninghe District	15.06	15.22	41.07	41.20	41.13	318
静海区	Jinghai District	24.02	24.76	62.25	63.26	62.75	429
蓟州区	Jizhou District	28.68	28.82	87.85	87.76	87.81	552

2-4 按性别、城乡分的户籍人口数(2021年)
Registered Population by Sex and Residence,2021

单位：万人(10 000 persons)

地　区	Region	男性 Male	女性 Female	性别比(女=100) Sex Ratio (Female=100)	城镇 Urban	乡村 Rural
全市总计	**Total**	**571.27**	**580.29**	**98.45**	**833.17**	**318.39**
# 中心城区	Central Districts	207.14	217.09	95.42	424.23	
和平区	Heping District	22.09	24.30	90.91	46.39	
河东区	Hedong District	38.43	39.27	97.86	77.70	
河西区	Hexi District	45.03	48.26	93.31	93.29	
南开区	Nankai District	44.65	46.84	95.32	91.48	
河北区	Hebei District	31.88	32.63	97.70	64.51	
红桥区	Hongqiao District	25.06	25.79	97.17	50.86	
东丽区	Dongli District	22.43	22.89	97.99	36.91	8.41
西青区	Xiqing District	23.50	24.26	96.87	40.75	7.01
津南区	Jinnan District	27.73	27.92	99.32	46.85	8.81
北辰区	Beichen District	23.13	23.74	97.43	18.65	28.22
武清区	Wuqing District	54.21	55.79	97.17	50.66	59.34
宝坻区	Baodi District	37.83	37.83	100.00	25.27	50.38
滨海新区	Binhai New Area	78.26	75.59	103.53	136.74	17.11
宁河区	Ninghe District	20.67	20.53	100.68	15.22	25.98
静海区	Jinghai District	31.97	31.29	102.17	10.88	52.38
蓟州区	Jizhou District	44.40	43.36	102.40	27.00	60.75

2-5 各种特征年龄组的户籍人口(2021年)
Registered Population by Age Groups,2021

单位：万人(10 000 persons)

年龄组	Age Groups	合计 Total	# 中心城区 Central Districts	男性 Male	# 中心城区 Central Districts	女性 Female	# 中心城区 Central Districts
按学龄人口分组	**Grouped by School Age**						
0-2岁	Age 0-2	25.26	7.31	13.07	3.78	12.19	3.53
3-5岁	Age 3-5	37.86	12.20	19.57	6.34	18.29	5.86
6-14岁	Age 6-14	103.14	33.00	54.35	17.24	48.79	15.76
15-17岁	Age 15-17	29.54	6.82	15.62	3.52	13.92	3.30
18-21岁	Age 18-21	35.06	7.59	18.41	3.86	16.65	3.73
按婚育人口分组	**Grouped by Marriage Age and Child-bearing Age**						
进入法定婚龄人口	Reaching Legal Marriage Age	9.16	2.04	4.75	1.08	4.41	0.96
育龄妇女人口(15-49岁)	Women at Child-bearing Age (between 15-49)	263.63	88.95			263.63	88.95
按劳龄人口分组	**Grouped by Labour Age**						
进入劳龄人口	Reaching Labour Age						
国内标准(16岁)	Domestic Standard (16 years old)	9.77	2.23	5.16	1.15	4.61	1.08
国际标准(15岁)	International Standard (15 years old)	10.02	2.39	5.29	1.23	4.73	1.16
劳动年龄内人口	Within Labour Age						
国内标准	Domestic Standard	642.49	214.37	342.58	113.83	299.91	100.54
国际标准	International Standard	778.79	274.27	386.88	134.61	391.91	139.66
退出劳龄人口	Over Labour Age						
国内标准	Domestic Standard	13.11	5.13	5.72	3.00	7.39	2.13
国际标准	International Standard	17.48	8.55	8.45	4.11	9.03	4.44
按老年人口分组	**Grouped by Aged Population**						
60岁及以上人口	Age 60 and over	285.85	137.23	136.40	64.71	149.45	72.52
占总人口比重(%)	Proportion in Total (%)	24.82	32.35	23.88	31.24	25.75	33.41
65岁及以上人口	Age 65 and over	206.50	97.45	97.40	45.16	109.10	52.29
占总人口比重(%)	Proportion in Total (%)	17.93	22.97	17.05	21.80	18.80	24.09
80岁及以上人口	Age 80 and over	37.64	20.22	16.65	8.50	20.99	11.72
占总人口比重(%)	Proportion in Total (%)	3.27	4.77	2.91	4.10	3.62	5.40

注：劳动年龄内人口的国内标准指男16-59岁,女16-54岁；国际标准指男女均为15-64岁。

Note: Domestic standards for the population of working age refer to 16-59 years old for male and 16-54 years old for female, while international standards refer to 15-64 years old for both male and female.

2-6 各区常住人口和城镇人口
Permanent Population and Urban Population by Region

单位：万人(10 000 persons)

地区	Region	常住人口 Permanent Population 2020	2021	城镇人口 Urban Population 2020	2021
全市总计	**Total**	**1386.60**	**1373.00**	**1174.44**	**1165.40**
# 中心城区	Central Districts	405.72	395.85	405.72	395.85
和平区	Heping District	35.50	35.45	35.50	35.45
河东区	Hedong District	85.88	84.89	85.88	84.89
河西区	Hexi District	82.22	80.90	82.22	80.90
南开区	Nankai District	89.04	87.73	89.04	87.73
河北区	Hebei District	64.77	63.98	64.77	63.98
红桥区	Hongqiao District	48.31	42.90	48.31	42.90
东丽区	Dongli District	85.70	84.66	85.70	84.66
西青区	Xiqing District	119.51	118.88	113.25	113.15
津南区	Jinnan District	92.81	92.71	92.81	92.71
北辰区	Beichen District	90.96	94.67	82.27	86.42
武清区	Wuqing District	115.13	113.84	63.65	63.13
宝坻区	Baodi District	72.24	71.71	30.90	30.91
滨海新区	Binhai New Area	206.73	204.57	198.19	196.93
宁河区	Ninghe District	39.53	38.96	18.89	18.65
静海区	Jinghai District	78.71	78.07	44.76	44.64
蓟州区	Jizhou District	79.55	79.08	38.30	38.35

2-7 人口婚姻情况(2018—2021年)
Marriage Registration,2018-2021

指标	Item	2018	2019	2020	2021
登记结婚对数(对)	**Marriages(couple)**	**97486**	**96424**	**89844**	**80408**
# 恢复结婚对数	Remarriage with Former Spouse	21441	25285	23281	20456
涉外婚姻登记	Chinese-Foreigner Marriages	279	386	165	131
按婚前状况分	**Grouped by Pre-marriage Condition**				
初婚人数(万人)	First Marriages (10 000 persons)	14.96	9.99	9.02	9.10
再婚人数(万人)	Remarriages (10 000 persons)	4.54	9.30	8.95	6.98
离婚对数(对)	**Divorces (couple)**	**64536**	**74553**	**72353**	**39387**
法院判决离婚	Mediated by the Court	3794	4626	3668	4392
民政协议离婚	Approved by Civil Administration Agencies	60742	69927	68685	34995

资料来源：天津市高级人民法院和天津市民政局
Source: Tianjin Municipal Higher People's Court and Tianjin Municipal Civil Affairs Bureau

2-8 常住人口主要数据
Main Statistics on Permanent Population

指　　标	Item	2020	2021
常住人口(万人)	**Permanent Population (10 000 persons)**	**1386.60**	**1373.00**
按性别分	By Sex		
男　性	Male	714.49	704.00
女　性	Female	672.11	669.00
性别比(女=100)	Sex Ratio (Female=100)	106.3	105.2
按城乡分组	By Residence		
城　镇	Urban Population	1174.44	1165.40
占总人口比重(%)	Proportion in Total (%)	84.7	84.9
乡　村	Rural Population	212.16	207.60
按年龄分组	By Age		
0-14岁	Age 0-14	186.80	183.00
15-64岁	Age 15-64	995.23	971.00
65岁及以上	Age 65 and over	204.57	219.00
人口负担系数(%)	**Population Dependency Ratio (%)**		
人口总负担系数	Total Dependency Ratio	39.3	41.4
负担少儿系数	Children Dependency Ratio	18.8	18.9
负担老年系数	The Aged Dependency Ratio	20.6	22.6
老少比	Ratio of Aged to Children	109.5	119.7
人口变动情况(万人)	**Change of Population (10 000 persons)**		
出生人口	Birth	8.30	7.30
死亡人口	Death	8.20	8.60
人口密度(人/平方公里)	**Population Density (person/sq.km)**	**1163**	**1151**

注：此表根据人口普查及人口变动调查数据推算。下表同。
Note: Data in this table are predicted according to population census and population change survey. Same as following next.

2-9 按年龄分的6岁及以上各种受教育程度人口(2021年)
Education Status of Population Aged 6 and over by Age,2021

单位：人(person)

年 龄 Age	6岁及以上人口 Aged 6 and over	# 小 学 Primary School	# 初 中 Junior Middle School	# 高 中 Senior Middle School	# 大学专科 Junior College	# 大学本科 Undergraduate College	# 研究生 Postgraduate
全市总计							
Total	**71415**	**11089**	**21692**	**13757**	**9041**	**12588**	**2033**
6-9	3038	2810	13				
10-14	3284	1730	1512	27			
15-19	3622	10	507	1832	531	733	1
20-24	4321	20	413	390	1004	2150	337
25-29	4102	60	811	498	843	1462	416
30-34	6680	122	1532	923	1457	2235	399
35-39	6792	117	1623	1001	1348	2282	411
40-44	5249	203	1637	1052	909	1219	214
45-49	4960	399	2097	951	651	748	90
50-54	5448	715	2463	1065	505	599	66
55-59	6421	735	2784	1915	468	422	42
60-64	5266	781	1839	1959	375	198	24
65+	12231	3387	4460	2144	950	539	33
# 女 性							
Female	**35628**	**5991**	**10268**	**6825**	**4332**	**6229**	**1124**
6-9	1438	1337	8				
10-14	1555	825	708	16			
15-19	1633	1	233	837	182	374	1
20-24	2045	7	122	132	419	1108	254
25-29	1976	19	294	201	415	766	274
30-34	3295	57	668	413	764	1162	226
35-39	3310	58	730	477	704	1150	187
40-44	2574	102	804	513	471	580	98
45-49	2502	222	1037	517	322	355	35
50-54	2771	401	1225	555	255	286	23
55-59	3278	455	1365	1046	203	160	9
60-64	2717	483	894	1024	171	65	5
65+	6532	2023	2180	1094	426	223	9

注：此表为2021年人口抽样调查加权数据，合计数与分项数据有出入，表2-10至2-12相同。

Note: Data in this table are obtained from population sample survey in 2021 by weighting. The composite count differs from the itemized data. Same as table 2-10 to 2-12.

2-10 按年龄分的15岁及以上各种婚姻状况人口(2021年)
Marriage Status of Population Aged 15 and over by Age,2021

单位：人(person)

年 龄 Age	15岁及以上人口合计 Aged 15 and over	未 婚 Unmarried	初婚有配偶 First Married	再婚有配偶 Remarried	离 婚 Divorces	丧 偶 Widowed
全市总计						
Total	**65092**	**12096**	**46712**	**987**	**1952**	**3345**
15-19	3622	3620	2			
20-24	4321	4057	263		1	
25-29	4102	2170	1867	11	53	1
30-34	6680	1156	5265	91	161	7
35-39	6792	502	5804	148	328	9
40-44	5249	179	4620	162	267	21
45-49	4960	116	4383	152	258	50
50-54	5448	93	4840	139	268	108
55-59	6421	66	5741	111	267	236
60-64	5266	50	4647	64	182	324
65+	12231	86	9280	110	167	2589
# 女 性						
Female	**32634**	**5375**	**23270**	**459**	**1045**	**2484**
15-19	1633	1632	1			
20-24	2045	1881	164		1	
25-29	1976	950	994	7	24	1
30-34	3295	462	2704	50	73	5
35-39	3310	213	2871	65	155	6
40-44	2574	85	2262	78	130	19
45-49	2502	51	2170	77	159	44
50-54	2771	34	2415	72	158	92
55-59	3278	17	2879	46	150	186
60-64	2717	22	2331	29	94	242
65+	6532	28	4479	35	101	1889

2-11 按地区分的家庭户规模(2021年)

Family Households by Size and Region,2021

单位：户(household)

地　　区	Region	合　计 Total	一人户 One-person	二人户 Two-person	三人户 Three-person	四人及以上户 Four-person and over
全市总计	**Total**	**28484**	**5099**	**9156**	**8115**	**6114**
和平区	Heping District	1226	192	316	410	308
河东区	Hedong District	1937	386	656	613	282
河西区	Hexi District	1808	353	608	554	293
南开区	Nankai District	1823	339	594	582	308
河北区	Hebei District	1522	291	551	476	204
红桥区	Hongqiao District	1421	233	499	472	217
东丽区	Dongli District	1684	403	633	450	198
西青区	Xiqing District	2069	409	716	567	377
津南区	Jinnan District	1833	350	603	517	363
北辰区	Beichen District	2036	451	772	520	293
武清区	Wuqing District	1887	216	506	536	629
宝坻区	Baodi District	1701	232	492	457	520
滨海新区	Binhai New Area	2981	580	836	928	637
宁河区	Ninghe District	1186	131	371	284	400
静海区	Jinghai District	1603	306	575	350	372
蓟州区	Jizhou District	1765	227	427	400	711

2-12 按地区分有65岁及以上老年人口的家庭户(2021年)

Households with Population Aged 65 and over by Region,2021

单位：户 (household)

地　　区	Region	合　计 Total	#单身老人户 Single	#一对老夫妇户 One Couple	#一个老人与未成年亲属户 One Aged Population and Relatives Age 0-14	#二个老人与未成年亲属户 Two Aged Population and Relatives Age 0-14
全市总计	**Total**	**8139**	**1757**	**2951**	**20**	**75**
和平区	Heping District	484	113	160	5	13
河东区	Hedong District	616	138	228	2	5
河西区	Hexi District	659	157	233	3	10
南开区	Nankai District	671	167	253		12
河北区	Hebei District	552	121	210	3	7
红桥区	Hongqiao District	519	118	185	2	4
东丽区	Dongli District	370	97	143		
西青区	Xiqing District	479	96	195		
津南区	Jinnan District	367	74	130		
北辰区	Beichen District	522	114	211		3
武清区	Wuqing District	504	86	132	1	5
宝坻区	Baodi District	485	83	173		5
滨海新区	Binhai New Area	600	112	219	1	4
宁河区	Ninghe District	329	46	132		1
静海区	Jinghai District	427	119	194		2
蓟州区	Jizhou District	556	115	154	3	2

主要统计指标解释

常住人口

指实际经常居住在某地区半年以上的人口。按人口普查和抽样调查规定，主要包括：(1) 除离开本地半年以上（不包括在国外工作或学习的人）的全部常住本地的户籍人口；(2) 户口在外地，但在本地居住半年以上者，或离开户口地半年以上而调查时在本地居住的人口；(3) 调查时居住在本地，但在任何地方都没有登记常住户口，如手持户口迁移证、出生证、退伍证、劳改劳教释放证等尚未办理常住户口的人，即所谓"口袋户口"的人。

人口密度

指单位土地面积上的人口数。通常使用常住人口计算人口密度，用于说明人口的拥挤程度。以每平方公里的居民人数来表示。计算公式：

$$人口密度=\frac{常住人口}{总土地面积}$$

人口出生率（又称粗出生率）

指在一定时期内(通常为一年)一定地区的出生人数与同期内平均人数(或期中人数)之比，用千分率表示。本资料中的出生率指年出生率，其计算公式为：

$$人口出生率=\frac{年出生人数}{年平均人数}\times1000‰$$

公式中：出生人数指活产婴儿，即胎儿脱离母体时(不管怀孕月数)，有过呼吸或其他生命现象。年平均人数指年初、年底人口数的平均数，也可用年中人口数代替。

人口死亡率（又称粗死亡率）

指在一定时期内(通常为一年)一定地区的死亡人数与同期内平均人数(或期中人数)之比，用千分率表示。本资料中的死亡率指年死亡率，其计算公式为：

$$人口死亡率=\frac{年死亡人数}{年平均人数}\times1000‰$$

人口自然增长率

指在一定时期内(通常为一年)人口自然增加数(出生人数减死亡人数)与该时期内平均人数(或期中人数)之比，用千分率表示。计算公式为：

$$人口自然增长率=\frac{本年出生人数-本年死亡人数}{年平均人数}\times1000‰$$

$$=人口出生率-人口死亡率$$

总负担系数

指14岁及以下少年儿童人口数和65岁及以上老年人口数与15-64岁劳动力年龄人口数的比例。表明的是每百名劳动年龄人口负担多少非劳动年龄人口。计算公式：

$$总负担系数=\frac{14岁及以下人数+65岁及以上人数}{15\text{-}64岁人数}\times100\%$$

负担少儿系数

指14岁及以下少年儿童人口数与15-64岁劳动力年龄人口数的比例。表明的是每百名劳动年龄人口负担多少少年儿童。

$$负担少儿系数=\frac{14岁及以下人数}{15\text{-}64岁人数}\times100\%$$

负担老年系数

指65岁及以上老年人口数与15-64岁劳动力年龄人口数的比例。表明的是每百名劳动年龄人口负担多少老年人口。

$$负担老年系数=\frac{65岁及以上人数}{15\text{-}64岁人数}\times100\%$$

老少比

指65岁及以上老年人口与14岁及以下少年儿童人口数之比。表明人口老龄化程度及人口年龄机构特征。

$$老少比=\frac{65岁及以上人数}{14岁及以下人数}\times100\%$$

法定婚龄、劳龄人口

我国进入婚龄法定人口标准为男22岁、女20岁；进入劳龄人口、劳动年龄内人口、退出劳龄人口的国内标准分别是男16岁、16-59岁、60岁和女16岁、16-54岁、55岁；国际标准男女均为15岁、15-64岁、65岁。

Explanatory Notes on Main Statistical Indicators

Permanent Population

refers to the total number of people alive at a given area over half a year. According to the regulation of population census and sample survey, permanent resident population include (1) registered population in this area except those who have left this area over half a year (exclude those going abroad to work or study). (2) population with residence registered in other area, but having actually resided in this area over half a year or having left place of residence registration over half a year and resided in this area during the period of population survey. (3) population with residence registration in this enumeration area not yet settled, i.e. residence card on hand, migration certificate, birth certificate, demobilized soldier card, release certificate, etc.

Population Density

refers to the total number of people within unit land area. Usually, population density is calculated with permanent resident population and indicates crowd degree of population. It is often expressed in the number of people per square kilometer. The following formula is used:

$$\textit{Population Density}=\frac{\textit{Permanent Resident Population}}{\textit{Total Area of Land}}$$

Birth Rate (or Crude Birth Rate)

refers to the ratio of the number of births to the average population (or mid-period population) during a certain period of time (usually a year), expressed in ‰. Birth rate in the chapter refers to annual birth rate. The following formula is used:

$$\textit{Birth Rate}=\frac{\textit{Number of Births}}{\textit{Annual Average Population}}\times 1000‰$$

Number of births in the formula refers to live births, i.e. when a baby has breathed or showed any vital phenomena regardless of the length of pregnancy. Annual average population is the average of the number of population at the beginning of the year and that at the end of the year. Sometimes it is substituted by the mid-year population.

Death Rate (or Crude Death Rate)

refers to the ratio of the number of deaths to the average population (or mid-period population) during a certain period of time (usually a year), expressed in ‰. Death rate in the chapter refers to annual death rate. The following formula is used:

$$\textit{Death Rate}=\frac{\textit{Number of Deaths}}{\textit{Annual Average Population}}\times 1000‰$$

Natural Growth Rate of Population

refers to the ratio of natural increase in population (number of births minus number of deaths) in a certain period of time (usually a year) to the average population (or mid-period population) of the same period, expressed in ‰. The following formula is applied:

$$\textit{Natural Growth Rate of Population}=\frac{(\textit{Number of Births - Number of Deaths})}{\textit{Annual Average Population}}\times 1000‰$$

$$\textit{Natural Growth Rate of Population = Birth Rate - Death Rate}$$

Total Dependency Ratio

refers to the ratio of children aged 0-14 and elderly population aged 65 and over to the working-age population aged 15-64. It describes in general the number of non-working-age population that every 100 people at working ages will take care of. The following formula is used:

$$\textit{Gross Dependency Ratio}=\frac{(\textit{Population Aged 0-14})+(\textit{Population Aged 65 and over})}{\textit{Population Aged 15-64}}\times 100\%$$

Youth Dependency Ratio

refers to the ratio of children aged 0-14 over to the working-age population aged 15-64. It describes in general the number of youth population that every 100 people at working ages will take care of. The following formula is used:

Youth Dependency Ratio =

[(*Population Aged* 0-14)/ (*Population Aged* 15-64)] × 100%

Elderly Dependency Ratio

refers to the ratio of population aged 65 and over to the working-age population aged 15-64. It describes in general the number of elderly populations that every 100 people at working ages will take care of. The following formula is used:

Elderly Dependency Ratio =

[(*Population Aged* 65 *and over*)/ (*Population Aged* 15-64)] × 100%

Elderly-Youth Ratio

refers to the ratio of population aged 65 and over to the children aged 0-14. It describes the degree of population aging and the characteristics of population age mechanism.

The following formula is used:

Elderly-Youth Ratio =

[(*Population Aged* 65 *and over*)/ (*Population Aged* 0-14)] × 100%

Legal Marriage Age, Labour Age Population

The standard of legal marriage age is 22 for male and 20 for female. The domestic standard of "reaching labour age", "within labour age" and "over labour age" are 16,16 to 59,60 for male respectively and 16,16 to 54,55 for female respectively; the international standard of these items are 15,15-64 and 65 respectively for both male and female.

第三篇　国民经济核算

Chapter 3 National Accounts

3-1 全市生产总值
Gross Domestic Product

单位：亿元(100 million yuan)

年 份 Year	全市生产总 值 Gross Domestic Product	按产业分 Grouped by Industries			按行业分 Grouped by Sector		人 均 生产总值 (元) GDP per Capita (yuan)	社会劳动 生 产 率 (元/人) Society Labour Productivity (yuan/person)
		第一产业 Primary Industry	第二产业 Secondary Industry	第三产业 Tertiary Industry	# 工 业 Industry	# 建筑业 Construction		
1978	82.65	5.03	57.53	20.09	54.39	3.14	1133	2300
1980	103.53	6.53	72.56	24.44	67.48	5.08	1357	2671
1985	175.78	12.95	114.92	47.91	104.80	10.12	2169	3892
1990	310.95	27.32	181.38	102.25	165.59	15.79	3487	6617
1995	931.97	60.80	518.55	352.62	467.93	50.62	9769	18126
2000	1591.67	73.69	794.75	723.23	716.71	78.04	16236	31992
2001	1756.89	78.73	858.76	819.40	768.58	90.18	17523	36030
2002	1926.87	84.21	931.46	911.20	830.45	101.01	19161	39286
2003	2257.77	89.91	1137.59	1030.27	1021.25	116.34	22371	44997
2004	2621.10	105.28	1348.28	1167.54	1207.17	141.11	25761	50470
2005	3158.60	112.38	1630.53	1415.69	1451.34	179.20	30567	59023
2006	3538.18	103.35	1834.54	1600.29	1644.59	189.95	33411	64014
2007	4158.41	107.47	2123.63	1927.31	1888.57	235.06	37976	70670
2008	5182.43	116.60	2659.71	2406.12	2370.22	289.49	45242	82179
2009	5709.57	119.53	2808.74	2781.30	2478.72	330.02	47497	86218
2010	6830.76	131.71	3259.74	3439.31	2837.27	422.47	54053	101638
2011	8112.51	141.10	3756.26	4215.15	3231.33	524.94	61458	120722
2012	9043.02	147.90	4134.03	4761.09	3575.24	558.79	66517	132015
2013	9945.44	154.79	4407.10	5383.55	3814.68	625.02	71345	141673
2014	10640.62	158.82	4615.50	5866.30	3972.44	677.29	74960	148924
2015	10879.51	162.31	4489.59	6227.61	3815.09	695.60	75868	151525
2016	11477.20	168.46	4367.97	6940.77	3773.04	710.84	79647	161310
2017	12450.56	168.96	4564.06	7717.54	3942.48	704.03	87280	179274
2018	13362.92	175.30	4835.30	8352.32	4276.91	674.07	95689	197093
2019	14055.46	185.41	4947.18	8922.87	4372.27	693.76	101557	211202
2020	14007.99	210.34	4911.77	8885.88	4296.38	714.30	101068	214517
2021	15695.05	225.41	5854.27	9615.37	5224.57	760.17	113732	243712

注：1998年及以后数据，根据第四次全国经济普查结果重新修订；2021年数据为初步核算数据。表3-2至表3-7同。

Note: Data from 1998 are revised according to National Fourth Economic Census; Data in 2021 is season primary consequence. Same as table 3-2 to 3-7.

3-2 全市生产总值构成
Composition of Gross Domestic Product

单位：%(%)

年份 Year	全市生产总值 Gross Domestic Product	按产业分 Grouped by Industries			按行业分 Grouped by Sector	
		第一产业 Primary Industry	第二产业 Secondary Industry	第三产业 Tertiary Industry	# 工业 Industry	# 建筑业 Construction
1978	100	6.1	69.6	24.3	65.8	3.8
1980	100	6.3	70.1	23.6	65.2	4.9
1985	100	7.4	65.4	27.2	59.6	5.8
1990	100	8.8	58.3	32.9	53.2	5.1
1995	100	6.5	55.7	37.8	50.2	5.5
2000	100	4.6	49.9	45.5	45.0	4.9
2001	100	4.5	48.9	46.6	43.8	5.1
2002	100	4.4	48.3	47.3	43.1	5.2
2003	100	4.0	50.4	45.6	45.2	5.2
2004	100	4.0	51.4	44.6	46.0	5.4
2005	100	3.6	51.6	44.8	45.9	5.7
2006	100	2.9	51.9	45.2	46.5	5.4
2007	100	2.6	51.1	46.3	45.4	5.7
2008	100	2.3	51.3	46.4	45.7	5.6
2009	100	2.1	49.2	48.7	43.4	5.8
2010	100	1.9	47.7	50.4	41.5	6.2
2011	100	1.7	46.3	52.0	39.8	6.5
2012	100	1.6	45.7	52.7	39.5	6.2
2013	100	1.6	44.3	54.1	38.4	6.3
2014	100	1.5	43.4	55.1	37.3	6.4
2015	100	1.5	41.3	57.2	35.1	6.4
2016	100	1.5	38.0	60.5	32.9	6.2
2017	100	1.3	36.7	62.0	31.7	5.7
2018	100	1.3	36.2	62.5	32.0	5.0
2019	100	1.3	35.2	63.5	31.1	4.9
2020	100	1.5	35.1	63.4	30.7	5.1
2021	100	1.4	37.3	61.3	33.3	4.8

3-3 全市生产总值指数
Indices of Gross Domestic Product

上年=100(preceding year = 100)

年 份 Year	全市生产总值 Gross Domestic Product	按产业分 Grouped by Industries			按行业分 Grouped by Sector		人均生产总值 GDP per Capita	社会劳动生产率 Society Labour Productivity
		第一产业 Primary Industry	第二产业 Secondary Industry	第三产业 Tertiary Industry	# 工 业 Industry	# 建筑业 Construction		
1978	120.9	115.6	123.3	116.0	121.1	167.9	119.6	117.1
1980	110.0	99.8	111.4	108.7	110.6	122.0	108.0	106.0
1985	110.6	121.1	110.5	108.8	110.0	116.5	108.7	108.1
1990	105.4	104.6	101.1	116.4	102.0	91.6	102.7	104.8
1995	114.9	106.3	114.1	117.9	114.5	109.9	113.9	113.5
2000	108.3	103.7	108.3	109.0	108.8	101.0	105.8	110.6
2001	109.6	106.3	109.8	109.8	109.3	114.4	107.2	111.8
2002	110.2	106.1	111.2	109.5	111.1	112.3	109.9	109.6
2003	112.3	106.1	115.3	109.6	116.0	109.1	111.9	109.8
2004	113.6	105.1	117.5	109.8	119.3	101.4	112.7	109.8
2005	112.2	104.3	115.3	109.1	116.1	106.2	110.5	108.9
2006	111.9	103.4	113.8	110.4	113.9	112.5	109.2	108.3
2007	112.8	101.4	114.1	112.1	114.9	107.8	109.1	106.0
2008	113.7	103.1	114.4	113.5	115.1	108.9	108.7	106.1
2009	113.8	103.4	114.6	113.5	114.9	112.1	108.4	108.4
2010	114.4	103.3	116.5	112.5	117.0	111.1	108.8	112.7
2011	113.4	103.9	114.9	112.4	115.3	111.9	108.6	113.4
2012	111.3	103.0	111.4	111.5	111.4	111.4	108.1	109.2
2013	110.1	101.9	108.8	111.6	109.6	108.6	107.4	107.4
2014	107.5	102.8	106.7	108.4	107.0	106.4	105.6	105.6
2015	106.9	102.6	107.3	106.7	107.2	105.4	105.8	106.4
2016	106.0	103.0	104.0	107.6	106.7	103.4	105.5	107.0
2017	103.4	102.8	101.0	105.1	102.5	92.9	104.4	105.9
2018	103.4	100.1	100.2	105.6	102.9	89.6	105.6	105.9
2019	104.8	100.2	103.2	105.9	103.6	100.3	105.7	106.7
2020	101.4	99.5	101.5	101.3	101.2	103.8	101.2	103.3
2021	106.6	102.7	106.5	106.7	108.0	97.3	107.0	108.1

注：本表按不变价格计算。表3-4至3-7同。
Note: Data in this table are calculated at constant prices. Same as table 3-4 to 3-7.

3-4 全市生产总值指数
Indices of Gross Domestic Product

1978年=100(year of 1978=100)

年 份 Year	全市生产总 值 Gross Domestic Product	按产业分 Grouped by Industries			按行业分 Grouped by Sector	
		第一产业 Primary Industry	第二产业 Secondary Industry	第三产业 Tertiary Industry	# 工 业 Industry	# 建筑业 Construction
1979	110.0	117.4	110.4	107.0	110.4	110.7
1980	121.0	117.2	123.0	116.3	122.1	135.1
1985	189.0	169.9	186.0	201.8	182.6	234.2
1990	243.8	244.1	227.0	290.5	224.1	267.5
1995	424.9	305.6	394.6	544.8	395.6	386.1
2000	678.8	394.4	627.5	907.3	635.3	529.0
2001	744.0	419.3	689.0	996.2	694.3	605.2
2002	819.9	444.8	766.2	1090.9	771.4	679.6
2003	920.7	472.0	883.4	1195.6	894.8	741.4
2004	1045.9	496.0	1038.0	1312.8	1067.5	751.8
2005	1173.5	517.4	1196.8	1432.2	1239.4	798.4
2006	1313.2	535.0	1362.0	1581.2	1411.7	898.2
2007	1481.2	542.4	1554.0	1772.5	1622.0	968.3
2008	1684.2	559.3	1777.8	2011.8	1867.0	1054.5
2009	1916.6	578.3	2037.4	2283.4	2145.2	1182.1
2010	2192.6	597.4	2373.6	2568.8	2509.8	1313.3
2011	2486.4	620.7	2727.2	2887.3	2893.8	1469.5
2012	2767.3	639.3	3038.1	3219.4	3223.7	1637.1
2013	3046.8	651.4	3305.5	3592.8	3533.2	1777.9
2014	3275.3	669.7	3526.9	3894.6	3780.5	1891.6
2015	3501.3	687.1	3784.4	4155.6	4052.7	1993.8
2016	3711.4	707.7	3935.8	4471.4	4324.3	2061.6
2017	3837.6	727.5	3975.1	4699.4	4432.4	1915.2
2018	3968.1	728.2	3983.1	4962.6	4560.9	1716.0
2019	4158.6	729.7	4110.5	5255.4	4725.1	1721.2
2020	4216.8	726.0	4172.2	5323.7	4781.8	1786.6
2021	4495.1	745.6	4443.4	5680.4	5164.3	1738.3

3-5 全市生产总值及增速

Gross Domestic Product and Growth Rate

单位：亿元(100 million yuan)

项　目	Item	2020	2021	2021比2020年增长(%) Increase Rate in 2021 over 2020(%)
全市生产总值	**Gross Domestic Product**	**14007.99**	**15695.05**	**6.6**
农、林、牧、渔业	Farming, Forestry, Animal Husbandry and Fishery	218.33	233.26	2.5
工　业	Industry	4296.38	5224.57	8.0
建筑业	Construction	714.30	760.17	-2.7
批发和零售业	Wholesale and Retail Trade	1304.08	1496.09	8.8
交通运输、仓储和邮政业	Transportation, Storage and Post Services	805.04	871.10	8.7
住宿和餐饮业	Accommodation and Catering Services	124.67	137.05	6.7
信息传输、软件和信息技术服务业	Information Transmitting, Software and Information Technology Services	530.30	571.97	13.9
金融业	Finance Intermediation	2056.58	2153.18	2.7
房地产业	Real Estate	1016.76	1083.80	6.2
租赁和商务服务业	Leasing and Business Services	498.05	529.42	3.1
科学研究、技术服务业	Scientific Research, Technical Services	603.05	652.60	3.8
水利、环境和公共设施管理业	Management for Water Conservancy, Environment and Public Facilities	112.56	108.89	-7.0
居民服务、修理和其他服务业	Resident Services, Repair and Other Services	127.06	132.62	1.3
教　育	Education	667.06	705.78	7.0
卫生和社会工作	Health Care and Social Work	327.66	357.71	6.7
文化、体育和娱乐业	Culture, Sports and Recreational Services	54.25	57.80	5.6
公共管理、社会保障和社会组织	Public Management, Social Security and Social Organizations	551.87	619.06	18.7
按三次产业分	**Grouped by Three Industry**			
第一产业	Primary Industry	210.34	225.41	2.7
第二产业	Secondary Industry	4911.77	5854.27	6.5
第三产业	Tertiary Industry	8885.88	9615.37	6.7

3-6 三次产业贡献率(1996—2021年)

Share of the Contributions of the Three Strata of Industry to the Increase of GDP,1996-2021

单位：%(%)

年 份 Year	全市生产总值 Gross Domestic Product	按产业分 Grouped by Industries 第一产业 Primary Industry	第二产业 Secondary Industry	第三产业 Tertiary Industry	按行业分 Grouped by Sector # 工 业 Industry
1996	100	3.6	58.1	38.3	55.1
1997	100	3.8	56.4	39.8	53.0
1998	100	5.5	49.7	44.8	42.5
1999	100	0.1	62.4	37.5	62.8
2000	100	2.4	56.8	40.8	56.3
2001	100	3.0	50.8	46.2	43.5
2002	100	2.7	54.9	42.4	48.8
2003	100	2.1	62.7	35.2	58.8
2004	100	1.5	66.7	31.8	66.2
2005	100	1.3	67.1	31.6	64.7
2006	100	1.0	59.7	39.3	53.7
2007	100	0.4	57.8	41.8	54.3
2008	100	0.7	55.9	43.4	52.4
2009	100	0.7	56.4	42.9	51.9
2010	100	0.6	61.5	37.9	57.5
2011	100	0.6	52.8	46.6	47.4
2012	100	0.5	48.7	50.8	42.5
2013	100	0.3	42.1	57.6	40.0
2014	100	0.6	43.0	56.4	39.2
2015	100	0.5	50.1	49.4	43.8
2016	100	0.7	27.1	72.2	38.8
2017	100	1.2	11.3	87.5	26.3
2018	100		2.5	97.5	30.0
2019	100	0.1	25.6	74.3	26.4
2020	100	-0.5	41.8	58.7	30.7
2021	100	0.6	34.8	64.6	37.2

注：产业、行业贡献率指各产业、行业增加值增量与GDP增量之比。

Note: Share of the contributions of the three strata of industry and sector refers to the proportion of the increment of value-added of each industry and sector to the increment of GDP.

3-7 三次产业对全市生产总值增长的拉动(1996—2021年)

Contribution of the Three Strata of Industry to GDP Growth,1996-2021

单位：百分点 (percentage points)

年 份 Year	全市生产总值 Gross Domestic Product	按产业分 Grouped by Industries 第一产业 Primary Industry	 第二产业 Secondary Industry	 第三产业 Tertiary Industry	按行业分 Grouped by Sector # 工 业 Industry
1996	14.3	0.5	8.3	5.5	7.9
1997	12.1	0.5	6.8	4.8	6.4
1998	7.0	0.4	3.5	3.1	3.0
1999	7.6		4.7	2.9	4.8
2000	8.3	0.2	4.7	3.4	4.7
2001	9.6	0.3	4.9	4.4	4.2
2002	10.2	0.3	5.6	4.3	5.0
2003	12.3	0.3	7.7	4.3	7.2
2004	13.6	0.2	9.1	4.3	9.0
2005	12.2	0.2	8.2	3.8	7.9
2006	11.9	0.1	7.1	4.7	6.4
2007	12.8	0.1	7.4	5.3	7.0
2008	13.7	0.1	7.7	5.9	7.2
2009	13.8	0.1	7.8	5.9	7.2
2010	14.4	0.1	8.8	5.5	8.3
2011	13.4	0.1	7.1	6.2	6.4
2012	11.3	0.1	5.5	5.7	4.8
2013	10.1		4.3	5.8	4.0
2014	7.5		3.2	4.3	2.9
2015	6.9		3.5	3.4	3.0
2016	6.0		1.6	4.4	2.3
2017	3.4		0.4	3.0	0.9
2018	3.4		0.1	3.3	1.0
2019	4.8		1.2	3.6	1.3
2020	1.4		0.6	0.8	0.4
2021	6.6		2.3	4.3	2.4

注：产业、行业拉动指GDP增长速度与各产业、行业贡献率之乘积。
Note: Contribution of the three strata of industry and sector to GDP growth refers to the growth rate of GDP multiplied by the contribution share of each industry and sector.

3-8 全市生产总值项目结构(1978—2020年)
Components of Gross Domestic Product,1978-2020

单位：亿元 (100 million yuan)

年 份 Year	全市生产总值 Gross Domestic Product	劳动者报酬 Compensation of Employees	生产税净额 Net Taxes on Production	固定资产折旧 Depreciation of Fixed Assets	营业盈余 Operating Surplus
1978	82.65	26.80	15.68	6.10	34.07
1979	93.01	31.64	16.28	6.80	38.29
1980	103.53	31.35	19.99	8.75	43.44
1981	107.96	31.40	17.92	10.40	48.24
1982	114.11	34.42	17.68	11.97	50.04
1983	123.42	36.21	20.95	13.83	52.43
1984	147.53	51.85	23.44	14.58	57.66
1985	175.78	51.45	30.39	17.97	75.97
1986	194.74	63.11	32.29	23.09	76.25
1987	220.12	76.71	34.24	23.41	85.76
1988	259.71	90.11	41.82	27.10	100.68
1989	283.49	103.47	43.63	44.91	91.48
1990	310.95	135.54	43.64	48.41	83.36
1991	342.65	144.25	51.14	55.15	92.11
1992	411.04	166.13	61.39	68.74	114.78
1993	538.94	223.72	83.56	72.44	159.22
1994	732.89	319.98	117.22	99.10	196.59
1995	931.97	417.02	150.51	139.84	224.60
1996	1121.93	534.48	160.57	178.28	248.60
1997	1264.63	634.76	186.38	189.31	254.18
1998	1344.65	681.70	220.66	206.79	235.50
1999	1435.64	715.20	261.99	209.98	248.47
2000	1591.67	669.85	305.86	250.12	365.84
2001	1756.89	710.56	349.60	286.24	410.49
2002	1926.87	749.76	368.40	326.60	482.11
2003	2257.77	787.60	460.59	393.89	615.69
2004	2621.10	873.09	441.66	467.58	838.77
2005	3158.60	1131.31	546.05	502.14	979.10
2006	3538.18	1234.85	581.36	550.47	1171.50
2007	4158.41	1452.68	667.62	680.82	1357.29
2008	5182.43	1904.67	712.23	701.41	1864.12
2009	5709.57	2110.64	795.62	887.38	1915.93
2010	6830.76	2583.54	930.04	1049.18	2268.00
2011	8112.51	3074.93	1141.70	1283.65	2612.23
2012	9043.02	3454.66	1336.56	1352.18	2899.62
2013	9945.44	3904.54	1485.32	1437.71	3117.87
2014	10640.62	4184.67	1558.59	1544.52	3352.84
2015	10879.51	4315.41	1580.02	1584.69	3399.39
2016	11477.20	4578.20	1658.68	1715.25	3525.07
2017	12450.56	5093.61	2035.05	2218.42	3103.48
2018	13362.92	5910.43	2194.28	2405.71	2852.50
2019	14055.46	6032.47	2241.49	2603.08	3178.42
2020	14007.99	6565.60	1858.85	2395.18	3188.36

主要统计指标解释

地区生产总值(地区GDP)

指按市场价格计算的一个地区所有常住单位在一定时期内生产活动的最终成果。地区生产总值有三种表现形态，即价值形态、收入形态和产品形态。

从价值形态看，它是所有常住单位在一定时期内生产的全部货物和服务价值与同期投入的全部非固定资产货物和服务价值的差额，即所有常住单位的增加值之和；从收入形态看，它是所有常住单位在一定时期内形成的劳动者报酬、生产税净额、固定资产折旧、营业盈余等各项收入之和；从产品形态看，它是所有常住单位在一定时期内最终使用的货物和服务价值与货物和服务净流出价值之和。

根据国务院和国家统计局有关我国GDP核算和数据发布制度的规定，天津市国内生产总值自2004年起更名为“天津市生产总值”简称“天津市GDP”。

劳动者报酬

指劳动者因从事生产活动所获得的全部报酬。既包括货币形式的报酬，也包括实物形式的报酬。主要包括工资、奖金、津贴和补贴、单位为其员工交纳的社会保险费、补充社会保险费和住房公积金、行政事业单位职工离退休金、单位为其员工提供的雇员股票期权及其他各种形式的报酬和福利等。

固定资产折旧

指由于自然退化、正常淘汰或损耗而导致的固定资产价值下降，用以代表固定资产通过生产过程被转移到其产出中的价值。

生产税净额

指生产税减生产补贴后的余额。生产税指政府对生产单位从事生产、销售和经营活动以及因从事生产活动使用某些生产要素(如固定资产和土地等)所征收的各种税收、附加费和规费。生产补贴与生产税相反，指政府为影响生产单位生产、销售及定价等生产活动而对其提供的无偿支出，因此视为负生产税，包括农业生产补贴、政策亏损补贴等。

营业盈余

指常住单位创造的增加值扣除劳动者报酬、生产税净额和固定资产折旧后的余额。

最终消费支出

指常住单位为了直接满足个人或公共消费需求而对货物和服务的支出总额。最终消费支出分为居民消费支出和政府消费支出。

居民消费支出

指常住居民为了直接满足生活需要购买和使用货物及服务的消费支出。居民消费支出既包括直接以货币形式购买货物和服务，也包括通过实物报酬形式得到的货物和服务以及居民自产自用的货物，还包括虚拟计算的自有住房服务和间接计算的金融中介服务。

政府消费支出

指政府部门为全社会提供公共服务发生的消费支出，和免费或以没有显著经济意义价格向居民提供货物和服务的净支出。

资本形成总额

反映常住单位在核算期非金融生产资产的积累情况，包括固定资本形成总额和存货变动两部分。

固定资本形成总额

指生产者获得减处置的固定资产的价值，加上附着于非生产资产价值上的某些特定支出，如所有权转移费用。固定资产是通过生产活动生产出来的，在生产活动中使用一年以上,单位价值在规定标准以上的资产，不包括自然资产、耐用消费品、小型工器具。固定资本形成总额按购买者价格计算，并在所有权发生变化时记录。目前的核算内容主要包括住宅，其他建筑和构筑物，机器和设备，知识产权产品的获得减处置等。

存货变动

指常住单位存货实物量变动的市场价值，即期末价值减期初价值的差额，其中不包括核算期内由于价格变动而产生的持有损益。存货的核算范围既包括生产单位购进的原材料、燃料和储备物资等存货，也包括生产单位生产的产成品、在制品和半成品等存货。存货变动可以是正值，也可以是负值，正值表示存货增加，负值表示存货减少。根据资料来源，存货变动按行业计算。

货物和服务净流出

指货物和服务流出减货物和服务流入的差额。流出包括常住单位向非常住单位出售或无偿转让的各种货物和服务的价值，流入包括常住单位从非常住单位购买或无偿得到的各种货物和服务的价值。

Explanatory Notes on Main Statistical Indicators

Gross Regional Domestic Product

refers to the final products at market prices produced by all resident units in a region during a certain period of time. Gross regional domestic product has three forms, namely value form, income form and product form.

From the aspect of value form, GDP refers to the total value of all products and services produced by all resident units during a certain period of time minus total value of inputs of non-fixed-assets products and services or the summation of the value added of all resident units. From the aspect of income form, it refers to the sum of various incomes such as labor remuneration, production tax net, fixed asset depreciation, and operating surplus formed by all resident units in a certain period of time. From the aspect of product form, it refers to all final goods and services minus imports of goods and services.

According to the national regulations of GDP, since 2004, Tianjin Gross Domestic Product is called Tianjin GDP for short.

Compensation of Employees

refers to the total payment of various forms to employees for the productive activities they are engaged in. It includes monetary or in-kind. It mainly includes wages, bonuses, allowances and subsidies, social insurance paid by unit for its employees, supplementary social insurance and housing fund, retirement pensions for employees of administrative institutions, employee stock options provided by the unit for its employees, and various other forms remuneration and benefits, etc.

Depreciation of Fixed Assets

refers to the decline in the value of fixed assets due to natural deterioration, normal elimination or loss, it reflects the value of fixed assets transferred to their output through the production process.

Net Taxes on Production

refer to the residual of the taxes on production minus the subsidies on production. The taxes on production refers to the various taxes, extra charges and fees levied on the production units on their production, sale and business activities as well as on some sectors of production, such as fixed assets and land, used in the production activities they are engaged in. In contrast to the taxes on production, the subsidies on production refer to the free expenditures provided by the government to influence production, sales and pricing of production units and are therefore regarded as negative taxes on production. They include subsidies on the agricultural production, loss due to implementation of government policies, etc.

Operating Surplus

refers to the balance of the value added created by the resident units deducting the compensation of employees, net taxes on production and the depreciation of fixed assets.

Final Consumption Expenditures

refers to the total expenditure on goods and services by resident units in order to directly meet personal or public consumption needs. Final consumption expenditure is divided into household consumption expenditure and government consumption expenditure.

Household Consumption Expenditures

refers to the consumption expenditure of residents to purchase and use goods and services in order to meet living needs directly. It includes the direct purchase of goods and services in the form of currency, the goods and services obtained in the form of remuneration in kind, the goods produced and used by residents themselves, virtual calculation of self-owned housing services and indirect calculation of financial intermediary services.

Government Consumption Expenditures

refers to the consumption expenditures in providing public services to the whole society by government, and the net expenditures on goods and services provided to residents for free or at prices of no significant economic significance.

Gross Capital Formation

refers to the accumulation of non-financial production assets of resident units during the accounting period, including gross fixed capital formation and changes in inventories.

Gross Fixed Capital Formation

refers to the value of fixed assets acquired less disposals by producers and plus certain specific expenditures attached to the value of non-produced assets, such as ownership transfer costs. Fixed assets are the assets produced through production activities with specified unit value which could be used for over one year, excluding natural assets, consumer durables, small appliances. Gross fixed capital formation is calculated at purchaser's price and recorded when ownership changed. The current accounting contents mainly include residences, other buildings and structures, machinery and equipment, and the acquisition and disposal of intellectual property products.

Change in Inventory

refers to the market value of the change in inventory of resident units, i.e. the difference of value between the beginning and the end of the period, it does not include holding gains and losses due to price changes during the accounting period. The inventory includes the raw materials, fuel and reserve materials purchased by the production units as well as the inventory of finished products, semi-finished products, etc. The change in inventory can be positive or negative. A positive value indicates the increase in inventory while a negative value indicates the decrease in stock. According to sources, changes in inventories are calculated by industry.

Net Outflow of Goods and Services

refer to the balance of the outflow of goods and services minus the inflow of goods and services. The outflow include the value of various goods and services sold or gratuitously transferred by the resident units to the non-resident units. The inflow include the value of various goods and services purchased or gratuitously acquired by the resident units from the non-resident units.

第四篇　就业和劳动工资

Chapter 4　Employment and Remuneration

4-1 就业人员

Total Employment Personnel

单位：万人(10 000 persons)

年份 Year	就业人员 Number of Employment Personnel	按城乡分 Grouped by Urban and Rural Areas		按三次产业分 Grouped by Three Industries		
		城镇 Urban Areas	乡村 Rural Areas	第一产业 Primary Industry	第二产业 Secondary Industry	第三产业 Tertiary Industry
1978	366.70	217.50	149.20			
1980	394.79	243.59	151.20			
1985	455.98	281.08	174.90	99.13	228.04	128.73
1990	470.07	290.01	180.06	93.63	232.17	144.27
1995	515.30	319.80	195.50	82.90	247.10	185.30
2000	486.89	296.61	190.28	81.29	222.15	183.45
2001	488.34	295.37	192.97	82.70	212.65	192.99
2002	492.61	295.71	196.90	82.25	205.38	204.98
2003	510.90	299.95	210.95	83.19	219.44	208.27
2004	527.78	302.47	225.31	82.83	223.89	221.06
2005	542.52	312.76	229.76	81.79	227.38	233.35
2006	562.92	402.12	160.80	81.11	234.85	246.96
2007	613.93	447.97	165.96	76.98	261.35	275.60
2008	647.32	477.69	169.63	76.30	271.90	299.12
2009	677.13	505.84	171.29	75.70	281.01	320.42
2010	667	500	167	67	277	323
2011	677	515	162	65	280	332
2012	693	536	157	61	286	346
2013	711	557	154	56	302	353
2014	718	566	152	56	280	382
2015	718	569	149	53	256	409
2016	705	560	145	51	239	415
2017	684	543	141	48	222	414
2018	672	535	137	45	214	413
2019	659	529	130	43	200	416
2020	647	538	109	36	221	390
2021	641	534	107	34	219	388

注：1.从2006年起就业人员城乡划分执行新划分标准。2.2010-2019年数据，根据第七次全国人口普查结果重新修订。

Note: a) Since 2006, the division of employment personnel has adopted the new standard. b)The data in this table from 2010 to 2019 were revised based on the data from the Seventh National Population Census.

4-2 城镇非私营单位从业人员
Employment Personnel in Urban Non-private Units

单位：万人(10 000 persons)

年 份 Year	合 计 Total	按三次产业分 Grouped by Three Strata of Industries			按登记注册类型分 Grouped by Registration Status		
		第一产业 Primary Industry	第二产业 Secondary Industry	第三产业 Tertiary Industry	国有单位 State-owned Units	集体单位 Collective-owned Units	其他单位 Others
1978	217.40	4.22	131.55	81.63	168.30	49.10	
1980	242.69	3.34	146.52	92.83	188.08	54.61	
1985	276.48	3.96	165.69	106.83	205.26	69.71	1.51
1990	284.31	4.10	167.68	112.53	217.26	62.55	4.50
1995	289.59	1.90	167.33	120.36	197.01	64.19	28.39
2000	201.75	1.11	105.63	95.01	125.00	25.82	50.93
2001	192.30	1.09	99.82	91.39	116.24	20.05	56.00
2002	185.50	1.09	92.68	91.73	107.79	16.47	61.24
2003	191.01	0.97	97.60	92.44	101.57	13.95	75.49
2004	193.91	0.87	96.82	96.22	102.09	12.46	79.36
2005	194.12	0.81	97.52	95.79	99.18	11.33	83.61
2006	195.00	0.73	98.37	95.90	97.34	9.61	88.05
2007	200.22	0.74	99.31	100.17	96.69	8.75	94.78
2008	200.61	0.71	94.13	105.77	87.45	7.90	105.26
2009	201.65	0.74	96.18	104.73	81.21	4.76	115.68
2010	205.65	0.71	97.74	107.20	80.79	4.30	120.56
2011	268.24	0.60	157.84	109.80	85.88	8.83	173.53
2012	289.07	0.55	162.64	125.88	89.74	7.98	191.35
2013	302.44	0.53	165.47	136.44	77.85	7.10	217.49
2014	295.51	0.50	161.37	133.64	75.14	7.62	212.75
2015	294.78	0.53	151.34	142.91	72.36	6.49	215.93
2016	286.04	0.85	136.35	148.84	68.71	5.69	211.64
2017	269.48	0.62	117.04	151.82	66.60	3.23	199.65
2018	259.99	0.50	101.17	158.32	62.13	2.63	195.22
2019	269.35	0.25	102.40	166.70	62.86	2.35	204.14
2020	255.33	0.24	94.37	160.72	60.97	2.15	192.21
2021	256.44	0.24	90.75	165.46	66.87	1.96	187.62

注：1.1998年以前为职工人数。2.2011年起城镇非私营单位从业人员中含劳务派遣人员，统计在在岗职工中。下表同。

Note: a) The data before 1998 of this table refer to staff and workers. b) Data of employment personnel in urban non-private units include labour dispatch from 2011, which are calculated in on-post workers and staff. Same as the following table.

4-3 城镇非私营单位女性从业人员
Female Employment Personnel in Urban Non-private Units

单位：万人(10 000 persons)

年份 Year	合计 Total	按三次产业分 Grouped by Three Strata of Industries			按登记注册类型分 Grouped by Registration Status		
		第一产业 Primary Industry	第二产业 Secondary Industry	第三产业 Tertiary Industry	国有单位 State-owned Units	集体单位 Collective-owned Units	其他单位 Others
1978	90.40	1.45	23.06	65.89	60.43	29.97	
1980	102.05	1.23	38.17	62.65	69.97	32.08	
1985	115.64	1.18	43.26	71.20	76.26	38.72	0.66
1990	120.90	1.25	71.76	47.89	84.44	34.39	2.07
1995	123.60	0.68	72.03	50.89	79.27	30.81	13.52
2000	77.28	0.33	38.85	38.10	47.26	10.76	19.26
2001	77.40	0.36	40.09	36.95	43.26	8.11	26.03
2002	73.59	0.33	36.00	37.26	39.60	6.52	27.47
2003	76.27	0.28	38.49	37.50	37.73	5.33	33.21
2004	73.66	0.26	35.30	38.10	37.56	4.39	31.71
2005	68.66	0.23	33.01	35.42	33.94	4.09	30.63
2006	70.28	0.22	33.95	36.11	33.13	3.41	33.74
2007	71.27	0.21	33.21	37.85	33.30	3.04	34.93
2008	77.02	0.22	32.07	44.73	33.69	2.87	40.46
2009	67.84	0.22	30.62	37.00	27.43	1.87	38.54
2010	75.10	0.21	32.80	42.09	30.03	1.67	43.40
2011	90.91	0.19	49.27	41.45	29.39	2.48	59.04
2012	94.44	0.15	48.91	45.38	30.20	2.15	62.09
2013	105.69	0.16	50.27	55.26	29.88	1.70	74.11
2014	104.09	0.15	50.63	53.31	28.28	1.97	73.84
2015	102.83	0.17	46.17	56.49	28.68	1.65	72.50
2016	102.55	0.28	41.30	60.97	28.31	1.48	72.76
2017	101.55	0.21	35.77	65.57	28.62	1.22	71.71
2018	101.26	0.23	28.16	72.87	28.64	0.86	71.76
2019	106.08	0.08	28.50	77.50	29.93	0.87	75.28
2020	102.81	0.08	26.84	75.89	29.78	0.77	72.25
2021	104.45	0.07	26.09	78.28	32.42	0.77	71.26

4-4 按国民经济行业分城镇非私营单位从业人员(2021年)
Employment Personnel in Urban Non-private Units Grouped by Sector,2021

单位：万人(10 000 persons)

项 目 Item	城镇非私营单位从业人员 Employment Personnel in Urban Non-private Units	在岗职工人数 On-post Staff and Workers	其他从业人员 Other Employment Personnel
总 计 Total	**256.44**	**239.00**	**17.45**
按三次产业分 Grouped by Three Strata of Industries			
第一产业 Primary Industry	0.24	0.21	0.02
第二产业 Secondary Industry	90.75	88.10	2.65
第三产业 Tertiary Industry	165.46	150.68	14.77
按国民经济行业分 Grouped by Sector			
农、林、牧、渔业 Farming, Forestry, Animal Husbandry and Fishery	0.28	0.25	0.03
采矿业 Minerals Mining	5.44	5.38	0.07
制造业 Manufacturing	63.75	62.75	1.00
电力、热力、燃气及水生产和供应业 Production and Supply of Electricity, Heat, Gas and Water	4.21	4.17	0.05
建筑业 Construction	21.04	19.47	1.57
批发和零售业 Wholesale and Retail Trade	17.87	17.46	0.42
交通运输、仓储和邮政业 Transportation, Storage and Post Services	14.94	14.80	0.14
住宿和餐饮业 Accommodation and Catering Services	5.69	3.46	2.23
信息传输、软件和信息技术服务业 Information Transmitting, Software and Information Technology Services	8.27	8.22	0.05
金融业 Finance Intermediation	15.80	9.73	6.07
房地产业 Real Estate	9.76	9.05	0.70
租赁和商务服务业 Leasing and Business Services	13.44	11.60	1.84
科学研究和技术服务业 Scientific Research and Technical Services	11.60	10.94	0.66
水利、环境和公共设施管理业 Management for Water Conservancy, Environment and Public Facilities	3.06	2.90	0.16
居民服务、修理和其他服务业 Resident Services, Repair and Other Services	5.75	5.72	0.03
教 育 Education	21.40	20.60	0.80
卫生和社会工作 Health Care and Social Work	12.38	11.70	0.68
文化、体育和娱乐业 Culture, Sports and Recreational Services	1.74	1.62	0.12
公共管理、社会保障和社会组织 Public Management, Social Security and Social Organizations	20.03	19.18	0.85

4-5 城镇非私营单位从业人员
Number of Employment Personnel in Urban Non-Private Units

单位：万人(10 000 persons)

项　　目	Item	2020	2021	2021比2020年增长(%) Increase Rate in 2021 over 2020(%)
总　　计	**Total**	**255.33**	**256.44**	**0.4**
按登记注册类型分	**Grouped by Registration Status**			
国有单位	State-owned Units	60.97	66.87	9.7
集体单位	Collective-owned Units	2.15	1.96	-8.8
其他单位	Others	192.21	187.62	-2.4
# 外商及港澳台商投资单位	Units with Funds from Foreign Countries, Hong Kong, Macao & Taiwan	62.16	61.82	-0.5
股份有限公司	Share Holding Corporations Ltd.	27.42	24.69	-10.0
按国民经济行业分	**Grouped by Sector**			
农、林、牧、渔业	Farming, Forestry, Animal Husbandry and Fishery	0.25	0.28	11.8
采矿业	Minerals Mining	5.67	5.44	-4.0
制造业	Manufacturing	65.08	63.75	-2.0
电力、热力、燃气及水生产和供应业	Production and Supply of Electricity, Heat, Gas and Water	4.11	4.21	2.5
建筑业	Construction	22.96	21.04	-8.4
批发和零售业	Wholesale and Retail Trade	18.18	17.87	-1.7
交通运输、仓储和邮政业	Transportation, Storage and Post Services	14.72	14.94	1.5
住宿和餐饮业	Accommodation and Catering Services	5.56	5.69	2.3
信息传输、软件和信息技术服务业	Information Transmitting, Software and Information Technology Services	6.97	8.27	18.7
金融业	Finance Intermediation	17.96	15.80	-12.0
房地产业	Real Estate	9.22	9.76	5.8
租赁和商务服务业	Leasing and Business Services	13.62	13.44	-1.3
科学研究和技术服务业	Scientific Research and Technical Services	11.36	11.60	2.1
水利、环境和公共设施管理业	Management for Water Conservancy, Environment and Public Facilities	3.28	3.06	-6.6
居民服务、修理和其他服务业	Resident Services, Repair and Other Services	6.31	5.75	-8.9
教　育	Education	19.32	21.40	10.7
卫生和社会工作	Health Care and Social Work	11.68	12.38	6.0
文化、体育和娱乐业	Culture, Sports and Recreational Services	1.74	1.74	
公共管理、社会保障和社会组织	Public Management, Social Security and Social Organizations	17.33	20.03	15.6
按执行会计标准类别分	**Grouped by Accounting Standards**			
# 企　业	Enterprises	203.72	201.27	-1.2
政　府	Government	49.42	52.21	5.6

4-6 城镇非私营单位在岗职工
Number of On-post Staff and Workers in Urban Non-Private Units

单位：万人(10 000 persons)

项　目	Item	2020	2021	2021 比2020年 增长(%) Increase Rate in 2021 over 2020(%)
总　计	**Total**	**235.77**	**239.00**	**1.4**
按登记注册类型分	**Grouped by Registration Status**			
国有单位	State-owned Units	57.17	63.02	10.2
集体单位	Collective-owned Units	2.03	1.85	-8.9
其他单位	Others	176.57	174.13	-1.4
# 外商及港澳台商投资单位	Units with Funds from Foreign Countries, Hong Kong, Macao & Taiwan	58.71	58.29	-0.7
股份有限公司	Share Holding Corporations Ltd.	21.54	20.01	-7.1
按国民经济行业分	**Grouped by Sector**			
农、林、牧、渔业	Farming, Forestry, Animal Husbandry and Fishery	0.22	0.25	13.6
采矿业	Minerals Mining	5.60	5.38	-3.9
制造业	Manufacturing	64.09	62.75	-2.1
电力、热力、燃气及水生产和供应业	Production and Supply of Electricity, Heat, Gas and Water	4.06	4.17	2.7
建筑业	Construction	20.86	19.47	-6.7
批发和零售业	Wholesale and Retail Trade	17.75	17.46	-1.6
交通运输、仓储和邮政业	Transportation, Storage and Post Services	14.52	14.80	1.9
住宿和餐饮业	Accommodation and Catering Services	3.56	3.46	-2.8
信息传输、软件和信息技术服务业	Information Transmitting, Software and Information Technology Services	6.83	8.22	20.4
金融业	Finance Intermediation	10.35	9.73	-6.0
房地产业	Real Estate	8.49	9.05	6.6
租赁和商务服务业	Leasing and Business Services	11.64	11.60	-0.3
科学研究和技术服务业	Scientific Research and Technical Services	10.74	10.94	1.9
水利、环境和公共设施管理业	Management for Water Conservancy, Environment and Public Facilities	2.92	2.90	-0.7
居民服务、修理和其他服务业	Resident Services, Repair and Other Services	6.23	5.72	-8.2
教　育	Education	18.62	20.60	10.6
卫生和社会工作	Health Care and Social Work	10.92	11.70	7.1
文化、体育和娱乐业	Culture, Sports and Recreational Services	1.63	1.62	-0.6
公共管理、社会保障和社会组织	Public Management, Social Security and Social Organizations	16.74	19.18	14.6

4-7 城镇非私营单位其他从业人员

Number of Other Employment Personnel in Urban Non-Private Units

单位：万人(10 000 persons)

项 目	Item	2020	2021	2021比2020年增长(%) Increase Rate in 2021 over 2020(%)
总 计	**Total**	**19.56**	**17.45**	**-10.8**
按登记注册类型分	**Grouped by Registration Status**			
国有单位	State-owned Units	3.80	3.85	1.3
集体单位	Collective-owned Units	0.13	0.11	-15.4
其他单位	Others	15.63	13.49	-13.8
# 外商及港澳台商投资单位	Units with Funds from Foreign Countries, Hong Kong, Macao & Taiwan	3.45	3.54	2.6
股份有限公司	Share Holding Corporations Ltd.	5.88	4.68	-20.4
按国民经济行业分	**Grouped by Sector**			
农、林、牧、渔业	Farming, Forestry, Animal Husbandry and Fishery	0.03	0.03	
采矿业	Minerals Mining	0.08	0.07	-12.5
制造业	Manufacturing	0.98	1.00	2.0
电力、热力、燃气及水生产和供应业	Production and Supply of Electricity, Heat, Gas and Water	0.06	0.05	-16.7
建筑业	Construction	2.10	1.57	-25.2
批发和零售业	Wholesale and Retail Trade	0.44	0.42	-4.5
交通运输、仓储和邮政业	Transportation, Storage and Post Services	0.20	0.14	-30.0
住宿和餐饮业	Accommodation and Catering Services	2.00	2.23	11.5
信息传输、软件和信息技术服务业	Information Transmitting, Software and Information Technology Services	0.14	0.05	-64.3
金融业	Finance Intermediation	7.61	6.07	-20.2
房地产业	Real Estate	0.73	0.70	-4.1
租赁和商务服务业	Leasing and Business Services	1.98	1.84	-7.1
科学研究和技术服务业	Scientific Research and Technical Services	0.62	0.66	6.5
水利、环境和公共设施管理业	Management for Water Conservancy, Environment and Public Facilities	0.36	0.16	-55.6
居民服务、修理和其他服务业	Resident Services, Repair and Other Services	0.08	0.03	-62.5
教 育	Education	0.70	0.80	14.3
卫生和社会工作	Health Care and Social Work	0.76	0.68	-10.5
文化、体育和娱乐业	Culture, Sports and Recreational Services	0.11	0.12	9.1
公共管理、社会保障和社会组织	Public Management, Social Security and Social Organizations	0.59	0.85	44.1

4-8 职业技能培训与就业服务情况(2017—2021年)
Statistics on Vocational Skill Training and Employment Service,2017-2021

项　目　Item	2017	2018	2019	2020	2021
参加职业技能鉴定人次(人次)					
Persons Attending Vocational Technical Appraisal (person-time)	**561438**	**152724**	**132066**	**53848**	**3107**
初级工 Junior Worker	244303	54148	44618	4568	1377
中级工 Middle Worker	153173	48136	42066	37358	1137
高级工 Senior Worker	133877	43934	24958	8159	337
技　师 Technician	19088	3909	10751	1969	227
高级技师 Senior Technician	10787	2597	9673	1794	29
取得职业资格证书人数(人)					
Persons Gaining Vocational Certificate (person)	**535412**	**143862**	**110139**	**63365**	**7405**
初级工 Junior Worker	233065	50957	42588	5667	1040
中级工 Middle Worker	146127	44155	35992	43664	5590
高级工 Senior Worker	127719	38328	22698	8997	409
技　师 Technician	18210	5847	4631	2613	276
高级技师 Senior Technician	10291	4575	4230	2424	90

资料来源：天津市人力资源和社会保障局，表4-9同。
Source: Tianjin Municipal Human Resources & Social Security Bureau. Same as table 4-9.
注：按照国家政策要求，人社部分批取消了水平评价类职业资格，至2021年底水平评价类职业资格已全部退出职业资格目录。
Note: In accordance with the requirements of national policies, the Ministry of Human Resources and Social Security has cancelled the vocational qualifications for level evaluation in batches. At the end of 2021, the vocational qualifications for level evaluation have withdraw from the qualification list.

4-9 城镇新增就业和登记失业人员情况(2017—2021年)
Basic Statistics on Newly Increased Employment and Registered Unemployed Personnel in Urban Area,2017-2021

单位：万人(10 000 persons)

指　　标 Item	2017	2018	2019	2020	2021
新增就业人数 Persons Newly Employed	**48.95**	**49.00**	**50.17**	**37.09**	**37.62**
新登记失业人数 Number of Newly Registered Unemployed Personnel	**9.83**	**7.39**	**7.36**	**8.30**	**11.94**
#女　性 Female	4.34	3.45	3.21	3.65	5.10
#由就业转失业人数 Unemployment Turned from Employment	6.90	5.94	5.22	4.97	5.10
本期失业人员就业人数 Newly Employed Personnel Turning from Unemployment	**9.60**	**7.59**	**7.07**	**7.83**	**11.49**
#女　性 Female	4.63	3.62	2.88	3.29	5.04
期末实有登记失业人数 Registered Unemployed Personnel at Year-end	**26.00**	**25.81**	**26.09**	**27.01**	**27.45**
#女　性 Female	12.77	12.60	12.51	12.33	12.39
登记失业率(%) Registered Unemployed Rate (%)	**3.5**	**3.5**	**3.5**	**3.6**	**3.7**

注：2020年起，城镇新增就业人数为报告期内本地区城镇累计新就业人员数与自然减员人数之差。

Note: Since 2020, the number of newly employed population is the difference between the cumulative number of newly employed persons and the number of natural attrition in urban areas during the reporting period.

4-10 城镇非私营单位从业人员工资总额(1981—2021年)
Total Remuneration of Employment Personnel in Urban Non-Private Units,1981-2021

单位：亿元(100 million yuan)

年 份 Year	合 计 Total	按三次产业分 Grouped by Three Strata of Industries			按登记注册类型分 Grouped by Registration Status		
		第一产业 Primary Industry	第二产业 Secondary Industry	第三产业 Tertiary Industry	国有单位 State-owned Units	集体单位 Collective-owned Units	其他单位 Others
1981	19.93	0.27	11.96	7.69	16.04	3.89	
1982	21.03	0.27	12.47	8.29	16.97	4.05	
1983	22.90	0.31	13.60	8.98	18.20	4.70	
1984	28.99	0.46	17.70	10.84	22.48	6.44	0.07
1985	34.14	0.46	18.99	14.69	24.69	6.94	0.18
1986	41.50	0.54	23.12	17.84	30.08	7.87	0.26
1987	46.09	0.57	25.52	19.99	34.03	8.42	0.41
1988	55.16	0.68	30.60	23.88	41.66	9.62	0.63
1989	64.02	0.75	35.70	27.58	48.37	11.31	0.86
1990	69.38	0.79	38.47	30.11	55.50	12.63	1.25
1991	79.73	0.90	44.87	33.95	62.34	15.42	1.97
1992	91.56	1.03	54.03	36.51	71.97	16.51	3.08
1993	116.78	0.72	69.12	46.94	90.32	19.21	7.24
1994	154.04	0.80	86.93	66.32	116.07	21.69	16.28
1995	184.80	0.86	105.50	78.44	135.22	26.00	23.59
1996	212.05	0.96	116.32	94.77	154.34	27.14	30.57
1997	223.25	1.04	118.71	103.50	160.47	26.46	36.32
1998	225.39	1.07	118.56	105.75	151.80	23.94	49.64
1999	234.42	0.97	121.53	111.92	151.93	21.25	61.23
2000	253.53	1.07	131.15	121.32	161.86	19.86	71.82
2001	277.56	1.16	137.48	138.92	176.26	16.86	84.44
2002	304.23	1.38	145.74	157.11	182.27	15.47	106.49
2003	350.60	1.32	172.76	176.53	194.80	15.49	140.32
2004	407.99	1.38	199.12	207.49	222.60	16.21	169.18
2005	458.26	1.32	219.72	237.23	247.30	16.69	194.27
2006	530.29	1.35	256.63	272.31	283.31	17.99	229.16
2007	653.05	1.66	310.10	341.29	337.13	19.71	296.21
2008	795.85	2.04	355.56	438.25	375.36	20.86	399.63
2009	886.51	2.36	393.49	490.66	389.47	14.81	482.23
2010	1051.19	2.90	456.50	591.79	456.02	17.98	577.19
2011	1462.12	2.85	796.63	662.64	530.32	32.24	899.56
2012	1778.12	2.92	936.98	838.22	606.47	34.18	1137.47
2013	2053.76	2.96	1056.37	994.43	593.71	31.64	1428.41
2014	2154.03	3.20	1081.30	1069.53	631.30	35.33	1487.40
2015	2373.07	3.70	1126.97	1242.40	675.26	32.79	1665.02
2016	2484.25	5.86	1037.39	1441.00	741.21	27.70	1715.34
2017	2556.73	4.73	948.39	1603.61	812.72	18.28	1725.73
2018	2645.60	3.66	903.70	1738.24	812.73	14.67	1818.20
2019	2925.91	1.62	1007.52	1916.77	850.65	11.61	2063.65
2020	2928.79	1.85	977.64	1949.31	866.39	12.07	2050.33
2021	3178.52	1.75	1033.95	2142.82	985.98	13.75	2178.79

注：1.1998-2010年为劳动报酬总额。2.2008年以前国有单位从业人员工资总额包括登记注册类型为国有独资公司的单位。下同。

Note: a) Data from 1998 to 2010 of this table refer to total wages of staff and workers. b) Total remuneration of employment personnel in state-owned units before 2008 includes figures of sole state-owned corporations. Same as following table.

4-11 城镇非私营单位从业人员平均工资
Average Remuneration of Employment Personnel in Urban Non-Private Units

单位：元 (yuan)

年 份 Year	合 计 Total	按三次产业分 Grouped by Three Strata of Industries			按登记注册类型分 Grouped by Registration Status		
		第一产业 Primary Industry	第二产业 Secondary Industry	第三产业 Tertiary Industry	国有单位 State-owned Units	集体单位 Collective-owned Units	其他单位 Others
1978	640				690	478	
1980	820				865	667	
1985	1250				1223	995	1272
1990	2438	1932	2270	2715	2611	1866	2946
1995	6501	4844	6237	6357	6963	4138	8640
2000	12414	9414	12259	12622	12690	7485	14317
2001	14242	10333	13503	15107	14823	8159	15263
2002	16223	12492	15432	17081	16632	9152	17449
2003	18511	13257	17772	19357	18929	10865	19424
2004	21146	15450	20398	21972	22031	12545	21421
2005	24122	15954	23370	24936	24832	14693	24583
2006	27628	17975	26711	28631	29135	17752	27081
2007	33312	23040	32051	34624	34894	21539	32814
2008	39990	28373	37685	42163	42962	25113	38673
2009	43937	31834	40588	47143	47895	29018	41806
2010	51489	40221	46615	56090	56635	37686	48557
2011	54867	46948	50477	61322	61701	35213	52489
2012	61514	52939	57146	67303	68231	40494	59326
2013	67773	55191	63171	73512	75881	41094	65797
2014	72773	62672	66253	80854	84254	44964	69763
2015	80090	68883	73154	87673	93641	47413	76632
2016	86305	68864	74653	97344	107720	48344	80417
2017	94534	74975	80237	105761	122417	50215	86103
2018	100731	75484	87487	109420	131291	52246	91862
2019	108002	63711	97637	114457	136864	49819	99969
2020	114682	73614	103774	121132	143337	55675	106361
2021	123528	72824	113533	129086	149054	69911	115161

注：1998–2010年为人均劳动报酬。
Note: Data from 1998 to 2010 refer to average wages.

4-12 城镇非私营单位从业人员工资总额
Total Remuneration of Employment Personnel in Urban Non-Private Units

单位：亿元(100 million yuan)

项　目	Item	2020	2021	2021比2020年增长(%) Increase Rate in 2021 over 2020(%)
总　计	**Total**	**2928.79**	**3178.52**	**8.5**
按登记注册类型分	**Grouped by Registration Status**			
国有单位	State-owned Units	866.39	985.98	13.8
集体单位	Collective-owned Units	12.07	13.75	13.9
其他单位	Others	2050.33	2178.79	6.3
# 外商及港澳台商投资单位	Units with Funds from Foreign Countries, Hong Kong, Macao & Taiwan	670.54	730.09	8.9
股份有限公司	Share Holding Corporations Ltd.	352.92	364.02	3.1
按国民经济行业分	**Grouped by Sector**			
农、林、牧、渔业	Farming, Forestry, Animal Husbandry and Fishery	1.92	2.12	10.4
采矿业	Minerals Mining	83.28	87.66	5.3
制造业	Manufacturing	645.30	704.71	9.2
电力、热力、燃气及水生产和供应业	Production and Supply of Electricity, Heat, Gas and Water	68.53	73.21	6.8
建筑业	Construction	226.59	219.75	-3.0
批发和零售业	Wholesale and Retail Trade	171.83	192.81	12.2
交通运输、仓储和邮政业	Transportation, Storage and Post Services	157.90	167.95	6.4
住宿和餐饮业	Accommodation and Catering Services	22.19	22.92	3.3
信息传输、软件和信息技术服务业	Information Transmitting, Software and Information Technology Services	103.61	122.57	18.3
金融业	Finance Intermediation	267.49	262.73	-1.8
房地产业	Real Estate	89.57	96.01	7.2
租赁和商务服务业	Leasing and Business Services	115.34	129.06	11.9
科学研究和技术服务业	Scientific Research and Technical Services	189.09	207.39	9.7
水利、环境和公共设施管理业	Management for Water Conservancy, Environment and Public Facilities	32.56	32.24	-1.0
居民服务、修理和其他服务业	Resident Services, Repair and Other Services	35.75	30.15	-15.7
教　育	Education	278.58	318.61	14.4
卫生和社会工作	Health Care and Social Work	173.08	197.72	14.2
文化、体育和娱乐业	Culture, Sports and Recreational Services	24.84	24.60	-1.0
公共管理、社会保障和社会组织	Public Management, Social Security and Social Organizations	241.33	286.31	18.6
按执行会计标准类别分	**Grouped by Accounting Standards**			
# 企　业	Enterprises	2187.26	2353.06	7.6
政　府	Government	727.62	805.48	10.7

4-13 城镇非私营单位从业人员平均工资

Average Remuneration of Employment Personnel in Urban Non-Private Units

单位：元(yuan)

项　目	Item	2020	2021	2021比2020年增长(%) Increase Rate in 2021 over 2020(%)
总　计	**Total**	**114682**	**123528**	**7.7**
按登记注册类型分	**Grouped by Registration Status**			
国有单位	State-owned Units	143337	149054	4.0
集体单位	Collective-owned Units	55675	69911	25.6
其他单位	Others	106361	115161	8.3
# 外商及港澳台商投资单位	Units with Funds from Foreign Countries, Hong Kong, Macao & Taiwan	107316	117386	9.4
股份有限公司	Share Holding Corporations Ltd.	128919	143314	11.2
按国民经济行业分	**Grouped by Sector**			
农、林、牧、渔业	Farming, Forestry, Animal Husbandry and Fishery	74302	75125	1.1
采矿业	Minerals Mining	143184	158580	10.8
制造业	Manufacturing	99225	109826	10.7
电力、热力、燃气及水生产和供应业	Production and Supply of Electricity, Heat, Gas and Water	166791	175282	5.1
建筑业	Construction	99331	104859	5.6
批发和零售业	Wholesale and Retail Trade	93601	105605	12.8
交通运输、仓储和邮政业	Transportation, Storage and Post Services	107113	114432	6.8
住宿和餐饮业	Accommodation and Catering Services	37867	41251	8.9
信息传输、软件和信息技术服务业	Information Transmitting, Software and Information Technology Services	146977	157725	7.3
金融业	Finance Intermediation	149568	155286	3.8
房地产业	Real Estate	94969	98668	3.9
租赁和商务服务业	Leasing and Business Services	85348	94613	10.9
科学研究和技术服务业	Scientific Research and Technical Services	167961	179557	6.9
水利、环境和公共设施管理业	Management for Water Conservancy, Environment and Public Facilities	98608	102104	3.5
居民服务、修理和其他服务业	Resident Services, Repair and Other Services	55135	52489	-4.8
教　育	Education	145253	149064	2.6
卫生和社会工作	Health Care and Social Work	150657	162036	7.6
文化、体育和娱乐业	Culture, Sports and Recreational Services	143036	134871	-5.7
公共管理、社会保障和社会组织	Public Management, Social Security and Social Organizations	141405	144628	2.3
按执行会计标准类别分	**Grouped by Accounting Standards**			
# 企　业	Enterprises	107034	116132	8.5
政　府	Government	148810	155425	4.4

4-14 城镇非私营单位在岗职工工资总额

Total Remuneration of On-post Staff and Workers in Urban Non-Private Units

单位：亿元 (100 million yuan)

项　目	Item	2020	2021	2021比2020年增长(%) Increase Rate in 2021 over 2020(%)
总　计	**Total**	**2801.09**	**3059.51**	**9.2**
按登记注册类型分	**Grouped by Registration Status**			
国有单位	State-owned Units	846.50	965.27	14.0
集体单位	Collective-owned Units	11.49	13.15	14.4
其他单位	Others	1943.10	2081.09	7.1
# 外商及港澳台商投资单位	Units with Funds from Foreign Countries, Hong Kong, Macao & Taiwan	644.05	704.80	9.4
股份有限公司	Share Holding Corporations Ltd.	311.86	324.74	4.1
按国民经济行业分	**Grouped by Sector**			
农、林、牧、渔业	Farming, Forestry, Animal Husbandry and Fishery	1.82	2.04	12.0
采矿业	Minerals Mining	82.96	87.37	5.3
制造业	Manufacturing	626.73	687.24	9.7
电力、热力、燃气及水生产和供应业	Production and Supply of Electricity, Heat, Gas and Water	68.21	72.94	6.9
建筑业	Construction	211.19	207.91	-1.6
批发和零售业	Wholesale and Retail Trade	167.00	188.27	12.7
交通运输、仓储和邮政业	Transportation, Storage and Post Services	155.89	167.06	7.2
住宿和餐饮业	Accommodation and Catering Services	20.19	20.70	2.5
信息传输、软件和信息技术服务业	Information Transmitting, Software and Information Technology Services	102.17	121.32	18.7
金融业	Finance Intermediation	220.22	217.73	-1.1
房地产业	Real Estate	86.69	93.08	7.4
租赁和商务服务业	Leasing and Business Services	106.81	119.57	11.9
科学研究和技术服务业	Scientific Research and Technical Services	183.89	202.34	10.0
水利、环境和公共设施管理业	Management for Water Conservancy, Environment and Public Facilities	30.88	31.29	1.3
居民服务、修理和其他服务业	Resident Services, Repair and Other Services	35.30	29.98	-15.1
教　育	Education	274.46	314.23	14.5
卫生和社会工作	Health Care and Social Work	166.81	192.54	15.4
文化、体育和娱乐业	Culture, Sports and Recreational Services	22.24	23.28	4.7
公共管理、社会保障和社会组织	Public Management, Social Security and Social Organizations	237.61	280.61	18.1

4-15 城镇非私营单位在岗职工平均工资
Average Remuneration of On-post Staff and Workers in Urban Non-Private Units

单位：元(yuan)

项　　目	Item	2020	2021	2021比2020年增长(%) Increase Rate in 2021 over 2020(%)
总　　计	**Total**	**118918**	**128171**	**7.8**
按登记注册类型分	**Grouped by Registration Status**			
国有单位	State-owned Units	149267	155065	3.9
集体单位	Collective-owned Units	56409	70912	25.7
其他单位	Others	109903	119191	8.5
# 外商及港澳台商投资单位	Units with Funds from Foreign Countries, Hong Kong, Macao & Taiwan	109424	119731	9.4
股份有限公司	Share Holding Corporations Ltd.	144997	161942	11.7
按国民经济行业分	**Grouped by Sector**			
农、林、牧、渔业	Farming, Forestry, Animal Husbandry and Fishery	80118	79961	-0.2
采矿业	Minerals Mining	144748	160052	10.6
制造业	Manufacturing	97943	108714	11.0
电力、热力、燃气及水生产和供应业	Production and Supply of Electricity, Heat, Gas and Water	168439	176758	4.9
建筑业	Construction	102993	108488	5.3
批发和零售业	Wholesale and Retail Trade	93356	105619	13.1
交通运输、仓储和邮政业	Transportation, Storage and Post Services	107111	114769	7.1
住宿和餐饮业	Accommodation and Catering Services	55645	58939	5.9
信息传输、软件和信息技术服务业	Information Transmitting, Software and Information Technology Services	147074	157515	7.1
金融业	Finance Intermediation	212423	219311	3.2
房地产业	Real Estate	99566	103299	3.7
租赁和商务服务业	Leasing and Business Services	92459	102186	10.5
科学研究和技术服务业	Scientific Research and Technical Services	172567	186208	7.9
水利、环境和公共设施管理业	Management for Water Conservancy, Environment and Public Facilities	105116	106019	0.9
居民服务、修理和其他服务业	Resident Services, Repair and Other Services	55245	52504	-5.0
教　　育	Education	148371	152730	2.9
卫生和社会工作	Health Care and Social Work	155285	166928	7.5
文化、体育和娱乐业	Culture, Sports and Recreational Services	136212	137970	1.3
公共管理、社会保障和社会组织	Public Management, Social Security and Social Organizations	143630	148282	3.2

4-16 城镇非私营单位其他从业人员工资总额
Total Remuneration of Other Employment Personnel in Urban Non-Private Units

单位：亿元(100 million yuan)

项 目	Item	2020	2021	2021比2020年增长(%) Increase Rate in 2021 over 2020(%)
总 计	**Total**	**127.70**	**119.01**	**-6.8**
按登记注册类型分	**Grouped by Registration Status**			
国有单位	State-owned Units	19.89	20.70	4.1
集体单位	Collective-owned Units	0.57	0.60	5.3
其他单位	Others	107.23	97.70	-8.9
# 外商及港澳台商投资单位	Units with Funds from Foreign Countries, Hong Kong, Macao & Taiwan	26.49	25.29	-4.5
股份有限公司	Share Holding Corporations Ltd.	41.06	39.28	-4.3
按国民经济行业分	**Grouped by Sector**			
农、林、牧、渔业	Farming, Forestry, Animal Husbandry and Fishery	0.10	0.08	-20.0
采矿业	Minerals Mining	0.32	0.28	-12.5
制造业	Manufacturing	18.57	17.47	-5.9
电力、热力、燃气及水生产和供应业	Production and Supply of Electricity, Heat, Gas and Water	0.32	0.27	-15.6
建筑业	Construction	15.41	11.84	-23.2
批发和零售业	Wholesale and Retail Trade	4.83	4.54	-6.0
交通运输、仓储和邮政业	Transportation, Storage and Post Services	2.01	0.89	-55.7
住宿和餐饮业	Accommodation and Catering Services	2.00	2.22	11.0
信息传输、软件和信息技术服务业	Information Transmitting, Software and Information Technology Services	1.44	1.25	-13.2
金融业	Finance Intermediation	47.27	45.00	-4.8
房地产业	Real Estate	2.88	2.93	1.7
租赁和商务服务业	Leasing and Business Services	8.53	9.49	11.3
科学研究和技术服务业	Scientific Research and Technical Services	5.20	5.05	-2.9
水利、环境和公共设施管理业	Management for Water Conservancy, Environment and Public Facilities	1.68	0.95	-43.5
居民服务、修理和其他服务业	Resident Services, Repair and Other Services	0.45	0.17	-62.2
教 育	Education	4.12	4.38	6.3
卫生和社会工作	Health Care and Social Work	6.27	5.18	-17.4
文化、体育和娱乐业	Culture, Sports and Recreational Services	2.60	1.32	-49.2
公共管理、社会保障和社会组织	Public Management, Social Security and Social Organizations	3.72	5.70	53.2

4-17 城镇非私营单位其他从业人员平均工资

Average Remuneration of Other Employment Personnel in Urban Non-Private Units

单位：元(yuan)

项 目	Item	2020	2021	2021比2020年增长(%) Increase Rate in 2021 over 2020(%)
总 计	**Total**	**64383**	**63961**	**-0.7**
按登记注册类型分	**Grouped by Registration Status**			
国有单位	State-owned Units	53277	53092	-0.3
集体单位	Collective-owned Units	44156	53414	21.0
其他单位	Others	67144	66947	-0.3
# 外商及港澳台商投资单位	Units with Funds from Foreign Countries, Hong Kong, Macao & Taiwan	73082	75934	3.9
股份有限公司	Share Holding Corporations Ltd.	69982	73457	5.0
按国民经济行业分	**Grouped by Sector**			
农、林、牧、渔业	Farming, Forestry, Animal Husbandry and Fishery	32079	30173	-5.9
采矿业	Minerals Mining	37858	41411	9.4
制造业	Manufacturing	177831	183746	3.3
电力、热力、燃气及水生产和供应业	Production and Supply of Electricity, Heat, Gas and Water	53650	53609	-0.1
建筑业	Construction	66778	66054	-1.1
批发和零售业	Wholesale and Retail Trade	102925	105045	2.1
交通运输、仓储和邮政业	Transportation, Storage and Post Services	107306	73633	-31.4
住宿和餐饮业	Accommodation and Catering Services	8970	10869	21.2
信息传输、软件和信息技术服务业	Information Transmitting, Software and Information Technology Services	140432	181297	29.1
金融业	Finance Intermediation	62881	64366	2.4
房地产业	Real Estate	39738	40683	2.4
租赁和商务服务业	Leasing and Business Services	43470	48935	12.6
科学研究和技术服务业	Scientific Research and Technical Services	86418	73849	-14.5
水利、环境和公共设施管理业	Management for Water Conservancy, Environment and Public Facilities	46195	46158	-0.1
居民服务、修理和其他服务业	Resident Services, Repair and Other Services	47638	49948	4.8
教 育	Education	60517	54722	-9.6
卫生和社会工作	Health Care and Social Work	84002	77551	-7.7
文化、体育和娱乐业	Culture, Sports and Recreational Services	250201	96536	-61.4
公共管理、社会保障和社会组织	Public Management, Social Security and Social Organizations	71088	65356	-8.1

4-18　城镇私营单位从业人员平均工资

Average Remuneration of Employment Personnel in Urban Private Units

单位：元(yuan)

项　目	Item	2020	2021	2021比2020年增长(%) Increase Rate in 2021 over 2020(%)
总　计	**Total**	**59862**	**65272**	**9.0**
按国民经济行业分	**Grouped by Sector**			
农、林、牧、渔业	Farming, Forestry, Animal Husbandry and Fishery	56165	63675	13.4
采矿业	Minerals Mining	76953	98317	27.8
制造业	Manufacturing	59652	65756	10.2
电力、热力、燃气及水生产和供应业	Production and Supply of Electricity, Heat, Gas and Water	62840	70095	11.5
建筑业	Construction	55221	58338	5.6
批发和零售业	Wholesale and Retail Trade	59082	69514	17.7
交通运输、仓储和邮政业	Transportation, Storage and Post Services	57908	65998	14.0
住宿和餐饮业	Accommodation and Catering Services	44062	49923	13.3
信息传输、软件和信息技术服务业	Information Transmitting, Software and Information Technology Services	87103	98062	12.6
金融业	Finance Intermediation	79634	106216	33.4
房地产业	Real Estate	63157	62127	-1.6
租赁和商务服务业	Leasing and Business Services	61761	65682	6.3
科学研究和技术服务业	Scientific Research and Technical Services	70929	79537	12.1
水利、环境和公共设施管理业	Management for Water Conservancy, Environment and Public Facilities	38781	36313	-6.4
居民服务、修理和其他服务业	Resident Services, Repair and Other Services	50436	48136	-4.6
教　育	Education	58828	79738	35.5
卫生和社会工作	Health Care and Social Work	58490	64156	9.7
文化、体育和娱乐业	Culture, Sports and Recreational Services	57636	66054	14.6

主要统计指标解释

从业人员期末人数

指报告期最后一日在本单位工作，并取得工资或其他形式劳动报酬的人员数。

该指标为时点指标，不包括最后一日当天及以前已经与单位解除劳动合同关系的人员，是在岗职工、劳务派遣人员及其他从业人员之和。从业人员不包括：

1.离开本单位仍保留劳动关系，并定期领取生活费的人员；

2.在本单位实习的各类在校学生；

3.本单位因劳务外包而使用的人员，如：建筑业整建制使用的人员。

在岗职工

指在本单位工作且与本单位签订劳动合同，并由单位支付各项工资和社会保险、住房公积金的人员，以及上述人员中由于学习、病伤、产假等原因暂未工作仍由单位支付工资的人员。在岗职工还包括：

1.应订立劳动合同而未订立劳动合同人员；

2.处于试用期人员；

3.编制外招用的人员,如临时人员;

4.派往外单位工作，但工资或其他形式劳动报酬仍由本单位发放的人员(如挂职锻炼、外派工作等情况)。

在岗职工不包括：

1.本单位实际使用的，无论是否由本单位直接支付劳动报酬的劳务派遣人员，均应统计在本单位“劳务派遣人员”指标中；

2.本单位因劳务外包而使用的人员，由承包劳务的法人单位统计为在岗职工。如承包劳务的是个体经营户或自然人，均不包括在统计范围内。

劳务派遣人员

根据《中华人民共和国劳动合同法》规定，指与劳务派遣单位签订劳动合同，并被劳务派遣单位派遣到实际用工单位工作，且劳务派遣单位与实际用工单位签订《劳务派遣协议》的人员。

无论用工单位是否直接支付劳动报酬，劳务派遣人员均由实际用工单位填报，而劳务派遣单位(派出单位)不填报这些人员。

其他从业人员

指在本单位工作，不能归入在岗职工、劳务派遣人员中的人员。此类人员是实际参加本单位生产或工作并从本单位取得劳动报酬的人员。具体包括：非全日制人员、聘用的正式离退休人员、兼职人员、利用课余时间打工的在校学生等，以及在本单位中工作的外籍和港澳台方人员。

城镇登记失业人员

指有非农业户口，在一定的劳动年龄(16 岁至退休年龄)内，有劳动能力，无业且要求就业，并在当地劳动保障机构进行求职登记的人员。

城镇登记失业率

指报告期末城镇登记失业人数占期末从业人员总数与期末实有城镇登记失业人数之和的比重。计算公式：

$$\text{城镇登记失业率}=\frac{\text{期末实有城镇登记失业人数}}{\text{期末从业人员总数}+\text{期末实有城镇失业人数}}\times 100\%$$

从业人员工资总额

指本单位在报告期内(季度或年度)直接支付给本单位全部从业人员的劳动报酬总额。包括计时工资、计件工资、奖金、津贴和补贴、加班加点工资、特殊情况下支付的工资，是在岗职工工资总额、劳务派遣人员工资总额和其他从业人员工资总额之和。不论是计入成本的还是不计入成本的，不论是以货币形式支付的还是以实物形式支付的，均应列入工资总额的计算范围。需要明确的是工资总额不包括从单位工会经费或工会账户中发放的现金或实物。

工资总额是税前工资，包括单位从个人工资中直接为其代扣或代缴的个人所得税、社会保险基金和住房公积金等个人缴纳部分，以及房费、水电费等。

从业人员平均工资

指本单位从业人员在报告期内平均每人所得的工资额。计算公式为：

$$\text{从业人员平均工资}=\frac{\text{从业人员工资总额}}{\text{从业人员平均人数}}$$

Explanatory Notes on Main Statistical Indicators

Number of Employment Personnel at Period-end

refers to the number of employees who work in the unit and obtain wages or other forms of payment at the end of the reporting period.

This indicator is a time-point indicator, excluding those who have terminated the labour contract with the unit on or before the last day. It is the sum of employed staff and workers, labor dispatch personnel and other employees. Employees do not include:

(1) persons who have left their units while keeping labour contract (employment relation) unchanged and receiving regular alimony;

(2) all kinds of enrolled students who do internship in various units;

(3) persons employed due to labour outsourcing, such as persons employed in the organizational system of construction industry.

On-post Staff and Workers

refer to persons who signed labour contracts with working units and working units would pay wages, social insurance and housing funds for them. Persons who have their work posts but are temporarily absent from work for reasons of study or on sick, injury or maternal leave and still receive wages from their working units are also included. On-post staff and workers also include:

(1) persons who should have signed the labour contracts but not;

(2) employees on probation;

(3) employees beyond the staffing quota, such as temporary employees;

(4) employees who are sent to other working units but still obtain wages or other forms of labour payment from their original units. (situations like on-the-job placement, expatriated assignment,etc.)

On-post staff and workers do not include:

(1) the labour dispatch personnel actually used by the unit, regardless of whether the labour payment is directly paid by the unit, should be counted in the "labour dispatch personnel" ;

(2) employees for labour outsourcing shall be counted as "On-post staff and workers" by the legal entity that contracted labour services. Self-employed households or natural persons who contract labour services are not included in the statistical scope.

Labor Dispatch Personnel

According to the *Labor Contract Law of the People's Republic of China*, it refers to persons who sign labour contracts with labour dispatch units, who are dispatched by the labour dispatch units to work in the actual employers, and the labour dispatch units sign labour dispatch agreements with the actual employers.

Regardless of whether the actual employers directly pay the labour payment, the labour dispatch personnel shall be reported by the actual employers rather than the labour dispatch units.

Other Employment Personnel

refer to the personnel out of on-post staff and workers and outsourcing labor, which are working in the units and receiving wages or other forms of payment, including part-time staff, re-employed retirees, part-time workers and on-campus students who work in their spare time, and foreigners and Chinese compatriots from Hong Kong, Macao, and Taiwan working in the units.

Registered Unemployed Personnel in Urban Area

refer to the persons who are registered as permanent residents in the urban areas engaged in non-agricultural activities, aged within the range of working age (16-retired age), capable to labour, unemployed but desirous to be employed and have been registered at the local employment service agencies to apply for a job.

Registered Unemployed Rate in Urban Area

refers to the ratio of the number of the registered unemployed persons to the sum of the number of employed persons and the registered unemployed persons. The formula is as follows:

$$\text{Registered Urban Unemployment Rate} = \frac{\text{Number of Urban Registered Unemployed Persons}}{\text{Urban Employed Persons} + \text{Number of Urban Registered Unemployed Persons}} \times 100\%$$

Total Remuneration of Employment Personnel

refers to the total remuneration payment to all employed persons in various units during the reporting period (by quarter or by year). It includes time rate wage, piece rate wage, bonus, subsidy and allowance, overtime pay and the salary paid in special circumstances, which is the sum of total wages of on-post staff and workers, outsourcing labor and other employment personnel. Whether it is included in costs or not and no matter it is paid in money or real objects, it should be included in the calculation of total remuneration. In addition, total remuneration does not include cash or in-kind from unit union funds or union accounts.

The total remuneration is the pre-tax salary, including personal income tax, housing expenses, water and electricity fees, social security funds and housing accumulation funds withheld directly by the employer from the employee' s wage.

Average Wage of Employment Personnel

refers to the average per capita wage during a certain period of time for employed persons. The formula is as follows:

$$\textit{Average Wage of Employment Personnel} = \frac{\textit{the total remuneration of the employment personnel}}{\textit{the average number of employment personnel}}$$

第五篇 价格指数

Chapter 5 Price Indices

5-1 居民消费价格和商品零售价格指数

Consumer and Retail Price Indices

年 份 Year	上年=100 Preceding Year=100		1978年=100 Year of 1978=100		1990年=100 Year of 1990=100	
	商品零售价格指数 Retail Price Index	居民消费价格指数 Consumer Price Index	商品零售价格指数 Retail Price Index	居民消费价格指数 Consumer Price Index	商品零售价格指数 Retail Price Index	居民消费价格指数 Consumer Price Index
1978	100.0	100.0	100.0	100.0		
1980	105.5	105.1	106.7	106.2		
1985	113.9	113.1	126.8	125.0		
1990	102.7	103.0	202.1	197.0	100.0	100.0
1995	110.6	115.3	349.0	406.6	172.7	206.4
2000	98.6	99.6	343.1	447.8	169.7	227.3
2001	98.6	101.2	338.2	453.2	167.3	230.1
2002	97.4	99.6	329.5	451.4	163.0	229.2
2003	97.4	101.0	320.9	455.9	158.7	231.4
2004	100.8	102.3	323.5	466.4	160.0	236.8
2005	99.9	101.5	323.1	473.4	159.8	240.3
2006	100.4	101.5	324.4	480.5	160.5	243.9
2007	103.2	104.2	334.8	500.7	165.6	254.2
2008	105.1	105.4	351.9	527.7	174.1	267.9
2009	98.9	99.0	348.0	522.4	172.2	265.2
2010	103.4	103.5	359.8	540.7	178.1	274.5
2011	104.7	104.9	376.7	567.2	186.5	288.0
2012	103.0	102.7	388.0	582.5	192.1	295.8
2013	101.7	103.1	394.6	600.6	195.4	305.0
2014	100.9	101.9	398.2	612.0	197.2	310.8
2015	100.3	101.7	399.4	622.4	197.8	316.1
2016	100.5	102.1	401.6	635.4	198.9	322.7
2017	100.8	102.1	404.8	648.7	200.5	329.5
2018	101.6	102.0	411.3	661.7	203.7	336.1
2019	101.7	102.7	418.3	679.6	206.5	345.2
2020	101.0	102.0	422.7	693.5	208.7	352.3
2021	101.5	101.3	429.0	702.5	211.8	356.9

5-2 居民消费价格分类指数(2021年)
Consumer Price Indices by Category,2021

上年=100(preceding year = 100)

项　目 Item	2021	项　目 Item	2021
居民消费价格总指数		2.鞋　类	
Consumer Price Index	**101.3**	Shoes	93.3
# 服务项目价格指数		三、居　住	
Services	101.4	**Residence**	**100.7**
一、食品烟酒		1.租赁房房租	
Food,Tobacco and Liquor	**101.3**	Rent of Rental Housing	100.1
1.食　品		2.住房保养维修及管理	
Food	100.2	Housing Maintenance and Management	103.4
粮　食		3.水电燃料	
Grain	101.3	Water, Electricity and Fuels	98.8
薯　类		4.自有住房	
Tuber	98.6	Private Housing	100.9
豆　类		四、生活用品及服务	
Beans	108.5	**Household Articles and Services**	**101.0**
食用油		1.家具及室内装饰品	
Edible Oil	106.3	Furniture and Interior Decoration	103.8
菜及食用菌		2.家用器具	
Vegetables and Fungi	106.1	Household Appliances	97.9
畜肉类		3.家用纺织品	
Meat	88.2	Home Textiles	100.9
禽肉类		4.家庭日用杂品	
Poultry	97.4	Family Daily Groceries	100.3
水产品		5.个人护理用品	
Aquatic Products	106.6	Personal Care Articles	101.9
蛋　类		6.家庭服务	
Eggs	120.2	Household Services	103.5
奶　类		五、交通通信	
Milk	101.1	**Transportation and Communication**	**104.7**
干鲜瓜果类		1.交　通	
Dried and Fresh Melons and Fruits	98.3	Transportation	105.8
糖果糕点类		2.通　信	
Confectionery	102.1	Communication	101.1
调味品		六、教育文化娱乐	
Flavoring	100.9	**Education, Culture and Recreation**	**103.4**
其他食品类		1.教　育	
Other Foods	101.8	Education	102.9
2.茶及饮料		2.文化娱乐	
Tea and Beverages	101.8	Cultural and Recreational Articles	103.9
3.烟　酒		七、医疗保健	
Tobacco and Liquor	103.5	**Health Cares**	**100.0**
卷　烟		1.药品及医疗器具	
Tobacco	103.7	Medicine and Medical Instrument	99.0
酒　类		2.医疗服务	
Liquor	103.1	Health Services	100.5
4.在外餐饮		八、其他用品和服务	
Dining out	102.9	**Miscellanous Goods and Services**	**97.8**
二、衣　着		1.其他用品	
Clothing	**97.8**	Other Goods	98.8
1.服　装		2.其他服务	
Garments	99.2	Other Services	97.0

5-3 商品零售价格分类指数(2021年)
Retail Price Indices by Category,2021

上年=100(preceding year = 100)

项 目	Item	2021
商品零售价格指数	**Retail Price Index**	**101.5**
一、食 品	**Food**	**101.2**
1.粮 食	Grain	101.2
2.薯 类	Tuber	98.6
3.豆 类	Beans	108.5
4.食用油	Edible Oil	106.3
5.菜及食用菌	Vegetables and Fungi	106.1
6.畜肉类	Meat	88.2
7.禽肉类	Poultry	97.3
8.水产品	Aquatic Products	106.7
9.蛋 类	Eggs	120.2
10.奶 类	Milk	101.1
11.干鲜瓜果类	Dried and Fresh Melons and Fruits	98.3
12.糖果糕点类	Confectionery	102.1
13.调味品	Flavoring	100.9
14.其他食品类	Other Food	101.8
15.餐饮业零售	Catering Retail	103.0
二、饮料、烟酒	**Beverage, Tobacco and Liquor**	**103.1**
1.茶及饮料	Tea and Beverage	101.9
2.卷 烟	Tobacco	103.7
3.酒 类	Liquor	103.1
三、服装、鞋帽	**Garments, Shoes and Hats**	**97.9**
1.服 装	Garments	99.3
2.鞋袜帽	Shoes, Socks and Hats	93.9
3.其他衣着配件	Other Clothing and Accessories	97.4
四、纺织品	**Textiles**	**100.8**
1.服装材料	Clothing Materials	98.5
2.床上用品	Bed Articles	101.1

5-3续表 *Continued*

上年=100(preceding year = 100)

项　目	Item	2021
五、家用电器及音像器材	**Household Appliances, Music and Video Equipment**	**98.9**
1.家庭设备	Household Facilities	98.1
2.文娱用耐用消费品	Durable Consumer Goods for Cultural and Recreational Use	100.7
3.专业音像器材	Music and Video Equipment	104.3
六、文化办公用品	**Cultural and Office Appliances**	**102.4**
七、日用品	**Articles for Daily Use**	**100.4**
1.日用百货	General Merchandise for Daily Use	103.2
2.厨具餐具茶具	Kitchen Ware, Tableware and Tea Set	99.9
3.清洗用品	Washing Articles	100.4
4.其他日用品	Other Articles for Daily Use	98.9
八、体育娱乐用品	**Sport and Recreation Articles**	**102.8**
1.体育户外用品	Sport Articles	101.7
2.娱乐用品	Recreation Articles	103.0
九、交通、通信用品	**Transportation and Communication Articles**	**100.5**
1.交通运输机械	Transportation Machinery	99.2
2.通信器材	Communication Facilities	105.0
十、家　具	**Furniture**	**104.3**
十一、化妆品	**Cosmetics**	**101.8**
十二、金银饰品	**Gold, Silver and Jewelry**	**99.7**
十三、中西药品及医疗保健用品	**Traditional Chinese & Western Medicine and Medical, Health Care Goods**	**98.7**
1.医疗卫生器具	Medical Apparatus	102.4
2.中　药	Traditional Chinese Medicines	102.2
3.西　药	Western Medicine	95.0
4.保健器具及用品	Health Care Facilities and Goods	100.6
十四、书报杂志及电子出版物	**Books, Newspapers and Magazines, Electronic Publications**	**101.4**
1.教材及参考书	Teaching Materials and Reference Books	102.0
2.书报杂志	Books, Newspapers and Magazines	100.9
3.计算机办公软件	Computer Office Softwares	99.6
十五、燃　料	**Fuel**	**113.3**
1.煤炭及制品	Coal and Related Products	107.1
2.石油及制品	Petroleum and Related Products	113.9
十六、建筑材料及五金电料	**Construction Materials and Hardware Materials**	**100.7**
1.建筑装潢材料	Construction and Decoration Materials	100.5
2.五金水暖	Hardware Materials	101.0

5-4 工业生产者出厂价格指数(2017—2021年)
Producer Price Indices of Industrial Ex-factory Products,2017-2021

上年=100(preceding year = 100)

项 目 Item	2017	2018	2019	2020	2021
工业生产者出厂价格总指数					
General Producer Price Indices of Industrial Ex-factory Products	**108.4**	**105.4**	**99.3**	**97.1**	**110.9**
按轻重工业分					
Grouped by Light or Heavy Industries					
轻工业					
Light Industry	101.2	100.2	102.6	102.5	103.9
以农产品为原料					
Using Farm Products as Raw Materials	101.0	100.2	103.7	104.5	106.8
以非农产品为原料					
Using Non-farm Products as Raw Materials	101.6	100.2	100.9	99.4	102.0
重工业					
Heavy Industry	110.2	106.6	98.5	95.7	112.5
采掘业					
Mining and Quarrying Industry	127.7	120.5	97.9	81.6	138.0
原料工业					
Raw Materials Industry	116.2	111.6	97.2	92.4	117.6
加工工业					
Processing Industry	105.9	102.5	99.2	99.1	107.2
按生产生活资料分					
Grouped by Means of Production or Subsistence					
生产资料					
Production Goods	112.0	107.4	98.8	95.8	113.5
采掘业					
Mining and Quarrying Industry	127.7	120.5	97.9	81.6	138.0
原料工业					
Raw Materials Industry	116.3	112.0	97.5	92.2	117.7
加工工业					
Processing Industry	108.4	103.4	99.6	99.4	108.4
生活资料					
Consumer Goods	97.9	99.0	100.8	100.9	101.0
食 品					
Food	100.2	100.1	105.6	105.9	108.2
衣 着					
Clothing	100.3	100.8	100.8	100.2	96.5
一般日用品					
Daily Use Articles	98.5	102.4	99.9	98.7	100.0
耐用消费品					
Durable Consumer Goods	94.9	96.2	96.5	96.9	97.3

5-5 按行业分工业生产者出厂价格指数(2017—2021年)

Producer Price Indices of Industrial Ex-factory Products by Sector,2017-2021

上年=100(preceding year = 100)

行　业 Sector	2017	2018	2019	2020	2021
煤炭开采和洗选业 Mining and Washing of Coal	121.2	101.8	100.0	100.0	96.8
石油和天然气开采业 Extraction of Petroleum and Natural Gas	134.6	131.8	96.0	66.9	150.6
黑色金属矿采选业 Mining and Processing of Ferrous Metal Ores	108.3	128.3	119.7	104.9	130.6
非金属矿采选业 Mining and Processing of Nonmetal Ores	102.1	103.4	108.2	98.6	134.6
开采专业及辅助性活动 Professional and Support Activities for Mining	99.7	99.5	98.4	104.7	100.1
农副食品加工业 Processing of Food from Agricultural Products	98.2	95.9	108.9	112.3	116.4
食品制造业 Manufacture of Food	101.2	102.4	103.9	103.3	100.9
酒、饮料和精制茶制造业 Manufacturing of Alcohol, Beverages and Refined Tea	101.7	100.7	105.1	100.6	101.0
烟草制品业 Manufacture of Tobacco	100.0	100.6	102.3	102.7	102.7
纺织业 Manufacture of Textile	100.7	103.4	100.7	100.8	103.4
纺织服装、服饰业 Manufacturing of Textile Wearing and Apparel	100.3	99.4	99.7	100.0	96.2
皮革、毛皮、羽毛及其制品和制鞋业 Manufacturing of Leather, Fur, Feathers and Related Products, Footwear	100.8	104.5	106.2	102.1	100.8
木材加工和木、竹、藤、棕、草制品业 Processing of Timber, Manufacture of Wood, Bamboo, Rattan, Palm and Straw Products	99.5	100.3	99.4	99.3	101.7
家具制造业 Manufacture of Furniture	103.1	100.2	101.6	101.3	102.9
造纸和纸制品业 Manufacture of Paper and Paper Products	110.5	101.8	90.1	93.7	101.7
印刷和记录媒介复制业 Printing, Reproduction of Recording Media	102.9	102.2	103.7	105.8	103.3
文教、工美、体育和娱乐用品制造业 Manufacture of Articles for Cultural, Education, Industrial Arts, Sport Acitivity and Amusement Manufacturing	99.1	99.4	103.0	100.2	96.8
石油、煤炭和其他燃料加工业 Processing of Petroleum, Coal and Other Fuel	114.1	119.9	99.2	86.3	119.5
化学原料和化学制品制造业 Manufacture of Raw Chemical Materials and Chemical Products	115.6	108.0	93.3	91.2	122.7

5-5续表 *Continued*

上年=100(preceding year = 100)

行　　业　Sector	2017	2018	2019	2020	2021
医药制造业 Manufacture of Medicines	98.2	105.3	96.6	98.4	100.3
化学纤维制造业 Manufacture of Chemical Fibers	93.0	100.9	99.2	100.5	86.7
橡胶和塑料制品业 Manufacture of Rubber and plastic	104.9	101.5	99.4	98.7	100.3
非金属矿物制品业 Manufacture of Non-metallic Mineral Products	101.3	109.7	107.0	98.7	104.7
黑色金属冶炼和压延加工业 Smelting and Pressing of Ferrous Metals	126.3	109.9	100.0	98.6	127.8
有色金属冶炼和压延加工业 Smelting and Pressing of Non-ferrous Metals	116.5	103.2	96.5	101.8	134.1
金属制品业 Manufacture of Metal Products	113.6	106.2	97.1	96.4	105.2
通用设备制造业 Manufacture of General Purpose Machinery	100.4	99.5	100.1	102.6	101.9
专用设备制造业 Manufacture of Special Purpose Machinery	97.7	97.6	98.4	99.0	101.3
汽车制造业 Manufacturing of Motorcar	97.8	98.1	94.7	95.0	97.4
铁路、船舶、航空航天和其他运输设备制造业 Railway, Watercraft, Aerospace and Other Transport Equipment	102.2	102.0	100.3	100.5	102.6
电气机械和器材制造业 Manufacture of Electrical Machinery and Equipment	101.6	100.5	99.8	97.5	104.7
计算机、通信和其他电子设备制造业 Manufactare of Computers, Communication and Other Electronic Equipment	95.4	96.2	101.2	101.2	100.8
仪器仪表制造业 Manufacturing of Measuring Instruments	100.1	99.8	103.1	101.0	98.4
其他制造业 Other Manufacturing	100.0	100.0	99.6	95.1	91.8
废弃资源综合利用业 Comprehensive Recycling of Waste	104.3	124.2	107.1	96.6	120.9
金属制品、机械和设备修理业 Metal Products, Machine and Equipment Repair	100.3	102.7	107.8	107.4	100.0
电力、热力生产和供应业 Production and Supply of Electric Power and Heat Power	95.4	100.3	99.1	97.9	99.2
燃气生产和供应业 Production and Supply of Gas	100.9	101.2	105.1	97.7	102.2
水的生产和供应业 Production and Supply of Water	104.5	123.0	101.6	100.0	100.0

5-6 工业生产者购进价格指数(2017—2021年)
Producer Price Indices of Industrial Purchase,2017-2021

上年=100(preceding year = 100)

项 目 Item	2017	2018	2019	2020	2021
工业生产者购进价格总指数					
General Producer Price Indices of Industrial Purchase	**111.1**	**106.2**	**98.8**	**96.9**	**114.7**
燃料、动力类					
Fuel and Power	117.2	111.4	96.6	86.2	130.0
黑色金属材料类					
Ferrous Metals	123.6	111.2	98.6	99.4	129.2
有色金属材料及电线类					
Non-ferrous Metals and Wires	119.0	104.4	97.4	100.1	123.8
化工原料类					
Chemical Raw Materials	108.7	104.7	93.5	91.0	117.6
木材及纸浆类					
Wood and Paper Pulps	102.6	106.6	98.3	96.1	103.0
建筑材料及非金属矿类					
Construction Materials and Non-mental Ores	120.3	116.9	98.3	93.4	104.4
其他工业原材料及半成品类					
Other Industrial Raw Materials and Semi-products	104.3	102.3	100.2	100.1	101.1
农副产品类					
Farm and Sideline Products	99.6	98.4	114.5	125.4	109.9
纺织原料类					
Textile Raw Materials	104.9	100.4	100.5	93.3	98.8

主要统计指标解释

商品零售价格指数

是反映一定时期内城乡商品零售价格变动趋势和程度的相对数。商品零售价格的变动直接影响到城乡居民的生活支出和国家的财政收入，影响居民购买力和市场供需的平衡，影响到消费与积累的比例关系。因此，该指数可以从一个侧面对上述经济活动进行观察和分析。

居民消费价格指数

是反映一定时期内城乡居民所购买的生活消费品价格和服务项目价格变动趋势和程度的相对数。该指数可以观察和分析消费品的零售价格和服务项目价格变动对城乡居民实际生活费支出的影响程度。

工业生产者出厂价格指数

反映一定时期内全部工业产品出厂价格总水平的变动趋势和程度的相对数，包括工业企业售给本企业以外所有单位的各种产品和直接售给居民用于生活消费的产品。通过工业生产者出厂价格指数能观察出厂价格变动对工业总产值的影响。

工业生产者购进价格指数

反映一定时期内全部工业企业作为生产投入，从物资交易市场和能源、原材料生产企业购买原材料、燃料和动力产品时，所支付的价格水平变动趋势和程度的相对数，是扣除工业企业物质消耗成本中的价格变动影响的重要依据。

Explanatory Notes on Main Statistical Indicators

Retail Price Index

reflects the trend and degree of change in retail prices of commodities during a given period. The change in retail prices of commodities directly affect the living expenses of urban and rural residents, government revenue, purchasing power of residents and the equilibrium of market supply and demand, and the ratio of consumption to accumulation. Therefore, the retail price indices are useful from an oblique perspective for observing and analyzing the changes of the above economic activities.

Consumer Price Index

reflects the trend and degree of changes in prices of consumer goods and services purchased by urban and rural households during a given period. It can be used to observe and analyze the impact degree of price changes in consumer goods and services on wages (in monetary terms) of actual living expenses of urban and rural residents.

Producer Price Index of Industrial Ex-factory Products

reflects the trend and degree of changes in general ex-factory prices of all industrial products during a given period, including sales of industrial products by an industrial enterprise to all units outside the enterprise, as well as sales of consumer goods to residents. It can be used to analyze the impact of ex-factory prices on gross industrial output value.

Producer Price Index of Industrial Purchase

reflects the trend and degree of changes in purchasing price of raw material, fuel and power paid by industrial enterprises when they purchase production as input from the market or other energy and raw material producers during a given period, and provide basis for measuring the material consumption of industrial enterprises after removing influence of price from cost.

第六篇 人民生活

Chapter 6 People's Living Conditions

6-1 城乡住户基本情况(2017—2021年)

Basic Statistics on Households of Urban and Rural,2017-2021

项　目 Item	单　位 Unit	2017	2018	2019	2020	2021
调查样本户数	**户**					
Survey Sample Households	**household**	**3970**	**4000**	**4000**	**4000**	**4000**
城镇住户	户					
Urban Households	household	3018	3200	3200	3200	3200
农村住户	户					
Rural Households	household	952	800	800	800	800
调查样本户结构						
Structure of Survey Sample Households						
城镇住户	%					
Urban Households	%	76.0	80.0	80.0	80.0	80.0
农村住户	%					
Rural Households	%	24.0	20.0	20.0	20.0	20.0
住户基本情况						
Basic Conditions of Households						
户均常住人口	人/户					
Average Persons per Permanent Household	person/household	2.87	2.86	2.85	2.84	2.80
户均就业人口	人/户					
Average Employees per Household	person/household	1.48	1.43	1.39	1.31	1.33
平均每户就业人口比重	%					
Employees Percentage per Household	%	51.6	50.1	48.6	46.0	47.4
平均每一就业者负担人口	人					
Persons Supported by Each Employee	person	1.94	1.99	2.06	2.18	2.11
常住居民收入与支出						
Income and Expenditure of Permanent Households						
全体居民人均可支配收入	元/人					
Per Capita Disposable Incomes of Whole Households	yuan/person	37022	39506	42404	43854	47449
全体居民人均消费支出	元/人					
Per Capita Consumption Expenditures of Whole Households	yuan/person	27841	29903	31854	28461	33188
平均消费倾向	%					
Average Propensity to Consume	%	75.2	75.7	75.1	64.9	69.9

注：因调整指标口径，为保证数据口径一致，现将2020年以前年份的“住户基本情况”相关指标数据统一调整为可比数据。

Note: For the adjustment of index scope, to make sure that the data scope is consistent, we now give unified adjustment of relevant indexes of basic household conditions before the year 2020 to comparable data.

6-2 城乡住户住房基本情况构成(2017—2021年)
Composition of Basic Living Condition of Households,2017-2021

单位：%(%)

项　　目	Item	2017	2018	2019	2020	2021
住户现住房居住空间样式	**Households Housing Style of Living Space**					
单栋楼房	Single Building	0.5	0.9	0.8	0.8	1.1
单栋平房	Single Bungalow	24.3	22.7	21.5	21.8	21.9
四居室及以上单元房	Apartment with 4 Bedrooms or More	0.3	0.5	0.3	0.3	0.4
三居室单元房	Apartment with 3 Bedrooms	9.1	12.7	12.3	12.0	13.4
二居室单元房	Apartment with 2 Bedrooms	46.3	48.2	50.4	50.5	50.2
一居室单元房	Apartment with 1 Bedroom	13.5	12.9	12.6	12.5	11.3
筒子楼或连片平房	Tube-shaped Apartment or Continuous Bungalow	5.4	2.1	2.1	2.1	1.8
其　他	Others	0.6				
住户现住房房屋来源	**Households Living House Sources**					
租赁公房	Rental Publicly-owned Housing	10.4	8.2	7.3	7.0	6.5
租赁私房	Rental Private Housing	2.3	4.4	4.4	4.3	2.5
自建住房	Self-build Housing	25.6	23.2	22.6	22.7	22.5
购买商品房	Purchasing Commercial Housing	31.0	41.5	43.1	42.9	47.0
购买房改住房	Purchasing Housing Reform	14.5	10.9	10.1	10.5	7.8
购买保障性住房	Purchasing Indemnificatory Housing	2.5	1.9	1.9	1.7	2.1
拆迁安置房	Arrangement Housing for Dismantling	10.1	8.2	8.6	9.0	10.0
其　他	Others	3.6	1.7	2.1	1.8	1.6
住户主要饮用水来源情况	**Households Water Supply**					
经过净化处理的自来水	Purification Treatment Water	96.5	95.6	95.6	96.0	96.0
受保护的井水和泉水	The Protected Well Water and Spring Water	2.3	2.4	3.2	2.7	2.7
不受保护的井水和泉水	The Unprotected Well Water and Spring Water					
江河湖泊水	Rivers and Lakes Water					
收集雨水	The Gathered Rainwater					
桶装水	Bottled Water	1.2	2.0	1.3	1.3	1.3
其他水源	Others					

6-2续表 *Continued*

单位：%(%)

项　　目	Item	2017	2018	2019	2020	2021
住户主要取暖用能源状况	**Households Energy for Heating**					
柴　草	Firewood Grass					
煤　炭	Coal	20.8	13.5	5.5	4.4	2.1
罐装液化石油气	Canned Liquefied Petroleum Gas					
管道液化石油气	Pipeline Liquefied Petroleum Gas					
管道煤气	Pipe Gas					
管道天然气	Pipeline Natural Gas	2.9	11.0	7.3	9.2	7.6
电	Electric	3.7	3.5	4.4	5.1	6.3
燃料用油	Fuel Oil					
沼　气	Biogas					
其　他	Others					
集中供暖	Central Heating	72.6	72.0	82.8	81.3	84.0
住户主要炊用能源状况	**Households Energy for Cooking**					
柴　草	Firewood Grass	0.2	0.2	0.3	0.1	0.1
煤　炭	Coal	1.7	1.0	0.1	0.1	
罐装液化石油气	Canned Liquefied Petroleum Gas	23.2	20.8	17.5	16.8	12.4
管道液化石油气	Pipeline Liquefied Petroleum Gas					
管道煤气	Pipe Gas					
管道天然气	Pipeline Natural Gas	69.7	74.8	78.8	79.7	83.5
电	Electric	2.2	2.2	2.5	2.4	3.1
燃料用油	Fuel Oil					
沼　气	Biogas					
其　他	Others					
无炊用行为	Central Heating	3.0	1.0	0.8	0.9	0.9
住户厕所类型	**Households Toilet Type**					
水冲式卫生厕所	Water Flush Sanitary Toilet	85.3	87.9	94.0	96.6	99.2
水冲式非卫生厕所	Water Flush Non Sanitary Toilet					
卫生旱厕	Sanitary Dry Lavatory	4.4	2.1	2.9	2.3	0.7
普通旱厕	General Dry Lavatory	6.1	4.9	2.8	0.8	0.1
无厕所	No Toilet	4.2	5.1	0.3	0.3	
住户洗澡设施情况	**Households Bathing Facilities**					
统一供热水	Unified Supply of Hot Water	5.7	4.8	4.1	4.0	3.9
家庭自装热水器	Home Self Heater	88.4	91.6	92.4	93.3	94.3
其　他	Others	1.4	0.5	1.0	1.1	0.6
无洗澡设施	No Bathing Facilities	4.5	3.1	2.4	1.7	1.2

6-3 全市居民人均可支配收入及构成(2017—2021年)

Per Capita Disposable Income of Citywide Households and Composition,2017-2021

项目	Item	2017	2018	2019	2020	2021
人均可支配收入(元)	**Per Capita Annual Disposable Income (yuan)**	**37022**	**39506**	**42404**	**43854**	**47449**
工资性收入	Wages and Salaries	23165	25119	27002	27339	29775
经营净收入	Net Business Income	3262	3344	3095	2797	3243
财产净收入	Net Income from Property	3505	3587	3908	4240	4576
转移净收入	Net Income from Transfer	7090	7456	8398	9478	9855
人均可支配收入构成(%)	**Composition of Per Capita Annual Disposable Income (%)**	**100.0**	**100.0**	**100.0**	**100.0**	**100.0**
工资性收入	Wages and Salaries	62.6	63.6	63.7	62.3	62.8
经营净收入	Net Business Income	8.8	8.4	7.3	6.4	6.8
财产净收入	Net Income from Property	9.5	9.1	9.2	9.7	9.6
转移净收入	Net Income from Transfer	19.1	18.9	19.8	21.6	20.8

6-4 全市居民人均消费支出(2017—2021年)

Per Capita Consumption Expenditures of Citywide Households,2017-2021

项目	Item	2017	2018	2019	2020	2021
人均消费支出(元)	**Per Capita Annual Consumption Expenditures (yuan)**	**27841**	**29903**	**31854**	**28461**	**33188**
食品烟酒	Food, Tobacco and Liquor	8647	8648	8984	8516	9138
衣　着	Clothing and Footwear	1945	1990	2000	1712	1872
居　住	Housing	5922	6406	6946	7035	7520
生活用品及服务	Household Equipments, Furnishings and Services	1655	1818	1957	1669	1941
交通通信	Transport and Communications	3745	4281	4236	3779	4390
教育文化娱乐	Education, Culture and Recreation	2691	3187	3584	2254	3372
医疗保健	Health Care and Medical Services	2390	2677	2992	2646	3748
其他用品及服务	Miscellaneous Goods and Services	846	896	1155	850	1207

6-5 全市居民人均食品消费量(2017—2021年)
Per Capita Consumption of Foods of Citywide Households,2017-2021

单位：千克 (kg)

商品名称	Item	2017	2018	2019	2020	2021
粮　食	Grain	120.1	118.3	115.2	111.1	107.2
谷　物	Cereals	109.7	107.9	104.6	100.2	96.0
薯　类	Tuber	3.1	3.2	3.2	3.5	3.3
豆　类	Beans and Products	7.3	7.2	7.3	7.5	8.0
食用油	Edible Oil and Fats	11.9	9.9	8.7	9.6	8.5
蔬菜及食用菌	Vegetables and Edible Mushroom	118.3	116.8	114.1	117.2	116.3
# 鲜　菜	Fresh Vegetables	114.8	113.2	110.6	113.5	112.4
肉及制品	Meat and Meat Products	26.5	26.9	24.7	23.8	27.5
# 猪　肉	Pork	15.8	16.8	15.0	14.1	17.6
牛羊肉	Beef and Mutton	6.2	5.6	5.4	5.6	5.4
家禽及制品	Poultry and Poultry Products	5.6	5.7	6.1	7.0	6.7
水产品及制品	Aquatic Products	16.9	16.7	17.4	16.8	17.3
蛋类及蛋制品	Eggs and Related Products	18.3	17.7	18.5	21.5	20.0
# 鲜　蛋	Eggs	17.5	17.0	17.7	20.7	19.3
奶和奶制品	Milk and Dairy Products	18.4	18.6	17.0	16.8	17.2
干鲜瓜果类	Dried and Fresh Melons and Fruits	75.3	86.2	90.1	85.8	85.5
# 鲜瓜果	Fresh Melons and Fruits	68.8	78.8	82.6	78.7	77.6
糖果糕点类	Confectionery	8.4	9.6	8.9	8.0	9.5
白　酒	Liquor	3.8	3.4	3.3	2.8	3.1

6-6 全市居民家庭年末每百户主要耐用消费品拥有量(2017—2021年)
Main Durable Goods Owned per 100 Citywide Households Year-end,2017-2021

商品名称	Item	2017	2018	2019	2020	2021
摩托车(辆)	Motorcycle(unit)	6.4	4.4	4.0	3.9	2.7
助力车(辆)	Electric Bicycle(unit)	47.9	45.8	50.3	51.6	57.3
家用汽车(辆)	Automobile(unit)	41.2	44.8	47.8	52.7	57.6
洗衣机(台)	Washing Machine(unit)	99.9	101.1	102.0	100.1	100.1
电冰箱、柜(台)	Refrigerator(unit)	101.0	103.3	104.4	104.1	104.6
彩色电视机(台)	Color TV Set(unit)	118.8	111.5	112.0	111.4	109.9
家用电脑(台)	Personal-computer(unit)	70.2	70.6	68.6	66.9	60.8
照相机(架)	Camera(unit)	29.6	20.7	19.3	18.5	12.8
微波炉(台)	Microwave Oven(unit)	71.5	71.9	71.6	69.5	70.8
空调器(台)	Air-conditioner(unit)	129.8	140.9	150.5	160.3	175.2
热水器(台)	Water Heater(unit)	93.7	96.4	96.1	98.3	96.2
固定电话(部)	Fixed Telephone(unit)	38.9	35.4	28.8	27.3	21.5
移动电话(部)	Mobile Telephone(unit)	222.8	233.1	235.7	235.8	239.1

6-7 城镇居民人均收支及增幅

Per Capita Income & Expenditures and Increase Rate of Urban Households

年 份 Year	人均可支配收入(元) Per Capita Annual Disposable Income (yuan)	人均消费支出(元) Per Capita Annual Expenditures for Consumption (yuan)	人均可支配收入增幅(扣除物价)(%) Increase Rate of per Capita Annual Disposable Income (Deducting Price Factor) (%)	人均消费支出增幅(扣除物价)(%) Increase Rate of per Capita Annual Expenditures for Consumption(Deducting Price Factor)(%)
1978	388	345	9.5	6.8
1980	527	475	17.9	17.2
1985	876	771	6.3	13.6
1990	1639	1440	7.7	8.3
1995	4930	4064	7.4	6.8
2000	7946	6158	6.0	5.2
2001	8672	7045	7.8	13.0
2002	8968	7265	3.8	3.5
2003	9823	7964	8.4	8.5
2004	10831	8930	7.8	9.6
2005	11839	9813	7.7	8.3
2006	13266	10745	10.4	7.9
2007	15062	12280	8.9	9.7
2008	17726	13732	11.7	6.1
2009	19371	15174	10.4	11.6
2010	21800	17015	8.7	8.3
2011	24158	18928	5.6	6.0
2012	26586	20572	7.2	5.8
2013	28980	22306	5.7	5.1
2014	31506	24290	6.7	6.9
2015	34101	26230	6.4	6.2
2016	37110	28345	6.6	5.9
2017	40278	30284	6.3	4.6
2018	42976	32655	4.6	5.7
2019	46119	34811	4.5	3.8
2020	47659	30895	1.3	-13.0
2021	51486	36067	6.6	15.2

注：本表2013年及以后为一体化住户调查口径数据，2012年及以前年度数据为按可比口径回溯获得。表6-12同。

Note: The coverage of data in this table from 2013 was adjusted according to survey in integrated households. Data before 2012 were calculated by comparable coverage. Same as table 6-12.

6-8 城镇居民人均可支配收入及构成(2017—2021年)
Per Capita Disposable Income of Urban Households and Composition,2017-2021

项　目	Item	2017	2018	2019	2020	2021
人均可支配收入(元)	**Per Capita Annual Disposable Income (yuan)**	**40278**	**42976**	**46119**	**47659**	**51486**
工资性收入	Wages and Salaries	25303	27557	29588	30053	32679
经营净收入	Net Business Income	2772	2924	2697	2216	2638
财产净收入	Net Income from Property	4037	4150	4515	4824	5259
转移净收入	Net Income from Transfer	8166	8345	9319	10565	10910
人均可支配收入构成(%)	**Composition of per Capita Annual Disposable Income (%)**	**100.0**	**100.0**	**100.0**	**100.0**	**100.0**
工资性收入	Wages and Salaries	62.8	64.1	64.2	63.1	63.5
经营净收入	Net Business Income	6.9	6.8	5.8	4.7	5.1
财产净收入	Net Income from Property	10.0	9.7	9.8	10.1	10.2
转移净收入	Net Income from Transfer	20.3	19.4	20.2	22.2	21.2

6-9 城镇居民人均消费支出(2017—2021年)
Per Capita Consumption Expenditures of Urban Households,2017-2021

项　目	Item	2017	2018	2019	2020	2021
人均消费支出(元)	**Per Capita Annual Consumption Expenditures (yuan)**	**30284**	**32655**	**34811**	**30895**	**36067**
食品烟酒	Food, Tobacco and Liquor	9456	9421	9719	9122	9708
衣　着	Clothing and Footwear	2119	2201	2195	1860	2037
居　住	Housing	6470	7037	7702	7770	8315
生活用品及服务	Household Equipments, Furnishings and Services	1774	1916	2051	1804	2105
交通通信	Transport and Communications	3924	4637	4596	4046	4736
教育文化娱乐	Education, Culture and Recreation	2979	3598	4062	2531	3784
医疗保健	Health Care and Medical Services	2600	2825	3179	2811	4021
其他用品及服务	Miscellaneous Goods and Services	962	1020	1307	951	1360

6-10 城镇居民人均食品消费量(2017—2021年)
Per Capita Consumption of Foods of Urban Households,2017-2021

单位：千克 (kg)

商品名称	Item	2017	2018	2019	2020	2021
粮 食	Grain	115.9	109.5	106.1	101.9	97.2
谷 物	Cereals	105.6	99.4	96.1	91.4	86.6
薯 类	Tuber	3.1	3.1	3.1	3.4	3.1
豆 类	Beans and Products	7.2	7.0	6.9	7.1	7.5
食用油	Edible Oil and Fats	12.1	9.4	8.1	9.0	7.5
蔬菜及食用菌	Vegetables and Edible Mushroom	120.0	118.5	116.4	119.6	116.2
# 鲜 菜	Fresh Vegetables	116.3	114.8	112.7	115.8	112.3
肉及制品	Meat and Meat Products	27.5	27.1	25.0	24.5	27.5
# 猪 肉	Pork	16.2	16.5	14.8	14.2	17.3
牛羊肉	Beef and Mutton	6.8	6.1	5.9	6.2	5.8
家禽及制品	Poultry and Poultry Products	6.0	6.0	6.4	7.2	6.8
水产品及制品	Aquatic Products	17.8	17.3	18.0	17.3	17.6
蛋类及蛋制品	Eggs and Related Products	18.6	18.2	18.8	21.6	19.9
# 鲜 蛋	Eggs	17.7	17.5	18.0	20.8	19.2
奶和奶制品	Milk and Dairy Products	20.4	20.2	18.4	18.2	18.6
干鲜瓜果类	Dried and Fresh Melons and Fruits	78.1	88.1	90.8	86.4	84.6
# 鲜瓜果	Fresh Melons and Fruits	71.6	80.8	83.5	79.5	77.0
糖果糕点类	Confectionery	9.1	9.9	9.0	8.1	9.5
白 酒	Liquor	3.6	3.1	3.1	2.7	2.9

6-11 城镇居民家庭年末每百户主要耐用消费品拥有量(2017—2021年)
Main Durable Goods Owned per 100 Urban Households Year-end,2017-2021

商品名称	Item	2017	2018	2019	2020	2021
摩托车(辆)	Motorcycle(unit)	2.6	1.9	1.7	1.7	1.0
助力车(辆)	Electric Bicycle(unit)	38.3	32.7	36.2	37.4	40.1
家用汽车(辆)	Automobile(unit)	41.7	46.0	48.5	54.0	60.1
洗衣机(台)	Washing Machine(unit)	101.7	101.4	101.9	99.7	99.2
电冰箱、柜(台)	Refrigerator(unit)	102.5	103.2	104.0	103.7	102.8
彩色电视机(台)	Color TV Set(unit)	116.1	109.6	110.4	109.7	107.9
家用电脑(台)	Personal-computer(unit)	79.2	77.4	75.2	73.1	65.9
照相机(架)	Camera(unit)	33.8	24.0	22.6	21.8	15.0
微波炉(台)	Microwave Oven(unit)	79.4	80.1	79.1	76.8	77.3
空调器(台)	Air-conditioner(unit)	135.3	146.6	156.9	165.7	178.5
热水器(台)	Water Heater(unit)	93.9	97.2	97.1	98.9	97.7
固定电话(部)	Fixed Telephone(unit)	35.6	33.6	27.3	25.9	20.7
移动电话(部)	Mobile Telephone(unit)	221.2	233.0	236.4	236.4	237.6

6-12 农村居民人均收支及增幅(2001—2021年)

Per Capita Income & Expenditures and Increase Rate of Rural Households,2001-2021

年 份 Year	人均可支配收入(元) Per Capita Annual Disposable Income (yuan)	人均消费支出(元) Per Capita Annual Expenditures for Consumption (yuan)	人均可支配收入增幅(扣除物价)(%) Increase Rate of per Capita Annual Disposable Income (Deducting Price Factor) (%)	人均消费支出增幅(扣除物价)(%) Increase Rate of per Capita Annual Expenditures for Consumption (Deducting Price Factor) (%)
2001	3911	2179	7.4	3.1
2002	4229	2334	8.5	7.6
2003	4502	2543	5.4	7.8
2004	4938	2945	7.2	13.2
2005	5475	3442	9.3	15.2
2006	6096	3850	9.7	10.2
2007	6845	4142	7.8	3.3
2008	7705	4550	6.8	4.3
2009	8441	5167	10.7	14.7
2010	9764	6072	11.8	13.5
2011	11941	8273	16.6	29.8
2012	13593	10254	10.8	20.7
2013	15353	12491	9.5	18.1
2014	17014	13739	8.7	7.9
2015	18482	14739	6.8	5.5
2016	20076	15912	6.4	5.8
2017	21754	16386	6.2	0.9
2018	23065	16863	3.9	0.9
2019	24804	17843	4.7	3.0
2020	25691	16844	1.5	-7.5
2021	27955	19285	7.4	13.0

6-13 农村居民家庭年末每百户主要耐用消费品拥有量(2017—2021年)

Main Durable Goods Owned per 100 Rural Households Year-end,2017-2021

商品名称	Item	2017	2018	2019	2020	2021
摩托车(辆)	Motorcycle (unit)	29.8	17.7	16.0	14.9	11.8
助力车(辆)	Electric Bicycle(unit)	84.3	112.9	121.8	122.7	145.8
家用汽车(辆)	Automobile(unit)	38.6	42.5	44.5	46.3	44.7
洗衣机(台)	Washing Machine(unit)	99.5	100.8	102.3	102.0	104.6
电冰箱、柜(台)	Refrigerator(unit)	100.3	104.2	106.5	106.1	113.5
彩色电视机(台)	Color TV Set(unit)	120.8	121.1	120.4	120.0	120.2
家用电脑(台)	Personal-computer(unit)	45.3	35.9	35.2	35.9	34.5
照相机(架)	Camera(unit)	6.2	3.7	2.6	2.3	1.1
微波炉(台)	Microwave Oven(unit)	37.3	37.9	36.7	32.5	37.7
空调器(台)	Air-conditioner(unit)	81.9	111.6	121.2	132.9	157.8
热水器(台)	Water Heater(unit)	93.0	92.4	91.0	95.5	88.0
固定电话(部)	Fixed Telephone(unit)	57.8	44.9	36.8	34.3	25.6
移动电话(部)	Mobile Telephone(unit)	214.5	233.4	232.4	232.6	246.5

6-14 农村居民人均可支配收入和消费支出(2017—2021年)
Per Capita Disposable Income and Consumption Expenditures of Rural Households,2017-2021

单位：元(yuan)

项　目	Item	2017	2018	2019	2020	2021
人均可支配收入	**Per Capita Annual Disposable Income**	**21754**	**23065**	**24804**	**25691**	**27955**
工资性收入	Wages and Salaries	13139	13568	14750	14385	15749
经营净收入	Net Business Income	5562	5335	4985	5568	6162
财产净收入	Net Income from Property	1008	921	1034	1451	1280
转移净收入	Net Income from Transfer	2045	3241	4035	4287	4764
人均消费支出	**Per Capita Annual Consumption Expenditures**	**16386**	**16863**	**17843**	**16844**	**19285**
食品烟酒	Food, Tobacco and Liquor	4852	4984	5499	5622	6385
衣　着	Clothing and Footwear	1128	992	1074	1002	1073
居　住	Housing	3354	3415	3367	3528	3678
生活用品及服务	Household Equipments, Furnishings and Services	1101	1357	1510	1026	1145
交通通信	Transport and Communications	2902	2595	2532	2504	2720
教育文化娱乐	Education, Culture and Recreation	1343	1237	1322	932	1386
医疗保健	Health Care and Medical Services	1407	1975	2104	1858	2427
其他用品及服务	Miscellaneous Goods and Services	299	308	435	372	472

6-15 农村居民人均食品消费量(2017—2021年)
Per Capita Consumption of Foods of Rural Households,2017-2021

单位：千克 (kg)

商品名称	Item	2017	2018	2019	2020	2021
粮　食	Grain	142.4	159.7	158.2	155.0	155.8
谷　物	Cereals	134.3	148.4	145.2	141.8	141.6
薯　类	Tuber	2.9	3.4	3.8	4.0	4.1
豆　类	Beans and Products	5.2	7.9	9.2	9.3	10.1
食用油	Edible Oil and Fats	10.1	12.2	11.6	12.8	13.3
蔬菜及食用菌	Vegetables and Edible Mushroom	99.0	108.7	103.5	105.5	116.7
# 鲜　菜	Fresh Vegetables	96.1	105.9	100.2	102.1	112.9
肉及制品	Meat and Meat Products	22.0	25.8	23.2	20.5	27.1
# 猪　肉	Pork	14.4	18.2	16.1	13.7	19.2
牛羊肉	Beef and Mutton	3.2	3.2	2.9	2.7	3.2
家禽及制品	Poultry and Poultry Products	4.1	4.7	5.1	6.3	6.4
水产品及制品	Aquatic Products	12.6	13.9	15.0	14.7	15.8
蛋类及蛋制品	Eggs and Related Products	16.7	15.3	17.1	20.9	20.2
# 鲜　蛋	Eggs	16.2	14.9	16.5	20.3	19.6
奶和奶制品	Milk and Dairy Products	11.5	11.0	10.2	10.4	10.6
干鲜瓜果类	Dried and Fresh Melons and Fruits	71.3	77.3	86.8	83.3	90.3
# 鲜瓜果	Fresh Melons and Fruits	63.8	69.2	78.1	74.9	80.5
糖果糕点类	Confectionery	6.3	8.0	8.1	7.6	9.4
白　酒	Liquor	4.3	4.9	4.3	3.7	4.1

主要统计指标解释

城乡一体化住户调查

从 2012 年四季度起，国家统计局对分别进行的城乡住户调查实施了一体化改革，统一了城乡居民收入指标名称、分类和统计标准，建立了城乡统一的一体化住户调查《住户收支与生活状况调查》，并据此获得居民有关数据。2013 年起开始实施，自 2014 年 1 季度起，开始发布一体化住户调查新口径收支数据。天津市共抽选 387 个调查小区、约 4000 个调查户，其中城镇约 3000 户、农村 1000 户。

常住成员

指住户成员中，经常在家居住、或者调查期内居住时间超过一半的人员，以及本住户供养的学生。常住成员是住户调查的对象。

可支配收入

指调查户在调查期内获得的、可用于最终消费支出和储蓄的总和，即调查户可以用来支配的收入。可支配收入既包括现金，也包括实物收入。按照收入的来源，可支配收入包含四项，分别为：工资性收入、经营净收入、财产净收入和转移净收入。

工资性收入

指就业人员通过各种途径得到的全部劳动报酬和各种福利，包括受雇于单位或个人、从事各种自由职业、兼职和零星劳动得到的全部劳动报酬和福利。

经营净收入

指住户或住户成员从事生产经营活动所获得的净收入，是全部经营收入中扣除经营费用、生产性固定资产折旧和生产税之后得到的净收入，包括第一、二、三产业经营净收入。

财产净收入

指住户或住户成员将其所拥有的金融资产、住房等非金融资产和自然资源交由其他机构单位、住户或个人支配而获得的回报并扣除相关的费用之后得到的净收入。包括利息净收入、红利收入、储蓄性保险净收益、转让承包土地经营权租金净收入、出租房屋净收入、出租其他资产净收入和自有住房折算净租金等。

转移性收入

指国家、单位、社会团体对住户的各种经常性转移支付和住户之间的经常性收入转移。包括养老金或退休金、社会救济和补助、政策性生产补贴、政策性生活补贴、经常性捐赠和赔偿、报销医疗费、住户之间的赡养收入，以及本住户非常住成员寄回带回的收入等。

消费性支出

指住户用于满足家庭日常生活消费需要的全部支 4r 出，包括用于消费品的支出和用于服务性消费的支出。根据用途不同，消费支出可划分为食品烟酒、衣着、居住、生活用品及服务、交通通信、教育文化娱乐、医疗保健、其他用品及服务八大类。根据来源不同，消费支出可划分为现金消费支出、实物消费支出（含自产自用、来自单位、来自政府和其他社会组织）。

食品烟酒：指用于各种食品和烟草、酒类的支出，包括食品和烟酒两个中类。

衣着：指与居民穿着有关的支出，包括服装、服装材料、鞋类、其他衣类及配件、衣着相关加工服务的支出。

居住：指与居住有关的支出，包括房租、水、电、燃料、物业管理等方面的支出，也包括自有住房折算租金。

生活用品及服务：指家庭及个人的各类生活品及家庭服务。包括家具及室内装饰品、家用器具、家用纺织品、家庭日用杂品、个人用品和家庭服务。

交通和通信：指用于交通和通信工具及相关的各种服务费、维修费和车辆保险等支出。

教育文化娱乐服务：指用于教育和文化娱乐方面的支出。

医疗保健：指用于医疗和保健的药品、用品和服务的总费用。包括医疗器具及药品，以及医疗服务。

其他用品和服务：指无法直接归入上述各类支出的其他用品与服务支出。

自有住房折算净租金

指现住房产权为自有住房（含自建住房、自购商品房、自购房改住房、自购保障性住房、拆迁安置房、继承或获赠住房）的住户为自身消费提供住房服务的折算价值扣除折旧后得到的净租金。自有住房折算净租金是一种财产性实物收入。

自有住房折算租金

指现住房为自有住房（含自建住房、自购商品房、自购保障性住房、继承或获赠住房、免费借用房）的住户为自身消费提供住房服务的折算价值。目前自有住房折算租金采用折旧法计算。自有住房折算租金属于实物消费支出，不包括在现金消费支出中。

恩格尔系数

指食物支出金额在生活消费支出金额中所占的比例。

计算公式为：

$$恩格尔系数=\frac{食品支出金额}{生活消费支出金额}\times 100\%$$

Explanatory Notes on Main Statistical Indicators

The Integration of Urban and Rural Household Survey

In the fourth quarter of 2012, the National Bureau of Statistics launched its reform on the household survey programme in order to produce aggregates with the same concepts and definitions for the urban and rural population. This new survey programme is an integrated one whereas there had existed two separate household surveys for the urban and rural households. The reform took a number of measures, including the integration of concepts, classification and standards, which provided a basis for producing data covering households. The survey implemented since 2013, and publish the new standard integrated household survey data since the first quarter of 2014. There were 387 survey drawing area, about 4000 households selected in Tianjin, which contain the urban 3000 households and the rural 1000 households.

Permanent Members

refers to household members, often living at home, or reside during the investigate period for more than half, and the students supported by the household. Permanent members of the household are the survey object.

Disposable Income

refers to the kind of income that households can have at their disposal. It includes income both in cash and in kind from four categories: income from wages and salaries, cash income from household operations, income from properties and income from transfers.

Wages and Salaries

refer to employment through various means to get all the labor remuneration and benefits, including employed by units or individuals, is engaged in a variety of freelancing, part-time and sporadic labor to get all the labor remuneration and welfare.

Net Business Income

refers to the net income earned by households or household members from production and management activities, which is all operating income deducted operating costs, productive fixed assets depreciation and production tax, and Including the first, second and tertiary industry business net income.

Property Income

refer to households or household members should be owned retribution by the financial assets, housing and other non-financial assets, natural resources for other agencies and institutions and deducting costs associated. It includes net income of interest, bonus income, net income of saving insurance, net income of rents of transferring management right of contract land, income of renting housing, income of renting other assets, net converted rents of self-owned housing.

Transferred Income

refer to income transferred from state, unit, social organization to households or between different households. It includes old-age and retirement pension, regular donation and compensation, applying for medical fees, supporting income between households, income from non-usual-residing members of households, etc.

Consumption Expenditures

refer to total expenditures of the households for consumption in daily life, which include for consumer goods and service consumer expenditures. According to different purposes, it is classified into 8 categories: food, alcohol and tobacco, clothing, household facilities and articles service, medicine and medical service, transportation and communication, recreation, education and culture service, residence, miscellaneous commodities services, including commodities and service as gift. According to different sources, consumer spending can be divided into cash consumption expenditure, material consumer expenditure (including produce their own, from units, from government and other social organizations)

Food, Alcohol and Tobacco: used for various food and tobacco, alcohol, including food and tobacco classes.

Clothing: refer to the related expenditure to the residents, including clothing, clothing materials, footwear and other clothing and accessories, clothing related processing services spending.

Residence: refers to the expenses related to the living, including rent, water, electricity, fuel, property management, also including home-ownership reduced rents.

Household Supplies and Services: refers to the family and personal items and services. Such as furniture and interior decorations, home appliances, home textiles, home daily groceries, personal care and household services.

Transportation and Communication: refers to the expenditure on services, maintenance and vehicle insurance used in transportation and communication tools.

Education, Culture and Recreation Services: refers to spending for education, cultural and entertainment.

Medicine and Medical Services: refer to the total cost of goods and services used in medical treatment and health care drugs, including medical instruments and medicine and medical services.

Other Commodities and Services: refers to the other products and services which don't directly classify into all kinds of above.

Home-ownership Convert Net Rents

refers to the households obtained net rents after deducting depreciation for their own consumption reduced net rental value, whose housing property is home-ownership (including the self-built housing, purchasing commodity house, purchasing housing reform, purchasing Indemnificatory housing, arrangement housing for dismantling, inheritance or gift). Home-ownership convert net rents are physical income from property.

Home-ownership Convert Rents

refers to the households obtained rents for their own consumption reduced net rental value, whose housing property is home-ownership (including the self-built housing, purchasing commodity house, purchasing housing reform, purchasing indemnificatory housing, arrangement housing for dismantling, inheritance or gift). Home-ownership convert rents is calculated by depreciation method. It belongs to the physical consumer expenditure, excluding expenditure in cash.

Engel's Coefficient

refers to the percentage of expenditure on food in the total living consumption expenditure, using the following formula:

$$\text{Engel's Coefficient} = \frac{\text{Expenditure on Food}}{\text{Living Consumption Expenditure}} \times 100\%$$

第七篇 财 政

Chapter 7 Government Finance

7-1 财政收支(1994—2021)

Finance Revenue & Expenditure,1994-2021

单位：亿元(100 million yuan)

年 份 Year	一般公共预算收入 General Public Budget Revenue	# 增值税 Value-added Tax	# 企业所得税 Income Tax of Enterprises	# 个人所得税 Individual Income Tax	一般公共预算支出 General Public Budget Expenditure
1994	46.83	14.26	11.21	2.41	69.00
1995	58.94	16.66	12.67	3.77	90.37
1996	76.02	17.25	19.06	5.30	110.19
1997	89.91	17.30	21.48	6.49	122.78
1998	101.40	18.99	20.34	7.91	137.93
1999	112.81	20.83	24.02	8.86	157.41
2000	133.61	26.12	29.25	11.34	187.05
2001	163.64	34.87	39.38	16.58	234.67
2002	171.83	38.73	26.24	13.20	265.21
2003	204.53	45.19	23.80	12.53	312.08
2004	246.18	35.17	32.12	15.98	375.02
2005	331.85	64.24	41.11	18.82	442.12
2006	417.05	80.67	53.20	21.21	543.12
2007	540.44	94.81	76.41	29.36	674.33
2008	675.62	109.68	103.70	32.17	867.72
2009	821.99	99.08	95.56	35.66	1124.28
2010	1068.81	119.20	125.89	42.96	1376.84
2011	1455.13	141.32	182.95	52.01	1796.33
2012	1760.02	149.87	187.70	49.56	2143.21
2013	2079.07	225.88	204.38	58.31	2549.21
2014	2390.35	252.92	234.91	71.98	2884.70
2015	2667.11	252.04	260.00	81.77	3232.35
2016	2723.50	455.80	278.46	96.78	3699.43
2017	2310.36	649.05	310.14	116.51	3282.54
2018	2106.24	698.46	319.53	129.78	3103.16
2019	2410.41	727.13	323.91	96.47	3555.71
2020	1923.11	650.26	310.58	103.40	3151.35
2021	2141.06	672.84	337.35	129.04	3152.55

资料来源：天津市财政局

Source: Tianjin Municipal Finance Bureau

注：2002年开始中央与地方实施所得税收入分享改革，所得税中央与地方分享比例2002年为5：5，2003年以来为6：4，下表同。

Note: The income tax revenue sharing reformed between the central and local government shared in 2002, and the income tax sharing ratio between the central and local government is 5：5, while since 2003 it is 6：4. Same as the following table.

7-2 财政收支增长速度(1995—2021年)
Increase Rate over Preceding Year of Finance Revenue & Expenditure,1995-2021

单位：%(%)

年 份 Year	一般公共预算收入 General Public Budget Revenue	# 增值税 Value-added Tax	# 企业所得税 Income Tax of Enterprises	# 个人所得税 Individual Income Tax	一般公共预算支出 General Public Budget Expenditure
1995	16.0	28.8	13.0	56.5	31.0
1996	29.0	3.6	50.4	40.4	21.9
1997	18.3	0.3	12.7	22.5	11.4
1998	12.8	9.8	-5.3	21.9	6.9
1999	11.3	9.7	18.1	12.1	14.1
2000	18.4	25.4	21.8	27.9	17.1
2001	22.5	33.5	34.6	46.2	27.3
2002	16.9	11.1	9.6	23.1	13.0
2003	24.8	16.7	13.6	18.7	17.8
2004	28.9	16.7	34.8	27.5	20.2
2005	28.2	21.8	27.8	17.5	17.9
2006	25.7	25.6	29.8	12.7	22.8
2007	29.7	17.5	44.4	38.4	24.2
2008	25.1	15.7	36.2	9.6	25.4
2009	21.6	-9.7	-8.4	10.8	21.3
2010	30.1	20.3	32.6	20.5	23.1
2011	36.1	18.6	45.3	21.1	28.2
2012	21.0	6.1	2.7	-4.7	19.2
2013	18.1	50.7	8.9	17.6	18.9
2014	15.0	11.9	15.1	23.5	15.2
2015	11.6	-0.3	10.7	13.6	12.0
2016	10.0	36.4	7.1	18.4	6.3
2017	-10.4	32.8	11.4	20.4	-11.3
2018	-8.8	6.7	3.1	11.4	-5.4
2019	14.4	0.6	4.3	-25.7	13.1
2020	-10.2	-10.6	-4.1	7.2	-11.4
2021	11.3	3.5	8.6	24.8	

注：本表中增长速度均按可比口径计算，表7-3同。
Note: Increase rate in this table is calculated on the basis of constant coverage. Same as table 7-3.

7-3 财政收入
Government Revenue

单位：亿元(100 million yuan)

项　目	Item	2020	2021	2021比2020年增长(%) Increase Rate in 2021 over 2020(%)
一、一般公共预算收入	**General Public Budget Revenue**	**1923.11**	**2141.06**	**11.3**
按科目分	**By Subject**			
税收收入	Revenue from Taxes	1500.14	1621.89	8.1
# 增值税(50%)	Value-added Tax (50%)	650.26	672.84	3.5
企业所得税	Income Tax of Enterprises	310.58	337.35	8.6
个人所得税	Individual Income Tax	103.40	129.04	24.8
非税收入	Non-tax Income	422.97	519.17	22.7
专项收入	Special Project Income	119.04	129.47	8.8
行政事业性收费收入	Income from Administrative Fees	27.21	30.08	10.6
罚没收入	Penalty and Confiscatory Income	76.21	38.85	-49.0
国有资本经营收入	State-owned Capital Operation Income	12.29	11.87	-3.4
国有资源(资产)有偿使用收入	Paid Use of State-owned Resources (assets) Income	109.51	248.65	127.0
政府住房基金收入	Government Housing Fund Receipts	37.63	32.40	-13.9
其他收入	Others	41.08	27.85	-32.2
按级次分	**By Level**			
市级一般公共预算收入	General Public Budget Revenue at City Level	788.80	890.67	12.9
区级一般公共预算收入	General Public Budget Revenue at District Level	1134.31	1250.39	10.2
二、政府性基金收入	**Governmental Fund Revenue**	**911.93**	**1119.53**	**22.8**
市级政府性基金收入	Governmental Fund Revenue at City Level	238.58	533.08	123.4
区级政府性基金收入	Governmental Fund Revenue at District Level	673.35	586.45	-12.9

7-4 财政支出
Government Expenditure

单位：亿元(100 million yuan)

项　目	Item	2020	2021	2021比2020年增长(%) Increase Rate in 2021 over 2020(%)
一、一般公共预算支出	**General Public Budget Expenditure**	**3151.35**	**3152.55**	
按科目分	**By Subject**			
# 一般公共服务	General Public Service	220.66	234.40	6.2
公共安全	Public Safety	206.27	215.69	4.5
教　育	Education	442.91	479.25	9.3
科学技术	Science and Technology	118.17	103.97	-11.9
文化旅游体育与传媒	Culture,Tourism, Sports and Media	34.01	36.97	7.1
社会保障和就业	Social Security and Employment	518.88	597.96	14.8
卫生健康	Health and Wellness	175.49	182.59	2.9
节能环保	Energy Conservation and Environmental Protection	60.72	47.14	-21.5
城乡社区	Urban & Rural Community Affairs	543.72	459.59	-15.2
农林水	Agriculture, Forestry and Water Conservancy Affairs	154.82	148.01	-5.1
交通运输	Transportation	103.92	92.18	-10.3
住房保障	Housing Security Spending	67.48	72.48	7.4
按级次分	**By Level**			
市级一般公共预算支出	General Public Budget Expenditure at City Level	1101.90	1097.80	-0.4
区级一般公共预算支出	General Public Budget Expenditure at District Level	2049.45	2054.75	0.3
二、政府性基金支出	**Governmental Fund Expenditure**	**1997.14**	**1683.85**	**-15.7**
市级政府性基金支出	Governmental Fund Expenditure at City Level	325.62	474.12	45.6
区级政府性基金支出	Governmental Fund Expenditure at District Level	1671.53	1209.73	-27.6

7-5 区级财政收入(2021年)
Finance Revenue at District Level,2021

单位：万元(10 000 yuan)

地　区	Region	一般公共预算收入 General Public Budget Revenue	税收收入 Revenue from Taxes	增值税 Value-added Tax	企业所得税 Income Tax of Enterprises	个人所得税 Individual Income Tax
总　计	**Total**	**12503863**	**10131314**	**3190986**	**2218603**	**598568**
和平区	Heping District	377841	322551	100103	51749	16630
河东区	Hedong District	339119	295463	90250	36958	8578
河西区	Hexi District	558126	488119	159843	65882	19013
南开区	Nankai District	396497	321162	72312	37870	19578
河北区	Hebei District	213547	187611	68948	26467	4987
红桥区	Hongqiao District	192329	114814	24116	11675	5293
东丽区	Dongli District	585664	417964	125160	58534	13263
西青区	Xiqing District	694089	539183	136156	97725	14026
津南区	Jinnan District	615295	411511	99142	54974	9994
北辰区	Beichen District	594572	418433	110659	65080	13299
武清区	Wuqing District	953325	726773	217059	133234	68917
宝坻区	Baodi District	317406	221838	63728	28065	5691
滨海新区	Binhai New Area	5724117	5056781	1685458	1469178	382743
宁河区	Ninghe District	230607	180426	75584	31645	3722
静海区	Jinghai District	486105	305153	124608	34449	8449
蓟州区	Jizhou District	225224	123532	37860	15118	4385

7-5续表1 *Continued*

单位：万元(10 000 yuan)

地 区	Region	城市维护建设税 Tax on Urban Maintenance and Construction	土地增值税 Land Value Added Tax	契 税 Deed Tax	其他各项税收收入 Other Kinds of Taxes	非税收入 Non-tax Income
总 计	**Total**	**1015685**	**534347**	**988577**	**1584548**	**2372549**
和平区	Heping District	28318	13958	31873	79920	55290
河东区	Hedong District	23614	39617	49949	46497	43656
河西区	Hexi District	44871	46314	73172	79024	70007
南开区	Nankai District	22039	29427	70438	69498	75335
河北区	Hebei District	12345	17182	25007	32675	25936
红桥区	Hongqiao District	9033	9570	29468	25659	77515
东丽区	Dongli District	57885	23784	54219	85119	167700
西青区	Xiqing District	44319	33418	105993	107546	154906
津南区	Jinnan District	35979	81898	70269	59255	203784
北辰区	Beichen District	38581	35063	70710	85041	176139
武清区	Wuqing District	65529	69149	80474	92411	226552
宝坻区	Baodi District	21143	27871	32194	43146	95568
滨海新区	Binhai New Area	536097	91951	242610	648744	667336
宁河区	Ninghe District	24829	5447	8189	31010	50181
静海区	Jinghai District	39443	5394	26132	66678	180952
蓟州区	Jizhou District	11660	4304	17880	32325	101692

7-5续表2 *Continued*

单位：万元(10 000 yuan)

地　区	Region	专项收入 Special Project Income	行政事业性收费收入 Income from Administrative Fees	罚没收入 Penalty and Confiscatory Income	国有资源(资产)有偿使用及经营 Paid Use of State-owned Resources (assets) Income	其他各项非税收入 Other Kinds of Non-tax Income
总　计	**Total**	**1091140**	**111598**	**150248**	**844947**	**174616**
和平区	Heping District	26541	2833	6058	593	19265
河东区	Hedong District	20596	7188	7770	6966	1136
河西区	Hexi District	38711	9321	5509	16048	418
南开区	Nankai District	21802	7351	3417	38722	4043
河北区	Hebei District	10430	6054	4278	5056	118
红桥区	Hongqiao District	8190	3535	9447	47981	8362
东丽区	Dongli District	78686	5119	9550	74276	69
西青区	Xiqing District	77107	7794	11752	55518	2735
津南区	Jinnan District	82928	8364	10619	98178	3695
北辰区	Beichen District	46592	7804	10730	110916	97
武清区	Wuqing District	141682	7750	7801	67535	1784
宝坻区	Baodi District	57978	7002	13373	16005	1210
滨海新区	Binhai New Area	408381	13847	29756	94186	121166
宁河区	Ninghe District	18910	3341	7668	20045	217
静海区	Jinghai District	32417	7979	7285	130746	2525
蓟州区	Jizhou District	20189	6316	5235	62176	7776

7-6 区级财政支出(2021年)
Finance Expenditure at District Level,2021

单位：万元(10 000 yuan)

地 区	Region	一般公共预算支出 General Public Budget Expenditure	一般公共服务 General Public Service	公共安全 Public Safety	教 育 Education	科学技术 Science and Technology
总 计	**Total**	**20547479**	**1804614**	**1107821**	**3679628**	**760949**
和平区	Heping District	524652	46924	47746	153492	2429
河东区	Hedong District	604267	58045	61245	164624	2869
河西区	Hexi District	793867	94928	64193	190061	3334
南开区	Nankai District	567915	60424	66068	160305	3510
河北区	Hebei District	429092	49699	35464	142367	821
红桥区	Hongqiao District	419377	54458	46289	131448	2418
东丽区	Dongli District	790400	80921	60271	136941	18343
西青区	Xiqing District	1036113	134511	82207	194421	16247
津南区	Jinnan District	1576192	118923	70147	273273	24892
北辰区	Beichen District	838950	95537	67749	170234	17040
武清区	Wuqing District	1443232	102972	66412	312419	7707
宝坻区	Baodi District	906007	112861	50826	236677	8627
滨海新区	Binhai New Area	8079097	572335	262803	830339	642466
宁河区	Ninghe District	547828	70101	33512	133189	3843
静海区	Jinghai District	833663	76078	39288	199588	5247
蓟州区	Jizhou District	1156827	75897	53601	250250	1156

7-6续表1 *Continued*

单位：万元(10 000 yuan)

地　区	Region	文化旅游体育与传媒 Culture,Tourism, Sports and Media	社会保障和就业 Social Security and Employment	卫生健康 Health and Wellness	节能环保 Energy Conservation and Environmental Protection
总　计	**Total**	**206311**	**2378014**	**1329228**	**257841**
和平区	Heping District	7862	156869	38286	1992
河东区	Hedong District	4784	171913	58384	1781
河西区	Hexi District	7438	206910	69034	674
南开区	Nankai District	3613	138817	61172	1668
河北区	Hebei District	2983	106229	47572	1399
红桥区	Hongqiao District	3179	85042	42565	1280
东丽区	Dongli District	10177	131117	61567	7227
西青区	Xiqing District	11880	122738	90617	13344
津南区	Jinnan District	22118	136996	88062	12658
北辰区	Beichen District	6239	98916	77398	20861
武清区	Wuqing District	12451	197740	142825	18126
宝坻区	Baodi District	11760	150617	83530	7804
滨海新区	Binhai New Area	76751	269571	254294	77672
宁河区	Ninghe District	3830	97212	54395	12233
静海区	Jinghai District	11267	135583	76574	52400
蓟州区	Jizhou District	9979	171744	82953	26722

7-6续表2 *Continued*

单位：万元(10 000 yuan)

地　区	Region	城乡社区 Urban & Rural Community Affairs	农林水、自然海洋气象和粮油物资储备等事务 Agriculture, Forestry and Water Conservancy, Land,Sea and Meteorology, Reserves of Cereals, Oils and Material	资源勘探信息、商业服务业、金融监管、交通运输等事务 Resource Exploration and Power Information, Business Services, Financial Supervision, Transportation	其他支出 Others
总　计	**Total**	**3963140**	**949118**	**3163503**	**947312**
和平区	Heping District	46370	470	6957	15255
河东区	Hedong District	48609	530	5776	25707
河西区	Hexi District	62239	543	3093	91420
南开区	Nankai District	55308	547	442	16041
河北区	Hebei District	35130	524	675	6229
红桥区	Hongqiao District	29185	654	5340	17519
东丽区	Dongli District	157223	34324	37330	54959
西青区	Xiqing District	205680	90118	44992	29358
津南区	Jinnan District	467614	84801	218182	58526
北辰区	Beichen District	157228	65687	23970	38091
武清区	Wuqing District	370718	121538	37957	52367
宝坻区	Baodi District	23278	125746	59647	34634
滨海新区	Binhai New Area	1907878	141330	2653479	390179
宁河区	Ninghe District	22292	67878	15079	34264
静海区	Jinghai District	88190	94213	11160	44075
蓟州区	Jizhou District	286198	120215	39424	38688

主要统计指标解释

一般公共预算收入

包括城市维护建设税(不含铁道部门、各银行总行、各保险公司总公司集中缴纳的部分)，房产税，城镇土地使用税，土地增值税，车船税，耕地占用税，契税，烟叶税，印花税(不含证券交易印花税)，增值税 50%部分，纳入共享范围的企业所得税 40%部分，个人所得税 40%部分，海洋石油资源税以外的其他资源税，地方非税收入等。

税收收入 包括增值税、消费税、营业税、企业所得税、企业所得税退税、个人所得税、资源税、固定资产投资方向调节税、城市维护建设税、房产税、印花税、城镇土地使用税、土地增值税、车船税、耕地占用税、契税、烟叶税和其他税收收入。

一般公共预算支出

指根据政府在经济和社会活动中的不同职责，划分中央和地方政府的责权，按照政府的责权划分确定的支出。地方一般公共预算支出包括一般公共服务，公共安全支出，地方统筹的各项社会事业支出等。

一般公共服务支出 指政府提供一般公共服务的支出。

科学技术支出 指用于科学技术方面的支出。

教育支出 指政府教育事务支出。有关具体教育事务包括教育行政管理、学前教育、小学教育、初中教育、普通高中教育、普通高等教育、初等职业教育、中专教育、技校教育、职业高中教育、高等职业教育、广播电视教育、留学生教育、特殊教育、干部继续教育、教育机关服务等。

文化旅游体育与传媒支出 指政府在文化、文物、旅游、体育、广播电视、新闻出版等方面的支出。

卫生健康支出 指地方财政一般预算内支出中的医疗卫生与健康支出项目等方面的支出。

城乡社区支出 指政府城乡社区事务支出。具体包括:城乡社区管理事务支出、城乡社区规划与管理支出、城乡社区公共设施支出、城乡社区住宅支出、城乡社区环境卫生支出、建设市场管理与监督支出等。

社会保障和就业支出 指政府在社会保障与就业方面的支出。有关事项包括社会保障与就业管理事务、民政管理事务、财政对社会保险基金的补助、补充全国社会保障基金、行政事业单位离退休、企业改革补助、就业补助、抚恤、退役安置、社会福利、残疾人事业、城市居民最低生活保障、其他城镇社会救济、农村社会救济、自然灾害生活补助、红十字事务等。

Explanatory Notes on Main Statistical Indicators

General Public Budget Revenue

includes city maintenance and construct tax (excluding the part of the Ministry of Railways, head offices of banks, head offices of insurance company, which are handed over to the government in a centralized way), house property tax, urban land use tax, land appreciation tax, tax on vehicles and boat operation, farm land occupation tax, deed tax, and tobacco leaf tax, stamp tax (not including stamp tax on security exchange), 50% of the value-added tax, 40% the share part of the corporate income tax, 40% of individual income tax, resource tax other than the tax on offshore petroleum resources, local non-tax revenue, etc.

Revenue from Taxes includes value-added tax, consumption tax, business tax, corporate income tax, corporate income tax rebate, individual income tax, resource tax, fixed asset investment direction adjustment tax, city maintenance and construction tax, house property tax, stamp tax, urban land use tax, land appreciation tax, tax on vehicles and boat operation, farm land occupation tax, deed tax, and tobacco leaf tax and other tax revenue.

General Public Budget Expenditure

according to the different functions of governments in economic and social activities, the rights of administration are demarcated between those of the Central Government and those of local governments; and the classification of the expenditure between the governments are made on the basis of the classification of the rights administration between them. The general public budget expenditure of the local governments includes mainly the expenditure for general public services, expenditure for public security, and expenditures for social development which are planed by local governments, etc.

General Public Service Expenditure refers to government expenditure on providing general public services.

Science and Technology Expenditure refers to government expenditure on science and technology.

Education Expenditure refers to government expenditure on education affairs, which include education administration, preschool education, regular primary education, junior secondary education, senior secondary education, higher education, junior vocational education, secondary vocational education, skilled workers education, senior secondary vocational education, higher vocational education, radio and television education, foreign students, special education, continuing education, educational institution services, etc.

Cultural, Tourism, Sports and Media Expenditure refers to government expenditures on culture, cultural relics, tourism, sports, radio and television, news and publications.

Health and Wellness Expenditure refers to government expenditure on medical care and health expenditure items.

Urban and Rural Community Affairs Expenditure refers to government expenditure on urban and rural community affairs. It includes urban and rural community management affairs expenditure, planning and management expenditure, public facilities expenditure, housing expenditure, environmental sanitation expenditure, construction market management and supervision expenditure, etc.

Social Security and Employment Expenditure refers to government expenditure on social security and employment. It includes social security and employment management affairs, civil management affairs, financial subsidies to social insurance funds, supplementary national social security funds, retirement and enterprise reform subsidies, employment subsidies, pensions, retirement from the military resettlement, social welfare, affairs for the disabled, minimum living security for urban residents, other urban social relief, rural social relief, natural disaster living allowance, Red Cross affairs, etc.

第八篇　资源环境和公共设施

Chapter 8　Resources Environment and Public Facilities

8-1 各月份气象资料(2021年)
Meteorological Data of Each Month,2021

月份 Month	平均气温 Average Temperature (℃)	最高气温 Highest Temperature (℃)	最低气温 Lowest Temperature (℃)	平均相对湿度 Average Relative Humidity (%)	日照时数(小时) Hours of Sunshine (hour)	降水量(毫米) Precipi-tation (mm)	一日最大降水量(毫米) Largest Precipitation in One Day (mm)	平均风速(米/秒) Average Wind Speed (m/sec)
全年 Year	**13.4**	**37.7**	**-22.6**	**62**	**2455.3**	**979.6**	**152.4**	**2.2**
一月 January	-3.7	9.8	-22.6	49	207.7	0.1	0.4	2.1
二月 February	2.8	24.7	-12.3	51	205.9	6.7	9.4	2.3
三月 March	8.8	24.7	-5.3	58	176.8	26.5	13.4	2.3
四月 April	14.4	27.4	1.9	48	218.5	17.3	14.3	2.5
五月 May	20.0	33.5	2.0	50	290.1	12.1	8.2	3.0
六月 June	24.8	37.7	10.3	62	220.2	86.8	72.6	2.4
七月 July	26.8	35.5	15.8	81	177.4	374.7	118.8	2.2
八月 August	25.5	34.6	14.7	76	223.4	132.3	81.6	1.7
九月 September	22.2	32.5	11.8	81	159.0	178.0	152.4	1.8
十月 October	12.9	26.3	-1.9	68	189.7	93.9	42.6	1.6
十一月 November	6.0	19.0	-6.9	66	168.8	50.8	50.2	2.1
十二月 December	0.6	15.0	-13.4	52	211.8	0.4	2.4	2.1

8-2 各区气象资料(2021年)
Meteorological Data by District,2021

地区 Region	全年平均气温 Annual Average Temperature (℃)	平均相对湿度 Average Relative Humidity (%)	日照时数(小时) Hours of Sunshine (hour)	降水量(毫米) Precipitation (mm)	大雾天数(天) Great Foggy Days (day)	轻雾天数(天) Thin Foggy Days (day)
市区 Urban District	14.7	55		993.4	10	218
东丽区 Dongli District	14.1	59	2538.5	883.6	10	218
西青区 Xiqing District	13.6	61	2480.5	913.7	27	214
津南区 Jinnan District	13.4	63	2591.0	770.4	32	208
北辰区 Beichen District	13.3	61	2370.1	1037.6	37	221
武清区 Wuqing District	13.2	64	2375.4	962.3	37	202
宝坻区 Baodi District	12.8	62	2448.6	883.0	31	209
滨海新区 Binhai New Area	13.7	62	2461.7	1024.0	23	222
宁河区 Ninghe District	12.5	70	2500.6	1208.6	48	218
静海区 Jinghai District	13.9	60	2403.3	907.3	22	256
蓟州区 Jizhou District	12.3	63	2370.0	1103.2	27	230

资料来源：天津市气象局
Source: Tianjin Meteorological Service

8-3 城市建设用地(2018—2021年)
City Construction Land,2018-2021

单位：平方公里(sq.km)

指 标	Item	2018	2019	2020	2021
总 计	**Total**	**950.55**	**998.14**	**1040.63**	**1079.27**
按行政区域分	**By Administrative Area**				
和平区	Heping District	9.79	9.79	9.60	9.60
河东区	Hedong District	30.85	30.75	34.16	35.05
河西区	Hexi District	34.23	34.23	34.68	44.36
南开区	Nankai District	37.06	37.06	37.07	40.17
河北区	Hebei District	24.16	24.16	26.60	26.60
红桥区	Hongqiao District	17.44	17.15	19.32	21.06
东丽区	Dongli District	64.70	68.93	80.62	88.10
# 天津滨海国际机场	Tianjin Binhai International Airport			2.53	2.55
西青区	Xiqing District	62.95	75.81	89.26	90.07
津南区	Jinnan District	34.04	35.86	40.23	43.12
北辰区	Beichen District	73.70	74.03	69.13	70.15
武清区	Wuqing District	60.10	76.00	71.88	75.73
宝坻区	Baodi District	66.77	68.99	69.28	62.27
滨海新区	Binhai New Area	361.50	365.34	374.66	386.91
宁河区	Ninghe District	21.68	21.56	21.98	24.75
静海区	Jinghai District	24.01	30.79	33.80	37.35
蓟州区	Jizhou District	27.57	27.69	28.36	23.98
按建设用途分	**By Use of Construction**				
居住用地	Dwelling	248.27	263.32	289.37	302.24
公共管理与公共服务用地	Public Facilities of Management and Service	71.19	75.82	81.37	86.53
商业服务业设施用地	Facilities for Business Services	79.03	79.51	86.80	93.26
工业用地	Industry	222.38	237.71	238.79	256.54
物流仓储用地	Warehouse	52.17	55.22	51.18	51.90
交通设施用地	Facilities for Traffic	141.87	151.92	165.52	167.64
公用设施用地	Public Facilities of Administration	19.89	20.16	20.36	19.61
绿 地	Green Land	115.75	114.49	107.24	101.54

资料来源：天津市住房和城乡建设委员会。表8-6至8-10同。
Source: Tianjin Municipal Housing Urban & Rural Construction Committee. Same as table 8-6 to 8-10.

8-4 水资源情况(2001—2021年)
Water Resources,2001-2021

年 份 Year	水资源总量 (亿立方米) Total Amount of Water Resources (100 million cu.m)	地表水 Surface Water	地下水 Underground Water	地表水与地下水资源重复量 Duplicated Measurement of Surface and Underground	人均水资源量 (立方米/人) Per Capita Water Resources (cu.m/person)
2001	5.66	3.53	2.41	0.28	56.45
2002	3.67	1.85	2.09	0.27	36.49
2003	10.60	6.15	4.82	0.37	105.03
2004	14.31	9.79	5.16	0.64	140.64
2005	10.63	7.13	4.44	0.94	102.87
2006	10.11	6.62	4.46	0.97	95.47
2007	11.31	7.50	4.76	0.95	103.29
2008	18.30	13.61	5.91	1.22	159.76
2009	15.24	10.59	5.60	0.95	126.80
2010	9.20	5.58	4.45	0.83	70.81
2011	15.38	10.89	5.22	0.73	116.52
2012	32.92	26.54	7.62	1.24	242.15
2013	14.64	10.80	5.01	1.17	105.02
2014	11.37	8.33	3.67	0.63	80.10
2015	12.82	8.70	4.87	0.75	89.40
2016	18.92	14.10	6.08	1.26	131.30
2017	13.01	8.80	5.54	1.33	91.20
2018	17.58	11.76	7.33	1.51	125.89
2019	8.09	5.12	4.16	1.19	58.45
2020	13.30	8.60	5.76	1.07	95.95
2021	39.77	30.50	10.95	1.68	288.23

资料来源：天津市水务局
Source: Tianjin Municipal Water Conservancy Bureau

8-5 供水用水情况(2001—2021年)
Water Supply and Water Use,2001-2021

单位：万立方米(10 000 cu.m)

年份 地区	Year Region	供用水总量 Water Supply & Use	# 地表水 Surface Water	# 地下水 Underground Water	农业用水 Agricultural Use
2001		188141	111738	76403	99056
2002		199610	117421	82189	106244
2003		205118	133713	71405	114072
2004		219623	148932	70691	121529
2005		225193	160224	64969	135267
2006		224996	161001	63995	133965
2007		230060	164917	65143	138408
2008		214274	154793	59481	120603
2009		229204	172135	57069	128400
2010		217258	161585	55673	109653
2011		224569	169420	55149	115500
2012		212920	161926	50994	107793
2013		237560	180653	56907	121667
2014		240869	159382	53396	114012
2015		256750	178580	49235	123188
2016		272307	190734	47270	120490
2017		274905	189926	46085	107199
2018		284235	194633	44065	100011
2019		284483	191558	39072	92416
2020		278204	192259	30096	102988
2021		323406	237906	27274	92847
东丽区	Dongli District	10004	6530	58	1436
西青区	Xiqing District	12894	8840	478	3517
津南区	Jinnan District	13020	9720	56	2180
北辰区	Beichen District	11592	7506	150	2136
武清区	Wuqing District	31129	22078	4875	13094
宝坻区	Baodi District	45556	39387	4223	40287
滨海新区	Binhai New Area	57097	29309	2463	2930
宁河区	Ninghe District	27675	19657	4514	14924
静海区	Jinghai District	23136	16609	393	5594
蓟州区	Jizhou District	16392	3990	10056	6749

8-6 城市市政设施情况(2019—2021年)
Municipal Facilities in City,2019-2021

指　　标	Item	单　位	Unit	2019	2020	2021
年末实有道路	**Road (year-end)**					
铺装道路长度	Length of Paved Roads	公　里	km	8927	9234	9387
铺装道路面积	Area of Paved Roads	万平方米	10 000 sq.m	16918	17510	18000
# 人行道面积	Area of Footway	万平方米	10 000 sq.m	4001	4081	4224
人均拥有道路面积	Per Capita Area of Paved Roads	平方米	sq.m	12.98	14.91	15.44
年末实有桥梁	**Bridges (year-end)**					
桥梁座数	Number of Bridges	座	unit	1151	1196	1247
# 立交桥	Flyovers	座	unit	140	141	150
年末实有路灯盏数	**Number of Road Lamps (year-end)**	**万　盏**	**10 000 units**	**37.75**	**39.64**	**41.91**
排泄污水能力	**Capacity of Sewage Drainage**					
污水年排放量	Annual Volume of Sewage Drainage	万　吨	10 000 tons	110141	112734	118750
排水管道长度	Length of Drainpipe	公　里	km	22393	22338	23402
污水处理厂	Sewage Treatment Works	座	set	41	44	44
污水处理厂能力	Disposal Capacity of Sewage Treatment Works	万吨/日	10 000 tons/day	315.5	338.5	342.5
建成区排水管道密度	Density of Drainpipe in Developed Area	公里/平方公里	km/sq.km	19.45	19.09	18.54
污水处理率	**Percentage of Disposed Sewage Treatment**	**%**	**%**	**96.0**	**96.4**	**96.8**

8-7 城市自来水(2019—2021年)
Urban Tap Water,2019-2021

指　　标	Item	单　位	Unit	2019	2020	2021
综合生产能力	Production Capacity	万吨/日	10 000 tons/day	414.00	430.10	432.50
供水管道	Length of Water Supply Pipelines	公　里	km	20283	21598	22035
供水总量	Total Annual Volume of Water Supply	万　吨	10 000 tons	91298	90328	94731
售水总量	Total Annual Volume of Water Sold	万　吨	10 000 tons	76596	76313	80317
# 生活用水	For Residential Use	万　吨	10 000 tons	43272	46100	47681
生产用水	For Productive Use	万　吨	10 000 tons	28590	26679	29745
用水人口	Number of Residents with Access to Tap Water	万　人	10 000 persons	1304.00	1174.00	1165.00
人均日生活用水量	Per Capita Daily Living Consumption of Tap Water	公　斤	kg	111.25	115.69	121.31

8-8 城市燃气基本情况(2019—2021年)
Basic Statistics on Gas in City,2019-2021

项　目	Item	2019	2020	2021
液化石油气	**Liquefied Petroleum Gas**			
储气能力(吨)	Storage Capacity(ton)	3607	4901	4614
销售量(吨)	Volume of Gas Sold(ton)	52996	59891	87899
工业用	For Industrial Use	19542	20748	43417
民　用	For Residential Use	33454	39142	44482
用气户数(万户)	Gas Users(10 000 households)	31.84	33.59	34.31
工业用	For Industrial Use	0.96	0.53	1.73
民　用	For Residential Use	30.88	33.06	32.58
天然气	**Natural Gas**			
储气能力(万立方米)	Storage Capacity(10 000 cu.m)	1074	1149	1189
管道长度(公里)	Length of Pipelines(km)	29356	46447	51721
销售量(万立方米)	Volume of Gas Sold(10 000 cu.m)	536544	589362	664135
居民家庭	Households	73687	93414	110393
集中供热	Centralized Heating	147706	159628	175997
燃气汽车	Compressed Natural Gas Vehicle	32313	29041	31571
其　他	Others	282839	307278	346174
用气户数(万户)	Gas Users(10 000 households)	547.00	640.38	660.47
# 居民家庭	Households	520.35	575.48	607.99
用气普及率(%)	**Percentage of Population with Access to Gas(%)**	**100**	**100**	**100**

注：工业用液化石油气数据含福利、商业和其他用。
Note: Volume of liquefied petroleum gas sold for industrial use include those for welfare, commerce and other use.

8-9 城市集中供热(2019—2021年)
Heating in City,2019-2021

项　目	Item	单　位	Unit	2019	2020	2021
供热能力	Heating Capacity					
蒸　汽	Steam	吨/小时	ton/hour	2445	1875	1875
热　水	Hot Water	兆瓦/小时	MW/hour	30404	31269	31714
供热总量	Volume Supplied					
蒸　汽	Steam	万吉焦/年	10 000 GJ/year	937	1014	958
热　水	Hot Water	万吉焦/年	10 000 GJ/year	16751	17125	15846
管道长度	Length of Pipelines	公　里	km	31427	33687	35145
供热面积	Heating Area	万平方米	10 000 sq.m	51410	55336	56716
# 住　宅	Residential Buildings	万平方米	10 000 sq.m	39468	42826	43908

8-10 城市公共交通(2019—2021年)
Public Traffic in City,2019-2021

指 标	Item	单 位	Unit	2019	2020	2021
公共汽车	**Public Transportation Vehicles**					
运营车辆	Operation Vehicles	辆	unit	12746	12399	13258
线路条数	Number of Routes	条	route	970	1002	1011
线路长度	Length of Routes	公 里	km	25526	27140	27713
客运总量	Volume of Passengers	万人次	10 000 person-times	111058	61391	69100
日均乘客人数	Average Daily Passengers	万人次	10 000 person-times	304	168	189
每万人拥有公共交通车辆	Number of Public Transportation Vehicles per 10 000 Persons	标 台	unit	9.2	8.9	10.6
营运出租汽车	**Operating Taxis**	辆	**unit**	**31940**	**31779**	**31779**
轨道交通	**Subway**					
地 铁	**Metro**					
运营车辆	Operation Vehicles	节	car	1068	1068	1272
运营线路长度	Length of Operation Lines	公 里	km	178.7	178.7	211.8
客运总量	Volume of Passengers	万人次	10 000 person-times	49037	26655	41698
津滨轻轨	**Binhai Mass Trains**					
运营车辆	Operation Vehicles	节	car	152	152	152
运营线路长度	Length of Operation Lines	公 里	km	52.2	52.2	52.2
客运总量	Volume of Passengers	万人次	10 000 person-times	5541	3595	4762

8-11 城市环境卫生事业发展情况(2019—2021年)
Development of Urban Environmental Sanitation,2019-2021

指 标	Item	单 位	Unit	2019	2020	2021
清运垃圾粪便工作量	**Volume of Garbage, Excrement and Urine Disposal**					
道路清扫保洁面积	Area of Road Cleaned	万平方米	10 000 sq.m	13296	13256	13523
生活垃圾清运量	Volume of Living Garbage Disposal	万 吨	10 000 tons	300	290	310
粪便清运量	Volume of Excrement and Urine Disposal	万 吨	10 000 tons	28	21	20
垃圾无害化处理量	Volume of Garbage Innocuous Disposal	万 吨	10 000 tons	300	290	310
生活垃圾无害化处理率	**Innocuous Disposal Rate of Living Garbage**	%	%	**100**	**100**	**100**
环境卫生设施	**Environmental Sanitation Facilities**					
公共厕所	Lavatories	座	unit	1510	4120	4208
垃圾无害化处理厂	Garbage Innocuous Disposal Plant	座	unit	13	17	15
无害化处理厂能力	Capacity of Innocuous Disposal Plant	吨/日	ton/day	13500	20050	18300
环卫职工人数	**Number of Environment Sanitation Staff & Workers**	人	**person**	**26633**	**27353**	**27353**

资料来源：天津市城市管理委员会，表8-12、8-13同。
注：2020年以前，公共厕所不含社会公厕。
Source: Tianjin Municipal Commission of Urban Management, same as table 8-12 and 8-13.
Note: Number of lavatories before 2020 excludes social lavatories.

8-12 城市绿化情况(2019—2021年)
Green Area in City,2019-2021

指 标	Item	2019	2020	2021
公 园(个)	Parks(unit)	126	134	162
花 圃(个)	Gardens(unit)	10	7	7
建成区绿地面积(公顷)	Total Area of Green Area in Developed Area(hectare)	39472	40326	43693
公园绿地	Park Green Area	11253	11432	11198
防护绿地	Protection Green Area	3681	4150	4868
广场绿地	Square Green Area	52	75	82
附属绿地	Accessorial Green Area	18984	19359	20986
区域绿地	Area Green Space	5503	5309	6558
年末实有树木(万株)	Trees(year-end)(10 000 trees)	12239.60	10883.94	10771.64
# 行道树	Roadside Trees	128.37	118.71	113.9
建成区绿化覆盖率(%)	Coverage Rate of Afforestation in Developed Area(%)	37.5	37.6	38.3
建成区绿地率(%)	Coverage Rate of Green Area in Developed Area(%)	34.3	34.5	35.3
人均公园面积(平方米)	Per Capita Area of Parks(sq.m)	9.2	10.3	9.7

8-13 公园分布(2021年)
Distribution of Parks,2021

地 区	Region	公园个数(个) Number of Parks (unit)	地 区	Region	公园面积(公顷) Area of Parks (hectare)
合 计	**Total**	**162**	合 计	**Total**	**3181.87**
和平区	Heping District	5	和平区	Heping District	5.32
河东区	Hedong District	9	河东区	Hedong District	75.27
河西区	Hexi District	20	河西区	Hexi District	168.08
南开区	Nankai District	8	南开区	Nankai District	281.17
河北区	Hebei District	11	河北区	Hebei District	97.68
红桥区	Hongqiao District	9	红桥区	Hongqiao District	78.72
东丽区	Dongli District	6	东丽区	Dongli District	84.28
西青区	Xiqing District	12	西青区	Xiqing District	374.64
津南区	Jinnan District	4	津南区	Jinnan District	86.42
北辰区	Beichen District	8	北辰区	Beichen District	31.29
武清区	Wuqing District	9	武清区	Wuqing District	424.87
宝坻区	Baodi District	8	宝坻区	Baodi District	88.83
滨海新区	Binhai New Area	40	滨海新区	Binhai New Area	1164.50
宁河区	Ninghe District	4	宁河区	Ninghe District	52.25
静海区	Jinghai District	4	静海区	Jinghai District	9.96
蓟州区	Jizhou District	5	蓟州区	Jizhou District	158.59

8-14 水、大气、声、生态环境情况(2019—2021年)
Water, Atmospheric, Acoustic and Ecological Environment,2019-2021

指 标 Item	2019	2020	2021
水 环 境			
Water Environment Conditions			
城市集中式饮用水水源地水质达标率(%)			
Urban Centralized Drinking Water Sources Quality Rate (%)	100	100	100
近岸海域优良水质比例(%)			
Inshore Area Good Water Quality Rate (%)	68.3	70.4	58.3
大气环境			
Atmospheric Environment Conditions			
可吸入颗粒物(毫克/立方米)			
(PM_{10}) Particulate Matters (mg/cu.m)	0.076	0.068	0.069
细颗粒物(毫克/立方米)			
($PM_{2.5}$) Fine Particulate Matters (mg/cu.m)	0.051	0.048	0.039
二氧化硫(毫克/立方米)			
(SO_2) Sulphur Dioxide (mg/cu.m)	0.011	0.008	0.008
二氧化氮(毫克/立方米)			
(NO_2) Nitrogen Dioxide (mg/cu.m)	0.042	0.039	0.037
空气质量优良天数(天)			
Days of Air Quality Equal to or Above Grade Ⅱ (day)	219	245	264
空气质量优良天数比例(%)			
Proportion of Days of Air Quality Equal to or Above Grade Ⅱ in the Whole Year (%)	60.0	66.9	72.3
声 环 境(分贝)			
Acoustic Environment Conditions(decibel)			
道路交通噪声平均声级			
Equivalent Sound Level of City Traffic Noise	66.5	65.0	65.3
全市区域环境噪声平均声级			
Equivalent Sound Level of City Environmental Noise	54.4	52.8	53.1
生态环境			
Ecological Environment Conditions			
自然保护区(个)			
Nature Reserves(unit)	8	8	8
# 国家级自然保护区			
State-level Nature Reserves	3	3	3
自然保护区面积(万公顷)			
Nature Reserves Area(10 000 hectares)	9.04	9.04	9.04

资料来源：天津市生态环境局，表8-15至8-17同。
Source: Tianjin Ecology and Environment Bureau, same as table 8-15 to 8-17.

8-15 水环境保护(2019—2021年)
Water Environment Protection,2019-2021

指　标　Item	2019	2020	2021
废水排放总量(万吨)			
Volume of Waste Water Discharged (10 000 tons)	71689.3	47129.2	53583.0
工业源			
Industrial Source	15066.7	11160.3	11014.9
生活源			
Residential Source	56569.6	35920.1	42506.6
集中式治理设施			
Centralized Treatment Facilities	53.0	48.8	61.5
化学需氧量排放量(吨)			
COD of Waste Water Discharged (ton)	37759.2	156341.7	155237.4
工业源			
Industrial Source	2943.6	2820.7	2779.6
生活源			
Residential Source	24922.5	33600.0	33624.6
农业源			
Agricultural Source	9807.5	119889.1	118787.6
集中式治理设施			
Centralized Treatment Facilities	85.6	31.9	45.7
氨氮排放量(吨)			
Emission of Ammonia and Nitrogen (ton)	1670.5	2565.3	2487.0
工业源			
Industrial Source	122.3	96.3	82.2
生活源			
Residential Source	1459.5	1302.1	1235.2
农业源			
Agricultural Source	84.9	1162.7	1161.6
集中式治理设施			
Centralized Treatment Facilities	3.8	4.2	8.1

注：1. 2020年环境统计口径调整，与之前年份不可比，表8-16、8-17同。2. 自2020年起废水排放中生活源包括城镇生活与农村生活污染排放情况，之前年份仅统计城镇生活；农业源包括规模化畜禽养殖场和养殖户、种植业、水产养殖业污染排放情况，之前年份仅统计大型畜禽养殖场。

Note: a)The scope of environmental statistics in 2020 has changed and is not comparable to previous years. Same as table 8-16 and 8-17.
b)The residential sources of wastewater discharge included urban life and rural life pollution discharge from 2020, while only urban living was counted in previous years. Agricultural sources include large-scale livestock and poultry farms and farmers, plantations, aquaculture pollution emissions, while the previous years is only the statistics of large livestock and poultry farms.

8-16 大气环境保护(2019—2021年)
Atmospheric Environment Protection,2019-2021

指 标 Item	2019	2020	2021
二氧化硫排放量(吨)			
Sulphur Dioxide in Waste Gas (ton)	17831.3	10196.1	8510.0
工业源			
Industrial Source	15963.2	9756.4	8137.7
生活源			
Residential Source	1818.1	416.6	345.4
集中式治理设施			
Centralized Treatment Facilities	50.0	23.1	26.9
氮氧化物排放量(吨)			
Emission of Nitrogen Oxides (ton)	114222.6	116979.7	107247.2
工业源			
Industrial Source	38785.3	29167.3	24821.0
生活源			
Residential Source	4888.9	3458.0	3697.5
机动车			
Automobiles	70341.3	84270.0	78621.7
集中式治理设施			
Centralized Treatment Facilities	207.1	84.4	107.0
烟(粉)尘排放量(吨)			
Volume of Fumes (Dust) Emission (ton)	29206.2	15559.8	12840.0
工业源			
Industrial Source	19383.1	10053.1	8188.9
生活源			
Residential Source	8990.0	4428.1	3743.3
机动车			
Automobiles	828.4	1068.9	897.2
集中式治理设施			
Centralized Treatment Facilities	4.7	9.7	10.6

注：自2020年起废气排放中工业源统计重点调查工业企业排放情况，之前年份统计重点调查及非重点调查工业企业排放情况。
Note: Only the emissions of key surveyed industrial enterprises were counted in industrial source of emissions from 2020, while the previous years the emissions included both key surveyed and non-key surveyed industrial enterprises.

8-17 工业固体废物利用与处置情况(2019—2021年)
Utilization and Disposal of Industrial Waste Residue,2019-2021

单位：万吨(10 000 tons)

指 标 Item	2019	2020	2021
一般工业固体废物产生量 Amount of Industrial Waste Residue Produced	1968.0	1738.8	1927.5
一般工业固体废物综合利用量 Volume of Comprehensive Utilization of Industrial Waste Residue	1939.1	1731.5	1920.8
一般工业固体废物处置量 Volume of Industrial Solid Waste Disposed	25.3	5.8	5.1
一般工业固体废物综合利用率(%) Rate of Comprehensive Utilization of Industrial Waste Residue (%)	98.5	99.5	99.6
一般工业固体废物处置率(%) Disposal Rate of Industrial Waste Residue (%)	1.3	0.3	0.3
危险废物产生量 Amount of Hazardous Waste Produced	62.4	63.7	71.6
危险废物利用处置量 Volume of Utilization and Disposal of Hazardous Waste	62.3	63.8	71.7
危险废物利用处置率(%) Utilization and Disposal Rate of Hazardous Waste (%)	99.7	99.6	99.4

注：自2020年起仅统计重点调查工业企业情况，之前年份包括重点调查与非重点调查工业企业情况。
Note: Only the key surveyed industrial enterprises were counted from 2020, while the previous years included both key surveyed and non-key surveyed Industrial enterprises.

8-18 自然灾害发生数(2017-2021年)
Losses Caused by Natural Disasters,2017-2021

指 标	单位	2017	2018	2019	2020	2021
灾害事件总数 Number of Disaster Events	件 case	1	5		4	11
受灾人口 Population Affected	人 person	53	109288		128846	44760
# 因灾死亡人口 Deaths Due to Disasters	人 person					
# 因灾失踪人口 Missing Due to Disasters	人 person					
农作物受灾面积 Affected Areas of Farm Crops	公 顷 hectare	500	14335		17195	6431
# 农作物成灾面积 Disaster Areas of Farm Crops	公 顷 hectare	213	7140		14808	2522
# 农作物绝收面积 Unharvested Areas of Farm Crops	公 顷 hectare		800		8368	529
房屋倒塌 Houses Collapsed	间 room	5	77			18
房屋严重损坏 Houses Seriously Damaged	间 room	11	143			30
房屋一般损坏 Houses Generally Damaged	间 room	48	1141		6	
直接经济损失 Direct Economic Losses	万 元 10 000 yuan	88.1	10186.5		54571.3	54232.7

主要统计指标解释

建成区

指城市行政区内实际已成片开发建设、市政公用设施和公共设施基本具备的区域。对核心城市，它包括集中连片的部分以及分散的若干个已经成片建设起来，市政公用设施和公共设施基本具备的地区；对一城多镇来说，它包括由几个连片开发建设起来的，市政公用设施和公共设施基本具备的地区组成。因此建成区范围，一般是指建成区外轮廓线所能包括的地区，也就是这个城市实际建设用地所达到的范围。

水资源总量

一定区域内的水资源总量指当地降水形成的地表和地下产水总量，即地表产流量与降水入渗补给地下水量之和。

化学需氧量(COD)

测量有机和无机物质化学分解所消耗氧的质量浓度的水污染指数。

工业固体废物产生量

系指未被列入《国家危险废物名录》或者根据国家规定的危险废物鉴别标准（GB5085）、固体废物浸出毒性浸出方法（GB5086）及固体废物浸出毒性测定方法（GB/T 15555）鉴别方法判定不具有危险特性的工业固体废物。计算公式是：

工业固体废物产生量=（工业固体废物综合利用量-综合利用往年贮存量）+工业固体废物贮存量+（工业固体废物处置量-处置往年贮存量）+工业固体废物倾倒丢弃量

工业固体废物综合利用量

指报告期内企业通过回收、加工、循环、交换等方式，从固体废物中提取或者使其转化为可以利用的资源、能源和其他原材料的固体废物量(包括当年利用往年的工业固体废物贮存量)。如用作农业肥料、生产建筑材料、筑路等。综合利用量由产生固体废物的单位统计。

工业固体废物综合利用率

指工业固体废物综合利用量占工业固体废物产生量(包括综合利用往年贮存量)的百分率。计算公式为：

$$工业固体废物综合利用率=\frac{工业固体废物综合利用量}{工业固体废物产生量+综合利用往年贮存量}\times 100\%$$

Explanatory Notes on Main Statistical Indicators

Developed Area

refers to the land in administrative areas having been developed concentratedly with municipal public facilities. For core city, developed areas include concentrated areas and decentralized areas having basic perfect municipal public facilities; for the city with several towns, developed areas are composed of several concentrated areas with municipal public facilities. Therefore, the scope of developed areas refers to actual construction land of a city.

Total Water Resources

refer to the total volume of surface and underground water formed by precipitation in the local region, which equals to the sum of surface runoff and the infiltration supplement of underground water from precipitation.

Chemical Oxygen Demand (COD)

refers to the water pollution index of measuring the mass concentration of oxygen consumed in the chemical decomposition of organic and inorganic matter.

Industrial Solid Wastes Produced

refers to the industrial solid wastes that are not listed in the *National Catalogue of Hazardous Wastes*, or not regarded as hazardous according to the national hazardous waste identification standards (GB5085), solid waste-Extraction procedure for leaching toxicity (GB5086) and solid waste-Extraction procedure for leaching toxicity (GB/T 15555). The calculation formula is as followed:

Common Industrial Solid Wastes Produced = (common industrial solid wastes utilized-the proportion of utilized stock of previous years) + common industrial solid waste stock + (common industrial solid wastes disposed-the proportion of disposed stock of previous years) + common industrial solid wastes discharged.

Industrial Solid Wastes Comprehensively Utilized

refers to volume of solid wastes from which useful materials can be extracted or which can be converted into usable resources, energy or other materials by means of reclamation, processing, recycling and exchange (including utilizing in the year the stocks of industrial solid wastes of the previous year) during the report period, e.g. being used as agricultural fertilizers, building materials or as material for paving road. Examples of such utilization include fertilizers, building materials and road materials. The information shall be collected by the producing units of the wastes.

Ratio of Comprehensive Utilization of Industrial Waste Residue

refers to the percentage of industrial solid wastes utilized over industrial solid wastes produced (including stocks of the previous years). It is calculated as:

$$\text{Ratio of Comprehensive Utilization of Industrial Waste Residue} = \frac{\text{Volume of Industrial Solid Wastes Utilized}}{\text{Industrial Solid Wastes Produced} + \text{Stock of Previous Years}} \times 100\%$$

第九篇 能源生产和消费

Chapter 9 Energy Production and Consumption

9-1 一次能源生产量及构成(1990—2021年)

Primary Energy Production and Composition,1990-2021

年 份 Year	一次能源生产量 (万吨标准煤) Primary Energy Production (10 000 tons of SCE)	占能源生产总量的比重(%) As Percentage of Total Energy Production (%)		
		原 油 Crude Oil	天然气 Natural Gas	其 他 Others
1990	719.41	93.23	6.77	
1991	726.45	93.39	6.61	
1992	757.45	92.75	7.25	
1993	790.99	93.38	6.62	
1994	936.65	89.84	10.16	
1995	978.82	90.61	9.39	
1996	1036.17	89.15	10.85	
1997	1014.77	90.93	9.07	
1998	1079.73	91.46	8.54	
1999	1084.63	90.45	9.55	
2000	1201.94	90.81	9.19	
2001	1494.84	92.73	7.27	
2002	1844.92	94.16	5.84	
2003	1983.56	94.80	5.20	
2004	2171.94	95.12	4.88	
2005	2663.93	95.61	4.39	
2006	2915.55	95.21	4.79	
2007	2926.45	93.94	6.06	
2008	3034.76	93.86	6.14	
2009	3471.63	94.52	5.48	
2010	5007.63	95.08	4.57	0.36
2011	4833.38	94.40	5.10	0.50
2012	4708.80	94.00	5.29	0.71
2013	4634.41	93.85	5.38	0.77
2014	4726.73	92.93	5.95	1.12
2015	5338.18	93.58	5.12	1.30
2016	5017.52	93.20	5.22	1.58
2017	4870.52	91.00	5.87	3.13
2018	4989.24	88.35	9.05	2.60
2019	5106.83	87.05	9.09	3.86
2020	5318.13	87.10	9.08	3.82
2021	5546.36	87.76	9.36	2.88

9-2 能源终端消费量(2015—2021年)
Final Consumption of Energy,2015-2021

单位：万吨标准煤(10 000 tons of SCE)

年 份 Year	能源终端消费量 Final Consumption of Energy	农、林、牧、渔业 Farming, Forestry, Animal Husbandry and Fishery	工业和建筑业 Industry and Construction	服务业 Service Industry	生活消费 Living Consumption
2015	8137.29	105.43	5713.81	1304.36	1013.69
2016	7875.03	110.18	5368.22	1336.63	1060.00
2017	7687.75	116.68	5101.45	1366.86	1102.76
2018	7917.81	107.81	5263.17	1355.01	1191.83
2019	8261.29	107.00	5538.91	1413.37	1202.00
2020	8206.70	105.22	5517.91	1346.66	1236.91
2021	8193.51	107.75	5328.96	1480.69	1276.11

注：本表服务业为《国民经济行业分类》(GB/T4754-2017)附录中的门类F批发和零售业至T国际组织，不包括行业大类05农、林、牧、渔业及辅助性活动、11开采专业及辅助性活动、43金属制品、机械和设备修理业。

Note: The service industries in this table refers to the sector F wholesale and retail trade to T international organizations in the Appendix of *National Economical Industry Classification* (GB/T4754-2017), excluding industry categories 05 farming, forestry, animal husbandry, fishery industry and auxiliary activities, 11 professional and support activities for mining and 43 metal products, machine and equipment repair.

9-3 能源消耗基本情况(2015—2021年)
Basic Statistics on Energy Consumption,2015-2021

年 份 Year	能源消耗 (万吨标准煤) Energy Consumption (10 000 tons of SCE)	#工 业 Industry	电力消耗(亿千瓦小时) Electricity Power Consumption (100 million kWh)	#工 业 Industry
2015	8319.38	5681.52	851.13	592.45
2016	8078.28	5359.73	861.60	585.73
2017	7831.72	5033.38	857.00	557.94
2018	7973.29	5111.58	939.23	620.16
2019	8240.70	5304.75	964.30	628.90
2020	8104.60	5199.31	972.76	625.67
2021	8205.69	5120.97	1025.87	650.24

注：能源消耗指标采用等价值计量。

Note: Indicators of energy consumption are converted into same value.

9-4 人均生活能源消费量(2015—2021年)
Annual per Capita Energy Consumption for Non-production Purpose,2015-2021

年 份 Year	平均每人生活消费能源 (千克标准煤) Annual per Capita Consumption for Non-production Purpose(kg of SCE)	煤 炭 (千克) Coal (kg)	电 力 (千瓦小时) Electricity (kWh)	液化石油气 (千克) LPG (kg)	天然气和煤气 (立方米) Natural Gas and Coal Gas(cu.m)
2015	707	55	609	7	38
2016	736	51	644	8	39
2017	773	44	699	7	47
2018	853	32	799	7	70
2019	868	28	825	6	71
2020	892	17	910	5	88
2021	925	16	971	6	94

注：本表数据根据第七次全国人口普查数据进行修订。

Note: The data in this table are adjusted according to the data of the Seventh National Population Census.

9-5 综合能源平衡表(标准量)

Overall Energy Balance Sheet(Standard Equivalent)

单位：万吨标准煤(10 000 tons of SCE)

项　　目	Item	2020	2021
可供本地区消费的能源量	**Volume of Energy Available for Consumption**	**8104.60**	**8205.89**
年初库存量	Stock at the Beginning of the Year	517.58	432.53
一次能源生产量	Primary Energy Output	5318.13	5546.36
外省(区、市)调入量	Inflow from Other Provinces(Regions, Cities)	14519.50	15048.25
进口量	Import	248.53	74.52
境内飞机和轮船在境外加油量	Our Steamship and Plane Oiled Abroad	0.26	
本市调出量(－)	Outflow to Other Provinces(Regions, Cities)(－)	-12056.92	-12417.69
出口量(－)	Export(－)		
境外飞机和轮船在境内加油量(－)	Foreign Steamship and Plane Oiled in Tianjin(－)	-3.97	-3.13
年末库存量(－)	Stock at Year-end(－)	-438.51	-474.94
加工转换投入(-)产出(+)量	**Input(－) or Output(+) of Processing and Transformation**	**273.45**	**179.92**
火力发电	Thermal Power		
供　热	Heating	-220.60	-184.68
煤炭洗选	Separation Coal		
炼　焦	Coke Making	-13.81	-17.56
炼油及煤制油	Oil Refining	366.35	501.30
# 油品再投入量(－)	Input of Oil(－)	-421.59	-567.49
制　气	Gas Making	13.77	13.31
# 再投入量(－)	Input of Coke(－)	-16.89	-25.14
天然气液化	Liquefaction of Natural Gas		
煤制品加工	Processing of Coal Products		
回收能	Recovery of Energy	566.22	460.17
损失量	**Loss Volume**	**171.35**	**192.09**
终端消费量	**Final Consumption**	**8206.70**	**8193.51**
农、林、牧、渔业	Agriculture, Forestry, Animal Husbandry & Fishery Industry	105.22	107.75
工　业	Industry	5301.41	5108.78
建筑业	Construction	216.50	220.18
交通运输、仓储和邮政业	Transportation, Storage and Post Services	542.92	590.15
批发和零售业、住宿和餐饮业	Wholesale & Retail Trade, Accommodation & Catering Services	256.34	292.36
其　他	Others	547.40	598.18
生活消费	Living Consumption	1236.91	1276.11
平衡差额	**Balance**		**0.20**
消费量合计	**Total Consumption**	**8104.60**	**8205.69**

9-6 电力平衡表(2017—2021年)
Electricity Balance Sheet,2017-2021

单位：亿千瓦小时(100 million kWh)

项　目 Item	2017	2018	2019	2020	2021
可 供 量					
Total Energy Available for Consumption	**857.00**	**939.23**	**964.30**	**972.76**	**1025.87**
生产量					
Output	625.05	723.63	735.42	773.69	799.73
火力发电					
Thermal Power	612.87	707.35	709.04	743.12	761.85
水电、核电、风电及其他					
Hydropower, Nuclear Power, Wind Power and Others	12.18	16.28	26.38	30.57	37.88
外省(区、市)调入量					
Inflow from Other Provinces (Regions, Cities)	232.97	217.17	231.03	200.78	227.43
本市调出量(-)					
Outflow to Other Provinces (-)	1.02	1.57	2.15	1.71	1.29
消 费 量					
Total Energy Consumption	**857.00**	**939.23**	**964.30**	**972.76**	**1025.87**
在消费量中					
Consumption by Sector					
农、林、牧、渔业					
Farming, Forestry, Animal Husbandry & Fishery Industry	17.28	15.16	17.84	14.47	15.08
工　业					
Industry	557.94	620.16	628.90	625.67	650.24
建筑业					
Construction	11.05	11.52	13.14	14.14	14.28
交通运输、仓储和邮政业					
Transportation, Storage and Post Services	42.07	46.49	49.70	44.74	48.00
批发和零售业、住宿和餐饮业					
Wholesale & Retail Trade, Accommodation & Catering Services	37.46	27.83	29.44	32.29	40.38
其　他					
Others	91.52	106.45	111.09	115.35	123.93
生活消费					
Living Consumption	99.68	111.62	114.19	126.10	133.96
在消费量中					
Consumption by Usage					
终端消费					
Final Consumption	805.80	884.40	911.73	933.16	987.76
# 工　业					
Industry	506.74	565.33	576.33	586.07	612.13
输配电损失量					
Losses in Transmission	51.20	54.83	52.57	39.60	38.11
平衡差额					
Balance					

9-7 能源消费量(2017—2021年)
Energy Consumption,2017-2021

品种 Item	单位 Unit	2017	2018	2019	2020	2021
合　计	万吨标准煤					
Total	**10 000 tons of SCE**	**7831.72**	**7973.29**	**8240.70**	**8104.60**	**8205.69**
煤 炭	万 吨					
Coal	10 000 tons	3875.61	3832.89	3766.11	3745.28	3723.27
焦 炭	万 吨					
Coke	10 000 tons	808.70	867.23	903.99	929.37	752.06
原 油	万 吨					
Crude Oil	10 000 tons	1624.85	1688.23	1693.35	1394.16	1722.47
燃料油	万 吨					
Fuel Oil	10 000 tons	40.68	46.99	50.00	52.61	47.23
汽 油	万 吨					
Gasoline	10 000 tons	274.16	273.65	284.46	284.73	291.12
煤 油	万 吨					
Kerosene	10 000 tons	101.50	108.92	110.58	85.32	93.83
柴 油	万 吨					
Diesel Oil	10 000 tons	349.11	326.06	316.92	325.05	338.18
天然气	亿立方米					
Natural Gas	100 million cu.m	82.31	101.92	108.49	117.03	123.45
电 力	亿千瓦小时					
Electricity	100 million kWh	857.00	939.23	964.30	972.76	1025.87

9-8 生活能源消费量(2017—2021年)
Energy Consumption for Non-production Purpose,2017-2021

品种 Item	单位 Unit	2017	2018	2019	2020	2021
合　计	万吨标准煤					
Total	**10 000 tons of SCE**	**1102.76**	**1191.83**	**1202.00**	**1236.91**	**1276.11**
煤 炭	万 吨					
Coal	10 000 tons	62.31	44.55	38.16	23.24	22.00
液化石油气	万 吨					
LPG	10 000 tons	9.84	9.55	7.76	7.53	8.46
天然气和煤气	亿立方米					
Natural Gas and Coal Gas	100 million cu.m	6.72	9.72	9.80	12.14	13.02
热 力	万百万千焦					
Heat	10 000 million kJ	10218.36	10866.90	10791.50	9813.42	9706.65
电 力	亿千瓦小时					
Electricity	100 million kWh	99.68	111.62	114.19	126.10	133.96

9-9 工业行业主要能源终端消费量(2021年)

The Final Consumption of Main Energy by Industrial Sector,2021

行业	Sector	煤炭(万吨) Coal (10 000 tons)	焦炭(万吨) Coke (10 000 tons)	原油(万吨) Crude Oil (10 000 tons)
总计	**Total**	**480.15**	**740.09**	**10.03**
煤炭开采和洗选业	Mining and Washing of Coal			
石油和天然气开采业	Extraction of Petroleum and Natural Gas			8.79
黑色金属矿采选业	Mining and Processing of Ferrous Metal Ores		28.78	
有色金属采矿业	Mining and Processing of Non-ferrous Metal Ores			
非金属矿采选业	Mining and Processing of Nonmetal Ores			
开采专业及辅助性活动	Professional and Support Activities for Mining			
其他采矿业	Other Mining			
农副食品加工业	Processing of Food from Agricultural Products			
食品制造业	Manufacture of Foods			
酒、饮料和精制茶制造业	Manufacture of Alcohol, Beverages and Refined Tea			
烟草制品业	Manufacture of Tobacco			
纺织业	Manufacture of Textile			
纺织服装、服饰业	Manufacture of Textile Wearing Apparel			
皮革、毛皮、羽毛及其制品和制鞋业	Manufacture of Leather, Fur, Feather and Related Products, Footware			
木材加工和木、竹、藤、棕、草制品业	Processing of Timber, Manufacture of Wood, Bamboo, Rattan, Palm and Straw Products			
家具制造业	Manufacture of Furniture			
造纸及纸制品业	Manufacture of Paper and Paper Products			
印刷和记录媒介复制业	Printing, Reproduction of Recording Media			
文教、工美、体育和娱乐用品制造业	Manufacture of Articles for Culture, Education and Industrial Arts, Sport Activities, Amusement Manufacturing			
石油煤炭及其他燃料加工业	Processing of Petroleum, Coal and Other Fuel	0.13		1.24
化学原料和化学制品制造业	Manufacture of Raw Chemical Materials and Chemical Products	141.25		
医药制造业	Manufacture of Medicines		0.10	
化学纤维制造业	Manufacture of Chemical Fibers			
橡胶和塑料制品业	Manufacture of Rubber and Plastic			
非金属矿物制品业	Manufacture of Non-metallic Mineral Products	16.27		
黑色金属冶炼和压延加工业	Smelting and Pressing of Ferrous Metals	320.84	710.93	
有色金属冶炼和压延加工业	Smelting and Pressing of Non-ferrous Metals			
金属制品业	Manufacture of Metal Products	1.28		
通用设备制造业	Manufacture of General Purpose Machinery			
专用设备制造业	Manufacture of Special Purpose Machinery			
汽车制造业	Manufacture of Motorcar			
铁路、船舶、航空航天和其他运输设备制造业	Railway, Watercraft, Aerospace and Other Transport Equipment			
电气机械和器材制造业	Manufacture of Electrical Machinery and Equipment			
计算机、通信和其他电子设备制造业	Manufacture of Computers, Communication and Other Electronic Equipment			
仪器仪表制造业	Manufacture of Measuring Instruments			
其他制造业	Other Manufacturing			
废弃资源综合利用业	Comprehensive Recycling of Waste		0.28	
金属制品、机械和设备修理业	Metal Products, Machine and Equipment Repair			
电力、热力的生产和供应业	Production and Supply of Electric Power and Heat Power	0.38		
燃气生产和供应业	Production and Supply of Gas			
水的生产和供应业	Production and Supply of Water			

9-9续表1 *Continued*

行　业	Sector	汽　油 (万吨) Gasoline (10 000 tons)	柴　油 (万吨) Diesel Oil (10 000 tons)	燃料油 (万吨) Fuel Oil (10 000 tons)
总　计	**Total**	**4.55**	**32.52**	**7.74**
煤炭开采和洗选业	Mining and Washing of Coal			
石油和天然气开采业	Extraction of Petroleum and Natural Gas	0.12	5.00	
黑色金属矿采选业	Mining and Processing of Ferrous Metal Ores			
有色金属采矿业	Mining and Processing of Non-ferrous Metal Ores			
非金属矿采选业	Mining and Processing of Nonmetal Ores	0.01	0.04	
开采专业及辅助性活动	Professional and Support Activities for Mining	0.36	17.89	
其他采矿业	Other Mining			
农副食品加工业	Processing of Food from Agricultural Products	0.04	0.05	0.04
食品制造业	Manufacture of Foods	0.09	0.10	0.07
酒、饮料和精制茶制造业	Manufacture of Alcohol, Beverages and Refined Tea	0.03	0.05	
烟草制品业	Manufacture of Tobacco			
纺织业	Manufacture of Textile	0.01	0.01	
纺织服装、服饰业	Manufacture of Textile Wearing Apparel	0.03		
皮革、毛皮、羽毛及其制品和制鞋业	Manufacture of Leather, Fur, Feather and Related Products, Footware			
木材加工和木、竹、藤、棕、草制品业	Processing of Timber, Manufacture of Wood, Bamboo, Rattan, Palm and Straw Products	0.01	0.04	
家具制造业	Manufacture of Furniture	0.03	0.06	
造纸及纸制品业	Manufacture of Paper and Paper Products	0.07	0.57	
印刷和记录媒介复制业	Printing, Reproduction of Recording Media	0.10	0.05	
文教、工美、体育和娱乐用品制造业	Manufacture of Articles for Culture, Education and Industrial Arts, Sport Activities, Amusement Manufacturing	0.03	0.03	
石油煤炭及其他燃料加工业	Processing of Petroleum, Coal and Other Fuel	0.01	0.23	0.17
化学原料和化学制品制造业	Manufacture of Raw Chemical Materials and Chemical Products	0.28	0.49	
医药制造业	Manufacture of Medicines	0.07	0.13	
化学纤维制造业	Manufacture of Chemical Fibers			
橡胶和塑料制品业	Manufacture of Rubber and Plastic	0.17	0.27	
非金属矿物制品业	Manufacture of Non-metallic Mineral Products	0.22	3.08	7.39
黑色金属冶炼和压延加工业	Smelting and Pressing of Ferrous Metals	0.16	1.31	
有色金属冶炼和压延加工业	Smelting and Pressing of Non-ferrous Metals	0.10	0.25	
金属制品业	Manufacture of Metal Products	0.33	0.60	
通用设备制造业	Manufacture of General Purpose Machinery	0.40	0.19	
专用设备制造业	Manufacture of Special Purpose Machinery	0.33	0.29	
汽车制造业	Manufacture of Motorcar	0.29	0.27	
铁路、船舶、航空航天和其他运输设备制造业	Railway, Watercraft, Aerospace and Other Transport Equipment	0.22	0.49	0.07
电气机械和器材制造业	Manufacture of Electrical Machinery and Equipment	0.28	0.14	
计算机、通信和其他电子设备制造业	Manufacture of Computers, Communication and Other Electronic Equipment	0.16	0.04	
仪器仪表制造业	Manufacture of Measuring Instruments	0.07		
其他制造业	Other Manufacturing	0.01		
废弃资源综合利用业	Comprehensive Recycling of Waste	0.03	0.16	
金属制品、机械和设备修理业	Metal Products, Machine and Equipment Repair	0.03		
电力、热力的生产和供应业	Production and Supply of Electric Power and Heat Power	0.30	0.65	
燃气生产和供应业	Production and Supply of Gas	0.10	0.01	
水的生产和供应业	Production and Supply of Water	0.06	0.03	

9-9续表2 *Continued*

行　业	Sector	天然气（亿立方米）Natural Gas(100 million cu.m)	热　力（万百万千焦）Heat (10 000 million kJ)	电　力（亿千瓦时）Electricity (100 million kWh)
总　计	**Total**	**31.30**	**9109.08**	**612.13**
煤炭开采和洗选业	Mining and Washing of Coal			
石油和天然气开采业	Extraction of Petroleum and Natural Gas	1.86	16.29	57.54
黑色金属矿采选业	Mining and Processing of Ferrous Metal Ores			2.93
有色金属采矿业	Mining and Processing of Non-ferrous Metal Ores			
非金属矿采选业	Mining and Processing of Nonmetal Ores	0.02	155.38	1.26
开采专业及辅助性活动	Professional and Support Activities for Mining	0.28	36.70	3.16
其他采矿业	Other Mining			
农副食品加工业	Processing of Food from Agricultural Products	0.40	594.90	7.60
食品制造业	Manufacture of Foods	0.68	352.33	6.99
酒、饮料和精制茶制造业	Manufacture of Alcohol, Beverages and Refined Tea	0.15	98.58	3.04
烟草制品业	Manufacture of Tobacco	0.03		0.24
纺织业	Manufacture of Textile	0.18	7.62	2.49
纺织服装、服饰业	Manufacture of Textile Wearing Apparel	0.01	1.27	0.13
皮革、毛皮、羽毛及其制品和制鞋业	Manufacture of Leather, Fur, Feather and Related Products, Footware	0.01	0.26	0.36
木材加工和木、竹、藤、棕、草制品业	Processing of Timber, Manufacture of Wood, Bamboo, Rattan, Palm and Straw Products	0.01		0.54
家具制造业	Manufacture of Furniture	0.08	0.16	1.50
造纸及纸制品业	Manufacture of Paper and Paper Products	0.53	56.29	18.89
印刷和记录媒介复制业	Printing, Reproduction of Recording Media	0.08	22.22	2.40
文教、工美、体育和娱乐用品制造业	Manufacture of Articles for Culture, Education and Industrial Arts, Sport Activities, Amusement Manufacturing	0.04	4.98	1.28
石油煤炭及其他燃料加工业	Processing of Petroleum, Coal and Other Fuel	2.09	1323.26	27.00
化学原料和化学制品制造业	Manufacture of Raw Chemical Materials and Chemical Products	4.44	4745.30	59.48
医药制造业	Manufacture of Medicines	0.46	164.06	5.63
化学纤维制造业	Manufacture of Chemical Fibers			0.20
橡胶和塑料制品业	Manufacture of Rubber and Plastic	0.96	57.84	18.56
非金属矿物制品业	Manufacture of Non-metallic Mineral Products	4.17	13.94	16.95
黑色金属冶炼和压延加工业	Smelting and Pressing of Ferrous Metals	7.05	265.59	109.71
有色金属冶炼和压延加工业	Smelting and Pressing of Non-ferrous Metals	1.17	45.71	9.66
金属制品业	Manufacture of Metal Products	3.11	41.09	34.81
通用设备制造业	Manufacture of General Purpose Machinery	0.26	32.58	11.48
专用设备制造业	Manufacture of Special Purpose Machinery	0.08	47.09	5.39
汽车制造业	Manufacture of Motorcar	1.02	203.42	30.94
铁路、船舶、航空航天和其他运输设备制造业	Railway, Watercraft, Aerospace and Other Transport Equipment	0.48	35.53	6.01
电气机械和器材制造业	Manufacture of Electrical Machinery and Equipment	0.72	31.14	21.27
计算机、通信和其他电子设备制造业	Manufacture of Computers, Communication and Other Electronic Equipment	0.51	42.15	31.73
仪器仪表制造业	Manufacture of Measuring Instruments		6.28	0.55
其他制造业	Other Manufacturing		7.89	0.24
废弃资源综合利用业	Comprehensive Recycling of Waste	0.10	15.01	0.77
金属制品、机械和设备修理业	Metal Products, Machine and Equipment Repair		0.98	0.12
电力、热力的生产和供应业	Production and Supply of Electric Power and Heat Power	0.05	664.90	100.15
燃气生产和供应业	Production and Supply of Gas	0.27		1.45
水的生产和供应业	Production and Supply of Water		18.34	9.68

主要统计指标解释

能源生产总量

指一定时期内全市一次能源生产量的总和。该指标是观察全市能源生产水平、规模、过程、构成和发展速度的总量指标。一次能源生产量包括原煤、原油、天然气、水电、核能及其他动力能(如风能、地热能等)发电量，不包括低热值燃料生产量、生物质能、太阳能等的利用和由一次能源加工转换而成的二次能源产量。

能源消费总量

指全市国民经济各行业和居民家庭在一定时期消费的各种能源的总和。能源消费总量分为三部分，即终端能源消费量、能源加工转换损失量和损失量。

终端能源消费量

指一定时期内全市各行业和居民生活消费的各种能源在扣除了用于加工转换二次能源消费量和损失量以后的数量。

能源加工转换损失量

指一定时期内全市投入加工转换的各种能源数量之和与产出各种能源产品之和的差额。该指标是观察能源在加工转换过程中损失量变化的指标。

能源损失量

指一定时期内能源在输送、分配、储存过程中发生的损失和由客观原因造成的各种损失量，不包括各种气体能源放空、放散量。

Explanatory Notes on Main Statistical Indicators

Total Energy Production

refers to the total production of primary energy by all energy producing enterprises in the city in a given period of time. It is a comprehensive indicator to show the capacity, scale, process, composition and development of energy production of the country. The production of primary energy includes that of coal, crude oil, natural gas, hydropower and electricity generated by nuclear energy and other means such as wind power and geothermal power. However, it excludes the production of fuels of low calorific value, bio-energy, solar energy and the secondary energy converted from the primary energy.

Total Energy Consumption

refers to the total consumption of energy of various kinds of national economy industries and residents in the city in a given period of time. Total energy consumption can be divided into three parts: final energy consumption, loss during the process of energy conversion, and energy loss.

Final Consumption of Energy

refers to the total energy consumption by various industries and households in the city in a given period of time, but excludes the consumption in conversion of the primary energy into the secondary energy and the loss in the process of energy conversion.

Loss During the Process of Energy Conversion

refers to the total input of various kinds of energy for conversion, minus the total output of various kinds of energy in the city in a given period of time. It is an indicator to show the loss that occurs during the process of energy conversion.

Energy Loss

refers to the total of the loss of energy during the course of energy transport, distribution and storage and the loss caused by any objective reason in a given period of time. The loss of various kinds of gas due to gas discharges and stocktaking is excluded.

第十篇 固定资产投资和房地产

Chapter 10 Investment in Fixed Assets and Real Estate

10-1 固定资产投资(不含农户)比上年增长情况(2019—2021年)
Increase Rate over Last Year Investment in Fixed Assets(Non-agricultural),2019-2021

单位：% (%)

项目	Item	2019	2020	2021
固定资产投资	**Total Investment in Fixed Assets**	**13.9**	**3.0**	**4.8**
按三次产业分	**Grouped by Three Strata of Industry**			
第一产业	Primary Industry	10.3	83.0	-45.8
第二产业	Secondary Industry	17.4	1.6	7.8
第三产业	Tertiary Industry	12.8	2.6	4.9
按隶属关系分	**Grouped by Administrative Relationship**			
中　央	Central Government	44.6	10.1	-36.3
地　方	Local Government	10.0	1.9	12.2
按建设性质分	**Grouped by Type of Construction**			
# 新　建	New Construction	-0.9	13.8	14.4
改、扩建及其他	Expansion, Reconstruction and Others	57.2	5.4	-15.3
按构成分	**Grouped by Composition of Use**			
建筑安装工程	Construction	22.6	1.7	5.6
设备工器具购置	Purchases of Equipment and Instruments	3.8	2.7	16.9
其他费用	Others	8.2	4.8	0.2
按登记注册类型分	**Grouped by Registered Status**			
内资企业	Domestic-funded Enterprises	14.4	3.5	-3.2
国　有	State-owned Enterprises	16.3	19.5	-9.0
集　体	Collective-owned Enterprises	-32.6	-22.8	10.5
股份合作	Cooperative Enterprises	10662.3		
私营企业	Private Enterprises	-7.8	-2.9	14.3
股份有限公司	Share Holding Corporations Ltd.	39.6	9.4	-46.2
有限责任公司	Limited Liability Corporations	19.9	1.3	1.1
# 国有独资公司	Sole State-funded Corporations	99.8	-30.5	47.1
联营企业	Joint Ownership Enterprises			
其　他	Others	24.6	103.8	-32.8
港澳台商投资企业	Enterprises with Investment from Hong Kong, Macao and Taiwan	29.7	33.6	229.0
外商投资企业	Foreign Funded Enterprises	2.5	-15.2	23.4
个体经营	Self-employed Enterprises	127.7	-75.6	178.6

注：表中按建设性质分组数据不含房地产开发投资，表10-11同。
Note: Investment grouped by type of construction of this table excludes real estate development,same as table 10-11.

10-2 按行业分固定资产投资(不含农户)比上年增长情况(2019—2021年)

Increase Rate over Last Year Investment in Fixed Assets (Non-agricultural) by Sector,2019-2021

单位：% (%)

行　业 Sector	2019	2020	2021
总　计 **Total**	**13.9**	**3.0**	**4.8**
农、林、牧、渔业 Farming, Forestry, Animal Husbandry and Fishery	13.3	73.6	-44.0
采矿业 Minerals Mining	47.6	-3.1	9.1
制造业 Manufacturing	9.1	0.6	13.8
电力、热力、燃气及水生产和供应业 Production and Supply of Electricity, Heat, Gas and Water	11.7	8.3	-3.7
建筑业 Construction			-24.0
批发和零售业 Wholesale and Retail Trade	-40.3	-5.3	-40.3
交通运输、仓储和邮政业 Transportation, Storage and Post Services	26.3	37.6	5.0
住宿和餐饮业 Accommodation and Catering Services	29.9	-50.6	516.5
信息传输、软件和信息技术服务业 Information Transmitting, Software and Information Technology Services	-32.6	62.2	74.2
金融业 Finance Intermediation	106.9	-58.9	32.8
房地产业 Real Estate	9.9	-4.2	5.7
租赁和商务服务业 Leasing and Business Services	34.2	0.5	-17.4
科学研究和技术服务业 Scientific Research and Technical Services	2.8	-2.4	53.5
水利、环境和公共设施管理业 Management for Water Conservancy, Environment and Public Facilities	7.1	16.4	-1.2
居民服务、修理和其他服务业 Resident Services, Repair and Other Services	-20.1	-30.4	-14.6
教　育 Education	46.9	13.9	9.0
卫生和社会工作 Health Care and Social Work	98.9	-0.5	30.5
文化、体育和娱乐业 Culture, Sports and Recreational Services	-45.6	85.8	-43.9
公共管理、社会保障和社会组织 Public Management, Social Security and Social Organizations	150.0	-15.2	64.5

10-3 按行业分民间固定资产投资(不含农户)比上年增长情况(2019—2021年)

Increase Rate over Last Year Private Investment in Fixed Assets (Non-agricultural) by Sector,2019-2021

单位：% (%)

行　业 Sector	2019	2020	2021
总　计 **Total**	**3.5**	**-7.2**	**-0.8**
农、林、牧、渔业 Farming, Forestry, Animal Husbandry and Fishery	-51.6	12.3	1.7
采矿业 Minerals Mining			
制造业 Manufacturing	3.2	-18.8	60.3
电力、热力、燃气及水生产和供应业 Production and Supply of Electricity, Heat, Gas and Water	41.9	-62.8	33.1
建筑业 Construction			-24.0
批发和零售业 Wholesale and Retail Trade	-54.3	-70.5	67.7
交通运输、仓储和邮政业 Transportation, Storage and Post Services	-32.6	68.1	21.8
住宿和餐饮业 Accommodation and Catering Services	-74.3	83.9	635.7
信息传输、软件和信息技术服务业 Information Transmitting, Software and Information Technology Services	-80.8	277.8	309.9
金融业 Finance Intermediation	-89.8	35.9	364.1
房地产业 Real Estate	0.2	-1.6	-7.3
租赁和商务服务业 Leasing and Business Services	33.2	-32.6	-49.1
科学研究和技术服务业 Scientific Research and Technical Services	15.0	2.1	67.3
水利、环境和公共设施管理业 Management for Water Conservancy, Environment and Public Facilities	98.5	-6.6	90.2
居民服务、修理和其他服务业 Resident Services, Repair and Other Services	-87.1	-85.7	6106.1
教　育 Education	284.8	53.2	-62.7
卫生和社会工作 Health Care and Social Work	1219.0	15.0	35.8
文化、体育和娱乐业 Culture, Sports and Recreational Services	-31.9	-49.6	-62.3
公共管理、社会保障和社会组织 Public Management, Social Security and Social Organizations	40.1	-23.5	50.5

10-4 按制造业行业分固定资产投资(不含农户)比上年增长情况

Increase Rate over Last Year Investment in Fixed Assets (Non-agricultural) of Manufacturing

单位：% (%)

行 业	Sector	2020	2021
总 计	**Total**	**0.6**	**13.8**
农副食品加工业	Processing of Food from Agricultural Products	90.1	120.8
食品制造业	Manufacture of Food	16.1	77.8
酒、饮料和精制茶制造业	Manufacture of Alcohol, Beverage and Refined Tea	-73.0	148.5
烟草制品业	Manufacture of Tobacco		
纺织业	Manufacture of Textile	-35.1	82.5
纺织服装、服饰业	Manufacture of Textile Wearing and Apparel	-87.7	-2.2
皮革、皮毛、羽毛及其制品和制鞋业	Manufacture of Leather, Fur, Feather and Related Products, Footwear		
木材加工和木、竹、藤、棕、草制品业	Processing of Timber, Manufacture of Wood, Bamboo, Rattan, Palm and Straw Products	203.4	-76.4
家具制造业	Manufacture of Furniture	-52.6	-63.5
造纸和纸制品业	Manufacture of Paper and Paper Products	-31.0	169.1
印刷和记录媒介的复制业	Printing, Reproduction of Recording Media	-9.5	1.5
文教、工美、体育和娱乐用品制造业	Manufacture of Articles for Culture, Education and Industrial Arts, Sport Activity, Amusement Manufacturing	9.6	-5.6
石油煤炭及其他燃料加工业	Processing of Petroleum, Coal and Other Fuel	52.9	-55.8
化学原料和化学制品制造业	Manufacture of Raw Chemical Materials and Chemical Products	49.8	-19.5
医药制造业	Manufacture of Medicines	37.8	-3.5
化学纤维制造业	Manufacture of Chemical Fibers	-99.3	
橡胶和塑料制品业	Manufacture of Rubber and Plastic	-20.9	65.8
非金属矿物制品业	Manufacture of Non-metallic Mineral Products	-5.9	25.4
黑色金属冶炼和压延加工业	Smelting and Pressing of Ferrous Metals	-36.9	118.4
有色金属冶炼和压延加工业	Smelting and Pressing of Non-Ferrous Metals	-31.2	-32.0
金属制品业	Manufacture of Metal Products	-22.4	61.5
通用设备制造业	Manufacture of General Purpose Machinery	5.6	20.1
专用设备制造业	Manufacture of Special Purpose Machinery	-10.1	61.0
汽车制造业	Manufacture of Motorcar	-13.3	9.2
铁路、船舶、航空航天和其他运输设备制造业	Railway, Watercraft, Aerospace and Other Transport Equipment	-22.2	3.9
电气机械和器材制造业	Manufacture of Electrical Machinery and Equipment	-50.7	92.2
计算机、通信和其他电子设备制造业	Manufacture of Computers, Communication and Other Electronic Equipment	13.9	23.0
仪器仪表制造业	Manufacture of Measuring Instruments	-27.0	142.0
其他制造业	Other Manufacture	122.7	-31.1
废弃资源综合利用业	Comprehensive Recycling of Waste	10.1	124.6
金属制品、机械和设备修理业	Metal Products, Machine and Equipment Repair	-62.6	-55.7

10-5 按行业分固定资产投资资金来源(不含农户)比上年增长情况(2021年)

行业 Sector	上年末结余资金 Balance of Funds Brought Forward from Previous Year	本年实际到位资金 Subtotal of the Sources of Funds in Current Year	国家预算资金 State Budgetary Appropriation
总计 Total	**-8.6**	**5.2**	**-17.9**
农、林、牧、渔业 Farming, Forestry, Animal Husbandry and Fishery	367.5	-40.8	-64.0
采矿业 Minerals Mining		8.9	
制造业 Manufacturing	-10.0	34.8	-57.4
电力、热力、燃气及水生产和供应业 Production and Supply of Electricity, Heat, Gas and Water	324.1	17.7	-69.6
建筑业 Construction			
批发和零售业 Wholesale and Retail Trade		-41.2	
交通运输、仓储和邮政业 Transportation, Storage and Post Services	-1.1	2.1	-17.8
住宿和餐饮业 Accommodation and Catering Services		667.7	
信息传输、软件和信息技术服务业 Information Transmitting, Software and Information Technology Services	372.4	83.5	73.5
金融业 Finance Intermediation	-96.2	130.6	
房地产业 Real Estate	-10.4	1.6	752.6
租赁和商务服务业 Leasing and Business Services	4.3	-20.5	-69.5
科学研究和技术服务业 Scientific Research and Technical Services	154.2	89.9	375.6
水利、环境和公共设施管理业 Management for Water Conservancy, Environment and Public Facilities	-20.3	8.6	-28.4
居民服务、修理和其他服务业 Resident Services, Repair and Other Services	-99.4	-55.6	
教育 Education	20.6	19.6	166.8
卫生和社会工作 Health Care and Social Work	205.3	-6.7	-43.7
文化、体育和娱乐业 Culture, Sports and Recreational Services	-16.4	-12.9	46.3
公共管理、社会保障和社会组织 Public Management, Social Security and Social Organizations	166.9	128.2	231.8

Increase Rate over Last Year Source of Funds for Investment in Fixed Assets (Non-agricultural) by Sector,2021

单位：% (%)

# 中央预算资金 Central Budgetary Appropriation	国内贷款 Domestic Loans	债券 Bonds	利用外资 Foreign Investment	自筹资金 Fundraising	其他资金来源 Others
58.8	**-11.5**	**208.6**	**-3.7**	**16.2**	**6.6**
560.0	664.6			47.1	-25.7
			-14.4	11.4	
-93.1	79.0	1322.9	39.0	32.8	56.5
293.4	90.4	-77.7	574.7	10.7	-60.3
	52.7			-47.7	-49.1
35.5	-4.5		1.5	39.9	44.6
				600.7	
61.7	-63.4			54.0	1827.8
				130.6	
202.6	-31.9			16.2	5.5
	137.2			-27.5	
256.5	-99.0			89.3	48.9
29.5	-47.2	-78.3		94.9	113.9
				2080.4	-85.2
1333.9				-56.2	60.8
-45.7	-38.3			41.7	193.2
-14.5				69.2	-39.2
-42.9				92.2	-77.7

10-6 能源工业固定资产投资(不含农户)比上年增长情况

Increase Rate over Last Year Investment in Fixed Assets (Non-agricultural) of Energy Industry

单位：% (%)

行业	Sector	2020	2021
总计	**Total**	**4.6**	**-1.6**
石油和天然气开采业	Petroleum and Natural Gas Extraction	-4.5	10.2
电力、热力生产和供应业	Production and Supply of Electric Power and Heat Power	-4.1	-0.1
燃气生产和供应业	Production and Supply of Gas	65.3	39.0
水的生产和供应业	Production and Supply of Water	12.4	-60.7
石油煤炭及其他燃料加工业	Processing of Petroleum, Coal and Other Fuel	52.9	-55.8

10-7 基础设施固定资产投资比上年增长情况

Increase Rate over Last Year Infrastructure Investment in Fixed Assets

单位：% (%)

行业	Sector	2020	2021
总计	**Total**	**20.0**	**1.7**
电力、热力、燃气及水生产和供应业	**Production and Supply of Electricity, Heat, Gas and Water**	**8.3**	**-3.7**
电力、热力生产和供应业	Production and Supply of Electric Power and Heat Power	-4.1	-0.1
燃气生产和供应业	Production and Supply of Gas	65.3	39.0
水的生产和供应业	Production and Supply of Water	12.4	-60.7
交通运输和邮政业	**Transportation and Post Services**	**34.6**	**2.7**
铁路运输业	Railway Transport	1.1	-13.1
道路运输业	Highway Transport	29.2	1.6
水上运输业	Waterway Transport	915.4	-15.1
航空运输业	Air Transport	-34.6	40.7
管道运输业	Pipeline Transport	77.2	62.3
装卸搬运业	Loading,Unloading and Storage	22.8	4.4
邮政业	Post Services	-85.1	680.8
信息传输和信息技术服务业	**Information Transmitting and Information Technology Services**	**33.7**	**47.4**
电信、广播电视和卫星传输服务	Telecommunication, Broadcast Television and Satellite Transmission Services	22.2	-6.2
互联网和相关服务	Internet and Relative Services	155.5	318.6
水利、生态环境和公共设施管理	**Management for Water Conservancy, Ecological Environment and Public Facilities**	**14.8**	**-0.1**
水利管理业	Management for Water Conservancy	-15.3	-1.0
生态保护和环境治理业	Ecological Protection and Management for Environment	212.1	-43.9
公共设施管理业	Management for Public Facilities	-3.1	15.6

10-8 全社会房屋施工和竣工面积
Floor Space of Buildings under Construction and Completed

单位：万平方米(10 000 sq.m)

项　目	Item	2020	2021	2021比2020年增长(%) Increase Rate in 2021 over 2020(%)
房屋施工面积	**Floor Space of Building under Construction**	**12078.33**	**12670.88**	**4.9**
# 住　宅	Residential Buildings	8545.42	8820.92	3.2
# 农村农户	Rural Area	43.82	43.10	-1.6
# 住　宅	Residential Buildings	27.25	39.17	43.7
房屋竣工面积	**Floor Space of Building Completed**	**1667.43**	**1933.40**	**16.0**
# 住　宅	Residential Buildings	1280.05	1482.67	15.8
# 农村农户	Rural Area	32.96	40.58	23.1
# 住　宅	Residential Buildings	23.62	37.07	56.9

10-9 固定资产投资(不含农户)资金来源比上年增长情况
Increase Rate over Last Year Source of Funds for Investment in Fixed Assets(Non-agricultural)

单位：% (%)

项　目	Item	2020	2021
上年末结余资金	Balance of Funds Brought Forward from Previous Year	5.1	-8.6
本年实际到位资金	Subtotal of the Sources of Funds in Current Year	-5.1	5.2
国家预算资金	State Budgetary Appropriation	152.7	-17.9
国内贷款	Domestic Loans	-15.7	-11.5
债　券	Bonds	-99.0	208.6
利用外资	Foreign Investment	-37.7	-3.7
自筹资金	Fundraising	-7.6	16.2
其他资金来源	Others	-3.4	6.6

10-10 建设项目主要新增生产能力(2021年)

Main Newly Increased Production Capacity of Construction Projects,2021

生产能力名称	Item	建设规模 Construction Size	累计新增生产能力 Accumulated Production Capacity Newly Increased
天然原油开采(万吨/年)	Natural Crude Oil Extraction (10 000 tons/year)	422	404
焦　炭(万吨/年)	Coke (10 000 tons/year)	2	2
轿车制造(辆/年)	Car Manufacturing (unit/year)	229400	229400
铝加工材(万吨/年)	Aluminum Material Production (10 000 tons/year)	200	20
风力发电(万千瓦)	Wind Power (10 000 kW)	24000	
新建公路(公里)	Length of New Roads (km)	75	70
# 高速公路	Expressway	75	70
改建公路(公里)	Length of Rebuilt Roads (km)	10	10
新建独立公路桥梁(延长米)	New Independent Highway Bridges (linear meter)	937	
新建独立公路桥梁(座)	New Independent Highway Bridges (unit)	1	
新(扩)建港口码头(年吞吐量：万吨)	New (Expanded) Port Wharf (Volume: 10 000 tons)	650	
# 新(扩)建沿海港口码头	New (Expanded) Coastal Port Wharf	650	
新(扩)建港口码头(泊位：个)	New (Expanded) Port Wharf (Berth: unit)	2	
# 新(扩)建沿海港口码头	New (Expanded) Coastal Port Wharf	2	
飞机购置(架)	Aircraft Purchase (unit)	15	15
城市自来水供水能力(万吨/日)	Tap Water Supply Capacity (10 000 tons/day)	3	
城市污水处理能力(万吨/日)	Disposal Capacity of Sewage in City (10 000 tons/day)	135	128

10-11 地方固定资产投资(不含农户)比上年增长情况
Increase Rate over Last Year Local Investment in Fixed Assets(Non-agricultural)

单位：% (%)

项 目	Item	2020	2021
总 计	**Total**	**1.9**	**12.2**
按构成分	**Grouped by Composition of Use**		
建筑安装工程	Construction	1.2	20.5
设备工器具购置	Purchases of Equipment and Instruments	-1.2	20.4
其他费用	Others	3.3	2.2
按建设性质分	**Grouped by Type of Construction**		
# 新 建	New Construction	15.9	22.4
扩 建	Expansion	68.4	30.6
改 建	Reconstruction	-4.3	40.6
其 他	Others	-13.6	-8.4
按行业分	**Grouped by Sector**		
农、林、牧、渔业	Farming, Forestry, Animal Husbandry & Fishery	73.5	-44.0
采矿业	Minerals Mining	-81.6	54731.3
制造业	Manufacturing		28.3
电力、热力、燃气及水生产和供应业	Production and Supply of Electricity,Heat, Gas and Water	36.7	-9.5
建筑业	Construction		-24.0
批发和零售业	Wholesale and Retail Trade	-11.8	-38.2
交通运输、仓储和邮政业	Transportation, Storage and Post Services	22.5	13.3
住宿和餐饮业	Accommodation and Catering Services	-50.6	516.5
信息传输、软件和信息技术服务业	Information Transmitting, Software and Information Technology Services	176.8	220.8
金融业	Finance Intermediation	-48.6	83.3
房地产业	Real Estate	1.9	5.7
租赁和商务服务业	Leasing and Business Services	-13.0	-28.1
科学研究和技术服务业	Scientific Research and Technology Service	55.6	40.0
水利、环境和公共设施管理业	Management for Water Conservancy, Environment and Public Facilities	17.6	-4.5
居民服务、修理和其他服务业	Resident Services, Repair and Other Services	-26.4	-14.7
教 育	Education	4.1	-10.5
卫生和社会工作	Health Care and Social Work	-0.8	30.4
文化、体育和娱乐业	Culture, Sports and Recreational Services	90.2	-44.4
公共管理、社会保障和社会组织	Public Management, Social Security and Social Organizations	-14.3	60.1

10-12 房地产开发投资、建设情况(2000—2021年)
Investment and Construction of Real Estate Development,2000-2021

单位：亿元(100 million yuan)

年 份 Year	本年完成投资额 Investment Completed in Current Year	住 宅 Residential Buildings	办公楼 Office Buildings	商业营业用房 Buildings for Business Use	其 他 Others
2000	133.93	90.02	3.13	7.18	33.60
2001	161.27	96.40	4.52	15.65	44.70
2002	175.84	103.18	7.51	14.72	50.43
2003	211.39	150.93	7.78	24.26	28.43
2004	263.92	175.24	15.75	28.24	44.69
2005	327.54	234.92	11.95	41.74	38.92
2006	402.32	311.34	23.74	35.66	31.58
2007	505.30	342.82	34.55	63.76	64.17
2008	653.72	459.33	30.97	79.87	83.55
2009	735.18	494.86	32.83	97.32	110.18
2010	866.64	565.39	77.18	127.35	96.72
2011	1080.04	689.08	109.84	176.79	104.33
2012	1260.00	843.05	85.70	155.31	175.94
2013	1480.82	986.28	99.91	165.29	229.34
2014	1699.65	1122.26	123.58	217.93	235.88
2015	1871.55	1251.53	107.70	249.01	263.31
2016	2300.01	1598.27	124.64	252.44	324.66
2017	2233.39	1559.70	92.58	189.39	391.72
2018	2458.49	1887.23	65.37	161.63	344.26
2019	2727.82	2200.01	58.10	168.99	300.72
2020	2608.54	2084.80	50.24	175.29	298.20
2021	2769.98	2168.35	54.75	190.18	356.70

10-12续表 *Continued*

单位：万平方米(10 000 sq.m)

年 份 Year	施工面积 Floor Space of Building under Construction	# 住 宅 Residential Buildings	竣工面积 Floor Space of Building Completed	# 住 宅 Residential Buildings
2000	1783.00	1582.15	583.51	532.63
2001	1863.48	1590.62	690.48	626.63
2002	2135.56	1746.13	746.44	673.00
2003	2314.43	1953.50	911.27	750.67
2004	2865.55	2352.98	1108.13	1014.46
2005	3470.57	2827.87	1479.22	1270.96
2006	4142.60	3396.45	1520.24	1308.95
2007	4836.49	3744.87	1704.36	1398.61
2008	5704.27	4306.33	1799.37	1492.54
2009	6052.16	4517.83	1902.06	1580.82
2010	7160.75	5117.60	2098.55	1603.65
2011	9233.98	6623.95	2102.79	1645.10
2012	9864.22	6923.52	2542.75	1913.97
2013	10892.17	7562.48	2805.37	2117.66
2014	10652.37	7204.46	2924.82	2130.25
2015	10230.22	6968.75	2903.57	2182.99
2016	9349.76	6311.70	2914.25	2189.14
2017	8795.82	5911.03	2023.41	1433.24
2018	10541.39	7382.25	2135.57	1559.27
2019	11453.43	8156.94	1655.50	1186.69
2020	12034.51	8518.17	1634.47	1256.43
2021	12627.78	8781.75	1892.82	1445.60

10-13 房地产开发投资情况
Investment in Real Estate Development

单位：亿元(100 million yuan)

项　　目	Item	2020	2021	2021比2020年增长(%) Increase Rate in 2021 over 2020(%)
本年完成投资额	**Investment Completed in Current Year**	**2608.54**	**2769.98**	**6.2**
按隶属关系分	**Grouped by Administrative Relationship**			
中　央	Central Government			
地　方	Local Government	2608.54	2769.98	6.2
按登记注册类型分	**Grouped by Registered Status**			
内资企业	Domestic-funded Enterprises	2492.33	2642.48	6.0
国　有	State-owned Enterprises	83.45	164.18	96.7
集　体	Collective-owned Enterprises	0.32	0.77	139.8
股份合作	Cooperative Enterprises			
联营企业	Joint Ownership Enterprises			
有限责任公司	Limited Liability Corporations	1520.89	1566.09	3.0
# 国有独资公司	Sole State-funded Corporations	175.49	202.08	15.2
股份有限公司	Share Holding Corporations Ltd.	75.55	83.93	11.1
私营企业	Private Enterprises	803.40	810.88	0.9
其　他	Others	8.71	16.64	91.1
港澳台商投资企业	Enterprises with Investment from Hong Kong, Macao and Taiwan	72.02	96.11	33.5
外商投资企业	Foreign Funded Enterprises	44.19	31.38	-29.0
按构成分	**Grouped by Composition of Use**			
建筑工程	Construction	901.03	1001.10	11.1
安装工程	Installation	22.49	25.68	14.2
设备工器具	Equipment and Instruments	6.93	5.46	-21.2
其他费用	Others	1678.10	1737.75	3.6
按工程用途分	**Grouped by Use of Projects**			
住　宅	Residential Buildings	2084.80	2168.35	4.0
办公楼	Office Buildings	50.24	54.75	9.0
商业营业用房	Houses for Business Use	175.29	190.18	8.5
其　他	Others	298.20	356.70	19.6
本年新增固定资产	**Newly Increased Fixed Assets in Current Year**	**933.07**	**988.03**	**5.9**

10-14 房地产开发建设情况
Construction of Real Estate Development

项　　目	Item	2020	2021	2021比2020年增长(%) Increase Rate in 2021 over 2020(%)
施工房屋面积(万平方米)	**Floor Space of Buildings under Construction (10 000 sq.m)**	**12034.51**	**12627.78**	**4.9**
住　宅	Residential Buildings	8518.17	8781.75	3.1
办公楼	Office Buildings	586.48	516.61	-11.9
商业营业用房	Houses for Business Use	1127.65	1171.01	3.8
其　他	Others	1802.21	2158.40	19.8
竣工房屋面积(万平方米)	**Floor Space of Buildings Completed(10 000 sq.m)**	**1634.47**	**1892.82**	**15.8**
住　宅	Residential Buildings	1256.43	1445.60	15.1
办公楼	Office Buildings	32.44	29.79	-8.2
商业营业用房	Houses for Business Use	135.70	65.00	-52.1
其　他	Others	209.90	352.44	67.9
竣工房屋价值(亿元)	**Value of Buildings Completed(100 million yuan)**	**748.85**	**768.39**	**2.6**
住　宅	Residential Buildings	562.11	612.42	8.9
办公楼	Office Buildings	20.90	18.18	-13.0
商业营业用房	Houses for Business Use	71.49	26.26	-63.3
其　他	Others	94.35	111.53	18.2
上年末结余资金	Balance of Funds Brought Forward from Previous Year	2854.06	2531.75	-11.3
本年实际到位资金	Subtotal of the Sources of Funds in Current Year	3942.10	4012.73	1.8
国内贷款	Domestic Loans	758.54	525.52	-30.7
利用外资	Foreign Investment			
自筹资金	Fundraising	1043.11	1223.44	17.3
定金及预收款	Deposit and Advance Payment	1650.28	1759.07	6.6
个人按揭贷款	Personal Mortgage Loans	339.48	346.08	1.9
其他资金	Others	150.70	158.62	5.3

10-15 房地产销售情况
Basic Statistics on Real Estate Sales

项目	Item	2020	2021	2021比2020年增长(%) Increase Rate in 2021over 2020(%)
商品房销售面积(万平方米)	**Floor Space of Commercial Houses Sold(10 000 sq.m)**	**1306.96**	**1435.42**	**9.8**
住宅	Residential Buildings	1220.74	1333.97	9.3
办公楼	Office Buildings	18.32	28.20	53.9
商业营业用房	Houses for Business Use	43.13	50.64	17.4
其他	Others	24.76	22.61	-8.7
商品房销售额(亿元)	**Total Sales of Commercial Houses(100 million yuan)**	**2113.61**	**2322.76**	**9.9**
住宅	Residential Buildings	2000.98	2183.74	9.1
办公楼	Office Buildings	20.90	47.38	126.7
商业营业用房	Houses for Business Use	67.65	71.65	5.9
其他	Others	24.09	19.98	-17.1

10-16 房地产物业管理情况(2018—2021年)
Basic Statistics on Real Estate Property Management,2018-2021

指标 Item	2018	2019	2020	2021
企业总数(个) Number of Enterprises(unit)	1091	1123	1077	1492
物业管理项目个数(个) Number of Projects Managed(unit)	4251	4267	4401	4533
房屋建筑面积(万平方米) Floor Space of Buildings(10 000 sq.m)	42240	43602	44932	47669
住宅 Residential Buildings	33837	35209	36483	38278
办公用房 Office Buildings	3337	3279	2890	2987
商业营业用房 Houses for Business Use	2734	2047	2102	3116
工业仓储用房 Houses for Industry and Storage	1572	1426	1406	1721
其他 Others	760	1641	2052	1567
从业人员(人) Employment Personnel(person)	186736	189215	131803	129600
# 管理人员 Administrative Personnel	43262	45857	18423	16894
年经营收入(亿元) Annual Income(100 million yuan)	129.03	126.79	141.92	145.27
从业人员报酬(亿元) Remuneration of Employment Personnel(100 million yuan)	59.41	70.67	56.63	46.27

主要统计指标解释

固定资产投资（不含农户）

是以货币形式表现的在一定时期内建造和购置固定资产的工作量以及与此有关的费用的总称。

房地产开发投资

指各种登记注册类型的房地产开发法人单位统一开发的包括统代建、拆迁还建的住宅、厂房、仓库、饭店、宾馆、度假村、写字楼、办公楼等房屋建筑物，配套的服务设施，土地开发工程（如道路、给水、排水、供电、供热、通讯、平整场地等基础设施工程）和土地购置的投资；不包括单纯的土地开发和交易活动。

民间固定资产投资

指具有集体、私营、个人性质的内资调查单位以及由其控股（包括绝对控股和相对控股）的调查单位在中华人民共和国境内建造或购置固定资产的投资。

固定资产投资的资金来源

指固定资产投资项目单位在报告期收到的（以到账为准），用于固定资产建造和购置的各种货币资金。包括国家预算资金、国内贷款、债券、利用外资、自筹资金和其他资金。

国家预算资金　指各级政府用于固定资产投资的财政资金，包括中央预算资金和地方预算资金。

国家预算包括一般预算、政府性基金预算、国有资本经营预算和社保基金预算。各类预算中用于固定资产投资的资金全部作为国家预算资金填报，其中一般预算中用于固定资产投资的部分包括基建投资、车购税、灾后恢复重建基金和其他财政投资。各级政府债券、政府专项债也应归入国家预算资金。

国内贷款　指报告期向银行及非银行金融机构借入用于在建项目投资的各种国内借款，包括银行利用自有资金及吸收存款发放的贷款、上级拨入的国内贷款、国家专项贷款，地方财政专项资金安排的贷款、国内储备贷款、周转贷款等。

债券　指企业或金融机构为筹集用于固定资产投资的资金向投资者出具的承诺按一定发行条件还本付息的债务凭证，包括金融债券和企业债券。

利用外资　指报告期收到的境外（包括外国及港澳台地区）资金（包括设备、材料、技术在内）。包括对外借款（外国政府贷款、国际金融组织贷款、出口信贷、外国银行商业贷款、对外发行债券和股票）、外商直接投资、外商其他投资（包括补偿贸易、加工装配由外商提供的设备价款、国际租赁，外商投资收益的再投资资金）。不包括我国自有外汇资金（包括国家外汇、地方外汇、留成外汇、调剂外汇和中国境内银行自有资金发放的外汇贷款等）。各类外资按报告期的外汇牌价（中间价）折成人民币计算。

自筹资金　指在报告期内筹集的用于在建项目投资的资金。包括自有资金、股东投入资金和借入资金，但不包括各类财政性资金、从各类金融机构借入资金和国外资金。

其他资金来源　指在报告期收到的除以上各种资金之外的用于固定资产投资的资金。包括社会集资、个人资金、无偿捐赠的资金及其他单位拨入的资金等。

固定资产投资按构成分

建筑工程　指各种房屋、建筑物的建造工程。这部分投资额必须兴工动料，通过施工活动才能实现，是固定资产投资额的重要组成部分。包括各种房屋的建造；设备基础及各种窑炉的砌筑工程和金属结构工程；为施工而进行的建筑场地布置、工程地质勘探、平整场地、施工临时用水、电、气、路和清理绿化等；矿井的开凿，铁路、公路、桥梁等；水利及防空、地下建筑等特殊工程。

安装工程　指各种设备、装置的安装工程。在安装工程投资额中，不包括被安装设备本身价值。安装工程包括生产、动力、起重、运输、传动和医疗、试验等各种需要安装设备的装配和安装，与设备相连的工作台、梯子、栏杆装设工程，附属于被安装设备的管线敷设工程，被安装设备的绝缘、防腐、保温、油漆等工作；为测定安装工程质量，对单个设备、系统设备进行单机试运、系统联动无负荷试运工作（投料试运工作不包括在内）。

设备工器具购置　指报告期内购置或自制的，达到固定资产标准的设备、工具、器具的价值。

设备是指各种动力设备、传导设备、运输设备等。工具、器具是指具有独立用途的各种生产用具、工作工具和仪器。如维修用的切削工具、铆焊工具等，以及达到固定资产标准的包装容器等。

其他费用　指在项目建设过程中发生的，除建筑安装工程和设备、工器具购置投资完成额以外的费用，不指经营中财务上的其他费用。用于项目建设的贷款的利息支出，在项目建设期应纳入统计，项目建成投产后不应纳入。

固定资产投资按建设性质分

新建　指从无到有“平地起家”开始建设的项目。现有企业、事业、行政单位投资的项目一般不属于新建。但如有的单位原有基础很小，经过建设后新增的固定资产价值超过该企业、事业、行政单位原有固定资产价值（原值）三倍以上的，也应作为新建。

扩建　指为扩大原有产品的生产能力（或效益）或增加

新的产品生产能力，而增建的生产车间（或主要工程）、分厂、独立的生产线等项目。行政、事业单位在原单位增建业务性用房（如学校增建教学用房、医院增建门诊部、病房等）也作为扩建。

现有调查单位为扩大原有主要产品生产能力或增加新的产品生产能力，增建一个或几个主要生产车间（或主要工程）、分厂，同时进行一些更新改造工程的，也应作为扩建。

改建和技术改造 指对原有设施进行技术改造或更新（包括相应配套的辅助性生产、生活福利设施）的建设项目。改建项目包括调查单位为适应市场变化的需要，而改变的主要产品种类（如军工企业转民用产品等）的建设项目；原有产品生产作业线由于各工序（车间）之间能力不平衡，为填平补齐充分发挥原有生产能力而增建但不增加主要产品生产能力的建设项目。

技术改造是指调查单位在现有基础上用先进的技术代替落后的技术，用先进的工艺和装备代替落后的工艺和装备，以改变企业落后的技术经济面貌，实现以内涵为主的扩大再生产，达到提高产品质量、促进产品更新换代、节约能源、降低消耗、扩大生产规模、全面提高社会经济效益的目的。技术改造具体包括以下内容：机器设备和工具的更新改造；生产工艺改革、节约能源和原材料的改造；厂房建筑和公共设施的改造；保护环境进行的“三废”治理改造；劳动条件和生产环境的改造等。

新增固定资产

指报告期内已经完成建造和购置过程，并已交付生产或使用单位的固定资产价值。包括已经建成投入生产或交付使用的工程投资和达到固定资产标准的设备、工具、器具的投资以及有关应摊入的费用。属于增加固定资产价值的其他建设费用，应随同交付使用的工程一并计入新增固定资产。

固定资产交付使用率

指报告期内新增固定资产与同期完成投资额的比率。它是反映各个时期固定资产动用速度，衡量建设过程中投资效果的一个综合性指标。

商品房销售面积

指报告期内出售商品房屋的合同总面积（即双方签署的正式买卖合同中所确定的建筑面积）。由现房销售建筑面积和期房销售建筑面积两部分组成。

商品房销售额

指报告期内出售商品房屋的合同总价款（即双方签署的正式买卖合同中所确定的合同总价）。该指标与商品房销售面积同口径，由现房销售额和期房销售额两部分组成。

Explanatory Notes on Main Statistical Indicators

Investment in Fixed Assets (Excluding Rural Households)

refers to the total amount of construction and acquisition of fixed assets completed in a monetary form and the total amount of costs associated with it during a given period.

Investment in Real Estate Development

refers to investment by real estate development companies, commercialized buildings construction companies and other real estate development units of various types of ownership in the construction of buildings, such as residential buildings, factory buildings, warehouses, hotels, guesthouses, holiday villages, office buildings, the complementary service facilities and land development projects, such as roads, water supply, water drainage, power supply, heating supply, telecommunications, land leveling and other infrastructural projects. It does not include activities in pure land development and transactions.

Private Fixed Asset Investment

refers to the domestic investigation unit and institutions of collective or private or individual, as well as its holding (including absolute holding and relative holding) units within the territory of PRC construction or purchase of fixed assets investment.

Source of Funds for Investment in Fixed Assets

refers to the funds used to establish or buy fixed assets by the construction unit of investment project in report period, included the state budget, domestic loans, bonds, foreign investment, self-raised funds, and others.

State Budgetary Appropriation refers to the financial funds used by governments at all levels for investment in fixed assets, including central budgetary appropriation and local budgetary appropriation. National budget includes the general budget, government fund budget, state-owned capital management budget and social security funds. In various types of budget, funds used for investment in fixed assets are all calculated as state budgetary appropriation. And general budget used for investment in fixed assets includes infrastructure investment, vehicle purchase tax, post-earthquake recovery and reconstruction funds and other financial investments. Government bonds and special government bonds of all levels are also included in the state budgetary appropriation.

Domestic Loans refer to loans of various forms borrowed from banks and non-bank financial institutions during the reference period for the purpose of investment in projects under construction, including the bank loans of its own funds and deposits, the domestic loans appropriated by the superior competent department, the national special loans (including coal oil loans, the special loans for reform-through-labour coal mine), the loans of local financial special funds, the domestic bank loans, revolving credits, etc.

Bonds refer to the voucher issued enterprise (company) or financial institutions in order to raise funds with commit of payback with interests according to certain conditions, including the financial bonds and enterprise bonds (approved by the National Development and Reform Commission and the China Securities Regulatory Commission).

Foreign Investment refers to overseas (foreign regions, Hong Kong, Macao and Taiwan) funds received during the reference period (covering equipment, materials and technology), including foreign borrowings (loans from foreign governments and international financial institutions, export credit, commercial loans from foreign banks, issue of bonds and stocks overseas), foreign direct investment and other foreign investments (includes compensation trade, equipment price provided by foreign investors, international leasing, and Reinvestment funds of foreign investment income). Excluded from this category is capital in foreign exchanges owned by China (foreign exchanges owned by the central and local governments, foreign exchanges retained by enterprises, foreign exchanges by enterprises through the regulating mechanism, loans in foreign exchanges issued by the banks within China with its own fund, etc.). In calculating the utilization of foreign capital, foreign currencies are converted into Chinese RMB applying the current exchange rate during the reference period.

Fundraising refer to funds raised for investment in projects under construction during the reference period, including self-raised funds of enterprises and institutions, funds invested and borrowed by shareholders, excluding government financial capital, funds borrowed from various financial institutions and foreign funds. Compared with the original fundraising concept, the biggest change is that the local finance all belong to the state budget funds and the fundraising do not contain financial funds.

Other Sources of Funding refer to funds for investment in fixed assets received from sources other than those listed above, including funds raised from individuals and through social donations, and funds transferred from other units.

Investment in Fixed Assets by Composition of Use

Construction refers to the construction of various houses and buildings, it also is called the work volume of construction. It is an important part of fixed assets investment, including construction of various houses, equipment foundations and industrial kilns and stoves, preparation works for project construction, and clearing up works post project construction, geological examination, land-leveling, water, electricity, gas road-cleaning, planting trees, drilling of mines, pavement of railways and roads, highway, bridge, construction of projects of water conservancy, construction of underground air-raid shelters and construction of other special projects.

Installation refers to the installation of various kinds of equipment and instruments (work volume of installation). The value of equipment installed is excluded in the value of installation projects. Including various kinds of equipment, i.e. production, power-driven, lifting, transport, transmission, medical experiment etc. and working table, stepladder, railing installation project, pipeline laying project attached to the installed equipment, insulation, anti-corrosion, heat preservation, painting and other work of the installed equipment, in order to measure the quality of the installation project, rot-proofing, try operation of individual equipment and system equipment (excluding put in material try operation).

Purchases of Equipment and Instruments refer to the total value of equipment, tools, and vessels purchased or self-produced by construction units, enterprises or institutions, within the reference period, which come up to standards for fixed assets.

Equipment refers to various power equipment, conduction equipment, transportation equipment, etc. Instruments refer to various production tools, work tools and instruments with independent purposes. Such as cutting tools for maintenance, riveting and welding tools, packaging containers that meet the standard of fixed assets, etc.

Other Expenses refer to investment in projects under construction excluded in above items, but does not refer to any other financial expenses. Interest expenses on loans used shall be included in the statistics during the project construction period, and shall not be included after the project is completed.

Investment in Fixed Assets by Type of Construction

New Construction refers to newly constructed units. Projects invested by existing enterprises, institutions and administrative units generally do not belong to new construction. However, in which the value of the original fixed assets of the unit is quite small, and the value of newly added fixed assets exceeds the original ones by three times, the expansion construction is considered as new construction.

Expansion Construction refers to construction of new major production workshop(or main projects) or independent production line within a factory or in other locations, or construction of branch factories so as to increase the production capacity of the original products. Newly constructed business houses in institutions and administrative organizations are also classified as expansion, such as added teaching rooms in schools, added outpatient departments or wards in hospitals, etc.

In order to expand the production capacity of the original or new products, the existing investigation unit builds one or more main production workshops (or main projects), branch factories, and carries out renovation projects at the same time, it should also be used as expansion construction.

Reconstruction and Technical Innovation refers to construction of technical innovation and transformation of the existing equipment and technical conditions undertaken by enterprises and institutions, (including accessory facilities for production and living purposes). Reconstruction includes construction projects of major product types (such as military industrial enterprises to civilian products, etc.) changed in order to meet the needs of market changes; construction projects that supply the original production capacity but does not increase the production capacity of main products due to the unbalanced capacity among various processes (workshops).

Technical Innovation refers to replace the backward technology and equipment with advanced technology and equipment on the basis, so as to achieve the purpose of changing the backward appearance, expanding reproduction, improving product quality, promoting product upgrading, saving energy, reducing consumption, expanding production scale and improving social and economic benefits. It includes renewal and innovation of machinery equipment and tools, innovation of production technology, energy saving and raw materials, innovation of factory buildings and public facilities, innovation of the "three wastes" for environmental protection, innovation of working conditions and production environment, etc.

Newly Increased Fixed Assets

refers to the newly increased value of fixed assets finished construction and purchase in the reference period and delivered to the production or use units, including the value of projects completed and put into production, the value of equipment, tools, and vessels considered as fixed assets, as well as the relevant expenses as investment in fixed assets. Other construction expenses to increase the volume in fixed assets should be calculated into newly increased fixed assets with the project put in use.

Rate of Fixed Assets Put into Use

refers to the ratio of the newly increased fixed assets to the total investment made in the same period. This is a comprehensive indicator, reflecting the speed of the employment of fixed assets and the investment efficiency.

Floor Space of Commercial Houses Sold

refers to total contracted area of commercialized housing (the area of floor space as designated in the formal contracts signed by both sides) during the reference time. It is constituted by floor space of completed housing and floor space of future housing.

Sales of Commercial Houses

refer to the total contracted value (the value of sales/purchase for selling/purchase of commercialized housing as designated in the contract signed by both sides) during the reference time. This indicator has the same coverage as the area of commercialized housing sold, which is constituted by floor space of completed housing and floor space of housing yet to be completed.

第十一篇 对外经济贸易

Chapter 11 Foreign Trade, Economic Cooperation

11-1 对外贸易进出口总额(1981—2021年)
Total Value of Imports and Exports in Foreign Trade,1981-2021

年 份 Year	绝对数(亿美元) Absolute Value(USD 100 million)			增长速度(%)(比上年) Increase Rate(%)(Over Preceding Year)		
	进出口总额 Imports & Exports	出口总额 Exports	进口总额 Imports	进出口总额 Imports & Exports	出口总额 Exports	进口总额 Imports
1981	16.83	15.37	1.47	-7.9	-0.4	-48.5
1982	15.37	14.24	1.13	-8.7	-7.3	-22.8
1983	15.78	14.27	1.51	2.7	0.2	33.3
1984	14.67	12.34	2.34	-7.0	-13.6	55.0
1985	14.86	11.53	3.33	1.3	-6.6	43.9
1986	16.64	12.55	4.09	12.0	8.9	21.6
1987	20.13	15.17	4.96	21.0	20.9	21.2
1988	22.78	16.83	5.96	13.2	10.9	20.2
1989	22.14	16.86	5.28	-2.8	0.2	-11.3
1990	22.10	17.86	4.24	-0.2	5.9	-19.7
1991	20.20	16.06	4.14	-8.6	-10.0	-2.5
1992	23.76	17.52	6.23	17.6	9.1	50.7
1993	27.77	19.42	8.34	16.9	10.8	33.8
1994	33.12	24.00	9.13	19.3	23.6	9.4
1995	65.46	29.98	35.47	97.6	24.9	288.7
1996	82.97	40.49	42.48	26.8	35.0	19.8
1997	100.23	50.18	50.05	20.8	23.9	17.8
1998	106.16	54.99	51.17	5.9	9.6	2.3
1999	126.05	63.32	62.73	18.7	15.2	22.6
2000	171.57	86.29	85.28	36.1	36.3	36.0
2001	181.86	95.02	86.85	6.0	10.1	1.8
2002	228.27	115.95	112.32	25.5	22.0	29.3
2003	293.71	143.74	149.97	28.7	24.0	33.5
2004	420.19	208.65	211.54	43.2	45.4	41.4
2005	533.87	274.15	259.72	27.1	31.4	22.8
2006	645.73	335.40	310.33	21.0	22.3	19.5
2007	715.50	381.61	333.89	10.8	13.8	7.6
2008	805.39	422.29	383.10	12.6	10.7	14.7
2009	639.44	299.85	339.59	-20.6	-29.0	-11.4
2010	822.01	375.17	446.84	28.8	25.5	31.7
2011	1033.91	444.98	588.93	25.9	18.7	32.0
2012	1156.23	483.14	673.09	11.8	8.6	14.3
2013	1285.28	490.25	795.03	11.2	1.5	18.1
2014	1339.12	525.97	813.16	4.2	7.3	2.3
2015	1143.47	511.83	631.64	-14.6	-2.7	-22.3
2016	1026.51	442.86	583.65	-10.2	-13.4	-7.6
2017	1129.45	435.65	693.81	10.0	-1.6	18.8
2018	1225.11	487.96	737.16	8.5	12.0	6.3
2019	1066.45	437.94	628.51	-13.0	-10.3	-14.8
2020	1059.31	443.60	615.71	-0.7	1.3	-2.0
2021	1325.65	599.66	725.99	24.7	35.2	17.1

注：自1998年始，用海关数据。

Note: From 1998, data of this table are provided by Tianjin Customs.

11-2 天津口岸进出口总额(1981—2021年)
Total Value of Imports and Exports in Tianjin Port,1981-2021

年 份 Year	按美元计算(亿美元) Calculated by USD (USD 100 million)			按人民币计算(亿元) Calculated by RMB (100 million yuan)		
	进出口总额 Imports & Exports	出口总额 Exports	进口总额 Imports	进出口总额 Imports & Exports	出口总额 Exports	进口总额 Imports
1981	57.84	22.74	35.10	96.62	37.99	58.63
1982	58.36	25.80	32.56	108.21	47.84	60.70
1983	60.55	22.92	37.63	119.42	45.19	74.23
1984	69.35	21.77	47.58	154.21	48.06	106.15
1985	96.18	20.07	76.11	283.30	59.13	224.17
1986	96.82	26.37	70.45	338.13	92.11	246.02
1987	89.98	32.85	57.13	334.91	122.27	212.64
1988	102.77	38.78	63.99	388.00	146.00	242.00
1989	106.30	39.70	66.60	399.69	149.27	250.42
1990	85.95	42.53	43.42	410.84	203.29	207.55
1991	91.37	46.48	44.89	486.98	239.59	247.39
1992	104.61	54.60	50.01	572.23	298.68	273.55
1993	125.04	66.03	59.01	726.48	383.63	342.85
1994	161.67	86.81	74.86	1397.96	750.65	647.31
1995	217.46	127.81	89.65	1821.23	1070.41	750.82
1996	216.85	122.89	93.96	1804.19	1022.44	781.75
1997	215.62	131.24	84.38	1787.55	1088.02	699.53
1998	223.19	134.84	88.35	1852.48	1119.17	733.31
1999	248.29	139.18	109.11	2055.34	1152.13	903.21
2000	298.03	165.29	132.74	2479.60	1375.20	1104.40
2001	323.71	178.13	145.58	2679.30	1474.40	1204.90
2002	365.35	190.55	174.80	3025.46	1577.94	1447.52
2003	461.67	259.57	202.10	3831.86	2154.43	1677.43
2004	677.66	384.80	292.86	5608.66	3184.80	2423.86
2005	819.29	446.83	372.46	6711.38	3660.30	3051.08
2006	1018.85	571.24	447.61	8122.07	4553.81	3568.26
2007	1290.00	752.87	537.13	9616.05	5612.12	4003.93
2008	1631.02	940.98	690.04	11137.09	6425.29	4711.80
2009	1242.24	612.04	630.20	8484.50	4180.23	4304.27
2010	1641.10	794.41	846.69	10935.57	5293.60	5641.97
2011	1972.49	959.19	1013.29	12497.50	6077.33	6420.10
2012	2042.52	980.13	1062.40	12838.26	6160.61	6677.72
2013	2148.15	997.14	1151.01	13189.64	6122.44	7067.20
2014	2285.04	1097.98	1187.06	14037.81	6744.73	7293.09
2015	1874.29	994.30	879.99	11622.68	6162.81	5459.87
2016	1702.35	873.68	828.68	11233.21	5754.27	5478.94
2017	1872.46	902.18	970.28	12681.95	6117.09	6564.86
2018	2097.80	1004.73	1093.07	13846.04	6616.24	7229.80
2019	2010.07	918.73	1091.34	13845.06	6326.51	7518.55
2020	1909.06	882.24	1026.82	13214.53	6107.66	7106.87
2021	2577.52	1288.27	1289.25	16655.70	8322.50	8333.20

资料来源：天津海关。表11-4和11-5同。
Source: Tianjin Customs. Same as table 11-4 and 11-5.

11-3 利用外资情况(1981—2021年)
Utilization of Foreign Capital,1981-2021

单位：万美元, %(USD 10 000,%)

年 份 Year	直接利用外资合同额 Foreign Direct Investment Contracted		实际使用外资金额 Actual Use of Foreign Capital		实际借用国外资金 Actually Used Foreign Loans	
	绝对数 Absolute Value	增长速度(比上年) Increase Rate (Over Preceding Year)	绝对数 Absolute Value	增长速度(比上年) Increase Rate (Over Preceding Year)	绝对数 Absolute Value	增长速度(比上年) Increase Rate (Over Preceding Year)
1981	204	-60.1	40	-85.2		
1982	150	-26.5	578	1345.0		
1983	555	270.0	40	-93.1	251	
1984	6290	1033.3	1190	2875.0	933	271.7
1985	5452	-13.3	4409	270.5	2098	124.9
1986	6583	20.7	4287	-2.8	11229	435.2
1987	1417	-78.5	5491	28.1	18547	65.2
1988	8931	530.3	2395	-56.4	42878	131.2
1989	8452	-5.4	8134	239.6	3517	-18.0
1990	16367	93.6	8315	2.7	25122	-28.6
1991	19656	20.1	9388	12.9	38711	54.1
1992	121927	520.3	23138	146.5	59922	54.8
1993	225567	85.0	54120	133.9	39112	-34.7
1994	350234	55.3	101499	87.5	75985	94.3
1995	385053	9.9	152064	49.8	58924	-22.5
1996	392431	1.9	200587	31.9	97771	65.9
1997	385066	-1.9	251135	25.2	91166	-6.8
1998	363729	-5.5	251803	0.3	53984	-40.8
1999	362034	-0.5	253203	0.6	21332	-60.5
2000	460000	27.1	256000	1.1	26467	24.1
2001	463000	0.7	322000	25.8	7688	-71.0
2002	581220	25.5	380591	18.2	6310	-17.9
2003	351297	74.3	163325	62.9	7225	14.5
2004	558855	59.1	247243	51.4	22993	218.2
2005	732281	31.0	332885	34.6	31688	37.8
2006	811156	10.8	413077	24.1	23819	-24.8
2007	1151856	42.0	527776	27.8	18257	-23.4
2008	1325629	15.1	741978	40.6	17701	-22.9
2009	1383817	4.4	901985	21.6	6933	-60.8
2010	1529569	10.5	1084872	20.3	20983	202.7
2011	1683700	10.1	1305602	20.4	18378	-12.4
2012	1858541	10.4	1501633	15.0	14867	-19.1
2013	2073332	11.6	1682897	12.1	41791	181.1
2014	2281979	10.1	1886676	12.1	152250	264.3
2015	3135740	37.4	2113444	12.0	123549	-18.9
2016	3082564	-1.7	1010045	12.2	753599	510.0
2017	2642295	-14.3	1060784	5.0	1673238	122.0
2018	2464851	-6.7	485104			
2019	3159446	28.2	473161	3.0		
2020	3624782	14.7	473536	0.1		
2021	3049032	-15.9	538886	13.8		

资料来源：天津市商务局
Source: Tianjin Municipal Bureau of Commerce
注：2013、2016、2018、2019年实际使用外资统计口径依商务部统计制度进行了调整，增速为可比口径，表11-7、11-8和11-10同。
Note: The statistics coverage of actual use of foreign capital was adjusted by statistics system of the Ministry of Commerce in 2013,2016,2018 and 2019, the growth rate is comparable coverage. Same as table 11-7, 11-8 and 11-10.

11-4 对外贸易进出口总额(2021年)
Total Value of Imports and Exports in Foreign Trade,2021

单位：万元(10 000 yuan)

项　目	Item	进出口总额 Imports & Exports	出口总额 Exports	进口总额 Imports
合　计	**Total**	**85674237**	**38756079**	**46918158**
按口岸分	**By Port**			
本口岸	Local Port	58308758	26046977	32261781
外口岸	Outside Port	27365479	12709102	14656377
按经营单位分	**By Managing Unit**			
# 国有企业	State-owned Enterprises	10013499	5129796	4883703
集体企业	Collective-owned Enterprises	335197	311687	23510
私营企业	Private Enterprises	32006641	15702636	16304005
外资企业	Foreign Funded Enterprises	43130445	17599764	25530682
中外合资企业	Joint Venture Enterprises	16493803	6870638	9623165
中外合作企业	Cooperative Operation Enterprises	99582	16536	83046
外商独资企业	Foreign-funded Sole Enterprises	26537060	10712589	15824471
按贸易性质分	**By Way of Trade**			
# 一般贸易	General Trade	48249212	22392411	25856801
加工贸易	Processing Trade	22189385	11821897	10367489
进料加工	Processing Using Import Material	18799159	11534960	7264199
来料加工	Processing Using Provided Material	3390226	286937	3103289
外商投资企业作为投资进口的设备、物品	Equipment and Goods Imported by Foreign-invested Enterprises	83807		83807
对外承包工程出口货物	Merchandise Exports of Contracted Foreign Projects	1013716	1013716	
租赁贸易	Leasing Trade	339381	3776	335605
海关保税监管场所进出境货物	Customs Bonded Cargo Entry and Exit Monitoring Sites	2027650	529471	1498179
海关特殊监管区域物流货物	Special Customs Supervision Areas of Goods Logistics	11417920	2907167	8510753
按商品类别分	**By Category of Commodities**			
# 机电产品	Mechanical and Electronic Products	48951990	23665507	25286483
# 高新技术产品	High & New Technology Products	24797527	9504476	15293051

注：机电产品、高新技术产品进出口数据来自天津市商务局。
Note: The source of data of mechanical and electronic products and high & new technology products is Tianjin Municipal Bureau of Commerce.

11-5 对外贸易分国别(地区)进出口总额(2021年)

Total Value of Imports and Exports in Foreign Trade by Country(Region),2021

单位：万元(10 000 yuan)

国别(地区)	Country(Region)	进出口总额 Imports & Exports	出口总额 Exports	进口总额 Imports
合　计	**Total**	**85674237**	**38756079**	**46918158**
亚　洲	**Asia**	**38446541**	**18690770**	**19755772**
# 中国香港	Hong Kong,China	3381439	3331800	49639
印　度	India	1512094	1162646	349448
印度尼西亚	Indonesia	1753271	1069827	683444
伊　朗	Iran	382060	56242	325818
日　本	Japan	6454498	2293578	4160920
马来西亚	Malaysia	2358341	866109	1492232
菲律宾	The Philippines	1141350	523810	617540
新加坡	Singapore	1368840	804282	564558
韩　国	Republic of Korea	7767566	2246193	5521373
泰　国	Thailand	1305029	769024	536005
越　南	Vietnam	2514114	1895913	618201
中国台湾	Taiwan,China	2279417	653084	1626333
非　洲	**Africa**	**2479081**	**1836812**	**642269**
# 阿尔及利亚	Algeria	95905	95453	452
安哥拉	Angola	46246	24491	21755
埃　及	Egypt	212893	203099	9794
加　纳	Ghana	139333	137955	1378
尼日利亚	Nigeria	271582	232178	39404
南　非	South Africa	554610	276515	278096

11-5续表 *Continued*

单位：万元(10 000 yuan)

国别(地区)	Country(Region)	进出口总额 Imports & Exports	出口总额 Exports	进口总额 Imports
欧　洲	**Europe**	**22909957**	**8673590**	**14236367**
# 英　国	United Kingdom	1605981	453218	1152763
德　国	Germany	5963726	1538418	4425308
法　国	France	3614002	558404	3055598
意大利	Italy	1144821	476297	668524
荷　兰	Netherlands	816011	587313	228698
俄罗斯	Russia	1686279	1225030	461249
乌克兰	Ukraine	132842	98406	34436
捷克共和国	The Czech Republic	318646	200817	117830
斯洛伐克共和国	The Slovak Republic	788771	126099	662672
比利时	Belgium	312416	226941	85475
丹　麦	Denmark	2441543	770501	1671042
葡萄牙	Portugal	99586	74051	25535
西班牙	Spain	703767	243158	460610
奥地利	Austria	374666	40662	334004
匈牙利	Hungary	182769	121666	61103
拉丁美洲	**Latin America**	**7965451**	**3732894**	**4232557**
# 阿根廷	Argentina	388969	128537	260431
巴　西	Brazil	3813556	922391	2891165
北美洲	**North America**	**10347130**	**4938483**	**5408647**
# 加拿大	Canada	993645	439021	554624
美　国	United States	9341937	4495229	4846708
大洋洲及太平洋岛屿	**Oceania and Pacific Islands**	**3506982**	**883530**	**2623452**
# 澳大利亚	Australia	2421692	721756	1699936
新西兰	New Zealand	1014059	94908	919151
其　他	**Others**	**19094**		**19094**

11-6 本市在境外设立企业和机构情况
Municipal Overseas Enterprises and Agencies

项　目	Item	2020	2021	至2021年底累计 Accumulated at the End of 2021
企业机构总计(个)	Total (unit)	99	100	897
投资总额(万美元)	Total Investment (USD 10 000)	622917	591798	5443635
# 中方投资额	Chinese Investment	164769	228703	3266932
中方投资占比(%)	Proportion of Chinese Investment (%)	26.5	38.7	60.0
投资国家和地区(个)	Number of Countries and Regions Invested (unit)	30	33	80

11-7 直接利用外资签约情况(2019—2021年)
Utilization of Foreign Direct Investment,2019-2021

单位：万美元 (USD 10 000)

项　目	Item	2019	2020	2021
合 同 数(个)	**Number of Contracts (item)**	**711**	**570**	**744**
# 合资企业	Joint Venture Enterprises	232	95	220
合作企业	Cooperative Operation Enterprises			
独资企业	Sole Foreign-funded Enterprises	456	376	326
合同外资金额	**Foreign Investment Contracted**	**3159446**	**3624782**	**3049032**
# 合资企业	Joint Venture Enterprises	648360	275950	469268
合作企业	Cooperative Operation Enterprises	26	5335	
独资企业	Sole Foreign-funded Enterprises	1733925	1469036	1296017

11-8 实际使用外资情况(2019—2021年)
Actual Use of Foreign Capital,2019-2021

单位：万美元 (USD 10 000)

项 目	Item	2019	2020	2021
总 计	**Total**	**473161**	**473536**	**538886**
#合资企业	Joint Venture Enterprises	145776	119148	87208
合作企业	Cooperative Operation Enterprises	29871	5079	70931
独资企业	Sole Foreign-funded Enterprises	251145	212355	264749

11-9 对外经济合作(2019—2021年)
Economic Cooperation with Foreign Countries or Regions,2019-2021

项 目	Item	2019	2020	2021
对外承包工程	**Contracted Foreign Projects**			
签订合同金额(万美元)	Contracted Value(USD 10 000)		591928	665387
完成营业额(万美元)	Fulfilling Value(USD 10 000)	542427	566535	594201
年末在外劳动人数(人)	Number of Outside Labours at Year-end(person)	15434	13115	15760

11-10 外商及港澳台商投资企业投资情况(2021年)
Investment of Foreign-funded and Hong Kong, Macao and Taiwan Funded Enterprises,2021

项　目 Item	新设外商投资企业(家) Newly Established Foreign-invested Enterprises(unit)		合同外资额(万美元) Foreign Investment Contracted (USD 10 000)		实际使用外资金额(万美元) Actual Use of Foreign Capital (USD 10 000)	
	2021	至2021年底累计 Accumulated by the End of 2021	2021	至2021年底累计 Accumulated by the End of 2021	2021	至2021年底累计 Accumulated by the End of 2021
总　计						
Total	**744**	**30953**	**3049032**	**41084072**	**538886**	**19199937**
按投资方式分						
By Mode of Investment						
# 合资企业						
Joint Venture Enterprises	220	10792	469268	8528567	87208	5667801
合作企业						
Cooperative Operation Enterprises		692		1100049	70931	654737
独资企业						
Sole Foreign-funded Enterprises	326	19080	1296017	27129708	264749	12215349
按行业分						
By Sector						
# 农、林、牧、渔业						
Farming, Forestry, Animal Husbandry and Fishery	3	187	1857	153966		84129
制造业						
Manufacturing	38	12578	245286	7725883	35606	8275512
建筑业						
Construction	4	443	664	417142		159277
批发和零售贸易						
Wholesale, Retail Trade	148	7762	162782	3326285	19287	1358366
交通运输、仓储业和邮政业						
Transportation, Storage and Post Services	14	625	54661	1845921	18316	1029519
房地产业						
Real Estate	12	1030	82858	3124126	18816	2056085
租赁和商务服务业						
Leasing and Business Services	240	3234	1132729	8858092	202772	2259643

11-10续表 *Continued*

项 目 Item	新设外商投资企业(家) Newly Established Foreign-invested Enterprises(unit) 2021	至2021年底累计 Accumulated by the End of 2021	合同外资额(万美元) Foreign Investment Contracted (USD 10 000) 2021	至2021年底累计 Accumulated by the End of 2021	实际使用外资金额(万美元) Actual Use of Foreign Capital Contracted (USD 10 000) 2021	至2021年底累计 Accumulated by the End of 2021
按国别(地区)分 **By Country (Region)**						
# 中国香港 Hong Kong,China	339	11596	2395922	27030850	392380	9489989
日 本 Japan	22	2343	65239	1550878	6301	1401479
美 国 United States	62	3783	109103	2402484	46417	1079467
韩 国 Republic of Korea	56	3739	5033	1529406	3378	1431060
新加坡 Singapore	46	1082	174633	1384617	40277	1082026
中国台湾 Taiwan,China	50	2324	8501	701742	7676	458737
德 国 Germany	9	457	13162	511657	2625	384827
英 国 United Kingdom	20	460	122104	709045	15593	281038
法 国 France	6	245	2320	136161	179	117640
意大利 Italy	6	177	2179	94173	528	46101

11-11 服务外包情况
Statistics on Service Outsourcing

单位：亿美元(USD 100 million)

项 目	Item	2020	2021	2021比2020年增长(%) Increased Rate in 2021 over 2020(%)
接包合同额	**Contracted Value of Service Outsourcing**	**70.9**	**97.7**	**37.7**
# 离岸接包合同额	Contracted Value of Offshore Service Outsourcing Contracted	36.8	68.9	87.1
接包执行额	**Actual Value of Service Outsourcing**	**45.2**	**54.1**	**19.6**
# 离岸接包执行额	Actual Value of Offshore Service Outsourcing	23.3	32.9	41.2

11-12 外省市在津投资情况

Domestic Capital from Other Provinces and Municipalities

地 区	Region	项目数(个) Number of Contracts(unit)		实际利用内资额(万元) Domestic Capital Actually Used (10 000 yuan)	
		2020	2021	2020	2021
总 计	**Total**	**3024**	**3573**	**29261773**	**33781847**
北京市	Beijing	676	1076	12622651	13698016
河北省	Hebei	562	751	1761412	1406246
山西省	Shanxi	81	65	214202	153538
内蒙古自治区	Inner Mongolia	78	52	179620	101057
辽宁省	Liaoning	76	57	191592	258543
吉林省	Jilin	71	71	512297	469078
黑龙江省	Heilongjiang	166	151	35610	196518
上海市	Shanghai	135	195	4193795	5350022
江苏省	Jiangsu	100	111	494336	712985
浙江省	Zhejiang	96	93	1435496	659673
安徽省	Anhui	57	56	33933	245440
福建省	Fujian	69	75	1046948	763094
江西省	Jiangxi	40	33	124060	453582
山东省	Shandong	211	193	920392	921667
河南省	Henan	155	130	347090	226558
湖北省	Hubei	60	48	115280	194425
湖南省	Hunan	36	42	455964	259903
广东省	Guangdong	146	172	3590917	3381047
广西壮族自治区	Guangxi	5	8	38383	42834
海南省	Hainan	6	12	18364	277365
重庆市	Chongqing	20	20	320832	727267
四川省	Sichuan	45	49	296229	1242390
贵州省	Guizhou	6	8	5063	952976
云南省	Yunnan	7		62860	
陕西省	Shaanxi	37	42	93415	79749
甘肃省	Gansu	19	23	5602	530077
青海省	Qinghai	5	3	40649	877
宁夏回族自治区	Ningxia	13	14	34116	150535
新疆维吾尔自治区	Xinjiang	35	16	55823	254952
西藏自治区	Tibet	11	7	14842	71433

11-13 实际利用内资额(2017—2021年)
Domestic Capital Actually Used,2017-2021

单位：亿元(100 million yuan)

地　区	Region	2017	2018	2019	2020	2021
全市总计	**Total**	**2500.78**	**2657.06**	**2882.44**	**2926.18**	**3378.18**
中心城区	**Central Districts**	**468.42**	**486.81**	**523.03**	**363.03**	**487.61**
和平区	Heping District	95.85	100.01	106.00	24.95	69.23
河东区	Hedong District	67.81	70.18	74.19	44.38	67.77
河西区	Hexi District	96.06	100.28	108.00	115.50	129.00
南开区	Nankai District	95.94	100.00	106.05	62.29	81.87
河北区	Hebei District	67.90	70.10	74.14	74.21	93.30
红桥区	Hongqiao District	44.85	46.24	54.65	41.71	46.45
滨海新区	**Binhai New Area**	**755.31**	**823.55**	**929.91**	**1153.18**	**1419.30**
其他区	**Other Districts**	**1277.05**	**1346.70**	**1429.50**	**1366.97**	**1471.27**
东丽区	Dongli District	154.52	160.21	169.19	174.53	189.25
西青区	Xiqing District	193.39	205.20	217.61	181.67	220.31
津南区	Jinnan District	193.02	205.08	217.72	228.02	239.56
北辰区	Beichen District	193.16	205.31	217.51	169.69	176.51
武清区	Wuqing District	193.60	205.41	217.80	238.51	254.42
宝坻区	Baodi District	193.32	205.01	217.78	185.51	167.83
宁河区	Ninghe District	68.07	70.26	75.14	81.50	96.82
静海区	Jinghai District	68.13	70.12	75.10	84.18	100.72
蓟州区	Jizhou District	19.84	20.09	21.65	23.36	25.85
其　他	**Others**				**43.00**	

主要统计指标解释

外贸进出口总额

指海关统计中按经营单位即进出口企业在海关注册地的行政区域口径统计的数据，它反映的是天津行政辖区内各类具有进出口经营权企业（外贸企业）的进出口。它不包含外省市外贸企业途经天津口岸由天津海关结关放行及统计的进出口商品，但包含天津外贸企业经由非天津口岸进出口结关放行及统计的商品。

口岸进出口总额

指由海关统计的天津口岸实际进出的货物总金额。包括天津经营单位和其他省市经营单位经天津口岸实现的进出口货物总额。我国规定出口货物按离岸价格统计，进口货物按到岸价格统计。

合同外资金额

指外商投资企业的合同、章程中规定的外方投资者认缴的出资额和企业投资总额内的应由外方投资者以自己的境外自有资金直接向企业提供的期限1年以上的中长期贷款。包括新设立企业合同外资和原有企业的增资/减资，增资/减资不对企业（项目）个数进行调整。合伙企业的合同外资是指登记设立的外商投资合伙企业，其外方认缴的出资额。

实际使用外资金额

指批准的合同外资金额的实际执行数,外国投资者根据批准外商投资企业的合同（章程）的规定实际缴付的出资额和企业投资总额内外国投资者以自己的境外自有资金实际直接向企业提供的期限 1 年以上的中长期贷款。统计口径是商务部口径。

Explanatory Notes on Main Statistical Indicators

Total Value of Imports and Exports in Foreign Trade

is offered by Customs authorities, covering the operations units, or the enterprises involved in import and export, that have registered in the administrative regions where the Customs operate. It reflects the import and export of all the enterprises with import and export rights (foreign trade enterprises) under the administration of Tianjin Municipality. It excludes those commodities of foreign trade enterprises from out of town that underwent customs clearance at Tianjin ports but includes commodities of foreign trade enterprises of Tianjin that underwent customs clearance in non-Tianjin ports.

Total Value of Imports and Exports in Port

is offered by customs authorities, refer to the value of commodities imported into and exported from Tianjin Port. It includes the value of commodities imported into and exported from Tianjin Port of Tianjin business units and business units of other provinces (municipalities). In accordance with the stipulation of the Chinese government, imports are calculated at CIF, while exports are calculated at FOB.

Contracted Amount of Foreign Capital

refers to the medium and long-term loans with a term of more than one year provided by the foreign investors directly to the enterprises with their own overseas funds within the amount of capital contribution subscribed by the foreign investors and the total investment amount of the enterprises stipulated in the contracts and articles of foreign-invested enterprises. It includes the newly established enterprise's contractual foreign capital and the original enterprise's capital increase / decrease, the number of enterprises (projects) will not be adjusted. The contractual foreign capital of a partnership enterprise refers to the amount of capital contribution subscribed by the foreign party of the registered foreign-invested partnership enterprise.

Actual Use of Foreign Capital

refers to the actually utilized amount of approved foreign investment in the contract, the amount of capital contribution actually paid by the foreign investor and the total amount of enterprise investment made by the foreign investor in accordance with the contract articles of the approved foreign-invested enterprise, and the medium and long-term loans with a term of more than one year provided by the foreign investors' own overseas funds within the total enterprise investment. Statistics according to the standards of the Ministry of Commerce.

第十二篇 农 业

Chapter 12 Agriculture

12-1 农村经济主要指标
Major Indicators of Rural Economy

项　目	Item	2020	2021	2021比2020年增长(%) Increase Rate in 2021 over 2020(%)
农林牧渔业总产值(亿元)	**Gross Output Value of Farming, Forestry, Animal Husbandry and Fishery (100 million yuan)**	**476.44**	**509.26**	**2.1**
农　业	Farming	228.75	258.39	1.8
林　业	Forestry	15.73	9.50	-47.3
牧　业	Animal Husbandry	145.47	142.48	9.8
渔　业	Fishery	68.09	80.93	-0.1
农林牧渔服务业	FFAF Services	18.40	17.95	-4.4
农业机械及灌溉	**Agricultural Machinery and Irrigation**			
农机总动力(万千瓦)	Total Power of Agricultural Machinery (10 000 kW)	365.08	372.48	2.0
大中型拖拉机(台)	Large and Medium-sized Tractors (set)	13392	13398	0.1
小型拖拉机(万台)	Mini-tractors (10 000 sets)	0.34	0.34	
年末实有机电井(眼)	Motor-pumped Well (year-end) (unit)	25525	24401	-4.4
有效灌溉面积(万公顷)	Effective Irrigated Area (10 000 hectares)	29.91	29.51	-1.3
水库总容量(万立方米)	Total Capacity of Reservoir (10 000 cu.m)			
大型水库	Large Reservoir	223900	223900	
中型水库	Medium Reservoir	29973	29973	
农村用电量(万千瓦小时)	**Rural Electricity Consumption (10 000 kWh)**	**576026**	**620397**	**7.7**
农作物总播种面积(万公顷)	**Total Sown Areas of Farm Crops (10 000 hectares)**	**41.92**	**43.70**	**4.3**
# 粮　食	Grain	35.02	37.35	6.6
蔬　菜	Vegetables	5.29	5.23	-1.2
农产品产量(万吨)	**Yield of Farm Crops (10 000 tons)**			
# 粮　食	Grain	228.18	249.87	9.5
蔬　菜	Vegetables	266.47	238.98	-10.3

注：1.农林牧渔业总产值增长速度按可比价格计算，下表同。2.本篇2006年后部分指标数据根据第三次全国农业普查结果进行了修正和修订。

Note: a)Increase rate of gross output value of farming, forestry, animal husbandry and fishery is calculated based on constant prices. Same as following next. b)Partial data after 2006 are revised according to Third National Agricultural Census.

12-1续表 *Continued*

项　目	Item	2020	2021	2021比2020年增长(%) Increase Rate in 2021 over 2020(%)
水果产量(万吨)	**Yield of Fruits (10 000 tons)**	**31.72**	**30.25**	**-4.6**
# 果用瓜	Melon-Fruits	24.67	19.18	-22.3
当年造林面积(万公顷)	**Afforested Area in Current Year (10 000 hectares)**	**0.39**	**0.05**	**-87.1**
畜牧业生产	**Production of Animal Husbandry**			
生猪年末存栏(万头)	Pigs in Hand (year-end) (10 000 heads)	162.33	171.18	5.4
生猪当年出栏(万头)	Number of Slaughtered Pigs (10 000 heads)	193.99	203.87	5.1
牛年末存栏(万头)	Cattle in Hand (year-end) (10 000 heads)	28.16	29.06	3.2
# 乳　牛	Cows	10.71	10.38	-3.1
牛当年出栏(万头)	Number of Slaughtered Cattle (10 000 heads)	14.39	14.94	3.9
羊年末存栏(万只)	Sheep & Goats in Hand (year-end) (10 000 heads)	45.22	49.98	10.5
羊当年出栏(万只)	Number of Slaughtered Sheep and Goats (10 000 heads)	36.05	40.89	13.4
家禽年末存栏(万只)	Poultry in Hand (year-end) (10 000 heads)	2232.62	2150.90	-3.7
# 产蛋鸡	Hens	1428.20	1448.88	1.4
家禽当年出栏(万只)	Number of Slaughtered Poultry (10 000 heads)	6564.50	5717.73	-12.9
畜禽产品产量(万吨)	**Output of Animal and Poultry (10 000 tons)**			
肉类总产量	Output of Meat	29.61	30.50	3.0
# 猪　肉	Pork	15.35	17.07	11.2
牛羊肉	Beef and Mutton	3.55	3.83	7.9
禽　肉	Poultry	10.56	9.43	-10.7
禽蛋产量	Output of Poultry Eggs	20.83	19.15	-8.1
奶类产量	Output of Milk	50.07	51.81	3.5
渔业生产	**Production of Fishery**			
水产养殖面积(万公顷)	Culture Areas of Aquatic Products (10 000 hectares)	2.37	2.27	-4.2
# 淡　水	Fresh Water	2.27	2.18	-4.3
水产品产量(万吨)	Output of Aquatic Products (10 000 tons)	28.48	27.34	-4.0
# 淡　水	Fresh Water	24.20	23.00	-5.0

12-2 农业生产条件情况(2000—2021年)
Conditions of Agricultural Production,2000-2021

单位：万公顷(10 000 hectares)

年 份 Year	年末实有常用耕地面积 Cultivated Area (year-end)	当年造林面积 Afforested Area in Current Year	水产养殖面积 Culture Area of Aquatic Products	有 效 灌溉面积 Effective Irrigated Area
2000	42.43	0.93	3.64	35.32
2001	42.39	0.50	3.67	35.43
2002	42.28	0.85	3.82	35.44
2003	41.85	0.69	3.83	35.41
2004	41.53	0.53	4.04	35.34
2005	41.45	0.36	4.17	35.52
2006		0.30	4.34	34.96
2007	40.60	0.51	4.19	34.93
2008	40.44	1.50	4.08	34.80
2009	40.26	1.62	4.31	34.76
2010	39.88	1.81	4.16	34.46
2011	39.65	0.86	4.04	33.80
2012	39.54	0.57	4.13	33.70
2013	39.25	0.74	4.12	30.89
2014	38.88	0.71	4.06	30.89
2015	38.96	0.80	3.99	30.89
2016	39.08	0.93	3.84	30.66
2017	37.14	0.96	3.33	30.53
2018	35.39	0.87	3.06	30.47
2019	35.46	1.65	2.39	30.48
2020	35.57	0.39	2.37	29.91
2021	34.71	0.05	2.27	29.51

12-2续表 *Continued*

年 份 Year	农用机械总动力 (万千瓦) Total Power of Agricultural Machinery (10 000 kW)	机耕面积 (万公顷) Cultivated Area Using Machinery (10 000 hectares)	机播面积 (万公顷) Sown Area Using Machinery (10 000 hectares)	化肥施用量 (折纯)(万吨) Consumption of Chemical Fertilizers (Pureness) (10 000 tons)	农村用电量 (万千瓦小时) Rural Electricity Consumption (10 000 kWh)
2000	593.40	39.62	25.73	16.64	354946
2001	603.32	37.26	24.11	17.31	377823
2002	612.72	38.17	23.95	17.59	402785
2003	601.66	37.05	23.57	17.80	423157
2004	608.13	37.35	27.66	22.85	484221
2005	611.94	37.62	28.94	23.29	522492
2006	603.39	37.74	29.91		
2007	604.90	37.71	34.32	25.82	525220
2008	596.60	36.04	36.31	25.88	457875
2009	595.00	36.14	36.69	25.96	513898
2010	587.79	37.65	40.23	25.54	509920
2011	583.87	37.53	41.78	24.39	512968
2012	568.13	37.07	41.98	24.45	516155
2013	554.18	36.23	41.90	24.34	692249
2014	552.41	38.19	41.91	23.30	1090388
2015	546.92	37.21	40.79	21.78	1024361
2016	470.00	31.65	38.86	21.36	373805
2017	464.65	32.36	37.77	18.01	403199
2018	347.98	30.84	39.71	16.95	369145
2019	359.84	30.21	37.95	16.24	392351
2020	365.08	31.52	37.79	15.29	576026
2021	372.48	32.70	39.78	15.66	620397

12-3 农林牧渔业总产值(1981—2021年)

Gross Output Value of Farming, Forestry, Animal Husbandry and Fishery,1981-2021

单位：亿元(100 million yuan)

年 份 Year	合 计 Total	农 业 Farming	林 业 Forestry	牧 业 Animal Husbandry	渔 业 Fishery	农林牧渔服务业 FFAF Services
1981	8.34	6.11	0.05	1.95	0.23	
1982	12.56	10.17	0.11	1.90	0.37	
1983	12.68	9.58	0.16	2.47	0.47	
1984	16.68	12.17	0.25	3.70	0.56	
1985	20.44	13.81	0.27	5.10	1.25	
1986	26.93	18.80	0.31	5.67	2.14	
1987	32.93	22.47	0.37	7.22	2.87	
1988	42.34	29.39	0.72	7.94	4.29	
1989	49.08	34.71	0.33	10.09	3.95	
1990	51.72	34.71	0.45	11.54	5.02	
1991	54.55	36.68	0.34	12.88	4.65	
1992	58.50	39.24	0.45	13.44	5.37	
1993	66.32	44.28	0.44	15.82	5.78	
1994	88.74	57.71	0.60	22.91	7.52	
1995	125.44	85.25	0.85	28.76	10.58	
1996	133.53	90.17	0.96	30.27	12.13	
1997	140.47	89.77	1.00	33.99	15.71	
1998	156.16	98.83	1.19	38.09	18.05	
1999	150.11	91.58	1.42	38.95	18.16	
2000	156.30	83.42	1.37	51.75	19.76	
2001	169.51	86.73	1.46	60.76	20.56	
2002	181.07	86.06	1.52	69.21	24.28	
2003	193.44	88.20	1.61	77.22	26.41	
2004	221.35	95.29	1.66	92.55	31.85	
2005	238.34	97.49	1.89	102.71	36.25	
2006	225.04	110.05	2.01	70.52	35.32	7.14
2007	235.40	114.18	2.08	75.64	35.49	8.01
2008	256.40	120.35	2.22	83.18	42.27	8.38
2009	263.21	127.86	2.22	79.45	45.04	8.64
2010	289.41	149.52	2.36	81.78	46.79	8.97
2011	311.83	155.20	2.46	90.55	53.59	10.03
2012	327.44	164.19	2.79	94.90	55.38	10.18
2013	351.12	176.63	3.09	96.53	64.58	10.29
2014	367.75	182.23	3.22	102.74	68.87	10.69
2015	378.44	182.51	7.74	108.70	68.42	11.08
2016	395.57	181.89	8.35	118.99	74.39	11.95
2017	382.07	183.17	8.98	107.96	69.81	12.15
2018	390.50	197.21	12.73	95.76	71.13	13.67
2019	414.35	202.91	24.92	100.39	71.42	14.71
2020	476.44	228.75	15.73	145.47	68.09	18.40
2021	509.26	258.39	9.50	142.48	80.93	17.95

12-4 农林牧渔业总产值增长速度(1981—2021年)
Increase Rate of Farming, Forestry, Animal Husbandry and Fishery,1981-2021

单位：%(%)

年 份 Year	合 计 Total	农 业 Farming	林 业 Forestry	牧 业 Animal Husbandry	渔 业 Fishery	农林牧渔服务业 FFAF Services
1981	-10.3	-13.0	-24.9	3.3	-13.1	
1982	20.9	26.5	9.1	2.7	16.7	
1983	1.3	-3.3	25.0	16.9	18.4	
1984	27.7	25.7	73.5	33.9	18.9	
1985	12.7	6.5	-15.0	36.1	12.0	
1986	11.4	15.9	0.2	-4.3	41.3	
1987	9.2	7.6	1.7	4.1	37.0	
1988	6.1	-0.5	77.3	15.8	17.3	
1989	11.2	15.4	-48.1	5.3	11.5	
1990	6.7	6.6	17.4	7.4	5.0	
1991	6.7	7.0	-16.3	10.2	-0.2	
1992	4.1	4.5	21.5	3.0	3.4	
1993	4.3	5.6	-12.3	7.8	-9.6	
1994	7.3	4.3	4.1	14.3	8.4	
1995	13.0	13.5	-1.0	5.1	33.4	
1996	7.5	8.5	10.3	3.5	10.6	
1997	7.6	5.1	2.6	10.5	15.7	
1998	11.8	8.2	39.7	15.4	21.2	
1999	0.4	-6.3	15.1	13.7	3.1	
2000	4.2	-4.4	-5.7	19.6	6.1	
2001	8.0	4.1	7.2	15.9	3.0	
2002	6.0	-8.9	13.7	14.9	36.2	
2003	6.6		3.8	13.6	6.7	
2004	5.2	3.1	2.6	5.8	10.5	
2005	4.8	0.2	13.6	7.5	10.6	
2006	3.6	4.0	4.6	2.9	4.8	1.4
2007	1.5	2.1	4.6	-1.1	4.0	3.7
2008	3.3	3.1	6.2	3.5	3.4	2.0
2009	3.7	4.8	1.3	3.0	2.2	2.1
2010	3.5	4.6	3.1	2.4	2.2	2.8
2011	4.2	5.5	4.0	2.0	2.9	9.0
2012	3.2	1.8	8.2	6.6	2.3	0.4
2013	3.8	4.4	2.8	2.4	5.4	0.4
2014	3.0	3.3	3.5	2.9	2.2	2.0
2015	2.6	4.2	8.7	0.5	1.2	2.3
2016	3.3	5.5	7.9	-1.3	3.2	7.5
2017	2.1	3.2	7.5	2.6	-2.1	1.6
2018	0.9	-0.8	41.8	-5.2	7.7	12.6
2019	0.6	3.2	95.8	-16.5	-2.1	7.6
2020	1.4	4.8	-34.1	0.6	2.4	13.8
2021	2.1	1.8	-47.3	9.8	-0.1	-4.4

12-5 农林牧渔业总产值结构(2000—2021年)

Structure of Gross Output Value of Farming, Forestry, Animal Husbandry and Fishery,2000-2021

单位：%(%)

年 份 Year	合 计 Total	农 业 Farming	林 业 Forestry	牧 业 Animal Husbandry	渔 业 Fishery	农林牧渔服务业 FFAF Services
2000	100	53.4	0.9	33.1	12.6	
2001	100	51.2	0.9	35.8	12.1	
2002	100	47.5	0.8	38.3	13.4	
2003	100	45.6	0.8	39.9	13.7	
2004	100	43.1	0.7	41.8	14.4	
2005	100	40.9	0.8	43.1	15.2	
2006	100	48.9	0.9	31.3	15.7	3.2
2007	100	48.5	0.9	32.1	15.1	3.4
2008	100	46.9	0.9	32.4	16.5	3.3
2009	100	48.6	0.8	30.2	17.1	3.3
2010	100	51.7	0.8	28.2	16.2	3.1
2011	100	49.8	0.8	29.0	17.2	3.2
2012	100	50.1	0.9	29.0	16.9	3.1
2013	100	50.3	0.9	27.5	18.4	2.9
2014	100	49.6	0.9	27.9	18.7	2.9
2015	100	48.2	2.1	28.7	18.1	2.9
2016	100	46.0	2.1	30.1	18.8	3.0
2017	100	47.9	2.3	28.3	18.3	3.2
2018	100	50.5	3.3	24.5	18.2	3.5
2019	100	49.0	6.0	24.2	17.2	3.6
2020	100	48.0	3.3	30.5	14.3	3.9
2021	100	50.7	1.9	28.0	15.9	3.5

12-6 农作物播种面积(2000—2021年)
Sown Areas of Farm Crops,2000-2021

单位：万公顷(10 000 hectares)

年 份 Year	合 计 Total	粮 食 Grain	棉 花 Cotton	油 料 Oil-bearing Crops	蔬 菜 Vegetables	其他农作物 Others
2000	53.31	34.59	1.51	2.63	12.83	1.75
2001	54.45	32.85	4.50	2.05	12.95	2.10
2002	52.28	31.13	4.48	1.89	12.84	1.94
2003	50.15	25.81	7.06	1.58	13.46	2.24
2004	50.43	26.35	8.69	0.61	13.19	1.59
2005	49.94	28.77	6.12	0.51	12.97	1.57
2006	42.98	28.43	6.89	0.20	6.38	1.08
2007	42.98	29.21	6.68	0.17	5.99	0.93
2008	43.73	29.37	6.79	0.17	6.44	0.96
2009	44.09	30.68	5.40	0.19	6.80	1.02
2010	43.93	31.14	4.99	0.20	6.74	0.86
2011	44.33	31.07	5.73	0.20	6.54	0.79
2012	44.99	32.29	5.24	0.17	6.30	0.99
2013	44.21	33.39	3.67	0.16	6.01	0.98
2014	44.43	34.67	2.80	0.14	5.70	1.12
2015	43.47	35.21	1.73	0.11	5.14	1.28
2016	44.37	36.20	1.29	0.56	4.69	1.63
2017	43.95	35.14	2.07	0.56	4.93	1.25
2018	42.93	35.02	1.71	0.21	4.97	1.02
2019	41.03	33.93	1.41	0.11	4.83	0.75
2020	41.92	35.02	0.78	0.08	5.29	0.75
2021	43.70	37.35	0.37	0.09	5.23	0.66

12-7 主要农产品产量情况(1981—2021年)
Yield of Major Farm Crops,1981-2021

单位：万吨(10 000 tons)

年 份 Year	粮 食 Grain	#小 麦 Wheat	#玉 米 Corn	棉 花 Cotton	油 料 Oil-bearing Crops	蔬 菜 Vegetables
1981	110.00	20.80	55.53	0.23	4.50	111.25
1982	122.51	18.83	68.02	0.45	4.43	129.29
1983	110.87	32.89	47.07	1.14	3.09	128.07
1984	131.30	32.79	56.21	3.29	5.52	147.77
1985	140.52	43.52	55.12	2.38	6.84	151.52
1986	157.60	46.10	64.20	1.33	5.86	193.95
1987	167.67	47.52	69.64	1.28	5.22	202.48
1988	158.30	52.36	52.72	1.01	3.45	215.44
1989	169.80	57.30	63.50	1.10	4.42	260.51
1990	188.75	64.74	74.00	1.53	4.68	268.14
1991	198.50	62.00	79.90	2.55	4.50	282.56
1992	198.74	62.00	76.04	1.63	3.96	310.41
1993	199.82	59.07	80.80	0.76	4.45	354.34
1994	190.33	50.76	77.65	0.93	4.03	407.86
1995	207.46	65.40	80.50	1.12	4.01	434.17
1996	207.00	67.35	75.41	0.51	3.13	452.71
1997	206.16	77.41	65.45	0.39	3.01	486.23
1998	210.12	76.06	75.51	0.63	3.76	505.35
1999	174.85	71.60	56.30	0.57	2.34	486.07
2000	124.05	59.91	40.95	1.75	3.31	530.60
2001	143.33	45.09	75.19	6.36	3.90	564.50
2002	137.82	44.11	71.05	6.24	3.40	584.31
2003	119.29	35.91	64.81	9.47	3.08	602.78
2004	125.27	37.81	70.71	12.03	1.55	585.43
2005	137.50	47.42	73.16	8.36	1.29	542.74
2006	141.90	49.90	79.70	9.50	0.50	275.50
2007	147.41	50.42	85.12	9.22	0.45	261.11
2008	149.46	52.12	84.37	8.14	0.46	284.53
2009	157.13	53.49	88.87	6.89	0.51	322.23
2010	160.56	52.62	92.93	6.04	0.60	343.94
2011	163.16	53.31	94.62	6.90	0.60	336.68
2012	163.56	54.66	92.73	5.44	0.50	332.59
2013	177.44	55.96	102.50	4.54	0.51	321.72
2014	178.19	57.21	101.80	3.54	0.45	309.63
2015	184.48	58.06	107.82	2.35	0.36	282.72
2016	200.40	58.90	118.69	2.10	1.34	274.43
2017	212.27	62.41	119.29	2.48	1.26	269.61
2018	209.69	57.13	110.55	1.83	0.72	253.98
2019	223.25	60.47	115.18	1.81	0.41	242.78
2020	228.18	62.86	109.70	1.02	0.31	266.47
2021	249.87	72.16	118.28	0.40	0.31	238.98

12-7续表 *Continued*

单位：万吨(10 000 tons)

年 份 Year	肉 类 Meat	# 猪 肉 Pork	# 牛羊肉 Beef and Mutton	禽 蛋 Poultry Eggs	奶 类 Milk	水产品 Aquatic Products
1981	7.14	6.77	0.10	1.91	2.61	2.69
1982	5.90	5.30	0.16	2.63	2.92	3.59
1983	5.50	4.88	0.18	4.49	3.37	4.11
1984	6.54	5.47	0.45	7.19	3.90	4.45
1985	7.12	5.85	0.47	10.62	4.30	4.87
1986	7.57	6.14	0.67	10.65	4.71	6.73
1987	7.14	5.73	0.61	10.88	5.31	8.13
1988	7.76	6.03	0.67	10.83	6.07	9.15
1989	8.23	6.37	0.73	12.18	6.63	10.38
1990	9.13	7.07	0.84	13.01	7.40	10.83
1991	9.89	7.19	1.05	15.01	8.41	10.81
1992	11.31	7.43	1.24	14.95	9.10	11.10
1993	11.47	7.26	1.61	15.08	9.14	11.39
1994	13.69	8.32	2.37	17.48	9.43	12.83
1995	15.86	9.59	3.09	16.94	10.47	15.35
1996	16.94	10.50	3.30	16.65	10.69	16.99
1997	18.70	11.77	3.44	17.71	12.13	18.98
1998	21.74	13.88	3.74	22.68	11.69	21.38
1999	23.53	14.59	4.24	23.56	12.94	23.03
2000	29.49	17.96	4.76	25.60	16.52	24.22
2001	36.40	21.92	5.97	26.00	24.06	26.46
2002	44.88	26.09	7.39	24.47	33.59	28.56
2003	52.41	30.56	8.53	24.25	43.23	29.83
2004	53.73	33.05	8.73	24.38	54.24	31.00
2005	57.78	35.63	9.28	23.47	63.41	33.81
2006	36.69	21.78	5.22	18.98	62.81	31.40
2007	33.58	20.35	5.24	19.21	65.18	32.50
2008	36.74	23.23	5.10	19.39	65.60	33.67
2009	38.86	25.26	4.99	19.16	62.28	34.17
2010	41.69	27.38	4.55	18.18	62.97	34.49
2011	41.82	26.91	4.55	17.98	63.01	35.21
2012	44.32	28.29	4.66	17.83	56.46	36.50
2013	44.81	28.73	4.69	17.92	56.77	39.86
2014	44.57	28.78	4.83	18.28	57.31	40.80
2015	43.51	27.85	4.88	18.87	50.03	40.12
2016	43.07	27.67	4.95	19.13	50.04	32.66
2017	36.14	22.59	4.81	18.99	52.05	32.33
2018	33.88	21.24	4.03	19.41	48.04	32.64
2019	30.43	15.64	3.38	19.36	47.37	26.22
2020	29.61	15.35	3.55	20.83	50.07	28.48
2021	30.50	17.07	3.83	19.15	51.81	27.34

12-8 林业生产、果园面积及产量(2017—2021年)
Forestry Production, Orchard Areas and Output,2017-2021

项　　目 Item	2017	2018	2019	2020	2021
当年造林面积(万公顷) Afforested Areas in Current Year (10 000 hectares)	0.96	0.87	1.65	0.39	0.05
育苗面积(万公顷) Areas Used for Cultivating Sapling (10 000 hectares)	1.34	1.38	1.31	1.01	1.12
年末实有果园面积(万公顷) Areas of Orchards (year-end) (10 000 hectares)	3.15	2.87	2.66	2.40	2.24
干果产量(吨) Output of Dry Fruits (ton)	3364	3778	3750	8081	10319
# 核　桃 Walnuts	1613	1945	1886	6883	7419
栗　子 Chestnuts	1751	1833	1742	1196	2900
园林水果产量(吨) Output of Fruits in Orchards (ton)	379843	398311	357685	317215	302506
# 苹　果 Apples	56266	36146	34462	28463	25487
梨 Pears	64067	84099	72813	49933	70410
桃 Peaches	67547	79656	92374	95617	77366
鲜　枣 Fresh Jujubes	55251	71264	28931	33747	33350
葡　萄 Grapes	114112	101703	100514	87732	70062
柿　子 Persimmons	10502	14229	13704	9949	11998

主要统计指标解释

农林牧渔业总产值

指以货币表现的农林牧渔业的全部产品总量和对农林牧渔业生产活动进行的各种支持性服务活动的价值。它反映一定时期内农林牧渔业生产总规模和总成果，是观察农林牧渔业生产水平和发展速度，研究农林牧渔业内部比例关系、农林牧渔业与工业、农林牧渔业与国家建设、人民生活比例关系的重要指标，同时也是计算农林牧渔业劳动生产率和农林牧渔业增加值的基础资料。

农作物播种面积

指本年度内收获农作物在全部土地（耕地或非耕地）上的播种或移植面积。凡是本年内收获的农作物，无论是本年还是上年播种，都算为播种面积，但不包括本年播种、下年收获的农作物面积。移植的农作物面积按移植后的面积计算，不计算移植前的秧田、畦田等面积。多年生作物，即播种后可连续生长多年的缩根性草本植物，如有些麻类、中药等作物的播种面积，按本年新增面积加往年的连续累计面积计算。如果因灾害等原因，应该收获却未能收获，也要按原播种面积计算，新补或改种，并在本年收获的，要按复种作物计算面积。间种、混种的作物面积按比例折算各个作物的面积，如果完全混合、同步生长、收获的作物，按混合面积平均分配。复种、套种的作物，按次数计算面积，每种一次计算一次。再生稻、再生高粱、再生烟等，因其没有经过播种或移植，不算入播种面积。

农用化肥施用量（折纯）

指本年内实际用于农业生产的化肥数量，包括氮肥、磷肥、钾肥和复合肥。化肥施用量要求按折纯量计算数量。折纯量是指把氮肥、磷肥、钾肥分别按含氮、含五氧化二磷、含氧化钾的百分之百成份进行折算后的数量。复合肥指含有两种或两种以上营养元素的化肥，按其所含主要成分折算。具体公式为：

某种化肥折纯量=该种化肥实际施用量×折纯率（某种化肥有效成份含量的百分比），具体折纯率以化肥包装标识为准，也可参考农业农村部官网发布的《化肥折纯量参考计算表》。

农业机械总动力

指主要用于农、林、牧、渔业的各种动力机械的动力总和，包括耕作机械、农用排灌机械、收获机械、植保机械、林业机械、畜牧机械、渔业机械、农产品加工机械、农用运输机械、其他农业机械。按能源又分为柴油、汽油、电力和其他动力。总动力按法定计算单位千瓦计算。

有效灌溉面积

指具有一定的水源，地块比较平整，灌溉工程或设备已经配套，在一般年景下能够进行正常灌溉的耕地面积。

当年造林面积

指报告期内在荒山、荒地等立地条件较好的土地上，采用人工分殖、植苗等方法新植成片林，经过检查验收成活率达 85%以上（含 85%）的面积。

肉类总产量

指调查期内各种牲畜及家禽、兔等动物肉产量总计。猪、牛、羊、马、驴、骡、骆驼肉产量按去掉头蹄下水后带骨肉的胴体重量计算，兔禽肉产量按屠宰后去毛和内脏后的重量计算。

水产品产量

指渔业（捕捞和养殖）生产活动的最终有效成果，包括全部海水和淡水鱼类、甲壳类（虾、蟹）、贝类、头足类、藻类和其他类渔业产品的最终产量。不包括渔业生产过程中的中间成果，如鱼苗、鱼种、亲鱼、转塘鱼、存塘鱼和自用作饵料的产品等。水产品在上岸前已经腐烂变质，不能供人食用或加工成其他制品的，不统计在水产品产量中。

园林水果产量

指本年度内在专业性果园、林地及零星种植果树（藤）上生产的水果产量。包括苹果、梨、柑橘类、热带及亚热带水果和其他园林水果（如桃、葡萄、红枣等）五类，不包括采集的野生水果。按实收的鲜果计算产量。经脱水、晾干等处理的干果，如干枣、葡萄干、柿饼、桔饼等一律折合成鲜果计算。

Explanatory Notes on Main Statistical Indicators

Gross Output Value of Farming, Forestry, Animal Husbandry and Fishery

refers to the total value of products of farming, forestry, animal husbandry and fishery, and total value of services rendered to support farming, forestry, animal husbandry and fishery activities. It reflects the total scale and results of agricultural production during a given period. It is an important indicator to observe the production level and development speed of farming, forestry, animal husbandry and fishery, study the internal proportional relationship between farming, forestry, animal husbandry and fishery, the relationship between farming, forestry, animal husbandry and fishery and industry, national construction and people's living. At the same time, it is also the basic data for calculating the labour productivity and added value of farming, forestry, animal husbandry and fishery.

Sown Area of Farm Crops

refers to the sown or transplanted area of harvested crops on all land (arable or non-arable) in the current year. Whether sown this year or the previous year, all crops harvested in this year are counted as sown area, but do not include the area of crops sown this year and harvested next year. The area of transplanted crops is calculated according to the area after transplantation, and the area of seedling fields and border fields before transplantation is not calculated. The sown area of perennial crops, that is, shrinking-rooted crops that can grow continuously for many years after sowing, such as some hemp, traditional Chinese medicine and other crops, is calculated by adding the newly added area of this year to the continuous cumulative area of previous years. Not harvested due to disasters and other reasons, the area should be calculated according to the original sown area. Newly replenished or replanted and harvested in this year, the area should be calculated according to the multi-cropping crop. The area of intercropped and mixed crops is converted to the area of each crop in proportion. The area of crops that are mixed and grown and harvested at the same time are distributed evenly by the mixed area. The crop area for multiple cropping and interplanting is calculated once for each type. Regenerated rice, regenerated sorghum and regenerated tobacco are not included in the sown area because they have not been sown or transplanted.

Consumption of Chemical Fertilizers in Agriculture (Pureness)

refers to the quantity of chemical fertilizers applied in agriculture in the year, including nitrogenous fertilizer, phosphate fertilizer, potash fertilizer, and compound fertilizer. The consumption of chemical fertilizers is calculated in terms of volume of effective components by means of converting the gross weight of the respective fertilizers into weight containing effective component (e.g. nitrogen content in nitrogenous fertilizer, phosphorous pentoxide contents in phosphate fertilizer, and potassium oxide contents in potash fertilizer). Compound fertilizer is converted in regard to its major components. The formula is:

Volume of Effective Component of Certain Chemical Fertilizer = the Actual Application Amount of Certain Chemical Fertilizer×Effective Component of Certain Chemical Fertilizer (%)

Total Power of Agricultural Machinery

refers to the total power of various power machinery mainly used in agriculture, forestry, animal husbandry and fishery. It includes farming machinery, agricultural irrigation and drainage machinery, harvesting machinery, plant protection machinery, forestry machinery, animal husbandry machinery, fishing machinery, agricultural product processing machinery, agricultural transportation machinery, and other agricultural machinery. It is divided into diesel, gasoline, electricity and other power according to energy. The total power is calculated according to the legal calculation unit kilowatt.

Effective Irrigated Area

refers to area of land that are effectively irrigated, i.e. relatively level land, where there are water sources or complete sets of irrigation facilities to lift and move adequate water for irrigation purpose under normal conditions.

Afforested Areas in Current Year

refer to the area in which the forest was newly planted by artificial division and planting of seedlings on the land with good site conditions such as barren hills and wasteland during the reporting period, and the survival rate after inspection and acceptance reached more than 85% (including 85%).

Output of Meat

refers to the total output of various livestock, poultry, rabbits and other animal meat during the investigation period. The meat output of pigs, cattle, sheep, horses, donkeys, mules and camels shall be calculated according to the carcass weight with bone meat after the head and hooves are removed. The meat output of rabbit and poultry shall be calculated by the weight after slaughtering and eviscerating.

Output of Aquatic Products

refers to the final effective result of fishery (fishing and aquaculture) production activities. It includes final production of marine and freshwater fish, crustaceans (shrimp, crab), shellfish, cephalopods, algae and others. It does not include intermediate results in the fishery production process, such as fry, fingerlings, broodstock, transfer pond fish, pond fish and self-use as bait products. Aquatic products that have rotted and deteriorated before going ashore and cannot be used for human consumption or processed into other products shall not be counted in the output of aquatic products.

Yield of Fruits in Orchards

refers to the output of fruits harvested from professional orchards, woodlands and sporadic planted fruit trees (vines) in the current year, including apples, pears, citrus, tropical and subtropical fruits and other garden fruits (such as peaches, grapes, red dates, etc.), excluding wild fruits. It is calculated based on the actual harvested fresh fruit. Dried fruits that have been dehydrated and dried shall be converted into fresh fruits for calculation.

第十三篇 工 业

Chapter 13 Industry

13-1 规模以上工业企业主要经济效益指标
Main Indicators on Economic Benefit of Industrial Enterprises above Designated Size

年 份 Year	资产负债率(%) Ratio of Debts to Assets (%)	流动资产周转率(次) Turnover of Working Capitals (time)	总资产贡献率(%) Ratio of Total Assets to Industrial Output Value (%)	营业收入利润率(%) Ratio of Profits to Operating Revenue (%)	产销率(%) Proportion of Products Sold (%)	每百元资产实现的营业收入(元) Operating Revenue on Assets per 100 yuan(yuan)
1978		3.0		17.3	93.7	
1980		3.8		14.7	94.8	
1985		4.2		13.7	98.2	
1990		1.9		3.7	88.8	
1995		1.6	9.6	4.3	86.4	63.6
2000		1.8	8.9	6.2	98.4	66.4
2001		1.7	9.3	6.2	96.7	70.8
2002		1.8	8.7	5.4	99.1	78.4
2003		2.1	9.9	5.7	98.9	90.8
2004	56.4	2.3	12.8	7.0	99.0	107.5
2005	58.5	2.3	14.5	7.7	100.6	112.3
2006	57.8	2.6	15.9	7.9	99.2	123.4
2007	60.1	2.6	15.0	7.5	99.7	122.2
2008	60.8	2.5	12.1	5.6	98.4	122.7
2009	62.5	2.1	12.1	6.3	98.2	105.0
2010	60.5	2.3	17.3	9.0	98.9	118.8
2011	62.5	2.2	18.0	9.2	99.3	125.1
2012	63.5	2.2	17.6	8.9	98.9	104.5
2013	63.6	2.2	17.4	8.3	98.1	124.6
2014	61.7	2.2	15.7	8.0	97.7	105.3
2015	62.8	2.1	14.6	7.9	97.2	97.4
2016	61.4	2.1	14.6	7.9	97.3	106.8
2017	59.6	1.6	9.3	6.6	99.3	81.5
2018	58.2	1.7	10.3	6.9	98.9	86.4
2019	57.9	1.8	9.4	6.6	99.3	87.6
2020	55.3	1.8	7.7	5.1	100.0	87.7
2021	54.6	1.9	9.8	6.5	99.6	98.1

注：1.本表统计范围1998年以前为街乡及以上工业；1998-2010年为全部国有及年产品销售收入500万元及以上的其他工业企业；2011年起为规模以上工业，规模以上标准为年主营业务收入2000万元及以上工业企业。2.根据国家统一规定，2018年开始，用“营业收入”“营业成本”“税金及附加”三个指标代替之前年度的“主营业务收入”“主营业务成本”“主营业务税金及附加”三个指标。主营业务收入利润率、每百元资产实现的主营业务收入等指标同步调整。

Note: a) Data in this table covered enterprises at and above the township level before 1998; Data from 1998 to 2010 refer to state-owned industry enterprises and other industrial enterprises with annual business revenue over 5 million yuan; and data from 2011 adopt coverage of industry above designated size, which refers to industrial enterprises with annual business revenue over 20 million yuan.

b) According to the National Bureau of Statistics, indicators named 'Revenue from Principal Business', 'Costs on Revenue from Principal Business' and 'Business Tax and Surcharges of Principal Business' become 'Operating Revenue', 'Operating Cost' and 'Business Tax and Surcharges' in 2018, related indicators are adjusted synchronously.

13-2 国有经济工业企业主要经济效益指标

Main Indicators on Economic Benefit of State-Owned Industrial Enterprises

年 份 Year	资 产 负债率 (%) Ratio of Debts to Assets (%)	流动资产 周转率 (次) Turnover of Working Capitals (time)	总资产贡献率 (%) Ratio of Total Assets to Industrial Output Value (%)	营业收入 利润率(%) Ratio of Profits to Operating Revenue (%)	产销率 (%) Proportion of Products Sold (%)	每百元资产实现的营业收入(元) Operating Revenue on Assets per 100 yuan (yuan)
1978						
1980				17.1	95.3	
1985				13.8	98.2	
1990		1.9		3.0	92.1	
1995		1.3	6.5	0.5	107.5	
2000		1.0	1.3	-2.8	100.0	36.8
2001		1.1	2.4	-3.3	99.0	38.1
2002		1.0	2.4	-1.7	100.5	69.1
2003		1.4	4.2	1.6	100.2	50.0
2004		1.6	3.3	2.5	101.0	59.3
2005		1.3	3.7	1.5	102.0	52.9
2006		1.7	7.1	2.6	99.9	64.8
2007		1.9	6.9	3.4	99.5	70.0
2008	73.1	2.1	5.4	1.5	97.2	83.1
2009	70.7	1.6	5.6	0.1	100.0	70.5
2010	67.0	2.0	8.2	1.4	99.2	87.5
2011	66.3	1.9	7.5	1.0	98.1	91.3
2012	66.8	1.8	6.6	0.9	97.4	87.8
2013	66.3	1.5	7.2	1.4	96.5	86.8
2014	60.1	1.5	6.4	0.2	94.5	78.7
2015	62.2	1.3	6.8	1.8	96.4	66.9
2016	60.6	1.2	14.3	2.6	96.7	60.3
2017	59.8	1.2	6.8	3.3	96.2	56.6
2018	66.3	0.8	0.8	-2.4	94.5	39.9
2019	62.2	1.1	3.3	1.9	95.7	48.5
2020	61.2	1.0	2.4	-0.4	100.5	40.9
2021	58.2	1.2	2.9	0.9	99.9	51.4

注：国有经济包括登记注册类型中内资部分的国有、国有独资和国有联营企业(下同)。

Note: State-owned economy including state-owned, sole state-funded, state-owned joint enterprises of domestic-funded in status of registration (Same as follows).

13-3 规模以上工业企业主要经济指标(2021年)

项　目	Item	企业单位数(个) Number of Enterprises (unit)	平均用工人数(人) Annual Average Employees (person)
全市总计	**Total**	**5662**	**968296**
按企业规模分	**Grouped by Size of Enterprises**		
大　型	Large-sized	121	349006
中　型	Medium-sized	460	238893
小　型	Small-sized	4213	363643
微　型	Mini-sized	868	16754
按登记注册类型分	**Grouped by Status of Registration**		
内资企业	Domestic-funded Enterprises	4529	624929
#国　有	State-owned Enterprises	36	8744
集　体	Collective-owned Enterprises	12	1045
股份合作	Cooperative Enterprises	19	2142
私营企业	Private Enterprises	3285	281794
股份有限公司	Share-holding Corporations Ltd.	195	84295
有限责任公司	Limited Liability Corporations	982	246909
#国有独资公司	Sole State-funded Corporations	90	63477
港澳台商投资企业	Enterprises with Investment from Hong Kong, Macao and Taiwan	224	77197
外商投资企业	Foreign Funded Enterprises	909	266170
按隶属关系分	**Grouped by Administrative Relationship**		
中　央	Central Industry	81	86537
地　方	Local Industry	5581	881759
按企业控股情况分	**Grouped by Company Holding Type**		
国有及国有控股企业	State-owned and State-holding Enterprises	490	203484
民营及民营控股企业	Private and Private Holding Enterprises	4171	465826
外商及港澳台商控股企业	Hong Kong, Macao,Taiwan and Foreign Funded Holding Enterprises	1001	298986

Main Economic Indicators of Industrial Enterprises above Designated Size,2021

单位：万元(10 000 yuan)

资产总计 Total Assets	流动资产合计 Total Working Capitals	应收账款 Accounts Receivable	负债合计 Total Liabilities	利税总额 Total Profits and Taxes	# 利润总额 Total Pre-tax Profits
234973320	**119055692**	**31885309**	**128296003**	**21949154**	**15032660**
107550103	42996365	9714167	56014304	14214935	9867671
51454323	27812872	7352906	27279031	3434950	2230798
70805198	45076456	13722099	41436421	4127614	2841490
5163696	3170000	1096137	3566247	171656	92701
151423564	75882532	18485297	86576820	7486959	3579751
3720497	2295278	290357	3535061	601145	156020
57879	48073	8161	28207	3361	1602
225699	150154	46036	117542	6993	2596
45064786	28617969	8204079	27521307	2069984	1337435
30215248	12270913	2683757	11833377	3128018	1285819
72139455	32500146	7252906	43541325	1677458	796279
26816017	10317453	1520077	14234256	205964	-14192
28389196	9243666	3302405	16855200	7417475	6049205
55160560	33929495	10097607	24863983	7044720	5403704
33121231	10509714	2327596	16291721	2399592	222512
201852089	108545978	29557713	112004281	19549562	14810148
88282146	34787721	6258170	48548978	5073609	1862245
78937613	47906544	13307600	44982367	4195477	2917007
67753562	36361427	12319538	34764658	12680069	10253407

13-4 按行业分规模以上工业企业主要经济指标(2021年)

行业	Sector	企业单位数(个) Number of Enterprises (unit)	平均用工人数(人) Annual Average Employees (person)
总计	**Total**	**5662**	**968296**
# 煤炭开采和洗选业	Mining and Washing of Coal	2	390
石油和天然气开采业	Extraction of Petroleum and Natural Gas	2	19083
非金属矿采选业	Mining and Processing of Nonmetal Ores	2	4592
开采专业及辅助性活动	Mining Professional and Auxiliary Activities	6	31253
农副食品加工业	Processing of Food from Agricultural Products	143	15362
食品制造业	Manufacture of Food	132	25568
酒、饮料和精制茶制造业	Manufacture of Alcohol, Beverages and Refined Tea	34	7320
纺织业	Manufacture of Textile	48	6307
纺织服装、服饰业	Manufacture of Textile Wearing and Apparel	37	3971
皮革、毛皮、羽毛及其制品和制鞋业	Manufacture of Leather, Fur, Feather and Related Products, Footwear	20	4580
木材加工和木、竹、藤、棕、草制品业	Processing of Timber, Manufacture of Wood, Bamboo, Rattan, Palm and Straw Products	36	1341
家具制造业	Manufacture of Furniture	52	15735
造纸和纸制品业	Manufacture of Paper and Paper Products	144	13901
印刷和记录媒介复制业	Printing, Reproduction of Recording Media	88	10227
文教、工美、体育和娱乐用品制造业	Manufacture of Articles for Culture, Education and Industrial Arts, Sport Activity, Amusement Manufacturing	82	10572
石油、煤炭及其他燃料加工业	Processing of Petroleum, Coal and Other Fuel	41	11580
化学原料和化学制品制造业	Manufacture of Raw Chemical Materials and Chemical Products	318	39124
医药制造业	Manufacture of Medicines	125	45821
化学纤维制造业	Manufacture of Chemical Fibers	2	258
橡胶和塑料制品业	Manufacture of Rubber and Plastic	310	36832
非金属矿物制品业	Manufacture of Non-metallic Mineral Products	369	32266
黑色金属冶炼和压延加工业	Smelting and Pressing of Ferrous Metals	329	60571
有色金属冶炼和压延加工业	Smelting and Pressing of Non-ferrous Metals	120	12895
金属制品业	Manufacture of Metal Products	651	63669
通用设备制造业	Manufacture of General Purpose Machinery	487	60607
专用设备制造业	Manufacture of Special Purpose Machinery	366	50588
汽车制造业	Manufacture of Motorcar	369	103966
铁路、船舶、航空航天和其他运输设备制造业	Railway, Watercraft, Aerospace and Other Transport Equipment	307	51755
电气机械和器材制造业	Manufacture of Electrical Machinery and Equipment	334	62018
计算机、通信和其他电子设备制造业	Manufacture of Computers, Communication and Other Electronic Equipment	259	96102
仪器仪表制造业	Manufacture of Measuring Instruments	96	11527
其他制造业	Other Manufacturing	30	2637
废弃资源综合利用业	Comprehensive Recycling of Waste	47	2518
金属制品、机械和设备修理业	Metal Products, Machine and Equipment Repair	27	10339
电力、热力生产和供应业	Production and Supply of Electric Power and Heat Power	140	27156
燃气生产和供应业	Production and Supply of Gas	45	7097
水的生产和供应业	Production and Supply of Water	60	7515

Main Economic Indicators of Industrial Enterprises above Designated Size by Sector,2021

单位：万元(10 000 yuan)

资产总计 Total Assets	流动资产合计 Total Working Capitals	应收账款 Accounts Receivable	负债合计 Total Liabilities	利税总额 Total Profits and Taxes	利润总额 Total Pre-tax Profits
234973320	**119055692**	**31885309**	**128296003**	**21949154**	**15032660**
77711	64777	59557	39378	6717	-1468
17943232	2149611	910247	10286719	6693691	5395483
3366544	1890482	19173	746848	22370	10522
4159709	2505903	576202	2064069	-92481	-134770
3701548	2376940	349523	2333289	218398	172694
3861460	2368524	581017	1919387	424601	303112
1102432	617070	247453	544863	95811	44876
1426981	704540	96281	834118	53081	41200
159316	127595	25558	110906	5548	1361
154968	114060	39388	83323	8715	6478
139700	96167	31999	94331	1350	-1344
813619	410276	95743	433068	57600	32895
2372094	1156898	375529	910281	175342	139568
1117249	465774	204746	434662	47205	27577
897972	571389	103325	455190	72794	62614
6020389	2518292	586166	2516247	1958556	452142
15407542	6643325	1582352	7584649	1190824	856581
12392475	7596926	1367126	3944323	1366417	1065665
50197	28239	7182	23106	5437	4737
5014439	2863720	851475	2629025	247582	150337
6314242	4340281	2213991	3839221	458174	302394
15192334	7830687	488809	9897491	870851	638704
8479462	4126681	844024	5773481	-10337	-80412
8257404	5579560	1725083	4269851	531280	399551
9285340	6391584	2151012	5146654	814221	618696
11916727	7804500	1856272	6264662	633313	464490
18545701	10267460	3083867	9501277	2663521	1802626
7364506	4634812	1247015	5131169	181870	104362
13502652	8729605	3520619	7692857	640890	470769
19302174	12513791	4038034	8767532	1448272	1283353
1539894	1282895	396555	667076	163755	129191
131094	94952	35699	66918	8927	6789
797191	495221	128486	482635	51326	30478
430197	305753	117230	271268	13023	2610
23064088	5890943	959820	15644423	-156956	-329636
4610684	1393547	492465	2929971	387255	336586
5585536	1817968	460555	3591808	189330	135032

13-5 规模以上工业企业主要经济效益指标(2021年)

项　　目	Item	资产负债率(%) Ratio of Debts to Assets(%)	总资产贡献率(%) Ratio of Total Assets to Industrial Output Value (%)
全市总计	**Total**	**54.6**	**9.8**
按企业规模分	**Grouped by Size of Enterprises**		
大　型	Large-sized	52.1	13.6
中　型	Medium-sized	53.0	7.2
小微型	Small&Mini-sized	59.2	6.1
按登记注册类型分	**Grouped by Status of Registration**		
内资企业	Domestic-funded Enterprises	57.2	5.5
#国　有	State-owned Enterprises	95.0	16.0
集　体	Collective-owned Enterprises	48.7	5.9
股份合作	Cooperative Enterprises	52.1	3.3
私营企业	Private Enterprises	61.1	5.2
股份有限公司	Share-holding Corporations Ltd.	39.2	10.9
有限责任公司	Limited Liability Corporations	60.4	2.9
#国有独资公司	Sole State-funded Corporations	53.1	1.1
港澳台商投资企业	Enterprises with Investment from Hong Kong, Macao and Taiwan	59.4	26.3
外商投资企业	Foreign Funded Enterprises	45.1	13.1
按隶属关系分	**Grouped by Administrative Relationship**		
中　央	Central Industry	49.2	7.5
地　方	Local Industry	55.5	10.2
按企业控股情况分	**Grouped by Company Holding Type**		
国有及国有控股企业	State-owned and State-holding Enterprises	55.0	6.3
民营及民营控股企业	Private and Private Holding Enterprises	57.0	5.8
外商及港澳台商控股企业	Hong Kong, Macao,Taiwan and Foreign Funded Holding Enterprises	51.3	19.0

Main Economic Benefit Indicators of Industrial Enterprises above Designated Size,2021

每百元资产实现的营业收入(元) Operating Revenue on Assets per 100 yuan (yuan)	流动资产周转率(次) Turnover of Working Capitals (time)	人均营业收入(万元/人) Operating Revenue per Capita (10 000 yuan/person)	营业收入利润率(%) Ratio of Profits to Operating Revenue (%)	百元营业收入成本(元) Costs on Operating Revenue per 100 yuan (yuan)	产销率(%) Proportion of Products Sold (%)
98.1	**1.9**	**238.0**	**6.5**	**85.6**	**99.6**
92.0	2.3	283.5	10.0	82.3	99.3
98.5	1.8	212.1	4.4	86.8	99.9
106.4	1.7	212.4	3.6	88.8	99.9
91.9	1.8	222.8	2.6	89.5	99.7
111.2	1.8	473.1	3.8	83.1	99.6
142.2	1.7	78.8	2.0	93.2	99.8
113.6	1.7	119.7	1.0	94.5	99.8
134.7	2.1	215.4	2.2	91.6	99.6
70.3	1.7	252.1	6.1	79.9	99.1
73.1	1.6	213.7	1.5	91.4	99.1
43.1	1.1	182.0	-0.1	93.4	99.5
78.6	2.4	288.9	27.1	65.3	99.6
125.0	2.0	259.0	7.8	84.3	99.4
77.7	2.5	297.3	0.9	87.9	100.1
101.4	1.9	232.2	7.2	85.3	99.6
69.6	1.8	302.0	3.0	88.8	99.9
118.4	2.0	200.6	3.1	89.8	99.6
111.5	2.1	252.6	13.6	77.7	99.4

13-6 分行业规模以上工业企业主要经济效益指标(2021年)

行业	Sector	资产负债率(%) Ratio of Debts to Assets (%)	总资产贡献率(%) Ratio of Total Assets to Industrial Output Value (%)
总计	**Total**	**54.6**	**9.8**
# 煤炭开采和洗选业	Mining and Washing of Coal	50.7	8.6
石油和天然气开采业	Extraction of Petroleum and Natural Gas	57.3	37.3
非金属矿采选业	Mining and Processing of Nonmetal Ores	22.2	0.8
开采专业及辅助性活动	Mining Professional and Auxiliary Activities	49.6	-2.6
农副食品加工业	Processing of Food from Agricultural Products	63.0	6.5
食品制造业	Manufacture of Food	49.7	11.4
酒、饮料和精制茶制造业	Manufacture of Alcohol, Beverages and Refined Tea	49.4	8.7
纺织业	Manufacture of Textile	58.5	6.1
纺织服装、服饰业	Manufacture of Textile Wearing and Apparel	69.6	3.6
皮革、毛皮、羽毛及其制品和制鞋业	Manufacture of Leather, Fur, Feather and Related Products, Footwear	53.8	5.9
木材加工和木、竹、藤、棕、草制品业	Processing of Timber, Manufacture of Wood, Bamboo, Rattan, Palm and Straw Products	67.5	1.4
家具制造业	Manufacture of Furniture	53.2	7.5
造纸和纸制品业	Manufacture of Paper and Paper Products	38.4	7.5
印刷和记录媒介复制业	Printing, Reproduction of Recording Media	38.9	4.6
文教、工美、体育和娱乐用品制造业	Manufacture of Articles for Culture, Education and Industrial Arts, Sport Activity, Amusement Manufacturing	50.7	8.2
石油、煤炭及其他燃料加工业	Processing of Petroleum, Coal and Other Fuel	41.8	33.0
化学原料和化学制品制造业	Manufacture of Raw Chemical Materials and Chemical Products	49.2	8.8
医药制造业	Manufacture of Medicines	31.8	11.0
化学纤维制造业	Manufacture of Chemical Fibers	46.0	10.6
橡胶和塑料制品业	Manufacture of Rubber and Plastic	52.4	5.5
非金属矿物制品业	Manufacture of Non-metallic Mineral Products	60.8	7.7
黑色金属冶炼和压延加工业	Smelting and Pressing of Ferrous Metals	65.2	6.5
有色金属冶炼和压延加工业	Smelting and Pressing of Non-ferrous Metals	68.1	1.9
金属制品业	Manufacture of Metal Products	51.7	6.9
通用设备制造业	Manufacture of General Purpose Machinery	55.4	9.1
专用设备制造业	Manufacture of Special Purpose Machinery	52.6	5.7
汽车制造业	Manufacture of Motorcar	51.2	14.6
铁路、船舶、航空航天和其他运输设备制造业	Railway, Watercraft, Aerospace and Other Transport Equipment	69.7	2.5
电气机械和器材制造业	Manufacture of Electrical Machinery and Equipment	57.0	5.2
计算机、通信和其他电子设备制造业	Manufacture of Computers, Communication and Other Electronic Equipment	45.4	7.7
仪器仪表制造业	Manufacture of Measuring Instruments	43.3	10.8
其他制造业	Other Manufacturing	51.1	7.0
废弃资源综合利用业	Comprehensive Recycling of Waste	60.5	6.9
金属制品、机械和设备修理业	Metal Products, Machine and Equipment Repair	63.1	3.1
电力、热力生产和供应业	Production and Supply of Electric Power and Heat Power	67.8	0.1
燃气生产和供应业	Production and Supply of Gas	63.6	9.2
水的生产和供应业	Production and Supply of Water	64.3	4.1

Main Economic Benefit Indicators of Industrial Enterprises above Designated Size by Sector,2021

每百元资产实现的营业收入(元) Operating Revenue on Assets per 100 yuan (yuan)	流动资产周转率(次) Turnover of Working Capitals (time)	人均营业收入(万元/人) Operating Revenue per Capita (10 000 yuan/person)	营业收入利润率(%) Ratio of Profits to Operating Revenue (%)	百元营业收入成本(元) Costs on Operating Revenue per 100 yuan (yuan)	产销率(%) Proportion of Products Sold (%)
98.1	**1.9**	**238.0**	**6.5**	**85.6**	**99.6**
22.6	0.3	45.0	-8.4	44.3	100.0
58.6	4.9	550.6	51.4	40.4	97.8
15.7	0.3	115.3	2.0	82.6	549.7
68.9	1.1	91.7	-4.7	97.6	104.7
196.6	3.1	473.7	2.4	92.5	100.2
100.9	1.6	152.3	7.8	78.8	106.9
95.4	1.7	143.6	4.3	76.7	101.5
73.8	1.5	166.9	3.9	86.7	99.1
86.7	1.1	34.8	1.0	82.6	96.2
133.2	1.8	45.1	3.1	86.1	98.4
126.7	1.8	131.9	-0.8	93.1	91.0
103.1	2.1	53.3	3.9	84.0	97.2
118.5	2.4	202.3	5.0	87.9	99.2
71.6	1.7	78.2	3.5	85.6	100.6
143.1	2.3	121.5	4.9	92.6	98.2
182.3	4.4	947.8	4.1	80.6	111.7
84.2	2.0	331.6	6.6	84.6	90.4
59.0	1.0	159.6	14.6	59.8	96.4
69.1	1.2	134.4	13.7	65.9	11.8
86.3	1.5	117.5	3.5	84.8	103.4
78.5	1.1	153.6	6.1	83.3	97.8
229.4	4.5	575.4	1.8	95.1	99.2
110.1	2.3	724.0	-0.9	97.2	104.9
149.2	2.2	193.4	3.2	90.7	99.7
95.4	1.4	146.2	7.0	81.3	99.0
58.2	0.9	137.1	6.7	78.4	100.0
122.6	2.2	218.7	7.9	87.0	98.9
98.5	1.6	140.1	1.4	89.5	103.6
96.7	1.5	210.6	3.6	88.4	103.4
107.4	1.7	215.8	6.2	87.1	98.9
82.5	1.0	110.2	10.2	74.2	96.6
126.8	1.8	63.0	4.1	80.9	73.4
172.2	2.8	545.1	2.2	97.8	73.6
80.7	1.1	33.6	0.8	89.7	85.4
42.8	1.7	363.2	-3.3	100.5	99.1
100.9	3.3	655.3	7.2	90.6	99.8
21.4	0.7	159.4	11.3	78.8	96.3

13-7 大中型工业企业主要经济效益指标(2021年)

项　目	Item	资产负债率(%) Ratio of Debts to Assets (%)	总资产贡献率(%) Ratio of Total Assets to Industrial Output Value (%)
全市总计	**Total**	**52.4**	**11.6**
按登记注册类型分	**Grouped by Status of Registration**		
内资企业	Domestic-funded Enterprises	53.7	5.8
#国　有	State-owned Enterprises	108.4	23.1
私营企业	Private Enterprises	57.9	6.0
股份有限公司	Share-holding Corporations Ltd.	38.3	11.4
有限责任公司	Limited Liability Corporations	58.8	2.0
#国有独资公司	Sole State-funded Corporations	51.2	0.5
港澳台商投资企业	Enterprises with Investment from Hong Kong, Macao and Taiwan	61.3	29.6
外商投资企业	Foreign Funded Enterprises	43.6	14.6
按隶属关系分	**Grouped by Administrative Relationship**		
中　央	Central Industry	48.3	7.0
地　方	Local Industry	53.4	12.7
按企业规模分	**Grouped by Size of Enterprises**		
大　型	Large-sized	52.1	13.6
中　型	Medium-sized	53.0	7.2
按企业控股情况分	**Grouped by Company Holding Type**		
国有及国有控股企业	State-owned and State-holding Enterprises	51.9	6.7
民营及民营控股企业	Private and Private Holding Enterprises	52.9	6.8
外商及港澳台商控股企业	Hong Kong, Macao,Taiwan and Foreign Funded Holding Enterprises	52.6	22.2

Main Economic Benefit Indicators of Large and Medium-sized Industrial Enterprises,2021

每百元资产实现的营业收入(元) Operating Revenue on Assets per 100 yuan (yuan)	流动资产周转率(次) Turnover of Working Capitals (time)	人均营业收入(万元/人) Operating Revenue per Capita (10 000 yuan/person)	营业收入利润率(%) Ratio of Profits to Operating Revenue (%)	百元营业收入成本(元) Costs on Operating Revenue per 100 yuan (yuan)	产销率(%) Proportion of Products Sold (%)
94.1	**2.1**	**254.5**	**8.1**	**83.8**	**99.5**
83.4	1.9	238.4	2.5	88.8	99.5
72.5	1.4	227.8	-1.1	59.8	97.8
125.7	2.4	265.1	2.8	91.4	97.8
70.5	1.9	274.3	5.9	79.6	98.8
74.1	1.8	209.6	0.5	93.0	98.8
44.7	1.2	176.8	-0.9	94.9	99.7
78.1	2.7	318.4	30.8	61.8	99.1
130.6	2.2	263.1	8.6	84.1	99.7
73.0	2.4	273.0	-0.2	87.7	100.1
99.2	2.1	251.5	9.5	83.1	99.4
92.0	2.3	283.5	10.0	82.3	99.3
98.5	1.8	212.1	4.4	86.8	99.9
69.6	1.9	290.6	2.6	88.8	99.7
112.4	2.2	223.9	4.1	88.9	99.2
112.3	2.3	256.9	16.1	75.4	99.6

13-8 分行业大中型工业企业主要经济效益指标(2021年)

行　业	Sector	资产负债率(%) Ratio of Debts to Assets (%)	总资产贡献率(%) Ratio of Total Assets to Industrial Output Value (%)
总　计	**Total**	**52.4**	**11.6**
# 石油和天然气开采业	Extraction of Petroleum and Natural Gas	57.3	37.3
非金属矿采选业	Mining and Processing of Nonmetal Ores	22.2	0.8
开采专业及辅助性活动	Mining Professional and Auxiliary Activities	48.7	-2.5
农副食品加工业	Processing of Food from Agricultural Products	58.3	12.2
食品制造业	Manufacture of Food	49.9	11.3
酒、饮料和精制茶制造业	Manufacture of Alcohol, Beverages and Refined Tea	38.9	9.5
纺织业	Manufacture of Textile	63.6	5.8
纺织服装、服饰业	Manufacture of Textile Wearing and Apparel	83.0	7.5
皮革、毛皮、羽毛及其制品和制鞋业	Manufacture of Leather, Fur, Feather and Related Products, Footwear	41.4	0.1
家具制造业	Manufacture of Furniture	41.8	8.7
造纸和纸制品业	Manufacture of Paper and Paper Products	16.0	10.8
印刷和记录媒介复制业	Printing, Reproduction of Recording Media	33.5	3.2
文教、工美、体育和娱乐用品制造业	Manufacture of Articles for Culture, Education and Industrial Arts, Sport Activity, Amusement Manufacturing	33.7	3.8
石油、煤炭及其他燃料加工业	Processing of Petroleum, Coal and Other Fuel	41.0	37.1
化学原料和化学制品制造业	Manufacture of Raw Chemical Materials and Chemical Products	52.3	8.2
医药制造业	Manufacture of Medicines	30.3	12.3
橡胶和塑料制品业	Manufacture of Rubber and Plastic	42.8	6.1
非金属矿物制品业	Manufacture of Non-metallic Mineral Products	45.7	15.2
黑色金属冶炼和压延加工业	Smelting and Pressing of Ferrous Metals	63.5	7.5
有色金属冶炼和压延加工业	Smelting and Pressing of Non-ferrous Metals	68.4	1.8
金属制品业	Manufacture of Metal Products	45.3	8.5
通用设备制造业	Manufacture of General Purpose Machinery	53.0	10.5
专用设备制造业	Manufacture of Special Purpose Machinery	49.4	3.4
汽车制造业	Manufacture of Motorcar	48.9	17.1
铁路、船舶、航空航天和其他运输设备制造业	Railway, Watercraft, Aerospace and Other Transport Equipment	71.1	2.0
电气机械和器材制造业	Manufacture of Electrical Machinery and Equipment	56.4	5.4
计算机、通信和其他电子设备制造业	Manufacture of Computers, Communication and Other Electronic Equipment	41.3	8.3
仪器仪表制造业	Manufacture of Measuring Instruments	56.5	4.8
金属制品、机械和设备修理业	Metal Products, Machine and Equipment Repair	67.2	-0.9
电力、热力生产和供应业	Production and Supply of Electric Power and Heat Power	65.3	-1.1
燃气生产和供应业	Production and Supply of Gas	53.9	2.8
水的生产和供应业	Production and Supply of Water	68.5	3.9

Main Economic Benefit Indicators of Large and Medium-sized Industrial Enterprises by Sector,2021

每百元资产实现的营业收入(元) Operating Revenue on Assets per 100 yuan (yuan)	流动资产周转率(次) Turnover of Working Capitals (time)	人均营业收入(万元/人) Operating Revenue per Capita (10 000 yuan/person)	营业收入利润率(%) Ratio of Profits to Operating Revenue (%)	百元营业收入成本(元) Costs on Operating Revenue per 100 yuan (yuan)	产销率(%) Proportion of Products Sold (%)
94.1	**2.1**	**254.5**	**8.1**	**83.8**	**99.5**
58.6	4.9	550.6	51.4	40.4	97.8
15.7	0.3	115.3	2.0	82.6	549.7
69.4	1.2	92.2	-4.6	97.6	104.8
220.8	3.7	540.8	4.6	89.4	101.4
109.8	1.7	163.3	6.7	78.4	101.6
144.3	2.6	169.5	3.8	76.9	104.6
66.9	1.5	258.0	3.2	87.9	96.7
51.1	0.7	25.3	7.8	58.1	84.9
158.7	2.0	29.2	0.2	88.4	98.2
110.3	2.9	51.3	4.5	83.9	95.8
92.8	2.3	245.9	10.9	81.3	95.3
50.1	1.7	89.7	3.7	86.2	107.5
64.3	0.8	47.5	4.4	81.1	93.4
195.6	6.0	1020.4	3.8	80.2	113.0
73.7	2.1	415.9	6.4	85.2	87.3
65.2	1.1	170.2	15.0	61.0	99.9
82.6	1.8	109.2	4.5	83.7	106.3
86.0	1.6	132.9	13.8	74.7	92.3
214.0	4.9	569.5	2.4	94.1	98.9
38.0	0.8	350.5	-2.9	94.1	117.5
121.6	1.9	209.5	5.7	87.3	104.3
95.1	1.4	174.9	8.8	80.0	95.3
45.9	0.8	134.9	4.9	79.6	99.3
130.4	2.4	258.6	8.9	87.0	98.7
84.8	1.4	141.5	1.4	89.0	104.2
94.8	1.6	220.0	4.0	88.8	102.3
114.4	1.9	214.8	6.3	88.3	99.2
104.7	1.2	87.7	3.1	78.4	83.2
92.3	1.5	18.3	-4.5	95.4	91.8
56.9	3.2	444.6	-5.0	102.0	99.0
72.2	2.5	280.6	2.3	94.8	100.0
19.2	0.7	152.8	12.6	79.5	96.2

13-9 规模以上小微型工业企业主要经济效益指标(2021年)

项　目	Item	资产负债率(%) Ratio of Debts to Assets(%)	总资产贡献率(%) Ratio of Total Assets to Industrial Output Value (%)
全市总计	**Total**	**59.2**	**6.1**
按登记注册类型分	**Grouped by Status of Registration**		
内资企业	Domestic-funded Enterprises	63.2	4.9
#国　有	State-owned Enterprises	83.9	10.1
集　体	Collective-owned Enterprises	48.7	5.9
股份合作	Cooperative Enterprises	52.1	3.3
私营企业	Private Enterprises	63.5	4.6
股份有限公司	Share-holding Corporations Ltd.	46.8	6.8
有限责任公司	Limited Liability Corporations	63.5	4.6
#国有独资公司	Sole State-funded Corporations	62.8	3.8
港澳台商投资企业	Enterprises with Investment from Hong Kong, Macao and Taiwan	48.5	8.1
外商投资企业	Foreign Funded Enterprises	48.6	9.6
按隶属关系分	**Grouped by Administrative Relationship**		
中　央	Central Industry	60.5	12.9
地　方	Local Industry	59.2	5.9
按企业规模分	**Grouped by Size of Enterprises**		
小　型	Small-sized	58.5	6.3
微　型	Mini-sized	69.1	3.8
按企业控股情况分	**Grouped by Company Holding Type**		
国有及国有控股企业	State-owned and State-holding Enterprises	65.1	5.1
民营及民营控股企业	Private and Private Holding Enterprises	61.6	4.8
外商及港澳台商控股企业	Hong Kong, Macao, Taiwan and Foreign Funded Holding Enterprises	47.7	10.1

Main Economic Benefit Indicators of Small and Mini-sized Industrial Enterprises above Designated Size,2021

每百元资产实现的营业收入(元) Operating Revenue on Assets per 100 yuan (yuan)	流动资产周转率(次) Turnover of Working Capitals (time)	人均营业收入(万元/人) Operating Revenue per Capita (10 000 yuan/person)	营业收入利润率(%) Ratio of Profits to Operating Revenue (%)	百元营业收入成本(元) Costs on Operating Revenue per 100 yuan (yuan)	产销率(%) Proportion of Products Sold (%)
106.4	**1.7**	**212.4**	**3.6**	**88.8**	**99.9**
106.8	1.7	204.6	2.7	90.3	100.2
143.1	2.1	860.0	5.8	92.8	100.4
142.2	1.7	78.8	2.0	93.2	99.8
113.6	1.7	119.7	1.0	94.5	99.9
141.5	2.0	191.6	1.8	91.7	100.4
68.6	1.1	145.6	7.3	82.1	103.2
71.3	1.4	222.8	3.6	87.9	103.2
34.6	0.7	226.4	5.2	83.5	97.7
81.1	1.5	192.2	7.4	84.3	102.5
111.6	1.6	248.2	5.9	84.9	98.6
136.9	2.7	742.0	7.9	89.1	99.3
105.4	1.7	206.1	3.5	88.8	99.9
105.7	1.7	205.8	3.8	88.4	99.9
115.3	1.9	355.3	1.6	94.8	100.2
69.7	1.4	346.9	4.5	89.0	100.8
125.1	1.8	181.9	2.2	90.6	100.2
109.1	1.7	241.1	6.5	84.5	98.7

13-10 分行业规模以上小微型工业企业主要经济效益指标(2021年)

行　业	Sector	资产负债率(%) Ratio of Debts to Assets (%)	总资产贡献率(%) Ratio of Total Assets to Industrial Output Value (%)
总　计	**Total**	**59.2**	**6.1**
# 开采专业及辅助性活动	Mining Professional and Auxiliary Activities	114.7	-5.4
农副食品加工业	Processing of Food from Agricultural Products	65.7	3.3
食品制造业	Manufacture of Food	49.4	11.6
酒、饮料和精制茶制造业	Manufacture of Alcohol, Beverages and Refined Tea	56.3	8.2
纺织业	Manufacture of Textile	43.3	7.3
纺织服装、服饰业	Manufacture of Textile Wearing and Apparel	64.3	2.0
皮革、毛皮、羽毛及其制品和制鞋业	Manufacture of Leather, Fur, Feather and Related Products, Footwear	60.8	9.2
木材加工和木、竹、藤、棕、草制品业	Processing of Timber, Manufacture of Wood, Bamboo, Rattan, Palm and Straw Products	67.5	1.4
家具制造业	Manufacture of Furniture	72.8	5.5
造纸和纸制品业	Manufacture of Paper and Paper Products	57.3	4.8
印刷和记录媒介复制业	Printing, Reproduction of Recording Media	46.5	6.6
文教、工美、体育和娱乐用品制造业	Manufacture of Articles for Culture, Education and Industrial Arts, Sport Activity, Amusement Manufacturing	64.0	11.6
石油、煤炭及其他燃料加工业	Processing of Petroleum, Coal and Other Fuel	44.7	17.3
化学原料和化学制品制造业	Manufacture of Raw Chemical Materials and Chemical Products	43.7	9.8
医药制造业	Manufacture of Medicines	36.7	7.0
化学纤维制造业	Manufacture of Chemical Fibers	46.0	10.6
橡胶和塑料制品业	Manufacture of Rubber and Plastic	58.9	5.1
非金属矿物制品业	Manufacture of Non-metallic Mineral Products	66.9	4.6
黑色金属冶炼和压延加工业	Smelting and Pressing of Ferrous Metals	70.6	3.1
有色金属冶炼和压延加工业	Smelting and Pressing of Non-ferrous Metals	66.5	2.0
金属制品业	Manufacture of Metal Products	58.5	5.2
通用设备制造业	Manufacture of General Purpose Machinery	58.0	7.5
专用设备制造业	Manufacture of Special Purpose Machinery	57.2	8.9
汽车制造业	Manufacture of Motorcar	60.0	5.2
铁路、船舶、航空航天和其他运输设备制造业	Railway, Watercraft, Aerospace and Other Transport Equipment	64.8	4.2
电气机械和器材制造业	Manufacture of Electrical Machinery and Equipment	57.9	4.9
计算机、通信和其他电子设备制造业	Manufacture of Computers, Communication and Other Electronic Equipment	56.3	6.1
仪器仪表制造业	Manufacture of Measuring Instruments	39.5	12.5
其他制造业	Other Manufacturing	51.9	8.1
废弃资源综合利用业	Comprehensive Recycling of Waste	60.5	6.9
金属制品、机械和设备修理业	Metal Products, Machine and Equipment Repair	60.4	5.6
电力、热力生产和供应业	Production and Supply of Electric Power and Heat Power	71.6	1.8
燃气生产和供应业	Production and Supply of Gas	69.7	13.3
水的生产和供应业	Production and Supply of Water	59.3	4.4

Main Economic Benefit Indicators of Small and Mini-sized Industrial Enterprises above Designated Size by Sector,2021

每百元资产实现的营业收入(元) Operating Revenue on Assets per 100 yuan (yuan)	流动资产周转率(次) Turnover of Working Capitals (time)	人均营业收入(万元/人) Operating Revenue per Capita (10 000 yuan/person)	营业收入利润率(%) Ratio of Profits to Operating Revenue (%)	百元营业收入成本(元) Costs on Operating Revenue per 100 yuan (yuan)	产销率(%) Proportion of Products Sold (%)
106.4	**1.7**	**212.4**	**3.6**	**88.8**	**99.9**
38.6	0.5	57.8	-17.0	107.2	87.1
183.3	2.7	437.7	0.9	94.5	99.5
84.6	1.5	131.6	10.3	79.7	118.0
63.6	1.1	117.2	5.0	76.4	99.3
94.2	1.5	95.7	5.4	84.2	99.9
100.8	1.2	37.6	-0.4	87.6	99.5
118.7	1.7	76.5	5.4	84.3	98.6
126.7	1.8	131.9	-0.8	93.1	95.8
90.9	1.3	58.0	2.7	84.4	99.8
140.3	2.5	184.1	1.7	91.6	101.9
101.5	1.8	71.8	3.3	85.2	96.4
204.9	4.1	197.2	5.0	95.4	100.2
132.4	1.8	679.3	5.8	82.5	103.1
103.2	1.8	262.7	6.9	83.9	95.4
39.9	0.6	121.3	12.4	53.7	85.9
69.1	1.2	134.4	13.7	65.9	109.8
88.8	1.4	123.4	2.9	85.5	101.7
75.5	1.0	165.3	2.6	87.2	100.2
280.8	3.6	590.9	0.4	97.7	99.8
514.5	7.5	1294.4	0.0	98.4	100.9
178.1	2.5	183.4	1.5	93.1	96.1
95.7	1.4	124.4	5.0	82.6	103.7
76.0	1.0	139.1	8.3	77.4	100.7
93.7	1.6	121.6	2.9	87.1	100.4
147.3	2.0	137.2	1.4	90.5	102.3
100.1	1.3	196.5	3.0	87.7	105.3
89.0	1.2	219.0	6.0	83.0	97.8
76.1	0.9	122.6	13.0	72.6	106.4
123.2	1.7	68.9	5.1	80.0	97.3
172.2	2.8	545.1	2.2	97.8	97.6
73.2	1.0	109.3	5.0	85.0	84.3
21.8	0.6	212.6	2.9	95.1	99.4
119.3	3.8	1369.1	9.2	89.0	99.8
24.2	0.6	166.2	10.0	78.1	96.5

13-11 分行业国有及国有控股工业企业主要经济效益指标(2021年)

行　业	Sector	资产负债率(%) Ratio of Debts to Assets (%)	总资产贡献率(%) Ratio of Total Assets to Industrial Output Value(%)
总　计	**Total**	**55.0**	**6.3**
# 非金属矿采选业	Mining and Processing of Nonmetal Ores	22.2	0.8
开采专业及辅助性活动	Mining Professional and Auxiliary Activities	48.6	-2.5
农副食品加工业	Processing of Food from Agricultural Products	63.0	3.6
食品制造业	Manufacture of Food	58.5	2.9
酒、饮料和精制茶制造业	Manufacture of Alcohol, Beverages and Refined Tea	91.0	8.5
纺织业	Manufacture of Textile	64.4	4.7
皮革、毛皮、羽毛及其制品和制鞋业	Manufacture of Leather, Fur, Feather and Related Products, Footwear	42.4	24.4
造纸和纸制品业	Manufacture of Paper and Paper Products	27.6	13.6
印刷和记录媒介复制业	Printing, Reproduction of Recording Media	22.3	-2.1
文教、工美、体育和娱乐用品制造业	Manufacture of Articles for Culture, Education and Industrial Arts, Sport Activity, Amusement Manufacturing	57.6	-0.7
石油、煤炭及其他燃料加工业	Processing of Petroleum, Coal and Other Fuel	39.3	38.2
化学原料和化学制品制造业	Manufacture of Raw Chemical Materials and Chemical Products	58.3	6.5
医药制造业	Manufacture of Medicines	30.3	7.8
橡胶和塑料制品业	Manufacture of Rubber and Plastic	68.5	0.3
非金属矿物制品业	Manufacture of Non-metallic Mineral Products	66.1	4.6
黑色金属冶炼和压延加工业	Smelting and Pressing of Ferrous Metals	68.1	-0.6
有色金属冶炼和压延加工业	Smelting and Pressing of Non-ferrous Metals	90.0	-0.3
金属制品业	Manufacture of Metal Products	58.8	4.8
通用设备制造业	Manufacture of General Purpose Machinery	75.5	-0.7
专用设备制造业	Manufacture of Special Purpose Machinery	55.2	1.8
汽车制造业	Manufacture of Motorcar	36.8	24.7
铁路、船舶、航空航天和其他运输设备制造业	Railway, Watercraft, Aerospace and Other Transport Equipment	82.6	-1.4
电气机械和器材制造业	Manufacture of Electrical Machinery and Equipment	64.6	0.9
计算机、通信和其他电子设备制造业	Manufacture of Computers, Communication and Other Electronic Equipment	49.4	6.3
仪器仪表制造业	Manufacture of Measuring Instruments	28.6	6.0
其他制造业	Other Manufacturing	21.4	36.1
废弃资源综合利用业	Comprehensive Recycling of Waste	40.4	20.0
金属制品、机械和设备修理业	Metal Products, Machine and Equipment Repair	74.5	0.6
电力、热力生产和供应业	Production and Supply of Electric Power and Heat Power	67.2	-0.1
燃气生产和供应业	Production and Supply of Gas	55.6	10.9
水的生产和供应业	Production and Supply of Water	65.6	3.8

Main Economic Benefit Indicators of State-owned and State-holding Industrial Enterprises by Sector,2021

每百元资产实现的营业收入(元) Operating Revenue on Assets per 100 yuan (yuan)	流动资产周转率(次) Turnover of Working Capitals (time)	人均营业收入(万元/人) Operating Revenue per Capita (10 000 yuan/person)	营业收入利润率(%) Ratio of Profits to Operating Revenue (%)	百元营业收入成本(元) Costs on Operating Revenue per 100 yuan (yuan)	产销率(%) Proportion of Products Sold (%)
69.6	**1.8**	**302.0**	**3.0**	**88.8**	**99.9**
15.7	0.3	115.3	2.0	82.6	549.7
69.4	1.2	92.3	-4.6	97.6	104.8
193.6	2.9	1055.2	1.1	95.7	102.5
103.9	2.1	124.1	0.9	88.7	96.5
61.7	0.9	119.7	1.5	77.5	96.4
60.4	1.3	376.9	2.0	89.6	97.4
207.7	2.6	56.4	6.6	70.3	100.4
123.8	1.3	69.7	6.3	73.5	81.7
25.4	1.0	51.7	-8.3	88.2	96.2
11.9	0.1	28.1	-11.0	75.0	117.8
199.1	6.0	1090.6	4.0	79.9	112.9
71.5	2.2	492.5	4.4	88.8	84.7
28.9	0.7	87.9	20.8	54.2	103.8
30.0	0.6	64.9	-5.1	82.5	95.2
54.3	0.9	151.4	3.6	83.8	94.0
110.1	2.9	346.1	-2.8	97.5	99.0
672.2	11.6	2863.6	-0.6	98.7	102.3
89.0	1.5	218.7	2.1	92.7	104.5
26.2	0.6	84.9	-10.0	86.1	86.9
37.6	0.7	172.6	1.9	87.3	102.1
140.7	2.9	515.8	11.4	87.9	99.5
44.1	0.8	134.0	-4.0	88.6	107.4
47.7	0.7	123.8	-0.7	92.3	98.6
49.4	0.8	217.3	10.9	75.7	100.1
44.7	0.6	79.7	5.5	74.8	96.2
103.7	2.8	118.9	28.3	46.5	112.1
66.8	1.7	171.9	21.6	65.7	109.4
44.0	0.5	236.8	1.8	92.9	100.0
44.9	1.8	388.6	-3.6	100.6	99.2
112.8	4.5	650.8	7.8	90.4	99.9
20.1	0.6	159.2	10.7	79.6	96.4

13-12 分行业民营及民营控股工业企业主要效益指标(2021年)

Main Benefit Indicators of Private and Private Holding Enterprises by Sector,2021

行 业	Sector	资 产 负债率 (%) Ratio of Debts to Assets (%)	营业收入 利润率 (%) Ratio of Profits to Operating Revenue (%)	总资产 贡献率(%) Ratio of Total Assets to Industrial Output Value (%)	产销率 (%) Proportion of Products Sold (%)
总 计	**Total**	**57.0**	**3.1**	**5.8**	**99.6**
# 煤炭开采和洗选业	Mining and Washing of Coal	50.7	-8.4	8.6	100.0
开采专业及辅助性活动	Mining Professional and Auxiliary Activities	160.2	-62.3	-8.8	86.6
农副食品加工业	Processing of Food from Agricultural Products	59.6	1.5	3.9	100.6
食品制造业	Manufacture of Food	59.1	3.4	6.4	99.2
酒、饮料和精制茶制造业	Manufacture of Alcohol, Beverages and Refined Tea	63.5	5.6	8.3	99.2
纺织业	Manufacture of Textile	43.6	5.7	10.8	97.8
纺织服装、服饰业	Manufacture of Textile Wearing and Apparel	71.8	1.2	3.6	105.4
皮革、毛皮、羽毛及其制品和制鞋业	Manufacture of Leather, Fur, Feather and Related Products, Footwear	57.2	1.3	3.5	96.2
木材加工和木、竹、藤、棕、草制品业	Processing of Timber, Manufacture of Wood, Bamboo, Rattan, Palm and Straw Products	68.9	-1.0	0.9	95.4
家具制造业	Manufacture of Furniture	51.8	4.2	7.3	99.3
造纸和纸制品业	Manufacture of Paper and Paper Products	54.5	1.4	3.6	101.7
印刷和记录媒介复制业	Printing, Reproduction of Recording Media	52.4	2.7	6.7	98.3
文教、工美、体育和娱乐用品制造业	Manufacture of Articles for Culture, Education and Industrial Arts, Sport Activity, Amusement Manufacturing	45.8	5.9	11.2	97.3
石油、煤炭及其他燃料加工业	Processing of Petroleum, Coal and Other Fuel	63.8	1.1	3.0	115.0
化学原料和化学制品制造业	Manufacture of Raw Chemical Materials and Chemical Products	35.5	7.4	8.4	98.0
医药制造业	Manufacture of Medicines	31.7	14.4	10.9	95.5
橡胶和塑料制品业	Manufacture of Rubber and Plastic	57.6	3.6	6.1	106.4
非金属矿物制品业	Manufacture of Non-metallic Mineral Products	63.9	4.5	6.3	98.6
黑色金属冶炼和压延加工业	Smelting and Pressing of Ferrous Metals	64.8	2.2	7.7	99.2
有色金属冶炼和压延加工业	Smelting and Pressing of Non-ferrous Metals	67.5	-1.3	1.8	107.6
金属制品业	Manufacture of Metal Products	56.2	2.3	6.1	99.5
通用设备制造业	Manufacture of General Purpose Machinery	58.5	5.0	6.7	102.2
专用设备制造业	Manufacture of Special Purpose Machinery	47.1	8.4	6.8	98.4
汽车制造业	Manufacture of Motorcar	61.9	1.2	3.0	94.1
铁路、船舶、航空航天和其他运输设备制造业	Railway, Watercraft, Aerospace and Other Transport Equipment	67.7	1.9	4.8	103.1
电气机械和器材制造业	Manufacture of Electrical Machinery and Equipment	53.0	0.9	2.1	108.2
计算机、通信和其他电子设备制造业	Manufacture of Computers, Communication and Other Electronic Equipment	50.7	5.8	5.4	97.3
仪器仪表制造业	Manufacture of Measuring Instruments	40.4	12.2	11.1	102.6
其他制造业	Other Manufacturing	63.2	3.7	5.9	59.9
废弃资源综合利用业	Comprehensive Recycling of Waste	63.0	1.2	5.1	70.5
金属制品、机械和设备修理业	Metal Products, Machine and Equipment Repair	65.3	-1.1	2.6	91.1
电力、热力生产和供应业	Production and Supply of Electric Power and Heat Power	77.5	5.0	2.1	98.9
燃气生产和供应业	Production and Supply of Gas	87.0	4.2	3.8	100.1
水的生产和供应业	Production and Supply of Water	35.6	7.3	5.3	91.1

13-13 分行业外商及港澳台商控股工业企业主要效益指标(2021年)

Main Benefit Indicators of Hong Kong, Macao,Taiwan and Foreign Funded Holding Industrial Enterprises by Sector,2021

行 业	Sector	资产负债率(%) Ratio of Debts to Assets (%)	营业收入利润率(%) Ratio of Profits to Operating Revenue (%)	总资产贡献率(%) Ratio of Total Assets to Industrial Output Value (%)	产销率(%) Proportion of Products Sold (%)
总 计	**Total**	**51.3**	**13.6**	**19.0**	**99.4**
# 农副食品加工业	Processing of Food from Agricultural Products	65.0	3.8	10.6	99.2
食品制造业	Manufacture of Food	42.6	11.5	15.8	113.6
酒、饮料和精制茶制造业	Manufacture of Alcohol, Beverages and Refined Tea	35.2	4.0	9.0	103.5
纺织业	Manufacture of Textile	27.3	11.6	12.3	101.8
纺织服装、服饰业	Manufacture of Textile Wearing and Apparel	49.5	0.2	3.0	93.2
皮革、毛皮、羽毛及其制品和制鞋业	Manufacture of Leather, Fur, Feather and Related Products, Footwear	33.9	12.8	17.3	112.6
木材加工和木、竹、藤、棕、草制品业	Processing of Timber, Manufacture of Wood, Bamboo, Rattan, Palm and Straw Products	57.5	2.1	5.5	57.0
家具制造业	Manufacture of Furniture	58.3	3.3	8.3	92.2
造纸和纸制品业	Manufacture of Paper and Paper Products	26.6	8.5	10.4	97.2
印刷和记录媒介复制业	Printing, Reproduction of Recording Media	48.6	10.1	12.9	106.2
文教、工美、体育和娱乐用品制造业	Manufacture of Articles for Culture, Education and Industrial Arts, Sport Activity, Amusement Manufacturing	69.9	-0.8	1.1	101.6
石油、煤炭及其他燃料加工业	Processing of Petroleum, Coal and Other Fuel	36.8	7.1	26.8	99.6
化学原料和化学制品制造业	Manufacture of Raw Chemical Materials and Chemical Products	36.9	10.0	16.0	96.2
医药制造业	Manufacture of Medicines	32.6	13.6	12.5	95.3
橡胶和塑料制品业	Manufacture of Rubber and Plastic	36.6	4.3	6.0	98.2
非金属矿物制品业	Manufacture of Non-metallic Mineral Products	38.1	15.2	18.8	96.9
黑色金属冶炼和压延加工业	Smelting and Pressing of Ferrous Metals	59.6	3.1	10.7	98.8
有色金属冶炼和压延加工业	Smelting and Pressing of Non-ferrous Metals	44.3	2.6	7.8	100.8
金属制品业	Manufacture of Metal Products	35.3	8.1	10.0	99.3
通用设备制造业	Manufacture of General Purpose Machinery	47.9	9.1	13.4	98.1
专用设备制造业	Manufacture of Special Purpose Machinery	59.6	8.2	11.3	100.5
汽车制造业	Manufacture of Motorcar	55.5	7.2	13.1	100.3
铁路、船舶、航空航天和其他运输设备制造业	Railway, Watercraft, Aerospace and Other Transport Equipment	48.1	6.1	4.3	104.3
电气机械和器材制造业	Manufacture of Electrical Machinery and Equipment	56.5	6.1	10.6	101.1
计算机、通信和其他电子设备制造业	Manufacture of Computers, Communication and Other Electronic Equipment	40.4	5.6	9.8	99.2
仪器仪表制造业	Manufacture of Measuring Instruments	52.2	8.5	11.4	90.9
其他制造业	Other Manufacturing	41.6	-1.9	-1.9	102.1
废弃资源综合利用业	Comprehensive Recycling of Waste	59.5	5.8	8.4	100.0
金属制品、机械和设备修理业	Metal Products, Machine and Equipment Repair	27.0	13.2	10.9	69.9
电力、热力生产和供应业	Production and Supply of Electric Power and Heat Power	64.3	-6.2	-0.5	93.5
燃气生产和供应业	Production and Supply of Gas	84.3	5.0	5.1	98.2
水的生产和供应业	Production and Supply of Water	58.5	17.8	8.7	100.0

13-14 工业战略性新兴产业增加值比重(2016—2021年)
Proportion of Industrial Strategic Emerging Industry Added Value,2016-2021

单位：%(%)

指　标 Item	增加值占规模以上工业比重 Proportion of Added Value to Industry above Designated Size					
	2016	2017	2018	2019	2020	2021
全市总计						
Total	**18.8**	**20.8**	**23.5**	**22.1**	**26.9**	**25.3**
按产业分						
Grouped by Industry						
新一代信息技术产业						
New Generation of Information Technology Industry	3.3	6.4	6.9	5.3	6.4	6.1
高端装备制造业						
High-end Equipment Manufacturing Industry	4.5	3.2	2.9	3.2	3.8	3.7
新材料产业						
New Materials Industry	4.8	2.6	4.5	3.6	4.5	4.0
生物产业						
Bio-Industry	2.9	5.3	5.6	5.5	5.9	6.2
新能源汽车产业						
New Energy Auto Industry	0.6	0.3	0.2	0.5	0.8	0.8
新能源产业						
New Energy Industry	1.1	1.3	1.6	2.0	3.1	2.4
节能环保产业						
Energy Saving and Environmental Protection Industry	1.7	1.8	1.7	1.9	2.2	1.9
数字创意产业						
Digital Creative Industry			0.1	0.1	0.1	
相关服务业						
Related Service Industry						

注：战略性新兴产业为全国统一标准，具体内容详见本篇指标解释；2014-2016年执行《战略性新兴产业分类(2012)(试行)》，2017-2021年执行的分类标准是《战略性新兴产业分类(2018)》。

Note: Strategic emerging industry adopt relevant national standards, and the specific content is in the explanatory. The classification standard in 2014-2016 is 'Classification of Strategic Emerging Industry (2012)(Trial)', and in 2017-2021 is 'Classification of Strategic Emerging Industry (2018)'.

13-15 工业战略性新兴产业基本情况(2021年)
Basic Situation of Industrial Strategic Emerging Industry,2021

指 标 Item	企业单位数(个) Number of Enterprises (unit)	增加值 Added Value	
		2021比2020年增长(%) Increase Rate in 2021 over 2020 (%)	产业比重(%) Proportion (%)
全 市 总 计	**1572**	**10.3**	**100.0**
Total			
按产业分			
Grouped by Industry			
新一代信息技术产业			
New Generation of Information Technology Industry	222	11.3	24.1
高端装备制造业			
High-end Equipment Manufacturing Industry	310	12.0	14.8
新材料产业			
New Materials Industry	390	3.8	16.0
生物产业			
Bio-Industry	198	21.3	24.6
新能源汽车产业			
New Energy Auto Industry	72	13.9	3.3
新能源产业			
New Energy Industry	119	1.4	9.5
节能环保产业			
Energy Saving and Environmental Protection Industry	256	4.3	7.6
数字创意产业			
Digital Creative Industry	5	-21.3	0.1
相关服务业			
Related Service Industry			

13-16 高技术产业(制造业)增加值比重(2016—2021年)
Proportion of High Technology Industry (Manufacturing) Added Value,2016-2021

单位：%(%)

指　标 Item	增加值占规模以上工业比重 Proportion of Added Value to Industry above Designated Size					
	2016	2017	2018	2019	2020	2021
全市总计						
Total	**12.6**	**14.0**	**13.4**	**14.0**	**15.4**	**15.5**
按技术领域分						
Grouped by Technical Field						
医药制造业						
Medical and Pharmaceutical Product	2.6	3.6	4.4	5.2	5.6	5.6
航空、航天器及设备制造业						
Aviation and Aircraft Equipment Manufacturing	2.1	0.3	0.3	0.3	0.2	0.2
电子及通信设备制造业						
Electron and Communicate Equipments	6.6	7.8	5.9	5.8	6.7	7.4
计算机及办公设备制造业						
Manufacture of Computers and Office Equipment	0.8	1.5	1.9	1.8	1.7	1.1
医疗仪器设备及仪器仪表制造业						
Medical Treatment Instrument and Meter Manufacturing Industry	0.4	0.6	0.8	0.9	1.2	1.2
信息化学品制造						
Information Chemicals Manufacturing	0.1	0.2	0.1			

注：高技术产业(制造业)为全国统一标准，具体内容详见本篇指标解释。
Note: Hightech industry (manufacturing) adopt relevant national standards, and the specific content is in the explanatory notes on main statistical indicators.

13-17 高技术产业(制造业)基本情况(2021年)

Basic Statistics for High Technology Industry (Manufacturing),2021

指 标 Item	企业单位数(个) Number of Enterprises (unit)	增加值占规模以上工业比重(%) Proportion of Added Value to Industry above Designated Size (%)	营业收入利润率(%) Ratio of Profits to Operating Revenue (%)	成本费用利润率(%) Ratio of Pretax Profits to Industrial Cost (%)
全市总计 Total	**585**	**15.5**	**7.9**	**8.9**
按技术领域分 Grouped by Technical Field				
医药制造业 Medical and Pharmaceutical Product	125	5.6	14.6	17.5
航空、航天器及设备制造业 Aviation and Aircraft Equipment Manufacturing	28	0.2	-0.6	-0.6
电子及通信设备制造业 Electronic and Communicate Equipments Manufacturing	261	7.4	5.6	6.0
计算机及办公设备制造业 Manufacture of Computers and Office Equipment	34	1.1	5.9	6.4
医疗仪器设备及仪器仪表制造业 Medical Treatment Instrument and Meter Manufacturing Industry	137	1.2	12.4	14.7

13-18 高新技术产业主要经济效益指标(2021年)

行 业	Sector	资产负债率(%) Ratio of Debts to Assets (%)	总资产贡献率(%) Ratio of Total Assets to Industrial Output Value (%)
全 市 总 计	**Total**	**50.3**	**6.9**
按企业规模分	**Grouped by Size of Enterprises**		
大 型	Large-sized	46.9	7.5
中 型	Medium-sized	51.2	5.7
小微型	Small&Mini-sized	53.5	7.1
按登记注册类型分	**Grouped by Status of Registration**		
内资企业	Domestic-funded Enterprises	55.0	4.5
# 国 有	State-owned Enterprises	108.9	-6.1
股份合作	Cooperative Enterprises	36.0	8.7
私营企业	Private Enterprises	54.4	5.3
股份有限公司	Share-holding Corporations Ltd.	38.6	7.5
有限责任公司	Limited Liability Corporations	61.7	3.0
# 国有独资公司	Sole State-funded Corporations	49.1	2.3
港澳台商投资企业	Enterprises with Investment from Hong Kong, Macao and Taiwan	46.2	6.5
外商投资企业	Foreign Funded Enterprises	43.4	10.9
按技术领域分	**Grouped by Technical Field**		
电子信息	Electronics and Information	46.5	7.6
航空航天	Aviation and Spaceflight	60.9	0.8
光机电一体化	Photoelectric Mechanical Electron Incorporated	55.4	6.5
生物技术和医药	Biology Technology and Pharmaceutical	33.7	11.1
新材料	New Materials	46.0	10.1
新能源和节能材料	New Energy and Energy Saving Materials	72.1	-1.0
环境保护	Environmental Protection	54.7	6.9

注：高新技术产业为天津地方标准。
Note: High & new technology industry adopt Tianjin municipal standards.

Main Economic Benefit Indicators of High & New Technology Industry,2021

每百元资产实现的营业收入(元) Operating Revenue on Assets per 100 yuan (yuan)	流动资产周转率(次) Turnover of Working Capitals (time)	人均营业收入(万元/人) Operating Revenue per Capita (10 000 yuan/person)	营业收入利润率(%) Ratio of Profits to Operating Revenue (%)	百元营业收入成本(元) Costs on Operating Revenue per 100 yuan (yuan)	产销率(%) Proportion of Products Sold (%)
78.6	**1.3**	**198.1**	**6.3**	**83.3**	**98.6**
93.7	1.7	229.4	6.1	84.9	94.9
63.3	1.2	165.5	5.9	83.2	101.7
74.5	1.1	187.9	6.9	81.1	101.3
60.2	1.1	154.7	4.5	83.2	91.2
38.8	0.8	141.5	-15.9	95.2	102.6
372.4	4.4	439.9	1.3	95.9	99.1
82.7	1.2	144.2	4.5	82.3	102.6
51.1	1.0	173.7	11.2	76.7	62.1
55.9	1.1	153.1	1.6	86.8	62.1
25.1	0.5	108.1	4.4	79.4	86.4
62.9	1.3	211.0	8.1	84.4	103.3
114.0	1.8	261.3	7.7	83.4	104.3
104.6	1.6	207.3	6.1	86.9	98.5
37.1	0.6	81.2	-0.3	81.3	110.6
80.7	1.2	171.9	6.0	84.1	100.4
61.0	1.0	156.9	14.3	61.6	99.2
107.0	2.3	488.0	6.5	87.7	90.0
49.4	1.3	204.8	-6.7	98.6	105.6
25.4	0.7	141.9	18.9	69.0	88.2

13-19 装备制造业主要效益指标(2021年)

Main Benefit Indicators of Equipment Manufacture Industry,2021

指 标 Item	企业单位数(个) Number of Enterprises (unit)	营业收入占规模以上工业比重(%) Proportion of Operating Revenue to Industry above Designated Size (%)	营业收入利润率(%) Ratio of Profits to Operating Revenue (%)	成本费用利润率(%) Ratio of Pretax Profits to Industrial Cost (%)
全 市 总 计				
Total	**2869**	**40.4**	**5.7**	**6.1**
按行业分				
Grouped by Sector				
金属制品业				
Manufacture of Metal Products	651	5.3	3.2	3.4
通用设备制造业				
Manufacture of General Purpose Machinery	487	3.8	7.0	7.7
专用设备制造业				
Manufacture of Special Purpose Machinery	366	3.0	6.7	7.5
汽车制造业				
Manufacture of Motorcar	369	9.9	7.9	8.6
铁路、船舶、航空航天和其他运输设备制造业				
Railway, Watercraft, Aerospace and Other Transport Equipment	307	3.1	1.4	1.5
电气机械和器材制造业				
Manufacture of Electrical Machinery and Equipment	334	5.7	3.6	3.8
计算机、通信和其他电子设备制造业				
Manufacture of Computers, Communication and Other Electronic Equipment	259	9.0	6.2	6.8
仪器仪表制造业				
Manufacture of Measuring Instruments	96	0.6	10.2	11.5

注：装备制造业为全国统一分类标准，具体内容详见本篇指标解释。

Note: Equipment manufacture industry adopt the national unified classification standards, and the specific content is in the explanatory notes on main statistical indicators.

13-20 消费品制造业主要效益指标(2021年)

Main Benefit Indicators of Consumption Goods Manufacture,2021

指 标 Item	企业单位数(个) Number of Enterprises (unit)	营业收入占规模以上工业比重(%) Proportion of Operating Revenue to Industry above Designated Size (%)	营业收入利润率(%) Ratio of Profits to Operating Revenue (%)	成本费用利润率(%) Ratio of Pretax Profits to Industrial Cost (%)
全 市 总 计				
Total	**908**	**11.9**	**7.2**	**8.0**
按行业分				
Grouped by Sector				
农副食品加工业				
Processing of Food from Agricultural Products	143	3.2	2.4	2.5
食品制造业				
Manufacture of Food	132	1.7	7.8	8.5
酒、饮料和精制茶制造业				
Manufacture of Alcohol, Beverages and Refined Tea	34	0.5	4.3	4.6
烟草制品业				
Manufacture of Tobacco	1	0.3	10.6	28.8
纺织业				
Manufacture of Textile	48	0.5	3.9	4.1
纺织服装、服饰业				
Manufacture of Textile Wearing and Apparel	37	0.1	1.0	1.0
皮革、毛皮、羽毛及其制品和制鞋业				
Manufacture of Leather, Fur, Feather and Related Products, Footwear	20	0.1	3.1	3.3
家具制造业				
Manufacture of Furniture	52	0.4	3.9	4.2
造纸和纸制品业				
Manufacture of Paper and Paper Products	144	1.2	5.0	5.3
印刷和记录媒介复制业				
Printing, Reproduction of Recording Media	88	0.3	3.5	3.6
文教、工美、体育和娱乐用品制造业				
Manufacture of Articles for Culture, Education and Industrial Arts, Sport Activity, Amusement Manufacturing	82	0.6	4.9	5.0
医药制造业				
Manufacture of Medicines	125	3.2	14.6	17.5
化学纤维制造业				
Manufacture of Chemical Fibers	2		13.7	17.1

注：消费品制造业为全国统一分类标准，具体内容详见本篇指标解释。

Note: Manufacture of consumption goods adopt the national unified classification standards, and the specific content is in the explanatory notes on main statistical indicators.

13-21 现代工业产业体系主要经济效益指标(2021年)

项　目	Item	资产负债率 (%) Ratio of Debts to Assets (%)	总资产贡献率 (%) Ratio of Total Assets to Industrial Output Value (%)
全市总计	**Total**	**53.0**	**11.3**
按产业分	**Grouped by Industry**		
电子信息产业	Electronic Information Industry	47.4	7.6
生物医药产业	Biomedical Industry	33.7	11.5
新能源产业	New Energy Industry	57.2	4.5
新材料产业	New Materials Industry	55.0	6.6
装备制造业	Equipment Manufacturing Industry	54.5	6.3
汽车产业	The Automotive Manufacturing	52.0	14.5
石油化工产业	Petrochemical Industry	54.4	26.8
航空航天产业	Aerospace Industry	61.0	0.6
现代冶金产业	Modern Metallurgical Industry	65.1	6.5
现代轻纺产业	Modern Light Textile Industry	54.2	9.8

注：现代工业产业体系为天津地方标准。
Note: Modern industrial system adopt Tianjin municipal standards.

13-22 现代工业产业体系主要经济指标占全市规模以上工业比重(2021年)

项　目	Item	企业单位数比重 Proportion of Enterprise Number	平均用工人数比重 Annual Average Employees
全市总计	**Total**	**93.2**	**93.6**
按产业分	**Grouped by Industry**		
电子信息产业	Electronic Information Industry	4.7	9.9
生物医药产业	Biomedical Industry	3.9	6.2
新能源产业	New Energy Industry	3.6	3.4
新材料产业	New Materials Industry	23.5	15.1
装备制造业	Equipment Manufacture Industry	23.4	17.5
汽车产业	The Automotive Manufacturing	6.8	10.9
石油化工产业	Petrochemical Industry	1.9	7.3
航空航天产业	Aerospace Industry	0.5	0.8
现代冶金产业	Modern Metallurgical Industry	5.8	6.3
现代轻纺产业	Modern Light Textile Industry	19.2	16.2

Main Economic Benefit Indicators of Modern Industrial System,2021

每百元资产实现的营业收入(元) Operating Revenue on Assets per 100 yuan (yuan)	流动资产周转率(次) Turnover of Working Capitals (time)	人均营业收入(万元/人) Operating Revenue per Capita (10 000 yuan/person)	营业收入利润率(%) Ratio of Profits to Operating Revenue (%)	百元营业收入成本(元) Costs on Operating Revenue per 100 yuan (yuan)	产销率(%) Proportion of Products Sold (%)
106.9	**2.0**	**233.1**	**7.0**	**84.7**	**99.5**
102.7	1.6	201.7	6.2	86.4	98.5
63.3	1.0	161.6	14.2	62.3	99.0
59.1	1.1	186.2	4.3	86.8	98.6
104.6	1.8	248.5	3.7	89.4	97.5
92.7	1.4	168.7	4.9	85.6	99.6
122.1	2.2	216.8	7.9	87.0	98.9
81.2	3.1	379.6	21.8	66.9	101.9
36.5	0.5	82.4	-0.6	81.7	109.2
229.4	4.5	575.4	1.8	95.1	99.2
138.6	2.4	164.9	3.8	86.6	101.1

Proportion of Main Economic Indicators of Modern Industrial System to Municipal Industry above Designated Size,2021

单位：%(%)

资产总计比重 Proportion of Total Assets	负债合计比重 Proportion of Total Liabilities	营业收入比重 Proportion of Operating Revenue	营业成本比重 Proportion of Operating Costs	利税总额比重 Proportion of Total Profits and Taxes	# 利润总额比重 Proportion of Total Pre-tax Profits
84.1	**81.6**	**91.6**	**90.8**	**97.7**	**99.0**
8.0	7.0	8.4	8.5	6.3	8.0
6.5	4.0	4.2	3.1	8.0	9.2
4.4	4.6	2.6	2.7	1.7	1.7
14.7	14.9	15.7	16.4	9.0	9.0
13.1	13.1	12.4	12.4	8.4	9.4
8.0	7.6	9.9	10.1	12.2	12.0
14.1	14.0	11.7	9.1	40.0	38.9
0.7	0.8	0.3	0.3		
6.5	7.7	15.1	16.8	4.0	4.2
8.0	7.9	11.2	11.4	8.0	6.6

13-23 各区工业企业主要效益指标(2021)

Main Indicators on Economic Benefit of Industrial Enterprises by District,2021

地　区	Region	资产负债率(%) Ratio of Debts to Assets (%)	流动资产周转率(次) Turnover of Working Capitals (time)	总资产贡献率(%) Ratio of Total Assets to Industrial Output Value (%)	营业收入利润率(%) Ratio of Profits to Operating Revenue (%)	产销率(%) Proportion of Products Sold (%)
全市总计	**Total**	**54.6**	**1.9**	**9.8**	**6.5**	**99.6**
和平区	Heping District	69.8	1.0	0.4	-1.1	99.2
河东区	Hedong District	67.0	1.3	4.2	6.6	98.2
河西区	Hexi District	50.2	1.1	3.5	6.4	99.8
南开区	Nankai District	46.1	1.4	7.4	9.4	99.9
河北区	Hebei District	53.8	4.5	2.3	1.8	100.1
红桥区	Hongqiao District	34.0	0.6	10.9	15.8	98.7
东丽区	Dongli District	64.3	1.9	7.9	2.5	98.7
西青区	Xiqing District	47.0	1.7	6.8	4.8	99.0
津南区	Jinnan District	52.0	2.3	7.4	3.7	99.1
北辰区	Beichen District	48.5	1.9	7.6	4.4	101.4
武清区	Wuqing District	57.7	1.2	5.1	4.2	99.1
宝坻区	Baodi District	63.4	1.3	4.7	3.4	98.7
滨海新区	Binhai New Area	52.6	1.9	13.2	9.8	99.6
宁河区	Ninghe District	66.3	3.3	12.2	5.5	98.7
静海区	Jinghai District	64.6	3.4	4.4	1.1	100.2
蓟州区	Jizhou District	71.0	1.3	2.3	-0.6	100.6

13-24 规模以上工业主要产品产量(1981—2021年)
Output of Major Industrial Products above Designated Size,1981-2021

年 份 Year	布 (万米) Cloth (10 000 m)	纱 (万吨) Yarn (10 000 tons)	机制纸及纸板 (万吨) Machine-made Paper and Paperboards (10 000 tons)	合成洗涤剂 (万吨) Synthetic Detergents (10 000 tons)	饮料酒 (万千升) Alcoholic Beverage (10 000 kiloliters)	家用电冰箱 (万台) Household Refrigerators (10 000 units)	电视机 (万台) Television Sets (10 000 units)	#彩色电视机 Color Television Sets
1981	42427	10.73	21.25	3.19	5.86	0.14	36.70	2.01
1982	45831	11.50	22.82	3.53	5.76	0.23	36.11	5.00
1983	46803	11.95	23.04	3.70	6.75	0.51	43.62	8.28
1984	44865	11.67	26.27	4.12	7.46	2.01	61.59	15.72
1985	44043	11.95	24.60	5.04	8.40	6.89	90.22	34.02
1986	43798	12.22	26.45	5.39	9.79	9.79	89.85	33.54
1987	43885	12.57	27.92	5.56	10.60	14.53	100.02	55.46
1988	43410	12.67	27.10	5.88	10.96	33.32	135.25	62.07
1989	41729	11.30	28.31	7.36	9.47	40.41	137.85	57.32
1990	49194	11.69	26.75	8.54	9.28	23.34	143.93	62.46
1991	46790	11.23	27.18	9.34	10.75	6.71	140.27	72.63
1992	43031	10.86	33.32	10.56	10.88	9.27	140.99	68.29
1993	39259	11.59	36.84	10.00	11.40	2.71	134.88	73.30
1994	41437	13.19	31.01	9.68	11.09	3.95	124.00	80.37
1995	49803	12.35	41.42	11.95	12.34	3.70	160.82	109.54
1996	39662	10.51	45.89	12.07	10.72	0.29	157.34	117.80
1997	49845	13.61	40.56	10.28	13.73	0.69	84.36	59.16
1998	33326	8.37	33.64	9.65	15.25	2.29	82.94	47.87
1999	27308	8.45	25.50	8.75	14.21	9.93	84.67	50.34
2000	29217	8.80	25.18	7.19	15.75	8.42	94.27	72.28
2001	25861	8.13	20.63	5.68	20.71	3.85	66.24	51.42
2002	27082	9.18	27.98	5.41	20.64	19.14	87.06	76.35
2003	25114	7.47	17.76	5.09	24.72	29.17	121.09	112.41
2004	30805	7.51	36.03	5.04	23.65	28.25	110.99	109.42
2005	25850	7.32	18.89	1.40	20.81	19.30	66.01	64.90
2006	28346	7.62	26.71	0.74	29.80	9.34	98.51	98.11
2007	27783	7.28	33.90	0.58	35.27	50.03	153.75	153.75
2008	28934	4.95	41.38	0.83	31.62	59.38	203.58	203.58
2009	25819	4.32	33.06	0.67	41.02	53.87	140.50	140.50
2010	26352	3.81	91.82	0.58	43.57	62.84	212.67	212.67
2011	27792	3.08	125.86	0.62	41.82	49.37	186.61	186.61
2012	19854	3.05	222.80	1.38	33.20	51.41	192.80	192.80
2013	21221	5.05	241.66	21.49	31.04	49.26	277.10	277.10
2014	23100	8.51	249.72	48.48	31.86	45.37	279.20	279.20
2015	24946	10.72	249.26	58.30	35.61	58.41	245.84	245.84
2016	24279	12.64	285.00	49.08	37.67	64.29	224.10	224.10
2017	8243	1.84	286.43	54.04	40.39	53.49	209.41	209.41
2018	8160	1.33	279.95	63.37	38.39	49.94	93.08	93.08
2019	37363	1.29	261.97	48.27	33.29	44.59	78.66	78.66
2020	3852	0.89	266.70	36.96	24.19	22.15	49.29	49.29
2021	4023	0.59	281.75	33.38	23.17	15.02		

13-24续表 *Continued*

年 份 Year	天然原油（万吨）Crude Petroleum Oil (10 000 tons)	发电量（亿千瓦小时）Electricity (100 million kWh)	粗 钢（万吨）Crude Steel (10 000 tons)	水 泥（万吨）Cement (10 000 tons)	硫 酸（万吨）Sulfuric Acid (10 000 tons)	烧 碱（万吨）Caustic Soda (10 000 tons)	农用化肥（万吨）Chemical Fertilizer (10 000 tons)
1981	303.84	72.96	125.15	75.71	12.41	19.19	4.78
1982	302.24	75.01	124.56	81.80	13.53	21.21	5.85
1983	310.41	77.34	133.86	82.68	13.22	21.27	7.05
1984	320.81	79.57	132.49	90.52	12.00	21.97	7.66
1985	374.63	80.65	111.93	105.11	11.72	23.36	5.56
1986	413.33	78.38	150.32	112.41	10.33	23.97	4.09
1987	453.01	81.09	162.96	120.19	11.30	24.73	6.56
1988	462.79	91.07	156.44	129.37	8.32	25.18	7.61
1989	470.43	96.60	151.57	127.84	8.09	24.90	7.79
1990	469.50	94.85	166.74	122.14	7.70	25.23	7.21
1991	474.90	90.27	175.43	137.24	8.31	27.25	7.85
1992	491.76	98.62	183.45	144.58	8.15	27.99	7.84
1993	517.00	126.65	221.98	152.39	7.36	28.27	10.61
1994	589.00	122.47	188.55	177.00	7.79	29.28	15.75
1995	620.82	133.65	171.57	200.62	5.58	32.57	9.74
1996	646.60	146.04	200.99	207.88	8.11	50.75	11.31
1997	645.90	166.53	236.79	209.00	11.33	44.15	10.91
1998	691.28	172.51	255.27	250.00	10.36	39.90	10.26
1999	686.72	182.56	317.69	240.51	11.47	47.04	26.82
2000	763.99	211.49	356.76	267.81	11.17	49.28	17.04
2001	970.29	217.43	395.30	338.99	11.27	49.39	14.91
2002	1215.94	268.83	482.58	377.75	12.15	63.65	16.03
2003	1316.30	319.95	565.95	449.31	10.96	79.89	16.40
2004	1446.21	339.76	788.48	520.52	9.99	81.14	15.96
2005	1782.89	365.70	955.28	519.15	11.95	80.45	16.94
2006	1943.09	359.24	1285.34	607.33	13.76	88.86	16.33
2007	1924.28	393.13	1602.13	611.44	26.90	134.49	21.62
2008	1993.86	382.12	1686.40	549.72	19.70	146.47	16.16
2009	2296.96	415.77	2124.20	690.87	29.16	109.32	15.19
2010	3332.73	589.08	2162.11	809.71	32.34	123.30	1.49
2011	3187.78	619.08	2295.75	765.53	39.60	129.63	6.35
2012	3098.30	589.70	2124.25	784.26	30.88	113.87	11.84
2013	3044.53	624.01	2305.06	971.50	28.06	127.53	15.95
2014	3074.84	624.66	2287.13	957.93	24.48	106.06	16.37
2015	3496.77	621.68	2068.91	777.59	19.08	96.77	13.06
2016	3273.26	616.09	1798.93	788.61	20.52	75.27	13.43
2017	3102.42	609.28	1812.55	418.56	17.08	79.95	13.61
2018	3085.55	699.30	1808.79	653.84	21.22	93.09	15.02
2019	3111.89	715.43	2194.77	687.74	19.23	86.56	16.44
2020	3242.22	755.13	2171.82	551.50	21.59	82.32	14.78
2021	3407.02	775.20	1825.25	632.03	21.51	68.84	55.95

13-25 规模以上工业主要产品产量
Output of Major Industrial Products above Designated Size

产品名称	Product	单 位	Unit	2020	2021
天然原油	Crude Petroleum Oil	万 吨	10 000 tons	3242.22	3407.02
原油加工量	Crude Oil Processed	万 吨	10 000 tons	1368.16	1700.08
发电量	Electricity	亿千瓦小时	100 million kWh	755.13	775.20
天然气	Natural Gas	亿立方米	100 million cu.m	36.31	39.02
原 盐	Salt	万 吨	10 000 tons	195.61	181.75
精制食用植物油	Edible Vegetable Oil	万 吨	10 000 tons	297.68	261.81
饮料酒	Alcoholic Beverage	万千升	10 000 kiloliters	24.19	23.17
# 啤 酒	Beer	万千升	10 000 kiloliters	16.42	13.53
方便面	Staple Food	万 吨	10 000 tons	32.78	34.34
软饮料	Soft Drinking	万 吨	10 000 tons	248.90	293.40
纱	Yarn	万 吨	10 000 tons	0.89	0.59
布	Cloth	万 米	10 000 m	3852	4023
机制纸及纸板	Machine-made Paper & Paperboards	万 吨	10 000 tons	266.70	281.75
焦 炭	Coke	万 吨	10 000 tons	175.36	153.64
硫 酸	Sulfuric Acid	万 吨	10 000 tons	21.59	21.51
纯 碱	Soda Ash	万 吨	10 000 tons	62.82	55.23
烧 碱	Caustic Soda	万 吨	10 000 tons	82.32	68.84
乙 烯	Ethene	万 吨	10 000 tons	111.82	149.04
农用化肥	Chemical Fertilizer	万 吨	10 000 tons	14.78	55.95
涂 料	Paint	万 吨	10 000 tons	43.99	47.32
初级形态塑料	Primary form of Plastic	万 吨	10 000 tons	339.70	367.58
合成洗涤剂	Synthetic Detergents	万 吨	10 000 tons	36.96	33.38
中成药	Traditional Chinese Medicines	吨	ton	15229	20172
化学纤维	Chemical Fiber	万 吨	10 000 tons	7.49	8.56

13-25续表 *Continued*

产品名称	Product	单　位	Unit	2020	2021
农用塑料薄膜	Plastic Film for Farm Use	吨	ton	3483	168
水　泥	Cement	万 吨	10 000 tons	551.50	632.03
平板玻璃	Plate Glass	万重量箱	10 000 weight cases	3152.11	3717.81
生　铁	Pig Iron	万 吨	10 000 tons	2198.87	1818.40
粗　钢	Crude Steel	万 吨	10 000 tons	2171.82	1825.25
钢　材	Rolled Steel	万 吨	10 000 tons	5724.05	5991.73
# 无缝钢管	Seamless Steel Pipe	万 吨	10 000 tons	238.28	303.82
发动机	Internal Combustion Engines	万千瓦	10 000 kW	8600.43	8442.34
金属切削机床	Metal-cutting Machine	台	unit	882	1357
电　梯	Elevator	万 台	10 000 units	5.54	7.08
医疗仪器设备及器械	Medical Equipment and Instrument	万 台	10 000 units	1020.65	1256.45
汽　车	Motor Vehicles	万 辆	10 000 units	94.57	74.04
# 轿　车	Cars	万 辆	10 000 units	53.73	49.91
自行车	Bicycles	万 辆	10 000 units	2225.52	2682.60
电动自行车	Electric Bicycles	万 辆	10 000 units	1237.24	1493.87
光　纤	Optical Fibre	万千米	10 000 km	1965.64	2198.17
光　缆	Optical Cable	万芯千米	10 000 core km	396.22	508.93
锂离子电池	Lithium-ion Battery	万 只	10 000 units	73076.85	92123.97
太阳能电池(光伏电池)	Solar Cell	万千瓦	10 000 kW	33.76	20.39
家用电冰箱	Household Refrigerators	万 台	10 000 units	22.15	15.02
房间空气调节器	Air Conditioners	万 台	10 000 units	158.75	172.75
微波炉	Microwave Ovens	万 台	10 000 units	583.46	584.82
电子计算机整机	Computers	万 台	10 000 units	87.97	81.12
显示器	Display	万 台	10 000 units	765.07	563.05
移动通信手持机	Mobile Telephones	万 部	10 000 units	6.73	4.60
集成电路	Integrated Circuits	亿 块	100 million pieces	18.92	29.84
电子元件	Electronic Components	亿 只	100 million pieces	8629.19	9910.35
光电子器件	Optoelectronic Devices	亿只(片、套)	100 million pieces	251.41	272.91

13-26 新产品产量
Output of New Products

产品名称	Product	单 位	Unit	2020	2021
稀土磁性材料	Rare Earth Magnetic Materials	吨	ton	3600	5945
工业机器人	Industrial Robots	套	set	176	728
新能源汽车	New Energy Vehicles	辆	unit	16712	25784
城市轨道车辆	Urban Rail Vehicles	辆	unit	106	180
光 纤	Optical Fibre	万千米	10 000 km	1965.64	2198.17
光 缆	Optical Cable	万芯千米	10 000 core km	396.22	508.93
太阳能电池(光伏电池)	Solar Cell	万千瓦	10 000 kW	33.76	20.39
服务器	Servers	万 台	10 000 units	87.57	80.09
集成电路	Integrated Circuits	亿 块	100 million pieces	18.92	29.84

13-27 工业产能利用率(2015—2021年)
Industrial Capacity Utilization Rate,2015-2021

单位：%(%)

年 份 Year	全市总计 Total	采矿业 Minerals Mining	制造业 Manufacturing	电力、热力、燃气及水生产和供应业 Production and Supply of Electricity, Heat,Gas and Water
2015	75.1	75.8	74.9	77.6
2016	73.7	69.0	73.9	81.9
2017	77.1	88.3	76.3	79.7
2018	78.5	82.8	78.3	76.7
2019	78.2	86.9	77.5	77.5
2020	73.2	84.1	72.2	74.8
2021	75.6	85.2	74.9	75.6

13-28 规模以上工业主要产品生产能力

Production Capacity of Major Industrial Products above Designated Size

产品名称	Product	单 位	Unit	年平均生产能力 Annual Average Production Capacity
2020年	**Year of 2020**			
天然原油	Crude Petroleum Oil	万 吨	10 000 tons	3602.59
原油加工量	Crude Oil Processed	万 吨	10 000 tons	1903.25
发电量	Electricity	万千瓦	10 000 kW	1839.24
焦 炭	Coke	万 吨	10 000 tons	222.00
烧 碱	Caustic Soda	万 吨	10 000 tons	107.74
农用化肥	Chemical Fertilizer	万 吨	10 000 tons	20.00
初级形态塑料	Primary Plastic	万 吨	10 000 tons	430.56
化学纤维	Chemical Fiber	万 吨	10 000 tons	10.21
水 泥	Cement	万 吨	10 000 tons	1233.11
平板玻璃	Plate Glass	万重量箱	10 000 weight cases	4023.00
粗 钢	Crude Steel	万 吨	10 000 tons	1570.00
金属切削机床	Metal-cutting Machines	台	unit	1150
汽 车	Motor Vehicles	万 辆	10 000 units	106.50
# 乘用车	Passenger Car	万 辆	10 000 units	96.50
太阳能电池	Solar Cell	万千瓦	10 000 kW	108.63
家用电冰箱	Household Refrigerators	万 台	10 000 units	86.00
房间空气调节器	Air Conditioners	万 台	10 000 units	220.00
2021年	**Year of 2021**			
天然原油	Crude Petroleum Oil	万 吨	10 000 tons	3338.51
原油加工量	Crude Oil Processed	万 吨	10 000 tons	1905.56
发电量	Electricity	万千瓦	10 000 kW	1915.59
焦 炭	Coke	万 吨	10 000 tons	222.00
烧 碱	Caustic Soda	万 吨	10 000 tons	97.75
农用化肥	Chemical Fertilizer	万 吨	10 000 tons	20.20
初级形态塑料	Primary Plastic	万 吨	10 000 tons	430.30
化学纤维	Chemical Fiber	万 吨	10 000 tons	10.20
水 泥	Cement	万 吨	10 000 tons	1293.12
平板玻璃	Plate Glass	万重量箱	10 000 weight cases	4016.00
粗 钢	Crude Steel	万 吨	10 000 tons	1850.00
金属切削机床	Metal-cutting Machines	台	unit	2547
汽 车	Motor Vehicles	万 辆	10 000 units	112.65
# 乘用车	Passenger Car	万 辆	10 000 units	112.50
太阳能电池	Solar Cell	万千瓦	10 000 kW	109.35
家用电冰箱	Household Refrigerators	万 台	10 000 units	86.00
房间空气调节器	Air Conditioners	万 台	10 000 units	250.00

主要统计指标解释

规模以上工业法人单位

指年主营业务收入 2000 万元及以上的工业法人单位。法人单位按照统计上相关单位划分规定标准进行界定。

大、中、小、微型企业

根据国家统计局制定的《统计上大中小微型企业划分办法（2017）》，以从业人员和营业收入两项指标为依据，将工业企业划分为大、中、小、微型。划分标准如下：

指标名称	计量单位	大型	中型	小型	微型
从业人员(X)	人	X≥1000	300≤X＜1000	20≤X＜300	X＜20
营业收入(Y)	万元	Y≥40000	2000≤Y＜40000	300≤Y＜2000	Y＜300

工业战略性新兴产业

战略性新兴产业是以重大技术突破和重大发展需求为基础，对经济社会全局和长远发展具有重大引领带动作用，知识技术密集、物质资源消耗少、成长潜力大、综合效益好的产业。根据《战略性新兴产业分类（2018）》，战略性新兴产业包括：新一代信息技术产业、高端装备制造产业、新材料产业、生物产业、新能源汽车产业、新能源产业、节能环保产业、数字创意产业、相关服务业等 9 大领域。第 9 领域“相关服务业”中没有工业行业，故工业战略性新兴产业包含前 8 大领域。

高技术产业（制造业）

指国民经济行业中 R&D 投入强度(即 R&D 经费支出占主营业务收入的比重）相对较高的制造业行业。根据《高技术产业（制造业）分类（2017）》，具体包括：医药制造，航空、航天器及设备制造业，电子及通信设备制造业，计算机及办公设备制造业，医疗仪器设备及仪器仪表制造业，信息化学品制造业等 6 大类。

装备制造业

为全国统一标准。包括制造业中 8 个行业大类，具体为：金属制品业，通用设备制造业，专用设备制造业，汽车制造业，电气机械及器材制造业，铁路船舶航空航天和其他运输设备制造业，计算机通信和其他电子设备制造业，仪器仪表制造业等。

消费品制造业

为全国统一标准。包括制造业中 13 个行业大类，具体为：农副食品加工业，食品制造业，酒、饮料和精制茶制造业，烟草制品业，纺织业，纺织服装、服饰业，皮革、毛皮、羽毛及其制品业和制鞋业，家具制造业，造纸及纸制品业，印刷和记录媒介复制业，文教、工美、体育和娱乐用品制造业，医药制造业，化学纤维制造业。

资产总计

指企业过去的交易或者事项形成的、由企业拥有或者控制的、预期会给企业带来经济利益的资源。资产一般按流动性（资产的变现或耗用时间长短）分为流动资产和非流动资产。其中流动资产可分为货币资金、交易性金融资产、应收票据、应收账款、预付款项、其他应收款、存货等；非流动资产可分为长期股权投资、固定资产、无形资产及其他非流动资产等。

流动资产合计 资产满足以下条件之一应归为流动资产：（1）预计在一个正常营业周期中变现、出售或耗用，主要包括存货、应收账款等；（2）主要为交易目的而持有；（3）预计在资产负债表日起一年内（含一年）变现；（4）自资产负债日起一年内，交换其他资产或清偿负债的能力不受限制的现金或现金等价物。包括货币资金、应收票据、应收账款、存货等项目。

负债合计

指企业过去的交易或者事项形成的，预期会导致经济利益流出企业的现时义务。包括银行贷款、借款、应付账款、应付职工工资、应付职工福利费、应交税金等企业负有偿还责任的债务。负债一般按偿还期长短分为流动负债和非流动负债。

执行《企业会计准则》或《小企业会计准则》的企业：负债合计=流动负债合计+非流动负债合计；执行其他企业会计制度的企业负债包括流动负债和长期负债。

营业收入

指企业从事销售商品、提供劳务和让渡资产使用权等生产经营活动形成的经济利益流入。

营业成本

指企业从事销售商品、提供劳务和让渡资产使用权等生产经营活动发生的实际成本。

税金及附加

指企业因从事生产经营活动按税法规定应缴纳的消费税、城市维护建设税、资源税、环境保护税、教育费附加及房产税、土地使用税、车船使用税、印花税等相关税费。

利润总额

指企业在一定会计期间的经营成果，是生产经营过程中各种收入扣除各种耗费后的盈余，反映企业在报告期内实现的盈亏总额。利润总额为营业利润加上营业外收入，减去营业外支出后的金额。

利税总额

指利润总额、税金及附加和本期应交增值税之和。

应交增值税

指按照税法规定，以销售货物、服务、无形资产、不动产或提供加工、修理修配劳务的增值额和货物进口金额为计税依据而课征的一种流转税。应按权责发生制核算企业本期应负担的增值税，有两种计算方法，可选其一，一旦确定，原则上不得更改：

方法一：应交增值税(本期累计发生额)=销项税额-(进项税额-进项税额转出)-出口抵减内销产品应纳税额-减免税款+出口退税+简易计税

方法二：根据本期《增值税纳税申报表（一般纳税人适用)》填报：

应交增值税(本期累计发生额)=销项税额-(进项税额-进项税额转出-免、抵、退应退税额)+简易计税办法计算的应纳税额+按简易计税办法计算的纳税检查应补缴税额-应纳税额减征额-加计抵减额

进项税额　指企业在报告期内购入货物或接受应税劳务而支付的、准予从销项税额中抵扣的增值税额。

销项税额　指企业在报告期内销售货物或提供应税劳务应收取的增值税额。

应收账款

指资产负债表日以摊余成本计量的、企业因销售商品、提供服务等经营活动应收取的款项。

平均用工人数

指报告期企业平均实际拥有的、参与本企业生产经营活动的人员数。

产销率

反映工业产品已实现销售的程度，是分析工业产销衔接情况，研究工业产品满足社会需求的指标。计算公式为：

$$\text{产品销售率}(\%)=\frac{\text{工业销售产值}}{\text{工业总产值（现价）}}\times100\%$$

总资产贡献率

反映企业全部资产的获利能力，是企业经营业绩和管理水平的集中体现，是评价和考核企业盈利能力的核心指标。计算公式为：

$$\text{总资产贡献率}(\%)=\frac{\text{利润总额}+\text{税金总额}+(\text{利息费用}-\text{利息收入})}{\text{资产总额}}\times100\%$$

公式中：税金总额为税金及附加与应交增值税之和

资产负债率

该指标既反映企业经营风险的大小，也反映企业利用债权人提供的资金从事经营活动的能力。计算公式为：

$$\text{资产负债率}(\%)=\frac{\text{负债总额}}{\text{资产总额}}\times100\%$$

流动资产周转率

指一定时期内流动资产完成的周转次数，反映投入工业企业流动资金的周转速度。计算公式为：

$$\text{流动资产周转次数}=\frac{\text{营业收入}}{\text{全部流动资产平均余额}}$$

公式中：全部流动资产平均余额为期初和期末的流动资产之和的算术平均值。

营业收入利润率

该指标是评价企业经营效益的主要指标，反映企业业务的获利能力。计算公式为：

$$\text{营业收入利润率}(\%)=\frac{\text{利润总额}}{\text{营业收入}}\times100\%$$

成本费用利润率

反映企业投入的生产成本及费用的经济效益，同时也反映企业降低成本所取得的经济效益。计算公式为：

$$\text{成本费用利润率}(\%)=\frac{\text{利润总额}}{\text{成本费用总额}}\times100\%$$

公式中：成本费用总额为产品销售成本、销售费用、管理费用、财务费用和研发费用之和。

Explanatory Notes on Main Statistical Indicators

Industrial Legal Entities above Designated Size

refer to industrial legal entities as legal person with annual business revenue of over 20 million yuan. Legal entities adopt statistical relevant entities dividing standards.

Large, Medium, Small, Mini-sized Enterprises

Industrial enterprises are classified into large, medium, small, mini-sized enterprises according to employment personnel and sales revenue in accordance with the regulation of Classification of Large, Medium, Small, Mini-sized Enterprises on Statistics in 2017. The standard of classification as following:

Indicator	*Unit*	*Large-sized*	*Medium-sized*	*Small-sized*	*Mini-sized*
Employment Personnel(X)	*person*	$X \geq 1\,000$	$300 \leq X < 1\,000$	$20 \leq X < 300$	$X < 20$
Sales Revenue(Y)	*10 000 yuan*	$Y \geq 40\,000$	$2\,000 \leq Y < 40\,000$	$300 \leq Y < 2\,000$	$Y < 300$

Industrial Strategic Emerging Industry

refers to industry based on major technological breakthroughs and development needs, promoting long-term development of the economy and society. The industry has the characteristics of intensive knowledge and technology, less consumption of material resources, great potential of growth, good overall efficiency. The industry include new generation of information technology industry, high-end equipment manufacturing industry, new material industry, biotechnology industry, new energy powered automobile industry, new energy industry, energy conservation industry, digital creative industry and relevant services. Because relevant services excluding industry, industrial strategic emerging industry includes the first eight fields.

Hightech Industry (Manufacturing)

refers to the manufacturing with relatively high R&D input strength (the proportion of R&D expenses to the revenue from principal business) in the national economic industry. According to The Classification of Hightech Industry (Manufacturing) (2017), specific include: manufacture of medicines, manufacture of aviation, spacecraft and equipment, manufacture of electronic and communication equipment, manufacture of computer and office equipment, manufacture of medical instrument and equipment and measuring instrument, and manufacture of information chemicals.

Equipment Manufacturing

refers to the 8 major categories in the manufacturing sector, specific include: manufacture of metal products, manufacture of general purpose machinery, manufacture of special purpose machinery, manufacture of motorcar, manufacture of electrical machinery and equipment, manufacture of railway, watercraft, aerospace and other transport equipment, manufacture of computers, communication and other electronic equipment, and manufacture of measuring instruments.

Manufacture of Consumption Goods

refers to the 13 major categories in the manufacturing sector, specific include: processing of food from agricultural products, manufacture of food, manufacture of alcohol, beverages and refined tea, manufacture of tobacco, manufacture of textile, manufacture of textile wearing and apparel, manufacture of leather, fur, feather and related products, footwear, manufacture of furniture, manufacture of paper and paper products, printing, reproduction of recording media, manufacture of articles for culture, education and industrial arts, sport activity, amusement manufacturing, manufacture of medicines, manufacture of chemical fibers.

Total Assets

refer to all resources formed by transaction or other activities, which are owned or controlled by enterprises and expected to bring economic benefits to the enterprises. Classified by the degree of liquidity (the time of assets to be liquidated or consumed), total assets include working capitals and immovable assets. Working capitals can be classified into monetary assets, trading financial assets, notes receivable, accounts receivable, advanced payments, other prepaid money and inventories. Immovable assets can be divided into long-term equity investment, fixed assets, intangible assets and other immovable assets.

Working Capitals

the assets should be classified into working capital if meeting one of the following conditions: (1) expected to be liquidated, sold or consumed in one normal operating cycle, mainly including inventory, account receivable, etc.; (2) owned for transaction purpose; (3) expected to be liquidated in one year (including one year) since balance sheet date; (4) cash or cash equivalent without limited ability of exchanging other assets or paying debts in one year from balance sheet date, including monetary funds, note receivable, accounts receivable, inventory and other items.

Total Liabilities

refer to payable liabilities of enterprises that accumulated from previous trades or transactions with expectation of economic profits leaking out, include bank loans, borrowings, accounts payable, employee wages payable, employee welfare fees payable, taxes payable and debts for which the enterprise is responsible. In terms of payment, it can be divided into current liabilities and non-current liabilities.

The enterprises which implement "Enterprise Accounting Standards" or "Small Enterprise Accounting Standards", *Total Liabilities = Total current liabilities + Total non-current liabilities*; The Liabilities of the enterprises which implement other enterprise accounting system include current liabilities and long-term liabilities.

Operating Revenue

refers to total revenues recognized by selling goods, rendering labor services, alienating right to use assets, and other business of enterprises.

Operating Cost

refers to total costs recognized by selling goods, rendering labor services, alienating right to use assets, and other business of enterprises.

Business Tax and Surcharges

refer to the tax and charges by enterprises in accordance with the tax law for the production and operation activities, including consumption tax, city maintenance and construction tax, resources tax, environmental protection tax, the additional cost of education, property tax, land use tax, vehicle and vessel use tax, stamp tax and etc.

Total Pre-tax Profits

refer to the business results of enterprises in certain accounting period, that is the profits gained from the revenues after deducting the costs, which means the final achievements in the reference period. Total pre-tax profits equals to business profit add non-operating revenue and minus non-operating expenditures.

Total Profits and Taxes

refers to the sum of the total profits, business tax and surcharges, and the value added tax payable of industrial enterprises.

Value-added Tax Payable

refers to a kind of turnover tax with added value and import value of goods in selling of goods, services, intangible assets, real estate, or providing processing, repairing, and replacement services as the tax basis according to tax law. The value-added tax that the enterprise should bear in the current period should be calculated according to the accrual basis. There are two calculation methods, which cannot be changed in principle after selecting one:

(1) *Value-added Tax Payable (The Accumulated Amount for the Period) =Tax on Sales – (Tax on Purchase –Transferred Tax on Purchase)-Exports Deduct Tax Payable on Domestic Sales-Tax Relief + The Export Tax Rebate + Simple Tax Calculation*

(2) Completing the calculation according to the <VAT payment return (general taxpayer application)> at the current period:

Value-added Tax Payable (The Accumulated Amount for the Period) =Tax on Sales – (Tax on Purchase –Transferred Tax on Purchase – Refundable Tax for Tax Exemption, Offset and Refund of Goods) + Tax Payable under a Simplified Method + Overdue Tax Payable after Tax Inspection under a Simplified Method – Tax Reduction Amount of Tax Payable – Weighted Deduction

Tax on Purchase refers to the value-added tax payable by enterprises that purchase goods or receiving taxable services durin gthe reference period and this part of the tax is allowed to be deducted from the tax on sales.

Tax on Sales refers to the value-added tax chargeable by enterprises that sell goods or provide taxable services during the reference period.

Accounts Receivable

refer to obligatory right of enterprises formed from selling of goods, providing services and other business activities. Including payment for goods to customers, value-added tax, freight and miscellaneous expenses advanced for customers and etc.

Annual Average Employees

refer to the average number of persons engaged in the enterprise production and operation activities in this period, which are actually owned by the enterprise.

Proportion of Products Sold

reflects the actual sale of industrial products, analyzing the production-selling and supply-demand relations. It is calculated as:

Proportion of Products Sold (%) =

$$\frac{\text{Value of Industrial Sales}}{\text{Gross Industrial Output Value (Current Prices)}} \times 100\%$$

Ratio of Total Assets to Industrial Output Value

reflects the profit-making capability of all assets of the enterprise and is a key indicator manifesting the performance and management and evaluating the profit-making potential of the enterprise. It is calculated as follows:

Ratio of Total Assets to Industrial Output Value (%) =

$$\frac{\text{Total Pre-tax Profits + Total Taxes + (Interest Expenses-Interest Income)}}{\text{Total Assets}} \times 100\%$$

In the above formula, total taxes is the sum of business tax and surcharges and value-added tax payable.

Ratio of Debts to Assets

reflects both the operation risk and the capability of the enterprise in making use of the capital from the creditors. It is calculated as follows:

$$Ratio\ of\ Debts\ to\ Assets\ (\%) = \frac{Total\ Debts}{Total\ Assets} \times 100\%$$

Turnover of Working Capitals

refers to the number of times of turnover of working capital in a given period of time, which reflects the speed of the turnover of working capital of industrial enterprises, and is calculated as follows:

$$Turnover\ of\ Working\ Capital = \frac{Operating\ Revenue}{Average\ Balance\ of\ Total\ Working\ Capital}$$

In the above formula, average balance of total working capital refers to the arithmetic mean of the sum of circulating funds at the beginning and at the end of the reference period.

Ratio of Profits to Operating Revenue

is the main index to evaluate the operating efficiency and reflects the profitability of the enterprise business. It is calculated as follows:

$$Ratio\ of\ Profits\ to\ Operating\ Revenue\ (\%) = \frac{Total\ Pre-tax\ Profits}{Operating\ Revenue} \times 100\%$$

Ratio of Profits to Costs

reflects economic benefits of production costs and expenses by the enterprise, also reflects economic benefits from reducing costs and is calculated as follows:

$$Ratio\ of\ Profits\ to\ Costs\ (\%) = \frac{Total\ Pre\text{-}tax\ Profits}{Total\ Costs} \times 100\%$$

Total Costs in the above formula is the sum of cost of products sold, marketing cost, management cost, financial cost, and development expenditure.

第十四篇 建筑业

Chapter 14 Construction

14-1 建筑企业基本情况
Basic Statistics on Construction Enterprises

年份 Year	企业个数(个) Number of Enterprises (unit)	从事建筑业活动的平均人数(万人) Average Number of People Engaged in Construction Activities (10 000 persons)	建筑业总产值(亿元) Gross Output Value of Construction (100 million yuan)	房屋建筑施工面积(万平方米) Floor Space of Building under Construction (10 000 sq.m)	房屋建筑竣工面积(万平方米) Floor Space of Building Completed (10 000 sq.m)	#住宅 Residential Buildings
1978	45	16.71	8.78			
1980	77	21.40	11.64	693.43	332.80	
1985	88	21.76	26.17	1040.02	505.50	
1990	82	18.71	31.70	675.46	333.60	
1995	693	31.53	165.67	1604.10	640.25	328.40
2000	456	27.44	238.10	2253.99	1056.40	658.85
2001	420	25.96	288.68	2140.04	924.92	562.40
2002	925	34.56	406.16	2817.84	1332.10	726.87
2003	900	35.55	520.84	3395.94	1465.75	797.72
2004	1155	38.27	655.20	3547.76	1644.90	758.00
2005	1108	39.10	754.37	3940.56	1484.38	728.58
2006	1103	38.57	983.93	4555.08	1735.58	815.52
2007	1113	45.34	1221.94	5447.39	2101.38	1020.12
2008	1362	49.62	1453.79	5947.56	1643.66	687.62
2009	1371	59.31	1911.48	6572.69	2240.10	1010.85
2010	1448	65.47	2424.49	7564.29	2419.16	1168.62
2011	1494	65.38	2986.45	10058.78	2637.65	1352.95
2012	1648	49.75	3258.57	12484.91	2876.70	1526.04
2013	1731	82.01	3694.44	13000.83	3635.57	2196.16
2014	1774	91.20	4123.49	14158.77	3232.02	1864.61
2015	1774	90.64	4488.90	15644.62	3547.24	1981.99
2016	1740	99.36	4891.81	17036.16	3428.73	2228.32
2017	1840	95.45	4262.35	15081.16	3243.67	2144.16
2018	1991	96.24	3791.10	13379.88	2119.64	1363.55
2019	1964	97.25	4096.50	15616.89	2371.70	1404.52
2020	2208	112.13	4388.17	15234.45	2453.39	1651.40
2021	2559	88.51	4653.05	18022.62	2189.78	1328.06

14-2 建筑企业主要经济效益指标
Main Indicators of Economic Benefit of Construction Enterprises

年 份 Year	全员劳动生产率 (万元/人) Overall Labour Productivity (10 000 yuan/person)	平均每一从业人员竣工面积(平方米) Floor Space of Building Completed per Employment Personnel (sq.m)	产值利润率 (%) Ratio of Pre-tax Profit to Gross Output Value (%)	产值利税率 (%) Ratio of Profits and Taxes to Gross Output Value (%)	按面积计算竣工率 (%) Percentage of Building Completed in Terms of Floor Space(%)
1980	0.56	16.1	7.0	7.5	48.0
1985	1.06	20.5	7.0	7.8	48.6
1990	1.59	16.7	-0.3	2.7	49.4
1995	5.25	19.6	0.6	3.4	37.2
2000	8.68	38.5	1.1	4.0	46.9
2001	11.12	35.6	1.3	4.2	43.2
2002	11.75	38.5	1.8	4.7	47.3
2003	14.65	41.2	1.9	4.8	43.2
2004	17.12	43.0	1.9	4.9	46.4
2005	19.29	38.0	2.3	5.3	39.9
2006	25.51	45.0	2.6	5.8	38.1
2007	26.95	46.3	3.1	6.3	38.6
2008	29.30	33.1	3.3	6.5	27.6
2009	32.23	37.8	2.8	6.0	34.1
2010	37.03	36.9	2.7	6.0	32.0
2011	45.68	40.3	2.7	5.8	26.2
2012	65.49	57.8	2.9	6.0	23.0
2013	45.05	44.3	3.9	7.1	28.0
2014	45.22	35.4	3.9	6.9	22.8
2015	49.53	39.1	3.6	6.3	22.7
2016	49.23	34.5	2.0	4.0	20.1
2017	44.65	34.0	1.7	3.5	21.5
2018	39.39	22.0	2.3	4.0	15.8
2019	42.12	24.4	2.6	4.3	15.2
2020	39.13	21.9	1.6	3.7	16.1
2021	52.57	24.7	1.8	3.7	12.2

14-3 建筑企业基本情况(按登记注册类型和控股情况分)

Basic Statistics on Construction Enterprises (Grouped by Status of Registration and Ownership)

项　目 Item	企业个数(个) Number of Enterprises (unit)		从事建筑业活动的平均人数(万人) Annual Average Employment Personnel (10 000 persons)		建筑业总产值(亿元) Gross Output Value of Construction (100 million yuan)	
	2020	2021	2020	2021	2020	2021
总　计 Total	**2208**	**2559**	**112.13**	**88.51**	**4388.17**	**4653.05**
按登记注册类型分 Grouped by Status of Registration						
内资企业 Domestic-funded Enterprises	2199	2548	112.04	88.38	4381.49	4642.46
国　有 State-owned Enterprises	17	26	0.57	0.67	21.11	33.09
集　体 Collective-owned Enterprises	19	18	0.78	0.29	34.35	14.65
股份合作 Cooperative Enterprises	7	7	0.04	0.03	1.38	1.28
私营企业 Private Enterprises	1449	1804	31.28	32.95	633.06	785.32
股份有限公司 Share-holding Corporations Ltd.	52	55	1.14	2.03	70.45	127.75
有限责任公司 Limited Liability Corporations	654	632	78.22	52.39	3621.07	3679.68
# 国有独资 Sole State-funded Corporations	54	49	16.58	10.92	1088.71	1099.94
联营企业 Joint Ownership Enterprises	1	1	0.01		0.08	0.02
其　他 Others		5		0.03		0.68
港澳台商投资企业 Enterprises with Investment from Hong Kong, Macao and Taiwan	5	5	0.05	0.04	2.77	2.52
外商投资企业 Foreign Funded Enterprises	4	6	0.04	0.09	3.91	8.07
按企业控股情况分 Grouped by Company Holding Type						
国有控股 State-holding Enterprises	216	223	63.84	39.52	3136.90	3328.40
集体控股 Collective-holding Enterprises	67	59	2.14	1.90	127.05	94.18
私人控股 Private-holding Enterprises	1793	2210	41.48	43.22	928.06	1061.36
港澳台商控股 Hong Kong, Macao and Taiwan Holding Enterprises	4	4	0.03	0.10	0.80	2.60
外商控股 Foreign Funded Holding Enterprises	3	3	0.06	0.05	7.08	7.65
其　他 Others	125	60	4.59	3.71	188.29	158.85

14-3续表 *Continued*

项　目 Item	竣工产值（亿元）Gross Output Value Completed (100 million yuan)		房屋建筑施工面积（万平方米）Floor Space of Building under Construction (10 000 sq.m)		房屋建筑竣工面积（万平方米）Floor Space of Building Completed (10 000 sq.m)		#住　宅 Residential Buildings	
	2020	2021	2020	2021	2020	2021	2020	2021
总　计 Total	**1235.03**	**1519.95**	**15234.45**	**18022.62**	**2453.39**	**2189.78**	**1651.40**	**1328.06**
按登记注册类型分 Grouped by Status of Registration								
内资企业 Domestic-funded Enterprises	1234.32	1518.26	15234.45	18022.62	2453.39	2189.78	1651.40	1328.06
国　有 State-owned Enterprises	3.88	14.08	4.06	51.70	0.35	1.25		
集　体 Collective-owned Enterprises	9.20	3.13	281.24	7.30	24.34	7.30	4.48	
股份合作 Cooperative Enterprises	0.55	0.25		0.92				
私营企业 Private Enterprises	195.28	203.93	1539.80	1980.87	634.62	428.41	447.20	232.04
股份有限公司 Share-holding Corporations Ltd.	16.87	73.71	110.54	94.76	25.21	7.88	7.88	1.26
有限责任公司 Limited Liability Corporations	1008.54	1222.88	13298.81	15887.07	1768.87	1744.94	1191.84	1094.76
#国有独资 Sole State-funded Corporations	161.20	124.89	2939.65	3176.06	115.59	92.47	58.95	53.27
联营企业 Joint Ownership Enterprises								
其　他 Others		0.28						
港澳台商投资企业 Enterprises with Investment from Hong Kong, Macao and Taiwan		0.06						
外商投资企业 Foreign Funded Enterprises	0.71	1.63						
按企业控股情况分 Grouped by Company Holding Type								
国有控股 State-holding Enterprises	795.51	1076.03	11097.67	13682.93	1310.34	1336.41	944.65	914.14
集体控股 Collective-holding Enterprises	56.31	48.47	409.18	213.88	49.49	53.52	6.15	13.69
私人控股 Private Holding Enterprises	293.64	296.33	2106.06	2425.09	817.25	599.42	523.39	323.07
港澳台商控股 Hong Kong, Macao and Taiwan Holding Enterprises		0.06						
外商控股 Foreign Funded Holding Enterprises	0.50	1.55						
其　他 Others	89.07	97.51	1621.54	1700.72	276.30	200.43	177.21	77.16

14-4 建筑企业基本情况(按行业和资质等级分)
Basic Statistics on Construction Enterprises (Grouped by Sector and Qualification Grade)

项 目 Item	企业个数 (个) Number of Enterprises (unit)		从事建筑业活动的平均人数(万人) Annual Average Employment Personnel (10 000 persons)		建筑业总产值 (亿元) Gross Output Value of Construction (100 million yuan)	
	2020	2021	2020	2021	2020	2021
按行业类别分						
Grouped by Sector						
房屋建筑业 House Building	545	691	49.92	33.46	1474.71	1588.09
土木工程建筑业 Civil Engineering	639	751	43.44	35.28	2286.11	2422.53
建筑安装业 Building Installation	552	563	8.53	9.30	360.51	370.41
建筑装饰、装修和其他建筑业 Building Decoration and Other Construction	472	554	10.24	10.47	266.84	272.02
按资质等级分						
Grouped by Qualification Grade						
施工总承包 General Contractor	844	923	77.29	51.22	3736.65	3827.41
特 级 Super Grade	14	14	29.32	20.06	1894.51	2053.76
一 级 First Grade	139	133	38.74	23.07	1418.34	1328.91
二 级 Second Grade	198	193	4.07	3.23	206.85	181.15
三级及以下 Third Grade and Below	493	583	5.16	4.86	216.95	263.60
专业承包 Specialized Contractor	1364	1636	34.85	37.29	651.52	825.63
一 级 First Grade	183	213	4.07	4.52	231.51	272.11
二 级 Second Grade	574	816	8.19	12.66	165.97	273.31
三级及以下 Third Grade and Below	607	607	22.59	20.10	254.04	280.21

14-4续表 *Continued*

项　目 Item	竣工产值 （亿元） Gross Output Value Completed (100 million yuan)		房屋建筑施工面积 （万平方米） Floor Space of Building under Construction (10 000 sq.m)		房屋建筑竣工面积 （万平方米） Floor Space of Building Completed (10 000 sq.m)		# 住　宅 Residential Buildings	
	2020	2021	2020	2021	2020	2021	2020	2021
按行业类别分								
Grouped by Sector								
房屋建筑业								
House Building	559.23	701.32	11800.68	13891.47	1814.88	1708.41	1147.86	1024.66
土木工程建筑业								
Civil Engineering	462.54	599.07	2930.21	3804.21	259.19	308.27	172.27	170.35
建筑安装业								
Building Installation	152.86	144.44	313.26	202.86	275.48	116.95	251.82	89.45
建筑装饰、装修和其他建筑业								
Building Decoration and Other Construction	60.39	75.11	190.30	124.08	103.85	56.15	79.45	43.60
按资质等级分								
Grouped by Qualification Grade								
施工总承包								
General Contractor	1059.60	1262.33	14327.73	16959.48	1974.26	1912.54	1262.53	1161.80
特　级								
Super Grade	517.15	633.86	7144.49	8699.52	1092.17	928.25	777.28	605.97
一　级								
First Grade	400.82	486.33	6668.65	7676.34	731.03	823.09	457.05	523.46
二　级								
Second Grade	59.55	67.03	351.82	466.24	57.89	99.34	17.64	21.50
三级及以下								
Third Grade and Below	82.08	75.11	162.78	117.37	93.17	61.86	10.56	10.87
专业承包								
Specialized Contractor	175.43	257.62	906.72	1063.14	479.13	277.24	388.88	166.26
一　级								
First Grade	57.62	120.03	255.42	177.51	254.52	121.20	240.00	87.15
二　级								
Second Grade	49.93	73.12	168.13	393.30	55.65	61.75	10.41	18.10
三级及以下								
Third Grade and Below	67.89	64.47	483.16	492.33	168.96	94.28	138.46	61.01

14-5 建筑企业主要财务指标(2021年)
Main Financial Indicators of Construction Enterprises,2021

单位：亿元(100 million yuan)

指　　标	Item	全市总计 Total	# 国有控股 State-holding	# 集体控股 Collective-holding
期末资产负债	**Assets and Liabilities at Year-end**			
流动资产合计	Total Working Capital	6625.89	4561.54	203.66
固定资产原价	Original Value of Fixed Assets	749.67	595.35	16.44
累计折旧	Accumulative Depreciation	405.97	328.75	8.78
在建工程	Projects under Construction	34.39	23.91	0.37
资产总计	Total Assets	8550.75	6250.18	233.13
流动负债合计	Total Working Liabilities	6181.44	4637.52	163.74
负债合计	Total Liabilities	6685.18	5024.27	167.43
所有者权益合计	Total Owner's Equity	1865.57	1225.91	65.70
损益及分配	**Profit, Loss and Distribution**			
主营业务收入	Revenue of Principal Business	5100.88	3579.95	117.03
主营业务成本	Costs of Principal Business	4687.33	3305.69	103.29
税金及附加	Tax and Extra Charges	13.79	7.07	0.54
# 主营业务税金及附加	Taxes & Extra Charges of Principal Business	11.71	6.32	0.49
其他业务利润	Other Profits from Business	3.08	1.87	0.09
销售费用	Selling Expenses	14.55	4.47	0.49
管理费用	Management Expenses	168.35	81.12	8.92
财务费用	Financial Expenses	32.60	20.05	0.13
利润总额	Total Pre-tax Profits	83.18	64.87	2.20
所得税费用	Income Taxes Expenses	14.21	8.79	0.60
应交增值税	Value-added Tax Payable	73.77	36.81	2.31
人工成本	**Wage and Welfare Expenses**			
应付职工薪酬	Total Remuneration Payable	503.31	244.08	14.34

14-5续表 *Continued*

单位：亿元(100 million yuan)

指　标	Item	# 私人控股 Private-holding	# 港澳台商控股 Hong Kong, Macao and Taiwan Holding	# 外商控股 Foreign Funded Holding
期末资产负债	**Assets and Liabilities at Year-end**			
流动资产合计	Total Working Capital	1559.95	2.99	8.65
固定资产原价	Original Value of Fixed Assets	128.67	0.65	0.34
累计折旧	Accumulative Depreciation	63.37	0.52	0.25
在建工程	Projects under Construction	9.87		
资产总计	Total Assets	1745.83	3.13	9.32
流动负债合计	Total Working Liabilities	1107.92	2.60	5.51
负债合计	Total Liabilities	1217.92	2.60	5.57
所有者权益合计	Total Owner's Equity	527.91	0.53	3.76
损益及分配	**Profit, Loss and Distribution**			
主营业务收入	Revenue of Principal Business	1201.39	2.49	6.60
主营业务成本	Costs of Principal Business	1089.72	2.16	5.27
税金及附加	Tax and Extra Charges	5.60	0.01	0.04
# 主营业务税金及附加	Taxes & Extra Charges of Principal Business	4.38	0.01	0.04
其他业务利润	Other Profits from Business	1.07		0.03
销售费用	Selling Expenses	9.00	0.07	0.31
管理费用	Management Expenses	71.32	0.24	0.59
财务费用	Financial Expenses	11.26		
利润总额	Total Pre-tax Profits	15.61		0.21
所得税费用	Income Taxes Expenses	4.55		0.04
应交增值税	Value-added Tax Payable	32.61	0.08	0.18
人工成本	**Wage and Welfare Expenses**			
应付职工薪酬	Total Remuneration Payable	229.53	0.45	1.12

14-6 建筑企业技术装备情况(2000—2021年)

Basic Statistics on Machinery and Equipment Owned by Construction Enterprises,2000-2021

年 份 Year	年末自有机械设备总台数(台) Number of Machinery and Equipment Owned (Year-end) (unit)	年末自有机械设备总功率(万千瓦) Total Capacity of Machinery and Equipment Owned (Year-end) (10 000 kW)	年末自有机械设备净值(亿元) Net Value of Machinery and Equipment Owned (Year-end) (100 million yuan)	全部职工技术装备率(元/人) Value of Machines per Labour (yuan/person)	全部职工动力装备率(千瓦/人) Power of Machines per Labour (kW/person)
2000	75579	157.27	21.77	10714	7.74
2001	71514	168.83	23.15	12881	9.39
2002	107138	221.56	52.98	19423	8.12
2003	105861	227.81	58.20	24203	9.47
2004	99495	258.80	62.28	27354	11.37
2005	100040	246.33	69.50	26064	9.24
2006	97767	297.62	78.28	25420	9.66
2007	92060	293.46	85.48	24470	8.40
2008	101041	316.85	110.40	30390	8.72
2009	116658	440.64	172.22	41336	10.58
2010	128525	418.90	198.05	41373	8.75
2011	118402	391.62	186.48	57483	12.07
2012	110896	502.04	294.22	91016	15.53
2013	114250	438.28	173.41	21146	5.34
2014	115392	442.66	175.14	21356	5.40
2015	142866	478.62	213.54	23559	5.28
2016	102699	521.86	308.79	31292	5.29
2017	100466	485.61	182.64	30620	8.14
2018	81618	482.35	180.31	28009	7.49
2019	79374	408.77	122.35	15090	5.04
2020	66474	360.59	87.09	13143	5.44
2021	62456	657.70	144.15	24903	11.36

14-7 建筑企业经济效益指标(2021年)
Economic Benefit Indicators of Construction Enterprises,2021

指标 Item	全市 Total	# 国有控股 State-holding	# 地方 Local
全员劳动生产率(万元/人) Overall Labour Productivity (10 000 yuan/person)	52.57	84.22	57.01
房屋竣工率(%) Percentage of Buildings Completed (%)	12.15	9.77	30.58
平均每一从业人员竣工面积(平方米/人) Floor Space of Buildings Completed per Employment Personnel (sq.m/person)	24.74	33.81	52.69
每百元产值实现利税(元) Ratio of Profits and Taxes to per 100 yuan Output Value (yuan)	3.67	3.27	4.90
百元产值占用流动资产(元) Ratio of Working Capital to per 100 yuan Output Value (yuan)	142.40	137.05	248.54

14-8 建筑业企业房屋建筑完成情况
Building Construction of Construction Enterprises

单位：万平方米 (10 000 sq.m)

指标	Item	2020	2021
房屋建筑施工面积	**Floor Space of Buildings under Construction**	**15234.45**	**18022.62**
# 本年新开工面积	New Floor Space of Buildings in Current Year	3922.07	4580.40
房屋建筑竣工面积	**Floor Space of Buildings Completed**	**2453.39**	**2189.78**
住宅	Residential Buildings	1651.40	1328.06
批发和零售用房	Wholesale and Retail Trade Buildings	67.97	39.19
住宿和餐饮用房	Hotels and Restaurants Buildings	1.08	12.37
商务会展用房屋	Commercial Exhibition Buildings	2.78	3.97
居民服务业用房	Residential Service Buildings	27.02	77.10
办公用房	Office Buildings	82.77	31.70
科研用房	Scientific and Research Buildings	13.85	5.29
教育用房	Educational Buildings	90.36	115.80
卫生医疗用房	Health Care and Medical Buildings	31.59	45.09
文化、体育和娱乐用房	Cultural, Sports and Entertainment Buildings	16.19	23.22
厂房及建筑物	Factories and Buildings	269.59	372.50
仓库	Warehouse	40.51	34.98
其他	Others	158.29	100.53

主要统计指标解释

建筑业总产值

是以货币表现的建筑业企业在一定时期内生产的建筑业产品和服务的总和。建筑业总产值包括建筑工程产值、安装工程产值和其他产值三部分内容，不包括境外产值。

1. 建筑工程产值：指列入建筑工程预算内的各种工程价值；

2. 安装工程产值：指设备安装工程价值以及将预制部品部件安装成建筑工程产品的价值；

3. 其他产值：建筑业总产值中除建筑工程、安装工程以外的产值。包括房屋构筑物修理产值、非标准设备制造产值、总包企业向分包企业收取的管理费以及不能明确划分的施工活动所完成的产值。

房屋施工面积

指在报告期内施工的全部房屋建筑面积，包括本期新开工的房屋建筑面积、上期跨入本期继续施工的房屋建筑面积、上期停缓建在本期恢复施工的房屋建筑面积、本期竣工的房屋建筑面积及本期施工后又停缓建的房屋建筑面积。多层建筑应填各层建筑面积之和。

房屋竣工面积

指在报告期内房屋建筑按照设计要求已全部完工，达到了住人和使用条件，经验收鉴定合格或达到竣工验收标准，可正式移交使用的各栋房屋建筑面积的总和。

Explanatory Notes on Main Statistical Indicators

Gross Output Value of Construction

refers to total Volume of construction products and services, expressed in monetary terms, completed by construction and installation enterprises during a given period of time. It includes output value of construction projects, installation projects and other output values, excludes foreign production values.

1.Output value of construction projects, that is the value of projects covered by the project budgets;

2.Output value of installation projects, those are the value of the installation of equipment and the value of installing prefabricated parts into construction engineering products.

3.Other output values, that is the values excluding output value of construction projects and output value of installation projects, including output value of repair of buildings and structures, output value of manufactured non-standard equipment, management expenses received by head enterprises from subcontract enterprises and output value of construction activities completed but unclassified.

Floor Space of Buildings under Construction

refers to floor space of buildings under construction during the reference period, including newly started buildings, buildings started earlier and continued during the reference period, and buildings suspended earlier but restarted during the reference period, buildings completed during the reference period, and buildings under construction and then suspended during the reference period. A multi-storey building should be calculated as the sum of each floor's area.

Floor Space of Buildings Completed

refers to the total floor space of buildings that are completed in the reference period in accordance with the requirements of the design, up to the standard for putting them into use, have been checked and accepted by concerned departments as qualified ones or reached the completed qualification standard, and can be transferred to use formally.

第十五篇　规模以上服务业

Chapter 15 Service Industry above Designated Size

15-1 战略性新兴产业(服务业)基本情况(2021年)
Basic Situation of Strategic Emerging Industry (Service Industry),2021

指 标	Item	企业单位数(个) Number of Enterprises (unit)	营业收入 Operating Revenue 2021比2020年增长(%) Increase Rate in 2021 over 2020 (%)	产业比重(%) Proportion (%)
全市总计	**Total**	**1073**	**11.0**	**100.0**
按产业分	**Grouped by Industry**			
新一代信息技术产业	New Generation of Information Technology Industry	345	12.8	50.3
高端装备制造业	High-end Equipment Manufacturing Industry	16	16.0	1.8
新材料产业	New Material Industry	29	0.7	0.6
生物产业	Bio-Industry	57	19.8	1.8
新能源汽车产业	New Energy Auto Industry	5	15.8	0.4
新能源产业	New Energy Industry	16	28.4	0.8
节能环保产业	Energy Saving and Environmental Protection Industry	152	20.5	11.7
数字创意产业	Digital Creative Industry	284	8.5	14.6
相关服务业	Related Service Industry	169	1.8	18.1

15-2 高技术产业(服务业)基本情况(2021年)
Basic Statistics for High Technology Industry (Service Industry),2021

指 标	Item	企业单位数(个) Number of Enterprises (unit)	营业收入 Operating Revenue 2021比2020年增长(%) Increase Rate in 2021 over 2020 (%)	产业比重(%) Proportion (%)
全市总计	**Total**	**1153**	**12.7**	**100.0**
按产业分	**Grouped by Industry**			
信息服务	Information Services	418	2.2	40.6
电子商务服务	E-Commerce Services	64	62.7	10.4
检验检测服务	Inspection and Testing Services	114	14.2	2.7
专业技术服务业的高技术服务	High-tech Service Industry of Special Technical Services	309	16.0	38.4
研发与设计服务	Research, Development and Design Sevices	91	11.1	4.7
科技成果转化服务	Science and Technology Achievements Transformation Services	103	18.6	2.3
知识产权及相关法律服务	Intellectual Property and Relevant Legal Services	26	-26.7	0.4
环境监测及治理服务	Environmental Monitoring and Treatment Services	28	26.1	0.5

15-3 规模以上服务业企业主要指标

Main Indicators of Service Enterprises above Designated Size

项　目	Item	企业单位数（个）Number of Enterprises (unit)		期末用工人数（人）Number of Employees at Year-end (person)	
		2020	2021	2020	2021
全 市 总 计	**Total**	**4691**	**5281**	**750288**	**781776**
按行业分	**Grouped by Sector**				
# 道路运输业	Highway Transport	472	491	64107	66473
水上运输业	Waterway Transport	81	95	10268	9976
航空运输业	Air Transport	36	34	8658	8449
管道运输业	Pipeline Transport	7	7	539	506
多式联运和运输代理业	Intermodality and Forwarding	609	741	19776	20916
装卸搬运和仓储业	Loading, Unloading and Storage	186	191	15121	14924
邮政业	Post Services	19	22	14677	17321
电信、广播电视和卫星传输服务	Telecommunication, Broadcast Television and Satellite Transmission Services	19	18	15620	15198
互联网和相关服务	Internet and Relative Services	132	145	20874	19808
软件和信息技术服务业	Software and Information Technology Services	303	309	60503	76544
物业管理(中类)	Property Management(middle class)	242	281	75745	85147
房地产中介服务(中类)	The Real Estate Intermediary Services(middle class)	68	75	14308	12272
房地产租赁经营(中类)	The Real Estate Leasing Operations(middle class)	199	254	9494	9425
租赁业	Leasing Services	104	129	5481	5833
商务服务业	Business Services	988	1104	195016	194343
研究和试验发展	R&D	50	45	8727	10605
专业技术服务业	Special Technical Services	480	534	88907	93411
科技推广和应用服务业	Science and Technology Generalizing and Application Services	82	116	9696	7107
生态保护和环境治理业	Ecological Protection and Environmental Governance	11	14	1232	1217
公共设施管理业	Management for Public Facilities	73	69	16763	18027
土地管理业	Management for Land	14	12	764	770
居民服务业	Resident Services	25	33	2716	2916
机动车、电子产品和日用产品修理业	Motor Vehicle, Electronic Products and Household Products Repair Industry	41	44	1643	1597
其他服务业	Others	51	60	49536	50344
教　育	Education	42	55	14664	11611
卫　生	Health Care	106	109	13531	15077
新闻和出版业	News Publication	29	29	2448	1830
广播、电视、电影和录音制作业	Broadcast, TV, Movies, Video and Record Production Industry	129	131	3402	3720
文化艺术业	Culture and Art	21	30	1001	1132
体　育	Sports	13	19	1471	1428
娱乐业	Recreational Services	44	62	1232	1335

15-3续表1 *Continued*

单位：亿元(100 million yuan)

项　目	Item	资产总计 Total Assets		营业收入 Revenue from Business	
		2020	2021	2020	2021
全市总计	**Total**	**35999.60**	**39022.89**	**7646.51**	**9536.77**
按行业分	**Grouped by Sector**				
# 道路运输业	Highway Transport	5564.08	6565.83	1481.11	1768.97
水上运输业	Waterway Transport	1908.48	1695.71	192.46	266.07
航空运输业	Air Transport	699.67	554.75	109.34	92.22
管道运输业	Pipeline Transport	124.11	219.75	34.60	27.17
多式联运和运输代理业	Intermodality and Forwarding	290.30	362.18	539.09	1008.61
装卸搬运和仓储业	Loading, Unloading and Storage	745.92	746.33	264.77	441.54
邮政业	Post Services	39.01	51.00	73.32	91.83
电信、广播电视和卫星传输服务	Telecommunication, Broadcast Television and Satellite Transmission Services	338.18	347.07	165.87	187.07
互联网和相关服务	Internet and Relative Services	830.21	976.38	615.88	747.36
软件和信息技术服务业	Software and Information Technology Services	1024.95	1093.91	546.27	597.26
物业管理(中类)	Property Management(middle class)	304.96	254.93	135.88	158.87
房地产中介服务(中类)	The Real Estate Intermediary Services(middle class)	59.49	60.40	64.79	75.82
房地产租赁经营(中类)	The Real Estate Leasing Operations(middle class)	4968.38	5428.08	97.19	157.01
租赁业	Leasing Services	572.17	963.98	94.69	112.09
商务服务业	Business Services	12231.22	8069.90	1407.36	1647.58
研究和试验发展	R&D	215.23	242.59	75.08	79.17
专业技术服务业	Special Technical Services	2046.49	2324.31	1185.22	1359.46
科技推广和应用服务业	Science and Technology Generalizing and Application Services	129.00	188.57	65.21	77.89
生态保护和环境治理业	Ecological Protection and Environmental Governance	34.78	35.15	7.40	10.65
公共设施管理业	Management for Public Facilities	1230.00	5917.54	90.27	137.01
土地管理业	Management for Land	1751.68	1542.20	49.43	37.37
居民服务业	Resident Services	21.24	21.84	15.79	18.77
机动车、电子产品和日用产品修理业	Motor Vehicle, Electronic Products and Household Products Repair Industry	10.93	14.23	12.06	16.08
其他服务业	Others	31.94	34.50	44.93	47.38
教　育	Education	57.34	50.45	42.04	76.90
卫　生	Health Care	38.72	54.20	52.21	68.91
新闻和出版业	News Publication	71.32	65.02	17.22	17.37
广播、电视、电影和录音制作业	Broadcast, TV, Movies, Video and Record Production Industry	301.52	316.28	99.32	107.27
文化艺术业	Culture and Art	82.68	73.56	9.37	12.60
体　育	Sports	40.83	32.15	2.84	3.08
娱乐业	Recreational Services	25.97	32.91	19.74	25.61

15-3续表2 *Continued*

单位：亿元(100 million yuan)

项　目	Item	税金总额 Total Taxes 2020	2021	利润总额 Total Pre-tax Profits 2020	2021
全 市 总 计	**Total**	**304.72**	**364.22**	**511.23**	**221.84**
按行业分	**Grouped by Sector**				
# 道路运输业	Highway Transport	38.41	71.96	14.51	56.41
水上运输业	Waterway Transport	9.42	10.89	23.39	22.72
航空运输业	Air Transport	1.73	1.17	-45.74	-346.11
管道运输业	Pipeline Transport	3.26	2.91	13.42	13.17
多式联运和运输代理业	Intermodality and Forwarding	3.39	6.08	10.59	22.02
装卸搬运和仓储业	Loading, Unloading and Storage	10.34	10.76	18.63	21.18
邮政业	Post Services	0.48	0.57	-2.67	-4.98
电信、广播电视和卫星传输服务	Telecommunication, Broadcast Television and Satellite Transmission Services	4.28	7.05	1.56	3.91
互联网和相关服务	Internet and Relative Services	14.39	12.70	8.73	4.32
软件和信息技术服务业	Software and Information Technology Services	33.13	36.04	121.68	115.19
物业管理(中类)	Property Management(middle class)	7.43	8.72	9.98	6.68
房地产中介服务(中类)	The Real Estate Intermediary Services(middle class)	4.28	5.49	4.82	1.68
房地产租赁经营(中类)	The Real Estate Leasing Operations(middle class)	15.34	23.09	6.89	14.25
租赁业	Leasing Services	3.45	6.93	-7.61	-11.07
商务服务业	Business Services	87.95	86.31	190.37	110.33
研究和试验发展	R&D	2.27	2.21	10.55	14.83
专业技术服务业	Special Technical Services	35.22	40.91	90.56	103.02
科技推广和应用服务业	Science and Technology Generalizing and Application Services	1.91	3.01	4.65	7.31
生态保护和环境治理业	Ecological Protection and Environmental Governance	0.40	0.48	0.86	-4.09
公共设施管理业	Management for Public Facilities	2.19	5.95	6.71	44.06
土地管理业	Management for Land	14.51	2.97	8.23	3.06
居民服务业	Resident Services	0.72	0.88	1.94	2.15
机动车、电子产品和日用产品修理业	Motor Vehicle, Electronic Products and Household Products Repair Industry	0.24	0.42	0.33	0.27
其他服务业	Others	2.23	2.81	2.51	1.37
教　育	Education	1.17	3.07	8.80	8.64
卫　生	Health Care	0.45	0.66	1.31	0.22
新闻和出版业	News Publication	0.74	0.65	1.66	2.06
广播、电视、电影和录音制作业	Broadcast, TV, Movies, Video and Record Production Industry	3.61	5.96	7.65	18.18
文化艺术业	Culture and Art	0.21	0.36	0.03	0.08
体　育	Sports	0.12	0.13	-8.75	-2.17
娱乐业	Recreational Services	1.35	2.17	4.41	6.92

15-4 各区规模以上服务业企业主要指标

Main Indicators of Service Enterprises above Designated Size by District

地　区	Region	企业单位数（个）Number of Enterprises (unit)		期末用工人数（人）Number of Employees at Year-end (person)		资产总计（亿元）Total Assets (100 million yuan)	
		2020	2021	2020	2021	2020	2021
和平区	Heping District	241	282	47145	48073	8300.06	8251.05
河东区	Hedong District	158	152	20036	23205	190.15	257.82
河西区	Hexi District	297	378	40019	39763	2555.97	2989.57
南开区	Nankai District	228	256	78456	79532	799.19	1024.41
河北区	Hebei District	100	116	16055	16002	1510.44	2138.81
红桥区	Hongqiao District	58	61	9803	9970	116.29	119.47
东丽区	Dongli District	208	182	28619	32124	1272.83	492.45
西青区	Xiqing District	225	274	43784	43564	1162.93	1225.19
津南区	Jinnan District	134	164	16005	16597	1038.08	1094.12
北辰区	Beichen District	141	150	27920	28275	1052.23	1143.63
武清区	Wuqing District	353	458	55145	43406	630.62	1066.17
宝坻区	Baodi District	50	52	4153	3573	52.61	61.57
滨海新区	Binhai New Area	2373	2627	350485	383994	16853.67	18749.33
宁河区	Ninghe District	39	40	5940	4066	43.82	39.27
静海区	Jinghai District	45	49	3401	3512	302.55	69.29
蓟州区	Jizhou District	41	40	3322	6120	118.14	300.75

15-4续表 *Continued*

单位：亿元 (100 million yuan)

地 区	Region	营业收入 Revenue from Business		税金总额 Total Taxes		利润总额 Total Pre-tax Profits	
		2020	2021	2020	2021	2020	2021
和平区	Heping District	276.88	392.49	5.92	3.27	25.36	53.68
河东区	Hedong District	110.46	204.18	2.91	5.45	1.06	7.49
河西区	Hexi District	323.98	455.56	10.27	14.65	106.34	74.86
南开区	Nankai District	224.88	287.52	10.72	13.41	13.90	13.57
河北区	Hebei District	99.86	117.65	2.38	4.97	5.83	-3.17
红桥区	Hongqiao District	56.97	64.82	1.46	1.56	-0.16	1.98
东丽区	Dongli District	149.91	164.40	5.57	6.62	12.05	12.66
西青区	Xiqing District	152.36	195.02	6.89	10.32	0.67	5.09
津南区	Jinnan District	64.36	70.81	1.77	2.58	-0.30	-1.15
北辰区	Beichen District	270.08	451.17	10.02	10.93	17.87	28.65
武清区	Wuqing District	442.24	494.49	15.52	12.48	13.06	-7.04
宝坻区	Baodi District	28.63	34.09	1.21	1.94	3.25	3.53
滨海新区	Binhai New Area	5350.77	6463.69	225.51	268.67	308.70	26.02
宁河区	Ninghe District	44.36	80.14	2.69	4.41	2.88	5.80
静海区	Jinghai District	33.28	36.45	1.73	2.00	0.99	0.82
蓟州区	Jizhou District	17.48	24.30	0.16	0.96	-0.25	-0.95

主要统计指标解释

规模以上服务业法人单位

辖区内年营业收入 2000 万元及以上服务业法人单位。包括：交通运输、仓储和邮政业，信息传输、软件和信息技术服务业，水利、环境和公共设施管理业三个门类和卫生行业大类。

辖区内年营业收入 1000 万元及以上服务业法人单位。包括：租赁和商务服务业，科学研究和技术服务业，教育三个门类，以及物业管理、房地产中介服务、房地产租赁经营和其他房地产业四个行业小类。

辖区内年营业收入 500 万元及以上服务业法人单位。包括：居民服务、修理和其他服务业，文化、体育和娱乐业两个门类，以及社会工作行业大类。

战略性新兴产业（服务业）

根据《战略性新兴产业分类（2018）》，战略性新兴产业是以重大技术突破和重大发展需求为基础，对经济社会全局和长远发展具有重大引领带动作用，知识技术密集、物质资源消耗少、成长潜力大、综合效益好的产业，包括：新一代信息技术产业、高端装备制造产业、新材料产业、生物产业、新能源汽车产业、新能源产业、节能环保产业、数字创意产业、相关服务业等 9 大领域。

本篇中战略性新兴产业（服务业）统计范围为规模以上服务业法人单位。

高技术产业（服务业）

根据《高技术产业（服务业）分类（2018）》，指采用高技术手段为社会提供服务活动的集合，包括信息服务、电子商务服务、检验检测服务、专业技术服务业的高技术服务、研发与设计服务、科技成果转化服务、知识产权及相关法律服务、环境监测及治理服务和其他高技术服务等 9 大类。

本篇中高技术产业（服务业）统计范围为规模以上服务业法人单位。

Explanatory Notes on Main Statistical Indicators

Legal Entities of Service Industry above Designated Size

Legal Entities of Service Industry with annual business revenue of over 15 million yuan in every district in Tianjin Municipality include three categories: transport, storage and postal services, information transmission, software and information technology services, and management of Water Conservancy, Environment and Public Facilities and one major category: health.

Legal Entities of Service Industry with annual business revenue of over 10 million yuan in every district in Tianjin Municipality include three categories: leasing and business services, scientific research and technical services, and education and four classes: real estate agent services, real estate intermediary services, real estate leasing business, and other real estate.

Legal Entities of Service Industry with annual business revenue of over 5 million yuan in every district in Tianjin Municipality include two categories: households' service, repair and other services, culture, sports and entertainment services and one major category: social work.

Strategic Emerging Industry (Service Industry)

According to The Classification of Strategic Emerging Industry (2018), strategic emerging industry is based on major technological breakthroughs and development needs, promoting long-term development of the economy and society. The industry has the characteristics of intensive knowledge and technology, less consumption of material resources, great potential of growth, and good overall efficiency. The industry includes new generation of information technology industry, high-end equipment manufacturing industry, new material industry, biotechnology industry, new energy auto industry, new energy industry, energy saving and environmental protection industry, digital creative industry, and related service industry.

The statistical coverage of strategic emerging industry (service industry) in this chapter includes legal entities of service industry above designated size.

High-tech Industry (Service Industry)

According to The Classification of High-tech Industry (Service Industry) (2018), high-tech industry (service industry) refers to industry providing service activities for society through high-tech means, including information services, e-commerce services, inspection and testing services, high-tech service industry of special technical services, research, development and design services, science and technology achievements transformation services, intellectual property and relevant legal services, environmental monitoring and treatment services, and other high-tech services.

The statistical coverage of high-tech industry (service industry) in this chapter includes legal entities of service industry above designated size.

第十六篇 批发和零售业

Chapter 16 Wholesale and Retail Trade

16-1 限额以上批发和零售业商品购进、销售和库存(2001—2021年)
Purchases,Sales and Inventory of Wholesale and Retail Trade above Designated Size,2001-2021

单位：亿元(100 million yuan)

年　份 Year	商品购进额 Purchases	#进　口 Imports	商品销售额 Sales	#批　发 Wholesale	年末库存额 Inventory (year-end)
2001	1343.64	49.89	1408.13	1167.82	137.96
2002	1356.68	57.27	1438.33	1215.56	105.87
2003	1858.19	92.81	1915.05	1678.86	107.93
2004	3578.89	238.89	3636.22	3199.33	221.68
2005	4192.39	197.44	4316.01	3897.80	204.52
2006	4912.09	267.56	5109.00	4640.25	245.87
2007	6639.77	298.80	6061.70	5518.56	323.18
2008	9183.67	442.79	10216.70	9262.70	453.39
2009	8940.76	343.15	9718.19	8651.55	575.76
2010	12346.01	514.07	13642.49	12392.62	624.38
2011	17760.51	920.11	18618.70	17065.38	888.38
2012	22100.52	1375.40	23284.41	21326.17	1079.16
2013	27095.13	1385.86	28747.85	26306.12	1209.74
2014	30600.76	1781.61	32601.83	29881.67	1524.93
2015	30793.20	1857.95	33156.29	30319.67	1296.67
2016	32734.98	1648.74	35270.82	32185.01	1543.99
2017	28681.22	1616.60	30258.38	27858.39	1632.23
2018	26880.89	1538.83	28185.13	25880.94	1736.58
2019	28925.98	1233.15	30700.10	28346.83	1725.56
2020	32134.84	1183.30	33705.95	31335.95	1360.09
2021	42544.92	1110.08	44302.05	41584.31	1529.59

16-2 限额以上批发和零售业商品购进额

Purchases of Wholesale and Retail Trade above Designated Size

单位：万元(10 000 yuan)

项目 Item	商品购进额 Goods Purchases		#进口 Imports	
	2020	2021	2020	2021
总计 **Total**	**321348360**	**425449166**	**11832973**	**11100770**
按登记注册类型分 **Grouped by Registered Status**				
内资企业 Domestic-funded Enterprises	268105431	360622802	6802135	6252111
国有 State-owned Enterprises	8702948	5429639	130040	23637
集体 Collective-owned Enterprises	162457	182462	9988	11318
股份合作 Cooperative Enterprises	154865	612801		
私营企业 Private Enterprises	141292299	208873741	3086209	2887324
股份有限公司 Share-holding Corporations Ltd.	5643832	8517757	370929	351048
有限责任公司 Limited Liability Corporations	110757341	136916380	3204893	2978783
#国有独资公司 Sole State-funded Corporations	10392388	10791573	81713	59746
联营企业 Joint Ownership Enterprises	63330	25579		
#国有联营 State Joint Ownership Enterprises	8389	18027		
其他 Others	1328360	64445	76	
港澳台商投资企业 Enterprises with Investment from Hong Kong, Macao and Taiwan	11694874	14641268	944103	1227389
外商投资企业 Foreign Funded Enterprises	41548055	50185095	4086734	3621270
按企业控股情况分 **Grouped by Company Holding Type**				
国有及国有控股企业 State-owned and State-holding Enterprises	100960761	130969590	2799107	2967398
民营及民营控股企业 Private and Private Holding Enterprises	193032083	262331518	4186565	3277680
外商及港澳台商控股企业 Hong Kong, Macao, Taiwan and Foreign Funded Holding Enterprises	27355516	32148058	4847301	4855692

16-2续表 *Continued*

单位：万元 (10 000 yuan)

项　目 Item	商品购进额 Goods Purchases		#进口 Imports	
	2020	2021	2020	2021
按国民经济行业分 **Grouped by Sector**				
批发业 **Wholesale Trade**	**303765802**	**405942619**	**11331675**	**10897685**
农、林、牧、渔产品批发 Farming, Forestry, Animal Husbandry and Fishery Products	5275901	10102172	627560	548466
食品、饮料及烟草制品批发 Food, Beverage and Tobacco	17176339	22149621	1944500	1648035
纺织、服装及日用品批发 Textile, Garments and Daily Articles	12061423	11862292	206163	233781
文化、体育用品及器材批发 Cultural and Sports Goods & Equipment	1713600	2979211	65158	55367
医药及医疗器械批发 Medicine and Medical Appliances	6127975	7082635	214037	336415
矿产品、建材及化工产品批发 Mineral Products, Building Material and Chemical Products	213049917	305816307	3537954	3608642
机械设备、五金交电及电子产品批发 Machinery Equipment, Hardware, Transport, Electric and Electronic Product	32141517	32634872	4353196	4151461
贸易经纪与代理 Trade Broker and Agent	1683578	1738687	156082	181330
其他批发 Others	14535552	11576822	227025	134187
零售业 **Retail Trade**	**17582558**	**19506547**	**501298**	**203085**
综合零售 Comprehensive Retail	1708664	1798180	1058	269
食品、饮料及烟草制品专门零售 Special Retail of Food, Beverage and Tobacco	279613	382930		593
纺织、服装及日用品专门零售 Special Retail of Textile, Garments and Daily Articles	707555	830367	2559	14727
文化、体育用品及器材专门零售 Special Retail of Cultural and Sports Goods & Equipment	208387	192929		746
医药及医疗器械专门零售 Special Retail of Medicine and Medical Appliances	288187	306215	1395	
汽车、摩托车、零配件和燃料及其他动力销售业 Special Retail of Automobile, Autobike, Parts, Fittings, Fuel and Other Power	9229459	10640965	486340	175715
家用电器及电子产品专门零售 Special Retail of Household Appliances and Electronic Products	791429	739427	8242	7416
五金、家具及室内装饰材料专门零售业 Special Retail of Hardware, Furniture and Decoration Materials for Indoors	156847	162497	1706	1542
货摊、无店铺及其他零售业 Booth, Non-shop and Other Retail	4212418	4453038		2078

16-3 限额以上批发和零售业商品销售和库存额

Sales and Inventory of Wholesale and Retail Trade above Designated Size

单位：亿元(100 million yuan)

项 目 Item	商品销售额 Sales 2020	商品销售额 Sales 2021	# 批 发 Wholesale 2020	# 批 发 Wholesale 2021	年末库存额 Inventory(year-end) 2020	年末库存额 Inventory(year-end) 2021
总 计 Total	**33705.95**	**44302.05**	**31335.95**	**41584.31**	**1360.09**	**1529.59**
按登记注册类型分 Grouped by Registered Status						
内资企业 Domestic-funded Enterprises	27926.28	37134.06	26067.67	35156.05	1085.14	1280.06
国 有 State-owned Enterprises	969.68	626.78	937.33	619.44	36.92	17.62
集 体 Collective-owned Enterprises	17.88	19.59	8.98	8.96	0.76	0.70
股份合作 Cooperative Enterprises	16.42	63.08	14.14	60.62	1.34	1.19
私营企业 Private Enterprises	14708.10	21455.92	13689.02	20253.66	501.95	611.47
股份有限公司 Share-holding Corporations Ltd.	600.02	894.40	544.59	818.49	23.99	32.50
有限责任公司 Limited Liability Corporations	11470.32	14064.52	10733.15	13388.39	519.67	616.42
# 国有独资公司 Sole State-funded Corporations	1059.78	1089.45	1031.26	1042.24	107.94	110.13
联营企业 Joint Ownership Enterprises	7.09	2.88	5.93	0.80	0.07	0.06
# 国有联营 State Joint Ownership Enterprises	1.15	2.08			0.01	0.05
其 他 Others	136.77	6.87	134.53	5.68	0.44	0.11
港澳台商投资企业 Enterprises with Investment from Hong Kong, Macao and Taiwan	1414.93	1724.31	1163.79	1317.17	121.89	118.86
外商投资企业 Foreign Funded Enterprises	4364.74	5443.68	4104.48	5111.09	153.06	130.66
按企业控股情况分 Grouped by Company Holding Type						
国有及国有控股企业 State-owned and State-holding Enterprises	10390.52	13461.87	9984.97	12809.71	424.02	492.57
民营及民营控股企业 Private and Private Holding Enterprises	20189.83	27022.26	18546.21	25460.31	683.33	807.94
外商及港澳台商控股企业 Hong Kong, Macao, Taiwan and Foreign Funded Holding Enterprises	3125.60	3817.92	2804.77	3314.29	252.73	229.08

16-3续表 *Continued*

单位：亿元(100 million yuan)

项　　目 Item	商品销售额 Sales		#批　发 Wholesale		年末库存额 Inventory(year-end)	
	2020	2021	2020	2021	2020	2021
按国民经济行业分 Grouped by Sector						
批发业 Wholesale Trade	**31771.58**	**42134.77**	**31195.99**	**41438.87**	**1226.58**	**1390.19**
农、林、牧、渔产品批发 Farming, Forestry, Animal Husbandry and Fishery Products	542.32	1066.79	535.67	1064.45	83.45	103.96
食品、饮料及烟草制品批发 Food, Beverage and Tobacco	1916.93	2552.11	1881.83	2511.11	150.61	164.20
纺织、服装及日用品批发 Textile, Garments and Daily Articles	1448.18	1364.25	1293.93	1231.23	137.01	138.27
文化、体育用品及器材批发 Cultural and Sports Goods & Equipment	189.44	311.31	185.37	308.13	21.77	21.44
医药及医疗器械批发 Medicine and Medical Appliances	702.27	813.14	701.09	810.61	47.93	109.02
矿产品、建材及化工产品批发 Mineral Products, Building Material and Chemical Products	21738.02	31130.68	21495.99	30866.74	562.57	641.37
机械设备、五金交电及电子产品批发 Machinery Equipment, Hardware, Transport, Electric and Electronic Product	3447.12	3482.40	3321.40	3371.52	172.61	177.42
贸易经纪与代理 Trade Broker and Agent	175.57	179.76	173.81	176.63	6.97	6.28
其他批发 Others	1611.73	1234.34	1606.91	1098.44	43.66	28.23
零售业 Retail Trade	**1934.37**	**2167.28**	**139.96**	**145.44**	**133.51**	**139.39**
综合零售 Comprehensive Retail	198.87	211.07	3.02	1.98	17.49	18.64
食品、饮料及烟草制品专门零售 Special Retail of Food, Beverage and Tobacco	40.23	56.67	3.54	5.93	2.29	3.52
纺织、服装及日用品专门零售 Special Retail of Textile, Garments and Daily Articles	99.07	117.13	4.30	8.79	6.17	8.27
文化、体育用品及器材专门零售 Special Retail of Cultural and Sports Goods & Equipment	28.39	27.58	2.44	3.14	6.21	6.68
医药及医疗器械专门零售 Special Retail of Medicine and Medical Appliances	34.34	36.14	1.49	1.66	5.91	4.62
汽车、摩托车、零配件和燃料及其他动力销售业 Special Retail of Automobile, Autobike, Parts, Fittings, Fuel and Other Power	964.56	1134.72	71.40	80.07	83.45	79.64
家用电器及电子产品专门零售 Special Retail of Household Appliances and Electronic Products	87.62	78.78	17.15	22.55	4.04	4.79
五金、家具及室内装饰材料专门零售业 Special Retail of Hardware, Furniture and Decoration Materials for Indoors	20.44	22.36	1.79	1.54	2.03	3.36
货摊、无店铺及其他零售业 Booth, Non-shop and Other Retail	460.84	482.84	34.83	19.78	5.93	9.88

16-4 限额以上国有及国有控股批发和零售业主要指标(2021年)
Main Indicators of State-owned & State-holding Wholesale and Retail Trade above Designated Size,2021

单位：亿元(100 million yuan)

项　目 Item	机　构(个) Organizations (unit)	商品购进额 Purchases	商品销售额 Sales
总　计 Total	**548**	**13096.96**	**13461.87**
批发业 Wholesale Trade	**398**	**12648.80**	**12941.84**
农、林、牧、渔产品批发 Farming, Forestry, Animal Husbandry and Fishery Products	26	229.83	235.49
食品、饮料及烟草制品批发 Food, Beverage and Tobacco	40	564.61	661.28
纺织、服装及日用品批发 Textile, Garments and Daily Articles	26	186.58	189.90
文化、体育用品及器材批发 Cultural and Sports Goods & Equipment	10	115.75	115.99
医药及医疗器械批发 Medicine and Medical Appliances	33	381.86	412.95
矿产品、建材及化工产品批发 Mineral Products, Building Material and Chemical Products	190	10116.53	10266.51
机械设备、五金交电及电子产品批发 Machinery Equipment, Hardware, Transport, Electric and Electronic Product	44	734.85	730.74
贸易经纪与代理 Trade Broker and Agent	11	120.64	123.60
其他批发 Others	18	198.13	205.39
零售业 Retail Trade	**150**	**448.16**	**520.02**
# 综合零售 Comprehensive Retail	10	4.13	6.60
食品、饮料及烟草制品专门零售 Special Retail of Food, Beverage and Tobacco	9	6.90	8.84
纺织、服装及日用品专门零售 Special Retail of Textile, Garments and Daily Articles	5	7.32	10.67
文化、体育用品及器材专门零售 Special Retail of Cultural and Sports Goods & Equipment	20	4.67	4.75
医药及医疗器械专门零售 Special Retail of Medicine and Medical Appliances	9	10.04	10.85
汽车、摩托车、燃料及零配件专门零售 Special Retail of Automobile, Autobike, Parts, Fittings and Fuel	92	408.90	471.42
无店铺及其他零售 Non-shop and Other Retail	4	5.77	6.41

16-5 按登记注册类型分限额以上批发和零售企业财务状况(2021年)

项　目	Item	营业收入 Revenue from Business	营业成本 Cost of Business
总　计	**Total**	**391705031**	**377515523**
批发企业	**Wholesale Trade**	**371686900**	**359938039**
# 国有及国有控股企业	State-owned and State-holding Enterprises	111519206	109559739
内资企业	Domestic-funded Enterprises	313230366	305589923
国　有	State-owned Enterprises	5584205	5173934
集　体	Collective-owned Enterprises	80165	79203
股份合作	Cooperative Enterprises	539015	522081
联营企业	Joint Ownership Enterprises	7079	6756
有限责任公司	Limited Liability Corporations	117044467	114265782
股份有限公司	Share-holding Corporations Ltd.	7549428	7206499
私营企业	Private Enterprises	182363320	178275205
其他企业	Others	62687	60464
港澳台商投资企业	Enterprises with Investment from Hong Kong, Macao and Taiwan	14340910	12276444
外商投资企业	Foreign Funded Enterprises	44115624	42071672
零售企业	**Retail Trade**	**20018131**	**17577483**
# 国有及国有控股企业	State-owned and State-holding Enterprises	4646703	4201108
内资企业	Domestic-funded Enterprises	15066214	13316911
国　有	State-owned Enterprises	71671	62639
集　体	Collective-owned Enterprises	94315	82700
股份合作	Cooperative Enterprises	20851	16953
联营企业	Joint Ownership Enterprises	18389	15806
有限责任公司	Limited Liability Corporations	4714650	4009625
股份有限公司	Share-holding Corporations Ltd.	619619	581055
私营企业	Private Enterprises	9526718	8548133
其他企业	Others		
港澳台商投资企业	Enterprises with Investment from Hong Kong, Macao and Taiwan	1598784	1279607
外商投资企业	Foreign Funded Enterprises	3353134	2980966

Main Financial Indicators of Enterprises above Designated Size of Wholesale and Retail Trade by Status of Registration,2021

单位：万元(10 000 yuan)

税　金 及附加 Taxes and Other Charge	利润总额 Total Pre-tax Profits	资产总计 Total Assets	# 流动资产 Working Capitals	负债合计 Total Debts	所 有 者 权益合计 Total Owners' Equities
977895	**3073281**	**146730643**	**125312143**	**119555664**	**26209717**
914018	**3053122**	**135700213**	**118299577**	**110129661**	**24692022**
295707	850941	36170936	29140372	25147782	10333222
535386	2144375	115786240	100015727	95798789	19184163
152887	167760	2224107	1877682	1172715	1051392
42	129	49724	44721	38044	11680
402	7554	213582	206440	164816	48766
9	91	2540	2507	2286	254
186560	627643	46002878	40463118	38228615	7080262
6673	332088	7480278	3490656	2785971	4694307
188797	1010368	59790647	53908153	53383280	6298090
15	-1257	22484	22451	23062	-589
40103	443831	10248136	9443668	7139780	3030831
338530	464916	9665837	8840181	7191093	2477028
63877	**20160**	**11030429**	**7012566**	**9426003**	**1517694**
12276	-50860	2848758	932932	1719668	1129090
47466	36550	8011409	5964658	6703149	1221529
160	742	88183	83737	54654	33530
183	4182	43371	37344	16036	26039
57	1510	14360	9076	7816	6544
37	1427	4524	3652	1533	2991
20264	63382	3246079	2243216	2837468	309195
1971	-20832	338453	88246	153599	184854
24795	-13860	4276440	3499387	3632044	658376
6607	78320	870482	557636	1133903	-263421
9804	-94710	2148538	490273	1588952	559587

16-6 按国民经济行业分限额以上批发和零售业财务状况(2021年)

项　目	Item	营业收入 Revenue from Business	营业成本 Cost of Business
总　计	**Total**	**391705031**	**377515523**
批发企业	**Wholesale Trade**	**371686900**	**359938039**
农、林、牧、渔产品批发	Wholesale of Farming, Forestry, Animal Husbandry and Fishery Products	9965974	9686394
食品、饮料及烟草制品批发业	Wholesale of Food, Beverage and Tobacco	21734020	19523251
纺织、服装及日用品批发业	Wholesale of Textiles, Garments and Daily Articles	12407624	10716327
文化、体育用品及器材批发业	Wholesale of Culture, Sports Appliances and Equipment	2939650	2746445
医药及医疗器材批发业	Wholesale of Medicines and Medical Appliances	7327738	6396259
矿产品、建材及化工产品批发业	Wholesale of Mineral Products, Building Material and Chemical Products	275557729	271363825
机械设备、五金交电及电子产品批发业	Wholesale of Machinery, Hardware, Transport, Electric and Electronic Equipment	28915780	26783160
贸易经纪与代理	Trade Broker and Agent	1714026	1670831
其他批发业	Other Wholesales	11124361	11051549
零售企业	**Retail Trade**	**20018131**	**17577483**
综合零售业	Comprehensive Retail	2031437	1634899
食品、饮料及烟草制品专门零售业	Special Retail of Food, Beverage and Tobacco	515936	356440
纺织、服装及日用品专门零售业	Special Retail of Textiles, Garments and Daily Articles	993293	665769
文化、体育用品及器材专门零售业	Special Retail of Culture, Sports Appliances and Equipment	267972	212725
医药及医疗器材专门零售业	Special Retail of Medicine and Medical Appliances	337431	278203
汽车、摩托车、零配件和燃料及其他动力销售业	Special Retail of Automobile, Autobike, Parts, Fittings and Fuel	10480660	9682308
家用电器及电子产品专门零售业	Special Retail of Household Electric Appliances and Electronic Products	726244	667242
五金、家具及室内装饰材料专门零售业	Special Retail of Hardware, Furniture and Decoration Materials for Indoors	205783	162759
货摊、无店铺及其他零售业	Non-shop and Other Retails	4459376	3917138

Main Financial Indicators of Enterprises above Designated Size of Wholesale and Retail Trade by Sector,2021

单位：万元(10 000 yuan)

税 金 及附加 Taxes and Other Charge	利润总额 Total Pre-tax Profits	资 产 总 计 Total Assets	# 流 动 资 产 Working Capitals	负 债 合 计 Total Debts	所 有 者 权益合计 Total Owners' Equities
977895	**3073281**	**146730643**	**125312143**	**119555664**	**26209717**
914018	**3053122**	**135700213**	**118299577**	**110129661**	**24692022**
6054	-5725	3577898	3252973	3074183	502520
249538	475858	11459622	9962230	9114728	2345832
19321	-3823	10050920	9492947	8523923	1531880
2989	40244	1816775	1628846	929868	886919
18570	205130	4598227	4179343	3489159	1108940
168955	1535026	80868058	70174668	67782864	12245943
350920	757642	19102211	15688022	13562545	5497176
756	6588	680182	532251	518703	161650
96915	42180	3546322	3388296	3133687	411163
63877	**20160**	**11030429**	**7012566**	**9426003**	**1517694**
12730	-66713	2106266	1031371	2531518	-410557
2250	80424	479993	412854	262872	217148
9501	49338	540249	415695	427856	112393
3801	5744	233159	189766	174746	60352
783	-4367	253729	164692	138730	16781
24626	-4599	5507395	3095532	3702393	1799694
836	-35127	596882	562881	1068823	-471942
1531	-11070	216926	104720	193886	23040
7819	6530	1095831	1035056	925180	170785

16-7 连锁零售企业基本情况(2021年)
Basic Conditions of Chain Retail Enterprises,2021

项目 Item	门店总数(个) Number of Stores (unit)	营业面积(平方米) Operation Area (sq.m)	从业人数(人) Employment Personnel (person)	商品销售额(万元) Sales of Commodities (10 000 yuan)	# 零售额 Retail Sales
总计					
Total	**2912**	**2195222**	**26226**	**5127596**	**4335190**
按登记注册类型分					
By Status of Registration					
内资企业					
Domestic Funded Enterprises	1906	716316	13102	1875173	1529744
国有					
State-owned Enterprises	187	86288	1700	579777	405097
私营有限责任公司					
Private Limited Liability Corporations	403	170231	3836	592182	423023
其他有限责任公司					
Other Limited Liability Corporations	926	411669	6723	615765	614174
其他					
Others	390	48128	843	87449	87449
港澳台商投资企业					
Enterprises with Funds from Hong Kong, Macao and Taiwan	254	264935	6952	427990	411073
外商投资企业					
Foreign Funded Enterprises	752	1213971	6172	2824432	2394374
# 中外合资经营企业					
Joint-venture Enterprises	296	148000	2924	821259	821259
外商独资企业					
Enterprises with Sole Foreign Investment	5	36971	638	43084	43084

16-7续表 *Continued*

项　目 Item	门店总数（个） Number of Stores (unit)	营业面积（平方米） Operation Area (sq.m)	从业人数（人） Employment Personnel (person)	商品销售额（万元） Sales of Commodities (10 000 yuan)	# 零售额 Retail Sales
按业态分					
By Business Categories					
便利店 Convenience Store	372	39989	465	82979	82979
超　市 Supermarket	599	181405	2732	319588	317997
大型超市 Hypermarket	235	441365	9122	573625	556747
专业店 Specialty Store	565	230689	4048	608325	439298
加油站 Gas Station	930	1263098	7198	3359725	2755348
专卖店 Exclusive Store	195	33531	2479	133725	133193
家居建材商店 Building Material Store	16	5145	182	49629	49629
按行业分					
By Sector					
综合零售 Comprehensive Retail	1206	662759	12319	976192	957723
食品、饮料及烟草制品专门零售 Special Retail of Food, Beverage and Tobacco	190	28459	2574	142565	142203
纺织、服装及日用品专门零售 Special Retail of Textiles, Garments and Daily Articles	36	10147	287	11689	11519
医药及医疗器材专门零售 Special Retail of Medicine and Medical Appliances	487	74299	2453	138101	138101
汽车、摩托车、燃料及零配件专门零售 Special Retail of Automobile, Autobike, Parts, Fittings and Fuel	930	1263098	7198	3359725	2755348
家用电器及电子产品专门零售 Special Retail of Household Electric Appliances and Electronic Products	47	151315	1213	449695	280668
五金、家具及室内装修材料专门零售 Special Retail of Hardware, Furniture and Decoration Materials for Indoors	16	5145	182	49629	49629

16-8 亿元以上商品交易市场基本情况(2021年)

Basic Statistics on Commodity Exchange Markets with Transaction Value over 100 Million Yuan,2021

市　场	Market	市场数量(个) Number of Markets (unit)	摊位数(个) Number of Booths (unit)
总　计	**Total**	**47**	**35219**
综合市场	**Comprehensive Markets**	**9**	**6977**
工业消费品综合市场	Comprehensive Market of Industrial Consumables	1	427
农产品综合市场	Comprehensive Market of Agricultural Products	5	4040
其他综合市场	Other Comprehensive Markets	3	2510
专业市场	**Special Markets**	**38**	**28242**
生产资料市场	Market of Capital Goods	9	3101
建材市场	Building Materials Markets	4	2293
金属材料市场	Metal Materials Markets	5	808
农产品市场	Agricultural Products Markets	12	7255
粮油市场	Foodstuff and Oil Markets	3	934
水产品市场	Aquatic Products Markets	1	327
蔬菜市场	Vegetable Markets	6	4388
其他农产品市场	Other Agricultural Product Markets	2	1606
食品、饮料及烟酒市场	Food, Beverage and Tobacco Markets	1	3136
其他食品、饮料及烟酒市场	Other Food, Beverage and Tobacco Markets	1	3136
纺织、服装、鞋帽市场	Textile, Garments, Shoes and Caps Markets	3	4752
服装市场	Garments Markets	3	4752
家具、五金及装饰材料市场	Furniture, Hardware and Decoration Materials Markets	7	6460
家具市场	Furniture Markets	1	467
装饰材料市场	Decoration Materials Markets	2	686
五金材料市场	Hardware Markets	4	5307
汽车、摩托车及零配件市场	Automobile, Autobike, Parts and Fittings Markets	5	3119
花、鸟、鱼、虫市场	Flowers, Birds, Fish and Insects Markets	1	419

16-8续表 *Continued*

市　　场	Market	营业面积（万平方米）Operation Area (10 000 sq.m)	成交额（亿元）Transaction Value (100 million yuan)	#批　发 Wholesale
总　计	**Total**	**493.13**	**1503.71**	**1424.98**
综合市场	**Comprehensive Markets**	**69.27**	**376.08**	**364.74**
工业消费品综合市场	Comprehensive Market of Industrial Consumables	0.93	2.99	2.99
农产品综合市场	Comprehensive Market of Agricultural Products	45.00	341.88	334.87
其他综合市场	Other Comprehensive Markets	23.34	31.21	26.89
专业市场	**Special Markets**	**423.86**	**1127.64**	**1060.24**
生产资料市场	Market of Capital Goods	86.98	255.11	228.32
建材市场	Building Materials Markets	76.21	91.20	64.40
金属材料市场	Metal Materials Markets	10.77	163.92	163.92
农产品市场	Agricultural Products Markets	102.85	411.81	399.81
粮油市场	Foodstuff and Oil Markets	11.68	93.84	93.84
水产品市场	Aquatic Products Markets	0.60	12.00	
蔬菜市场	Vegetable Markets	60.64	173.27	173.27
其他农产品市场	Other Agricultural Product Markets	29.92	132.70	132.70
食品、饮料及烟酒市场	Food, Beverage and Tobacco Markets	26.68	48.14	48.14
其他食品、饮料及烟酒市场	Other Food, Beverage and Tobacco Markets	26.68	48.14	48.14
纺织、服装、鞋帽市场	Textile, Garments, Shoes and Caps Markets	64.74	242.55	242.55
服装市场	Garments Markets	64.74	242.55	242.55
家具、五金及装饰材料市场	Furniture, Hardware and Decoration Materials Markets	117.57	147.55	141.43
家具市场	Furniture Markets	22.00	3.58	
装饰材料市场	Decoration Materials Markets	11.00	3.34	0.80
五金材料市场	Hardware Markets	84.57	140.63	140.63
汽车、摩托车及零配件市场	Automobile, Autobike, Parts and Fittings Markets	23.00	21.68	
花、鸟、鱼、虫市场	Flowers, Birds, Fish and Insects Markets	2.04	0.80	

16-9 城市综合体基本情况(2021年)
Basic Statistics on Urban Complex,2021

项目	Item	商户数量(个) Number of Merchant (unit)	从业人数(人) Employment Personnel (person)	商品销售额(万元) Sales of Commodities (10 000 yuan)
总计	**Total**	**8715**	**53487**	**2594372**
零售业	**Retail Trade**	**4676**	**21860**	**1755708**
百货零售	Retail Department Stores	799	3044	241976
超级市场零售	Super Market Retail	91	3126	200574
食品、饮料及烟草制品零售	Retail of Food, Beverage and Tobacco	256	1259	25925
服装鞋帽针纺织品零售	Retail of Clothing, Shoes, Hats and Needle Textiles	1974	8441	692974
化妆品零售	Retail of Cosmetics	165	722	44178
日用品零售	Retail of Daily Articles	115	609	18749
家用电器及电子产品零售	Retail of Household Appliances and Electronic Products	311	1574	224108
其他	Others	965	3085	307224
餐饮业	**Catering Industry**	**2417**	**21484**	**632793**
服务业	**Services Industry**	**1622**	**10143**	**205871**
电影放映	Film Screenings	45	760	35008
教育培训	Education and Training	420	3273	48032
室内娱乐活动	Indoor Entertainment	400	2484	43344
理发及美容服务	Hairdressing and Beauty Services	331	1492	19183
健身休闲活动	Fitness and Leisure Activities	61	648	10531
其他	Others	365	1486	49773

16-10 社会消费品零售总额
Total Retail Sales of Consumer Goods

地区	Region	2020		2021	
		社会消费品零售总额(亿元) Total Retail Sales of Consumer Goods (100 million yuan)	2020比2019年增长(%) Increase Rate in 2020 over 2019 (%)	社会消费品零售总额(亿元) Total Retail Sales of Consumer Goods (100 million yuan)	2021比2020年增长(%) Increase Rate in 2021 over 2020 (%)
全市总计	**Total**	**3582.91**	**-15.1**	**3769.78**	**5.2**
和平区	Heping District	194.40	-27.3	197.29	1.5
河东区	Hedong District	217.89	-14.2	227.48	4.4
河西区	Hexi District	214.51	-13.5	253.43	18.1
南开区	Nankai District	370.66	-19.3	409.04	10.4
河北区	Hebei District	68.60	-13.4	72.55	5.8
红桥区	Hongqiao District	71.34	-9.3	71.70	0.5
东丽区	Dongli District	235.52	-4.7	235.51	
西青区	Xiqing District	308.43	-6.1	341.65	10.8
津南区	Jinnan District	120.00	-16.8	130.90	9.1
北辰区	Beichen District	168.81	-10.5	176.69	4.7
武清区	Wuqing District	558.17	-14.9	584.86	4.8
宝坻区	Baodi District	117.00	-2.2	126.72	8.3
滨海新区	Binhai New Area	717.20	-17.3	717.70	0.1
宁河区	Ninghe District	70.13	-35.9	63.89	-8.9
静海区	Jinghai District	96.43	-8.1	104.92	8.8
蓟州区	Jizhou District	53.84	-19.1	55.45	3.0

主要统计指标解释

商品购进额

指从本企业以外的单位和个人购进（包括从国外直接进口）作为转卖或加工后转卖的商品金额（含增值税）。本指标反映批发和零售业从国内外市场上购进商品的总价。

商品购进包括：（1）从工农业生产者、批发和零售业、住宿和餐饮业、出版社或报社的出版发行部门和其他服务业等企事业单位和个体经营户购进的商品；（2）从机关、社会团体购进的商品；（3）从海关、市场管理部门购进的缉私和没收的商品；（4）从居民收购的废旧商品等。

商品购进不包括：（1）企业为本单位自身经营用，不是作为转卖而购进的商品，如材料物资、包装物、低值易耗品、办公用品等；（2）未通过买卖行为而收入的商品，如接受其他部门移交的商品、借入的商品、收入代其他单位保管的商品、其他单位赠送的样品、加工回收的成品等；（3）经本单位介绍，由买卖双方直接结算，本单位只收取手续费的业务；（4）销售退回和买方拒付货款的商品；（5）商品溢余；（6）期货交易商品。

商品销售额

指对本单位以外的单位和个人出售的商品金额（包括售给本单位消费用的商品，含增值税），在批发和零售业中，本指标反映在国内市场上销售商品以及出口商品的总价。

商品销售包括：（1）售给个人和社会集团消费用的商品；（2）售给农业、工业、建筑业、服务业等国民经济各行业用于生产、经营用的商品，包括售予批发和零售业作为转卖或加工后转卖的商品；（3）对国（境）外直接出口的商品。

商品销售不包括：（1）未通过买卖行为付出的商品，如因机构变动移交给其他企业单位的商品、借出的商品、归还受其他单位委托代保管的商品、付出的加工原料和赠送给其他单位的样品等；（2）促销返券所销售的、不计入营业收入的商品；（3）经本单位介绍，由买卖双方直接结算，本单位只收取手续费的业务；（4）未发生所有权转移的商品预付卡销售，如加油卡；（5）汽车维修、电话卡销售等服务性经济活动；（6）购货退回的商品；（7）商品损耗和损失；（8）出售本单位自用的废旧物资；（9）期货交易商品；（10）自来水供应企业、电力企业、天然气供应企业提供的水、电、气。

期末商品库存额

对于批发和零售业法人单位和个体经营户，是指报告期末取得所有权的全部商品金额（含增值税）；对于批发和零售业产业活动单位，是指报告期末实际在库且归属法人具有所有权的全部商品金额（含增值税）。这个指标反映批发和零售业的商品库存情况，以及对市场商品供应的保证程度。

库存商品包括：（1）存放在本单位（如门市部、批发站、采购站、经营处）的仓库、货场、货柜和货架中的商品；（2）挑选、整理、包装中的商品；（3）已记入购进而尚未运到本单位的商品，即发货单或银行承兑凭证已到而货未到的商品；（4）寄放他处的商品，如因购货方拒绝付款而暂时存在购货方的商品；（5）委托其他单位代销（未作销售或调出）尚未售出的商品；（6）代其他单位购进尚未交付的商品。

库存商品不包括：（1）所有权不属于本单位的商品，如商品已作销售但买方尚未取走的商品，代替他人保管、运输、加工的商品，代其他单位销售（未做购进或调入）而未售出的商品；（2）委托外单位加工的商品（包括本单位所属加工厂和其他生产单位加工生产尚未收回成品的商品）；（3）外贸企业代理其他单位从国外进口，尚未付给订货单位的商品；（4）代国家储备部门保管的商品。

连锁总店(总部)

负责连锁企业资源(商号、商誉、经营模式、服务标准、管理模式等)的开发、配置、控制或使用等功能的企业核心管理机构。连锁经营是指经营同类商品或服务，使用统一商号的若干店铺，在同一总店(总部)的管理下，采取统一采购或特许经营等方式，实现规模效益的组织形式，包括直营连锁、特许连锁和自愿连锁三种形式。

直营连锁　指连锁店铺由连锁公司全资或控股开设，在总部的直接控制下，开展统一经营的连锁经营形式；

特许连锁　指拥有注册商标、企业标志、专利、专有技术等经营资源的企业(特许人)，以合同形式将其拥有的经营资源许可其他经营者(被特许人)使用，被特许人按合同约定在统一的经营模式下开展经营，并向特许人支付特许经营费用的连锁经营形式；

自愿连锁　指若干个店铺或企业自愿组合起来，在不改变各自资产所有权关系的情况下，以同一个品牌形象面对消费者，以共同进货为纽带开展的连锁经营形式。

亿元以上商品交易市场

指年成交额在亿元及以上的商品交易市场。商品交易市场是指经有关部门和组织批准设立，有固定场所、设施，有经营管理部门和监管人员，若干市场经营者入内，常年或实际开业三个月以上，集中、公开、独立地进行生活消费品、生产资料等现货商品交易以及提供相关服务的交易场所，包括各类消费品市场、生产资料市场等。

城市商业综合体

指以区域为中心、以购物中心为主导,融合了商业零售、餐饮、休闲养生、娱乐、文化、教育等多项城市主要功能活动，面向各类生活消费人群、提供综合性服务的大型建筑综合体。所确定的调查对象，除应具备城市商业综合体的融合多项城市主要功能、面向生活消费人群、提供综合性服务等特征，还应同时满足以下几个条件：(1)由企业有计划地管理运营，有统一的名称，如**中心、**广场、**城等。(2)涵盖超市、百货、专业店、专卖店等商品零售业态，正餐、快餐等餐饮业态，以及文化、娱乐、健身、培训等两项及以上主要服务业态。(3)营业面积不少于 1 万平方米且独立开展经营活动的商户不少于 50 个。

批发和零售业统计限额标准

行业类别	统计指标名称	限额标准
批发业	年主营业务收入	2000 万元
零售业	年主营业务收入	500 万元

Explanatory Notes on Main Statistical Indicators

Purchases of Commodities

refer to the total value of purchases of commodities by the enterprises from other establishments or individuals (including direct import from abroad) for the purpose of re-selling, either with or without further processing of the commodities purchased (including value-added taxes). This indicator is used to show the total value of purchases of commodities by wholesale and retail establishments from domestic and overseas markets. The total purchases include: (1) commodities purchased from enterprises and institutions and individual operators of agricultural and industrial producers, wholesale and retail trades, accommodation and catering services, distribution departments of the publishers and other services, etc; (2) commodities purchased from government agencies and social organizations; (3) anti-smuggling and confiscated goods purchased from the customs authorities or market management agencies; (4) second-hand goods and wastes purchased from residents. Excluded are (1) commodities purchased by enterprises (establishments) for use in their own business operation, not for re-selling, such as materials, packages, low priced and easily worn articles, office supplies, etc; (2) commodities obtained without buying or selling procedures; (3) commission income from brokerage in transactions whose settlement is directly handled by buyers and sellers; (4) commodities rejected and refused to pay; (5) goods overflow; (6) commodities in futures trading.

Sales of Commodities

refer to value of commodities sold by the establishments to other establishments and individuals (including sales for the self-consumption and its value-added taxes). In the wholesale and retail trade, this indicator is used to show the total value of sales of commodities at domestic markets and export. The commodities include: (1) commodities sold to individual and social groups for their consumption; (2) commodities sold to establishments in all the industries, such as agriculture, industry, construction, services, etc., for their production and operation, including commodities sold to wholesale and retail establishments for re-selling, with or without further processing; (3) commodities for direct export to other countries. Excluded are (1) commodities transferred without buying or selling procedures, such as commodities handed over to other enterprises and institutions because of the change of organizations, lent commodities, returned commodities preserved for others, extended processing materials and samples donated to others , etc; (2) commodities sold in coupon promotion which not included in business revenue; (3) commission income from brokerage in transactions whose settlement is directly handled by buyers and sellers; (4) commodities prepaid card without ownership transfer, such as fuel card; (5) economic activity in services such as repairing automobiles, selling phone cards and etc; (6) rejected commodities in the purchase; (7) loss in commodities; (8) selling of waste packaging materials used by the establishments (units) themselves; (9) commodities in futures trading; (10) water, electricity and gas supplied by enterprises.

Inventory of Commodities at Period-end

refers to total commodities (including value-added taxes) possessed by wholesale and retail enterprises, private and individuals, and total commodities (including value-added taxes) at storage and possessed by their institutional units for the wholesale and retail units with industrial undertakings. It reflects the commodity stock level of various wholesale and retail enterprises (units) and the potential for market supply. It includes: (1) commodities located in storage, garages, counters, and shelves of operating units (such as sale stores, wholesale centers, procurement stations and operating offices) of wholesale and retail enterprises; (2) commodities in the process of selecting, sorting, and packing; (3) commodities not arrived but recorded as purchase in the account, i.e. commodities not arrived but payment receipts for the commodities from the sellers or the banks arrived; (4) commodities deposited in other places rather than places mentioned above, for instance: commodities in the hold of purchasers temporarily due to the refusal of payment and commodities not taken back after going through the formalities; (5) commodities entrusted to other units to sell but not sold yet; (6) commodities purchased for other units but not delivered yet. Commodities not included as: (1) stock not owned by the enterprises (units), such as commodities have been sold but not taken away by buyers, commodities preserved, transported and processed for others, commodities remain unsold by agents (not purchased or transferred); (2) commodities entrusted to other units to process (including entrusted to subsidiary processing plants and other units and not taken back yet); (3) commodities imported from foreign countries agented by foreign trade enterprises and not delivered to the order units; (4) commodities managed on behalf of the state material reserves units.

Chain Head Stores (Headquarters)

refer the core management organization of the enterprise responsible for the development, configuration, control or use of chain enterprise resources (trade name, goodwill, business model, service standard, management model, etc.). Chain operation refers to the organizational form that operates the same kind of goods or services, and uses stores under the same trade name, under the management of the same head office (headquarters), adopt unified procurement or franchising to achieve profitability. It include regular chain store, franchise chain store and voluntary chain store.

Regular Chain Store refers to the form of chain operation in which chain stores are wholly owned or controlled by chain companies, and are operated in a unified manner under the direct control of the headquarters.

Franchise Chain Store refers to the form of chain operation in which enterprises (franchisors) that own operating resources licenses its operating resources to other operators (franchisees) in a contract to conduct operations and pay franchise fees under a unified business model.

Voluntary Chain Store refers to the form of chain operation in which several stores or enterprises are voluntarily combined to face consumers with the same brand image without changing the ownership relationship of their respective assets, and conduct business with the joint purchase of goods as a link.

Commodity Exchange Markets with Transaction Value over 100 Million Yuan

refer to the commodity exchange markets with an annual transaction value of 100 million yuan or more. Commodity exchange markets refer to the trading places that have been established with the approval of relevant departments and organizations, and opened for more than three months with fixed places, facilities, operation and management departments, supervisors, and several market operators, including various consumer goods markets, production markets, etc.

Urban Commercial Complex

refers to a large-scale commercial complex which takes the region as the center and takes the shopping center as the leading, integrates the commercial retail, catering, leisure and health care, entertainment, culture, education and other major functions of the city, and provides comprehensive services for all kinds of consumer groups.

In addition to the characteristics of urban commercial complex integrating multiple main functions of the city, facing the consumer groups and providing comprehensive services, the survey objects identified should also meet the following requirements:

(1) It is managed and operated by enterprises in a planned way and has a unified name, such as * * center, * * square and * * city.

(2) It covers supermarkets, department stores, professional stores, exclusive stores and other commodity retail industries, catering industry such as dinner and fast food, and two or more major service industries including culture, entertainment, fitness, entertainment and training.

(3) The business area is not less than 10000 square meters, and there are no less than 50 independent businesses.

The contents of the special survey on urban commercial complex include the opening time, floor area, passenger flow and other basic information of the urban commercial complex, the employment situation, the overall scale of business activities, business structure and business structure, as well as the situation of merchants in this place.

Statistical Limit Standard of Wholesale, Retail Trade, Accommodation and Catering Services

Industry Category	*Statistical Index Name*	*Limit Standard*
Wholesale Trade	*Annual Revenue from Principal Business*	*20 million yuan*
Retail Trade	*Annual Revenue from Principal Business*	*5 million yuan*

第十七篇　交通运输和邮电

Chapter 17 Transportation, Post and Telecommunication Services

17-1 社会客、货运输量和周转量

Passenger & Freight Traffic and Turnover Volume of Passenger & Freight Traffic

年 份 Year	客运量（万人）Passenger Traffic (10 000 persons)	# 铁 路 Railways	# 公 路 Highways	# 民 航 Civil Aviation	旅客周转量（百万人公里）Turnover Volume of Passenger Traffic (million passenger-km)	# 铁 路 Railways	# 公 路 Highways	# 民 航 Civil Aviation
1978		1458	533				243	
1980		1567	646				289	
1985	2984	2192	788			5234	456	
1990	2175	1722	447			5409	307	
1995	3308	1802	1464		7927	5437	1680	
2000	3474	1594	1820		8845	6022	1864	
2001	3302	1456	1780		9197	5996	2205	
2002	3457	1498	1870		9255	5782	2272	
2003	3507	1281	2109		9274	5526	2158	
2004	4103	1491	2457		11713	7112	2404	
2005	4679	1550	2961		14210	9070	2646	
2006	5670	1632	3807		16341	9651	3564	
2007	7104	1573	5253		18380	10228	4470	
2008	8753	1907	6579		19612	10426	5671	
2009	25299	2384	22566	334	29766	12482	13122	4142
2010	24873	2654	21822	396	32312	14066	13196	5031
2011	25331	2801	22053	475	34214	14838	13391	5967
2012	28462	2970	24483	1009	43249	16399	15043	11807
2013	29518	3352	24980	1186	47289	17836	15442	14011
2014	19599	3686	14530	1382	41971	16412	8847	16712
2015	19775	4054	14218	1503	44562	17047	8583	18932
2016	19930	4543	13741	1645	48144	18351	7839	21955
2017	19193	4792	12538	1863	52786	19390	7283	26113
2018	19250	5075	12259	1915	55349	19990	7640	27719
2019	19608	5332	12206	2069	58511	20852	7867	29792
2020	11608	2636	7926	1046	27882	9599	4747	13536
2021	13516	3405	8916	1195	32404	11661	5430	15313

17-1续表 *Continued*

年份 Year	货运量(万吨) Freight Traffic (10 000 tons)	# 铁路 Railways	# 公路 Highways	# 水运 Waterways	货物周转量(亿吨公里) Turnover Volume of Freight Traffic (100 million ton-km)	# 铁路 Railways	# 公路 Highways	# 水运 Waterways
1978	9241	1877	6417	701			8	392
1980	13949	1785	11065	789			18	505
1985	18249	2595	14500	818	765	190	34	540
1990	15929	2228	12329	1046	1139	234	52	852
1995	24040	2722	19323	1517	1412	230	41	1139
2000	26400	3079	18764	4165	4674	275	63	4334
2001	28608	3727	19382	5037	5166	230	65	4870
2002	31016	4519	19554	6452	6484	228	66	6188
2003	35252	5662	20072	8944	8169	259	68	7840
2004	37934	6108	19560	11613	11473	286	72	11112
2005	40263	7241	19850	12375	12461	353	74	12031
2006	42863	8409	20290	13313	12184	353	76	11751
2007	51338	11288	23500	15671	15221	355	88	14774
2008	55065	12161	27000	15096	14479	343	103	14029
2009	43554	11284	19800	11656	10102	297	206	9595
2010	41611	7597	20855	11911	9859	298	231	9324
2011	44651	7286	23426	12711	10121	296	267	9553
2012	47698	7909	28228	10332	7635	287	329	7012
2013	51603	8446	31985	9884	5390	273	368	4742
2014	50948	8872	31130	9749	3354	265	349	2734
2015	53179	8377	33724	9910	2320	226	380	1708
2016	51580	8149	32841	9515	2117	207	372	1530
2017	52992	8735	34720	8344	1940	237	398	1298
2018	53548	9247	34711	8261	1984	245	404	1327
2019	56941	9887	36710	8955	2244	272	418	1546
2020	53566	11124	32261	9134	2371	285	640	1442
2021	57568	11750	34527	10159	2682	554	673	1451

注：因交通部方法制度变化，2009年及以后公路和水运数据与2008年及以前数据不可比。
Note: Data of highways and waterways from 2009 are changed according to the statistics measure of Ministry of Transport,which can't be compared with data of 2008 and before.

17-2 社会客、货运输量和周转量(2017—2021年)
Passenger & Freight Traffic and Turnover Volume of Passenger & Freight Traffic,2017-2021

指　标 Item	2017	2018	2019	2020	2021
客运量(万人) Passenger Traffic (10 000 persons)	**19193**	**19250**	**19608**	**11608**	**13516**
铁路 Railways	4792	5075	5332	2636	3405
公路 Highways	12538	12259	12206	7926	8916
民航 Civil Aviation	1863	1915	2069	1046	1195
旅客周转量(百万人公里) Turnover Volume of Passenger Traffic (million passenger-km)	**52786**	**55349**	**58511**	**27882**	**32404**
铁路 Railways	19390	19990	20852	9599	11661
公路 Highways	7283	7640	7867	4747	5430
民航 Civil Aviation	26113	27719	29792	13536	15313
货运量(万吨) Freight Traffic (10 000 tons)	**52992**	**53548**	**56941**	**53566**	**57568**
铁路 Railways	8735	9247	9887	11124	11750
公路 Highways	34720	34711	36710	32261	34527
水运 Waterways	8344	8261	8955	9134	10159
民航 Civil Aviation	7	8	8	4	5
管道输油气量 Traffic of Petroleum & Gas Pipelines	1186	1320	1380	1043	1127
货物周转量(亿吨公里) Turnover Volume of Freight Traffic (100 million ton-km)	**1940**	**1984**	**2244**	**2371**	**2682**
铁路 Railways	237	245	272	285	554
公路 Highways	398	404	418	640	673
水运 Waterways	1298	1327	1546	1442	1451
民航 Civil Aviation	1	2	2	1	1
管道输油气量 Traffic of Petroleum & Gas Pipelines	6	7	7	3	3

17-3 运输线路长度(2000—2021年)
Length of Transport Routes,2000-2021

单位：公里(km)

年 份 Year	公路通车里程 Length of Highways with Transport Service	# 等级公路 Expressway and Class I to IV Highway	# 高速公路 Expressway	内河航道里程 Length of Navigable Inland Waterways	民航航线里程 Length of Civil Aviation Routes	输油气管道里程 Length of Petroleum & Gas Pipelines
2000	8946		305	443	21939	320
2001	9647	9067	304	443	22874	290
2002	9696	9126	331	443	19922	462
2003	10168	9901	517	412	18519	495
2004	10514	10420	517	412	22802	613
2005	10836	10791	593	412	19504	503
2006	11316	11306	682	412	20297	545
2007	11531	10839	682	412	23688	691
2008	12059	11225	835	412	35494	730
2009	14315	13431	884	412	40341	608
2010	14832	13851	982	412	68488	542
2011	15163	15163	1103	412	69722	538
2012	15391	15391	1103	412	127032	532
2013	15718	15718	1103	412	154840	529
2014	16110	16110	1113	412	152342	518
2015	16550	16550	1130	412	163833	521
2016	16764	16764	1208	412	164630	521
2017	16532	16532	1248	412	170276	521
2018	16257	16257	1262	412	234408	449
2019	16132	16132	1295	412	222488	449
2020	16411	16411	1325	412	142746	449
2021	15307	15307	1325	412	93944	449

17-4 港口客、货吞吐量
Volume of Passenger & Freight Handled in Ports

年 份 Year	港口旅客吞吐量(万人次) Volume of Passenger Handled in Ports (10 000 person-times)	港口货物吞吐量(万吨) Volume of Freight Handled in Ports (10 000 tons)	出 港 Out-port	比 重 (%) Proportion (%)	进 港 In-port	比 重 (%) Proportion (%)	集装箱吞吐量(万国际标准箱) Handled Containers (10 000 TEU)
1978	6.2	1131	280	24.8	851	75.2	1
1980	6.0	1192	393	33.0	799	67.0	2
1990	37.0	2063	1195	57.9	868	42.1	29
1995	50.4	5787	4551	78.6	1236	21.4	70
2000	40.2	9582	6936	72.4	2646	27.6	171
2001	37.1	11369	8086	71.1	3283	28.9	201
2002	33.0	12906	8802	68.2	4104	31.8	241
2003	22.7	16182	10912	67.4	5270	32.6	302
2004	32.5	20619	13217	64.1	7402	35.9	382
2005	31.6	24069	14700	61.1	9369	38.9	480
2006	34.0	25760	15285	59.3	10475	40.7	595
2007	34.0	30946	19073	61.6	11873	38.4	710
2008	8.7	35593	20462	57.5	15131	42.5	850
2009	15.9	38111	16591	43.5	21520	56.5	870
2010	23.4	41325	20048	48.5	21277	51.5	1008
2011	24.9	45338	22665	50.0	22673	50.0	1159
2012	29.3	47697	22381	46.9	25316	53.1	1230
2013	33.0	50063	23060	46.1	27003	53.9	1301
2014	32.6	54002	26546	49.2	27456	50.8	1406
2015	52.1	54051	28487	52.7	25564	47.3	1411
2016	78.7	55056	30565	55.5	24491	44.5	1452
2017	97.0	50056	26567	53.1	23489	46.9	1507
2018	75.7	50774	25815	50.8	24959	49.2	1601
2019	82.7	49220	23477	47.7	25743	52.3	1730
2020		50290	23471	46.7	26819	53.3	1835
2021		52954	26153	49.4	26801	50.6	2027

注：货物吞吐量为包括货主码头的全港数据。
Note: Volume of freight handled in ports refers to the figure of ports, including those of docks.

17-5 港口分货类吞吐量
Volume of Freight Handled in Ports by Category

单位：万吨(10 000 tons)

指 标 Item	合 计 Total		出港量 Out-port		进港量 In-port	
	2020	2021	2020	2021	2020	2021
港口货物吞吐量 Volume of Freight Handled in Ports	**50290**	**52954**	**23471**	**26153**	**26819**	**26801**
国 外 Abroad	28467	29422	7762	9315	20705	20107
国 内 Domestic	21823	23532	15709	16838	6114	6694
分品种货物吞吐量 Volume of Freight Handled by Category						
煤炭及制品 Coal and Related Products	6263	6670	6226	6659	37	11
石油、天然气及制品 Petroleum, Natural Gas and Related Products	7328	7377	2846	3039	4482	4338
金属矿石 Metal Ores	11979	11625	154	182	11825	11443
钢 铁 Steel and Iron	3390	4161	2865	3685	525	476
矿建材料 Mineral Building Materials	1437	1931	623	1085	814	846
水 泥 Cement	49	19	1	11	48	8
木 材 Timber	195	155	125	104	70	51
非金属矿石 Nonmetal Ores	206	494	108	242	98	252
化学肥料及农药 Chemical Fertilizers and Pesticides	473	606	429	557	44	49
盐 Salt	60	57	10	28	50	29
粮 食 Grain	1284	1398	197	255	1087	1143
机械、电器、设备 Machine, Electric Machinery, Equipment	2742	2408	1901	1711	841	697
化工原料及制品 Chemical Materials and Related Products	2724	2510	1802	1709	922	801
有色金属 Nonferrous Metals	338	360	174	198	164	162
轻工、医药产品 Light Industry, Medical and Pharmaceutical Products	6320	7060	3276	3712	3044	3348
农林牧渔产品 FFAF Products	1333	1230	545	407	788	823
其 他 Others	4169	4893	2189	2569	1980	2324
集装箱吞吐量(万国际标准箱) Handled Containers (10 000 TEU)	**1835**	**2027**	**903**	**1017**	**932**	**1010**

17-6 民用航空主要指标(2019—2021年)
Main Indicators of Civil Aviation,2019-2021

指　　标　Item	2019	2020	2021
民航航线里程(公里) Length of Civil Aviation Routes (km)	222488.0	142746.0	93944.0
飞行小时(小时) Flying Time (hour)	95933.4	71090.0	69793.0
平均每可用机飞行时间(小时) Flying Time per Available Aircraft (hour)	3426.0	2539.0	2207.7
正班飞行距离(万公里) Distance under Normal Conditions (10 000 km)	5863.0	3669.0	3647.7
平均每可用机日生产飞行时间(小时) Average Daily Flying Time per Available Aircraft (hour)	8.8	6.0	6.1
正班平均载运率(%) Average Utilization Rate of Capacity under Normal Conditions (%)	77.2	72.4	70.6
旅客吞吐量(万人) Passenger Traffic(10 000 persons)	**2381.3**	**1328.6**	**1512.7**
国内旅客 Domestic Passenger Traffic	2043.3	1291.1	1501.5
国际旅客 International Passenger Traffic	294.6	34.5	9.1
港、澳、台地区旅客 Hong Kong, Macao & Taiwan Passenger Traffic	43.5	3.0	2.1
货(邮)吞吐量(万吨) Freight Traffic(10 000 tons)	**22.6**	**18.5**	**19.5**
国内货邮 Domestic Routes	13.2	10.7	10.7
国际货邮 International Routes	9.0	7.8	8.8
港、澳、台地区货邮 Hong Kong, Macao & Taiwan Regional Routes	0.4		
起、降架次(万架次) Times of Ascend and Descend(10 000 sorties)	**16.8**	**11.6**	**12.5**

17-7 民用车辆拥有量(2021年)

Number of Civil Motor Vehicles Owned,2021

单位：辆(unit)

指 标	Item	合 计 Total	个 人 Private-owned	当年新注册 Registered in Current Year
总 计	**Total**	**3699889**	**3122178**	**421792**
民用汽车	Civil Motor Vehicles	3606153	3095528	404881
1. 载客汽车	Passenger Vehicles	3185414	2882482	353312
# 轿 车	Cars	2237055	2061587	220196
大 型	Large-sized	27719	958	2551
中 型	Medium-sized	11109	3874	398
小 型	Small-sized	3127952	2859915	350363
微 型	Minisize	18634	17735	
2. 载货汽车	Trucks	392533	205127	49434
# 普通载货	Ordinary Trucks	134123	86334	13328
重 型	Heavy Trucks	90993	5754	16108
中 型	Medium-sized Trucks	6288	1018	588
轻 型	Light Trucks	294551	198066	32735
微 型	Minisize Trucks	701	289	3
3. 其他汽车	Other Civil Motor Vehicles	28206	7919	2135
摩托车	Motorcycles	27430	23144	10721
拖拉机	Tractor	10586	10586	
挂 车	Trailer	54752	3245	6081
其他类型车	Other Vehicles	968	261	109

17-8 邮电业基本情况
Basic Statistics on Post and Telecommunication Services

年 份 Year	邮电业务总量 (不变价)(万元) Business Value of Post and Telecommunication Services(Constant Prices) (10 000 yuan)	邮电局所数 (处) Number of Post and Telecommunication Offices(unit)	局用电话交换机容量 (门) Capacity of Office Telephone Exchanges (line)	电话机(含移动、小灵通)(万部) Telephone (Include Mobile and Handphone) (10 000 sets)	平均每百人拥有电话机数 (含移动)(部/百人) Telephone per 100 persons (Include Mobile) (set/100 persons)
1978	2710	217	59390	8.36	1.2
1980	3163	223	64195	9.98	1.3
1985	5290	268	100770	15.06	1.9
1990	32735	281	230586	31.78	3.7
1995	187195	300	1522493	135.61	15.2
2000	753669	563	3182465	431.28	46.6
2001	702206	543	3645600	511.57	56.0
2002	903296	597	3865700	601.45	65.4
2003	1157060	619	4024500	761.91	82.3
2004	1467836	700	4237700	835.01	89.5
2005	1763477	827	6288300	939.82	90.1
2006	2277902	818	6190300	1147.17	106.7
2007	3006714	842	6232700	1238.25	111.1
2008	3517682	1089	5704300	1320.91	112.3
2009	3866682	823	4242600	1377.75	112.2
2010	4351563	833	4253200	1456.39	112.1
2011	1807796	865	2997600	1568.47	117.0
2012	1867423	888	2467000	1657.52	120.3
2013	1960037	850	2010000	1675.95	118.9
2014	2448245	876	1527970	1712.41	119.8
2015	3218094	873	350456	1749.60	121.6
2016	2620827	863	265900	1811.10	125.5
2017	4068121	849	242000	1876.00	133.0
2018	8510501	826	309000	1968.90	142.4
2019	13437694	797		2053.80	148.3
2020	17795404	802		2036.80	146.8
2021	3450661	840		2056.30	149.8

17-9 邮电业务基本情况

Basic Conditions of Postal and Telecommunication Services

指 标	Item	单 位	Unit	2020	2021	2021比2020年增长(%) Increase Rate in 2021 over 2020 (%)
邮电业务总量（不变价）	**Business Value of Post and Telecommunication Services(Constant Prices)**	**万 元**	**10 000 yuan**	**2676386**	**3450661**	**28.9**
邮政业务总量	Business Volume of Post Services	万 元	10 000 yuan	1103750	1387524	25.7
电信业务总量	Business Volume of Telecommunication Services	万 元	10 000 yuan	1572636	2063137	31.2
邮政业务	**Business Value of Post Services**					
函 件	Letters	万 件	10 000 pcs	1913.89	1884.73	-1.5
快 递	Pieces of Express Mail Services	亿 件	100 million pcs	9.28	12.34	33.0
# 同 城	Intra-city	亿 件	100 million pcs	1.61	1.85	14.8
异 地	Different Place	亿 件	100 million pcs	7.64	10.47	37.0
报刊期发数	Number of Newspapers and Magazines Subscribed	万 份	10 000 pcs	58.22	51.63	-11.3
汇 票	Postal Order	万 笔	10 000 pcs	10.0	6.1	-39.0
集邮业务	Philately	万 枚	10 000 pcs	1772.22	1012.79	-42.9
邮电局所数	Number of Post & Telecommunications Offices	处	unit	802	840	4.7
# 邮政局	Number of Post Offices	处	unit	424	425	0.2
信筒信箱	Number of Post Boxes	处	unit	2581	2502	-3.1
邮路总长度	Length of Post Routes	公 里	km	28463	25829	-9.3
汽车邮路长度	Length of Post Routes by Highway	公 里	km	28463	25829	-9.3
邮政汽车	Automobile for Post Business	辆	unit	1321	1290	-2.3
农村投递线路长度	Rural Delivery Routes	公 里	km	22889	23612	3.2
电信业务	**Business Value of Telecommunication Services**					
年末固定电话用户	Number of Fixed Telephone Subscribers	万 户	10 000 subscribers	325.8	311.2	-4.5
移动电话用户	Number of Mobile Telephone Subscribers	万 户	10 000 subscribers	1711.0	1745.1	2.0
# 4G移动电话	4G Mobile Phone	万 户	10 000 subscribers	1425.2	1196.3	-16.1
移动电话通话时长	Duration of Calls Mobile Telephone	亿分钟	100 million minutes	514.5	264.5	-48.6
# 去话通话时长	Length of Call	亿分钟	100 million minutes	262.7	253.1	-3.7
短信业务发送量	Number of Messages Send Out	亿 条	10 000 pcs	148.9	150.8	1.3
长途光缆线路长度	Length of Long-distance Optical Cable Lines	公 里	km	4585	3990	-13.0
(固定)互联网宽带接入户数	(Fixed)Number of Internet Broadband Access Households	万 户	10 000 subscribers	534.6	584.5	9.3
移动互联网用户	Mobile Internet User	万 户	10 000 subscribers	1488	1537	3.3
(固定)互联网宽带接入端口	(Fixed)Broad Band Subscribers Port of Internet	万 个	10 000 ports	1254.6	1352.5	7.8
移动电话基站	Mobile Phone Base Station	万 个	10 000 ports	11.4	12.9	13.2

注：本表邮电业务总量均按2020年不变价格计算。
Note: The total post and telecommunication business value in this table are calculated at 2020 constant prices.

17-10 互联网主要指标(2018—2021年)
Main Indicators of Internet,2018-2021

指　标 Item	2018	2019	2020	2021
(固定)互联网宽带接入端口(万个) (Fixed)Broad Band Subscribers Port of Internet(10 000 ports)	909.3	1092.6	1254.6	1352.5
(固定)宽带用户(万户) (Fixed)Number of Broadband of Internet Services(10 000 subscribers)	437.9	523.6	534.6	584.5
# 城　市 City	437.9	479.5	481.8	524.8
域名数(万个) Number of Domain Names(10 000 units)	26.7	5.6	5.2	4.9
网站数(万个) Number of Websites(10 000 units)	5.9	4.7	5.1	5.0

17-11 邮政电信服务水平(2018—2021年)
Level of Post and Telecommunication Services,2018-2021

指　标 Item	2018	2019	2020	2021
平均每一邮电局所服务面积(平方公里) Average Area Served by Every Post & Telecommunications Office(sq.km)	14.5	15.0	14.9	14.9
# 平均每一邮政局所服务面积 Average Area Served by Every Post Office	28.6	28.6	28.1	28.2
平均每一邮电局所服务人口(万人) Average People Served by Every Post & Telecommunications Office (10 000 persons)	1.7	1.7	1.7	1.6
# 平均每一邮政局所服务人口 Average People Served by Every Post Office	3.3	3.3	3.3	3.2
平均每人每年发函件数(件) Annual Average Number of Letters Mailed per Capita(piece)	1.7	1.6	1.4	1.4
平均每百人每年订销报刊期发数(件) Annual Average Number of Newspapers and Magazines Subscribed and Bought per 100 Persons(piece)	4.7	4.4	4.2	3.8
平均每百人拥有电话机(含移动)(部) Telephone Owned per 100 Persons (include mobile telephone)(set)	142.4	148.3	146.8	149.8
平均每百人拥有移动电话(部) Mobile Telephone Owned per 100 Persons(set)	119.2	123.1	123.4	127.1

17-12 邮政、电信局(所、厅)数(2018—2021年)
Number of Post and Telecommunication Offices by Region,2018-2021

单位：处(unit)

地　区	Region	2018	2019	2020	2021
总　计	**Total**	**826**	**797**	**802**	**840**
# 邮政局	Post Offices	419	419	424	425
# 中心城区	Central Districts	265	259	260	266
和平区	Heping District	31	31	31	31
河东区	Hedong District	51	52	53	57
河西区	Hexi District	43	45	45	47
南开区	Nankai District	63	53	53	55
河北区	Hebei District	42	45	45	43
红桥区	Hongqiao District	35	33	33	33
东丽区	Dongli District	37	36	37	37
西青区	Xiqing District	39	40	40	40
津南区	Jinnan District	30	27	27	28
北辰区	Beichen District	35	35	35	39
武清区	Wuqing District	70	63	63	64
宝坻区	Baodi District	59	57	57	55
滨海新区	Binhai New Area	131	130	132	147
宁河区	Ninghe District	48	37	37	44
静海区	Jinghai District	55	56	56	57
蓟州区	Jizhou District	57	57	58	63

17-13 按行业分企业信息化及电子商务情况(2021年)
Informatization and E-Commerce of Enterprises by Sector,2021

行业	Sector	企业数(个) Number of Enterprises (unit)	期末使用计算机数(台) Computers Used at the End of Period (unit)	每百人使用计算机数(台) Computers Used per 100 Persons (unit)	企业拥有网站数(个) Websites of All Enterprises (unit)	每百家企业拥有网站数(个) Websites per 100 Enterprises (unit)
总计	**Total**	**23803**	**1136909**	**45**	**9194**	**39**
采矿业	Minerals Mining	13	33646	60	12	92
制造业	Manufacturing	5286	353186	42	3339	63
电力、热力、燃气及水生产和供应业	Production and Supply of Electricity, Heat, Gas and Water	243	32947	80	104	43
建筑业	Construction	2479	107278	23	776	31
批发和零售业	Wholesale and Retail Trade	8423	171359	67	2061	25
交通运输、仓储和邮政业	Transportation, Storage and Post Services	1588	69632	51	579	37
住宿和餐饮业	Accommodation and Catering Services	915	16793	22	253	28
信息传输、软件和信息技术服务业	Information Transmitting, Software and Information Technology Services	469	101133	99	353	75
房地产业	Real Estate	1784	55736	41	520	29
租赁和商务服务业	Leasing and Business Services	1230	53868	28	482	39
科学研究和技术服务业	Scientific Research and Technical Services	693	101635	93	415	60
水利、环境和公共设施管理业	Management of Water Conservancy, Environment and Public Facilities	98	4780	23	35	36
居民服务、修理和其他服务业	Resident Services, Repair and Other Services	137	5037	9	47	34
教育	Education	55	12966	86	26	47
卫生和社会工作	Health Care and Social Work	119	8208	54	102	86
文化、体育和娱乐业	Culture, Sports and Recreational Services	271	8705	88	90	33

注：1. 分行业企业数根据《信息化和电子商务应用情况》2021年度调查结果汇总。2.有电子商务交易活动的企业是指通过互联网开展电子商务销售或电子商务采购的企业,下表同。

Note: a) The number of enterprises by sector is summarized according to the survey result of Data on informatization and e-commerce in 2021.

b) Enterprises with E-commerce transactions refers to those enterprises which carry out sales or purchases through Internet, same as following next.

17-13续表 *Continued*

行　业	Sector	有电子商务交易活动 With E-Commerce Transactions 企业数（个） Enterprises (unit)	比重 (%) Proportion (%)	电子商务销售额（万元） Sales Through E-commerce (10 000 yuan)	电子商务采购额（万元） Purchases Through E-commerce (10 000 yuan)
总　计	**Total**	**1726**	**7.3**	**54034097**	**24374701**
采矿业	Minerals Mining	3	23.1	657	929331
制造业	Manufacturing	389	7.4	9121493	8924405
电力、热力、燃气及水生产和供应业	Production and Supply of Electricity, Heat, Gas and Water	23	9.5	49704	1050425
建筑业	Construction	61	2.5	1244	1096607
批发和零售业	Wholesale and Retail Trade	645	7.7	26015375	10605269
交通运输、仓储和邮政业	Transportation, Storage and Post Services	72	4.5	10451219	794447
住宿和餐饮业	Accommodation and Catering Services	228	24.9	261057	4262
信息传输、软件和信息技术服务业	Information Transmitting, Software and Information Technology Services	89	19.0	6124279	573665
房地产业	Real Estate	33	1.8	13865	2977
租赁和商务服务业	Leasing and Business Services	66	5.4	1441206	354135
科学研究和技术服务业	Scientific Research and Technical Services	40	5.8	17168	27820
水利、环境和公共设施管理业	Management of Water Conservancy, Environment and Public Facilities	3	3.1	1	130
居民服务、修理和其他服务业	Resident Services, Repair and Other Services	8	5.8	6136	34
教　育	Education	7	12.7	353794	3886
卫生和社会工作	Health Care and Social Work	17	14.3	65075	5511
文化、体育和娱乐业	Culture, Sports and Recreational Services	42	15.5	111824	1799

17-14 分地区企业信息化及电子商务情况(2021年)
Informatization and E-Commerce of Enterprises by Region,2021

地 区	Region	企业数(个) Number of Enterprises (unit)	期末使用计算机数(台) Computers Used at the End of Period (unit)	每百人使用计算机数(台) Computers Used Per 100 Persons (unit)	企业拥有网站数(个) Websites of All Enterprises (unit)	每百家企业拥有网站数(个) Websites Per 100 Enterprises (unit)
全 市	**Total**	**23803**	**1136909**	**45**	**9194**	**39**
和平区	Heping District	678	42912	56	301	44
河东区	Hedong District	557	36417	25	180	32
河西区	Hexi District	1075	43738	47	370	34
南开区	Nankai District	965	55679	33	397	41
河北区	Hebei District	364	32530	56	121	33
红桥区	Hongqiao District	240	10375	55	80	33
东丽区	Dongli District	2595	154663	56	1001	39
西青区	Xiqing District	2271	161000	60	1166	51
津南区	Jinnan District	1343	32769	35	605	45
北辰区	Beichen District	1594	52033	42	607	38
武清区	Wuqing District	2235	100939	36	855	38
宝坻区	Baodi District	949	18189	26	303	32
滨海新区	Binhai New Area	6224	346165	50	2206	35
宁河区	Ninghe District	535	10133	25	180	34
静海区	Jinghai District	1773	30044	27	701	40
蓟州区	Jizhou District	405	9323	32	121	30

17-14续表 *Continued*

地　区	Region	有电子商务交易活动 With E-commerce Transactions		电子商务销售额（亿元） Sales Through E-commerce (100 million yuan)	电子商务采购额（亿元） Purchases Through E-commerce (100 million yuan)
		企业数（个） Enterprises (unit)	比重（%） Proportion (%)		
全　市	**Total**	**1726**	**7.3**	**5403.41**	**2437.47**
和平区	Heping District	89	13.1	241.01	31.46
河东区	Hedong District	68	12.2	37.80	21.54
河西区	Hexi District	96	8.9	123.08	89.37
南开区	Nankai District	85	8.8	34.26	19.49
河北区	Hebei District	38	10.4	482.91	569.06
红桥区	Hongqiao District	24	10.0	8.85	1.71
东丽区	Dongli District	160	6.2	1222.53	567.23
西青区	Xiqing District	160	7.0	282.82	197.52
津南区	Jinnan District	80	6.0	23.25	17.32
北辰区	Beichen District	77	4.8	254.85	3.58
武清区	Wuqing District	197	8.8	435.55	115.90
宝坻区	Baodi District	42	4.4	68.78	14.04
滨海新区	Binhai New Area	482	7.7	2054.32	714.06
宁河区	Ninghe District	21	3.9	60.23	19.89
静海区	Jinghai District	79	4.5	53.25	37.61
蓟州区	Jizhou District	28	6.9	19.93	17.70

主要统计指标解释

货（客）运量

指在一定时期内，各种运输工具实际运送的货物(旅客)数量。该指标是反映运输业为国民经济和人民生活服务的数量指标，也是制定和检查运输生产计划、研究运输发展规模和速度的重要指标。货运按吨计算，客运按人计算。货物不论运输距离长短、货物类别，均按实际重量统计。旅客不论行程远近或票价多少，均按一人一次客运量统计；半价票、小孩票也按一人统计。

货物（旅客）周转量

指在一定时期内，由各种运输工具运送的货物(旅客)数量与其相应运输距离的乘积之总和。该指标可以反映运输业生产的总成果，也是编制和检查运输生产计划，计算运输效率、劳动生产率以及核算运输单位成本的主要基础资料。计算货物周转量通常按发出站与到达站之间的最短距离，也就是计费距离计算。计算公式为：

货物（旅客）周转量 = Σ〔货物（旅客）运输量 × 运输距离〕

港口货物吞吐量

指经由水路运进、出港区范围，并经过装卸的货物数量。按货物流向分为进港吞吐量和出港吞吐量；按货物的贸易性质分为内贸和外贸吞吐量；按货物的类别分，可根据现行的交通行业标准《运输货物分类和代码》分类。

集装箱吞吐量

凡经过水运进、出港区范围，并经过装卸的集装箱箱数和重量（含集装箱自重），通常是按进港和出港分别统计。TEU 是“折合 20 英尺标准箱”的英文缩写。它是指各种尺寸的国际标准集装箱的自然箱数，按各自的换算比例，折算为 20 英尺标准箱数。其换算比例为：40 英尺箱 1∶2；35 英尺箱 1∶1.75；20 英尺箱 1∶1；10 英尺箱 1∶0.5。

邮电业务总量

指以货币形式表现的邮电通信企业为社会提供各类邮电通信服务的总数量。计算方法为各类邮电通信服务业务的实物量分别乘以相应的不变单价，求出各类业务的货币量后加总求得。该指标反映了一定时期邮电通信业务发展的总成果，是观察邮电通信业务发展变化总趋势的综合性指标，分别按邮政业务总量和电信业务总量统计。

民用汽车拥有量

指报告期末，在公安交通管理部门按照《机动车注册登记工作规范》，已注册登记领有民用车辆牌照的全部汽车数量。汽车拥有量统计的主要分类：根据汽车结构分为载客汽车、载货汽车及其他汽车；根据汽车所有者不同分为个人(私人)汽车、单位汽车；根据汽车的使用性质分为营运汽车、非营运汽车和特种汽车；根据汽车大小规格不同载客汽车分为大型、中型、小型和微型，载货汽车分为重型、中型、轻型和微型。

Explanatory Notes on Main Statistical Indicators

Freight (Passenger) Traffic

refers to the volume of freight (passenger) transported with various means within a specific period of time. This indicator reflects the service of the transport industry towards the national economy and people's living conditions, as well as an important indicator used in formulating and monitoring transport production plans and research into the scale and pace of transport development. Freight transport is calculated in tons and passenger traffic is calculated in terms of number of persons. Freight transport is calculated in terms of the actual weight of the goods and takes no account of the type of freight and distance of travel. Passenger traffic is calculated by the principle that one person can be counted only once in one trip and takes no account of the travelling distance and ticket price. The passengers who travel with a half price ticket or a child's ticket is also calculated as one person.

Turnover Volume of Freight (Passenger) Traffic

refers to the sum of the product of the volume of transported cargo (passengers) multiplied by the transport distance. It is an important indicator to reflect the achievement of the transportation industry. This is an important indicator to show the total results of the transport industry; to prepare and examine the transport plan; and to serve as the main basic data for calculating the efficiency, labour productivity and unit cost of transport. Normally, the shortest distance between the departure station and the destination station (i.e., the payable distance) is the basis in calculating the freight ton-kilometers. The formula is as followed:

Turnover Volume of Freight (Passenger) Traffic = Σ*(Freight (Passenger) Traffic* × *Distance of Transportation)*

Freight Handled in Ports

refers to the volume of cargo passing in and out the harbor area and having been loaded and unloaded. The volume of freight handled may be classified as in-port & out-port. It can also be classified as national trade and international trade by the attribute of trade or be classified by the classification of cargo according to the standard of traffic in use the *Classification and Code of Transported Cargo*.

Container Handled in Ports

refers to number and weight (include tare weight of containers) of containers which are loaded or unloaded within port area via water carriage. It is often calculated by entering and leaving port, respectively. TEU was the abbreviation of twenty foot equivalent unit, which refers to converted number of all kinds of containers. The conversion method is based on respective conversion ratio and the number of all kinds of container is converted to the standard number of 20-foot equivalent unit. The conversion ratio is 40-foot container 1 : 2, 35-foot container 1 : 1.75, 20-foot container 1 : 1, 10-foot container 1 : 0.5.

Business Value of Post and Telecommunication Services

refers to the total amount of post and telecommunication services, expressed in currency form, provided by the post and telecommunications departments for the society. The accounting approach is to multiply the volume of various post and telecommunications services with their constant unit price, get the currency amount of various businesses and sum up. This indicator reflects the overall results of post and telecommunications service during a given period. It is a comprehensive indicator to observe the general trend of the development and change of post and telecommunications services. The indicator is separately calculated according to the total amount of postal services and the total amount of telecommunication services.

Civil Motor Vehicles Owned

refers to the total number of vehicles that are registered and received vehicles license tags according to the *Work Standard for Motor Vehicles Registration* formulated by transport management office under department of public security at the end of reference period. They are divided into following categories according to the structure of motor vehicles: passenger vehicles, trucks and others; and private vehicles and vehicles for units use according to ownerships; working vehicles, non-working vehicles and special motor vehicles according to kind of usage; large passenger vehicles, medium passenger vehicles, small passenger vehicles and mini passenger vehicle, heavy trucks, light-heavy trucks, light trucks and mini trucks according to sizes of vehicles.

第十八篇 住宿和餐饮业与旅游

Chapter 18 Accommodation and Catering Services, Tourism

18-1 限额以上住宿业基本情况(2006—2021年)

Basic Statistics on Accommodation Services above Designated Size,2006-2021

年 份 Year	单位数 (个) Number of Stores (unit)	从业人员 (人) Employment Personnel (person)	床位数 (张) Number of Beds (bed)	资产总计 (万元) Total Assets (10 000 yuan)	营业收入 (万元) Business Revenue (10 000 yuan)
2006	133	20961	32965	833583	209729
2007	158	28518	39210	896337	248735
2008	212	26240	77949	1061761	322450
2009	211	24414	46914	933585	280691
2010	222	24133	51499	1247150	335165
2011	226	25654	65735	1079468	380429
2012	229	26366	68765	1272698	423563
2013	250	26889	72227	1472621	399249
2014	252	23470	66704	1251209	390970
2015	245	21573	67148	1344399	380808
2016	252	21025	70467	1518750	404197
2017	241	20108	66640	1809516	415916
2018	235	17900	64435	2139962	385908
2019	289	16692	117902	2095324	424110
2020	314	15727	85435	2191213	316027
2021	357	15762	102997	2687493	395856

18-2 限额以上住宿业基本情况(2021年)
Basic Statistics on Accommodation Services above Designated Size,2021

项 目	Item	单位数(个) Number of Stores (unit)	从业人员(人) Employment Personnel (person)	床位数(张) Number of Beds (bed)
总 计	**Total**	**357**	**15762**	**102997**
按登记注册类型分	**Grouped by Status of Registration**			
内资企业	Domestic-funded Enterprises	344	14091	97934
# 国 有	State-owned Enterprises	18	1907	3639
集 体	Collective-owned Enterprises	3	147	678
有限责任公司	Limited Liability Corporations	88	5648	35053
国有独资	Sole State-funded Corporations	6	810	1899
其他有限责任公司	Other Limited Liability Corporations	82	4838	33154
股份有限公司	Share-holding Corporations Ltd.	7	388	1671
私营企业	Private Enterprises	226	5973	56465
# 私营独资	Private-funded Enterprises	11	206	3114
私营有限责任公司	Private Limited Liability Corporations	211	5696	52577
港澳台商投资企业	Enterprises with Funds from Hong Kong, Macao and Taiwan	6	485	2128
外商投资企业	Foreign Funded Enterprises	7	1186	2935
# 中外合资经营	Joint-venture Enterprises	1	175	360
外资企业	Foreign Investment Enterprise	4	957	2186
按企业控股情况分	**Grouped by Company Holding Type**			
国有及国有控股企业	State-owned and State-holding Enterprises	57	5810	29096
民营及民营控股企业	Private and Private Holding Enterprises	289	8648	69797
外商及港澳台商控股企业	Hong Kong, Macao,Taiwan and Foreign Funded Holding Enterprises	11	1304	4104
按行业分	**Grouped by Sector**			
旅游饭店	Tourism Restaurant	114	8907	46570
一般旅馆	Hotel	218	5811	50731
其他住宿服务	Other Accommodation Services	25	1044	5696

18-2续表 *Continued*

单位：万元(10 000 yuan)

项　　目	Item	资产总计 Total Assets	负债合计 Total Liabilities	营业收入 Business Revenue	营业成本 Cost of Business
总　　计	**Total**	**2687493**	**2399761**	**395856**	**138565**
按登记注册类型分	**Grouped by Status of Registration**				
内资企业	Domestic-funded Enterprises	2340150	2016767	334360	129684
# 国　有	State-owned Enterprises	137748	104750	31648	12679
集　体	Collective-owned Enterprises	964	1215	1894	456
有限责任公司	Limited Liability Corporations	1591634	1246298	137100	53127
国有独资	Sole State-funded Corporations	94852	33368	17191	11112
其他有限责任公司	Other Limited Liability Corporations	1496782	1212930	119909	42015
股份有限公司	Share-holding Corporations Ltd.	41308	43010	6946	2516
私营企业	Private Enterprises	567238	620063	155896	60692
# 私营独资	Private-funded Enterprises	43477	42159	7307	3648
私营有限责任公司	Private Limited Liability Corporations	522183	576868	146284	56804
港澳台商投资企业	Enterprises with Funds from Hong Kong, Macao and Taiwan	75076	106599	10444	4672
外商投资企业	Foreign Funded Enterprises	272267	276395	51052	4210
# 中外合资经营	Joint-venture Enterprises	4136	6272	3820	632
外资企业	Foreign Investment Enterprise	264950	269181	45657	3548
按企业控股情况分	**Grouped by Company Holding Type**				
国有及国有控股企业	State-owned and State-holding Enterprises	1315293	980414	123384	49584
民营及民营控股企业	Private and Private Holding Enterprises	1065905	1088056	218486	81962
外商及港澳台商控股企业	Hong Kong, Macao,Taiwan and Foreign Funded Holding Enterprises	306296	331291	53986	7019
按行业分	**Grouped by Sector**				
旅游饭店	Tourism Restaurant	2139064	1820190	233701	69492
一般旅馆	Hotel	299484	297796	141972	58521
其他住宿服务	Other Accommodation Services	248946	281775	20184	10553

18-3 旅游星级饭店基本情况(2019—2021年)
Basic Statistics of Star-rated Tourism Hotels,2019-2021

项　目	Item	2019	2020	2021
饭店个数(个)	Number of Hotels (unit)	76	66	59
# 五　星	Five-star Level	13	13	13
四　星	Four-star Level	35	27	24
三　星	Three-star Level	25	24	20
二　星	Two-star Level	3	2	2
客房数(间)	Number of Rooms (room)	14468	13232	11351
床位数(张)	Number of Beds (bed)	22221	19921	16583
接待住宿人数(万人次)	Tourists Received (10 000 person-times)	253.35	122.25	124.10
# 国内住宿者	Domestic Tourists	233.17	116.27	124.10
接待住宿人天数(万人天)	Persons-day Received (10 000 person-days)	383.84	194.60	192.36
# 国内住宿者	Domestic Tourists	343.62	180.40	192.36
出租率(%)	Renting Rate (%)	50.62	32.41	38.20
平均房价(元/间天)	Average Room Prices (yuan/room.day)	401.97	400.52	409.06
营业收入(万元)	Business Revenues (10 000 yuan)	229890.00	136798.30	148366.47
利润总额(万元)	Total Profits (10 000 yuan)	19164.00	-23574.40	-9456.70
从业人员平均人数(人)	Annual Average Employment Personnel (person)	11504	8639	6752

资料来源：天津市文化和旅游局
Source: Tianjin Municipal Bureau of Culture and Tourism

18-4 各区星级以上饭店情况(2021年)
Statistics on Star-rated Hotel by District,2021

地区	Region	合计 Total		#五星 Five-star Level		#四星 Four-star Level		#三星 Three-star Level	
		客房数(间) Number of Guest Rooms (room)	床位数(张) Number of Beds (bed)	客房数(间) Number of Guest Rooms (room)	床位数(张) Number of Beds (bed)	客房数(间) Number of Guest Rooms (room)	床位数(张) Number of Beds (bed)	客房数(间) Number of Guest Rooms (room)	床位数(张) Number of Beds (bed)
总计	**Total**	**11351**	**16583**	**3555**	**4696**	**4889**	**7301**	**2801**	**4360**
和平区	Heping District	1118	1608	384	483	341	582	393	543
河东区	Hedong District	211	405					211	405
河西区	Hexi District	1655	2279	983	1276	647	953		
南开区	Nankai District	932	1453	420	573	189	300	323	580
河北区	Hebei District	642	870	416	528			226	342
红桥区	Hongqiao District								
东丽区	Dongli District	267	399					267	399
西青区	Xiqing District								
津南区	Jinnan District	231	427			131	233	100	194
北辰区	Beichen District	565	847			190	247	375	600
武清区	Wuqing District	729	729			729	729		
宝坻区	Baodi District	272	470					272	470
滨海新区	Binhai New Area	4078	5756	1182	1513	2181	3240	715	1003
宁河区	Ninghe District	155	259			155	259		
静海区	Jinghai District	124	380			124	380		
蓟州区	Jizhou District	372	701	170	323	202	378		

18-5 限额以上餐饮业基本情况(2021年)

Basic Statistics on Catering Services Enterprises above Designated Size,2021

项 目	Item	单位数(个) Number of Stores (unit)	从业人员(人) Employment Personnel (person)	餐位数(位) Number of Seats (unit)
总 计	**Total**	**607**	**62964**	**338087**
按登记注册类型分	**Grouped by Status of Registration**			
内资企业	Domestic-funded Enterprises	580	30797	242154
# 国 有	State-owned Enterprises	3	268	1344
有限责任公司	Limited Liability Corporations	123	10047	58777
股份有限公司	Share-holding Corporations Ltd.	1	146	2000
私营企业	Private Enterprises	451	20318	179925
# 私营独资	Private-funded Enterprises	17	346	2416
私营合伙	Private Joint-venture Enterprises	5	51	538
私营有限责任公司	Private Limited Liability Corporations	428	19868	176971
港澳台商投资企业	Enterprises with Funds from Hong Kong, Macao and Taiwan	7	9624	23205
外商投资企业	Foreign Funded Enterprises	20	22543	72728
# 中外合资经营	Joint-venture Enterprises	3	94	208
外资企业	Foreign Investment Enterprise	15	22255	66862
按企业控股情况分	**Grouped by Company Holding Type**			
国有及国有控股企业	State-owned and State-holding Enterprises	16	1618	14252
民营及民营控股企业	Private and Private Holding Enterprises	566	29253	228110
外商及港澳台商控股企业	Hong Kong, Macao,Taiwan and Foreign Funded Holding Enterprises	25	32093	95725
按业态分	**By Business Categories**			
正 餐	Dinner	423	20938	185959
快 餐	Snack	43	32998	108781
其他餐饮	Others	141	9028	43347

18-5续表 *Continued*

单位：万元 (10 000 yuan)

项　　目	Item	资产总计 Total Assets	负债合计 Total Liabilities	营业收入 Business Revenue	营业成本 Cost of Business
总　　计	**Total**	**1169198**	**940095**	**1454702**	**808016**
按登记注册类型分	**Grouped by Status of Registration**				
内资企业	Domestic-funded Enterprises	838659	658762	960713	565857
# 国　有	State-owned Enterprises	1140	2304	2748	1003
有限责任公司	Limited Liability Corporations	257268	277631	283445	141696
股份有限公司	Share-holding Corporations Ltd.	104863	34607	9855	5579
私营企业	Private Enterprises	475079	344026	663913	417334
# 私营独资	Private-funded Enterprises	1842	1290	8112	4936
私营合伙	Private Joint-venture Enterprises	789	851	1938	915
私营有限责任公司	Private Limited Liability Corporations	471626	341063	651969	410035
港澳台商投资企业	Enterprises with Funds from Hong Kong, Macao and Taiwan	114551	88822	147583	49614
外商投资企业	Foreign Funded Enterprises	215989	192511	346406	192544
# 中外合资经营	Joint-venture Enterprises	8409	2555	7757	4334
外资企业	Foreign Investment Enterprise	196926	184954	325974	184251
按企业控股情况分	**Grouped by Company Holding Type**				
国有及国有控股企业	State-owned and State-holding Enterprises	44590	40117	38427	27356
民营及民营控股企业	Private and Private Holding Enterprises	795481	619652	924292	539225
外商及港澳台商控股企业	Hong Kong, Macao,Taiwan and Foreign Funded Holding Enterprises	329127	280326	491983	241435
按业态分	**By Business Categories**				
正　餐	Dinner	676870	520099	603669	323188
快　餐	Snack	333139	283808	499046	248753
其他餐饮	Others	159190	136187	351987	236075

18-6 A级及以上重点旅游景区情况(2019—2021年)
Statistics for Key Sight Spots above Grade A,2019-2021

单位：个(unit)

项　　目	Item	2019	2020	2021	2021比2020年增长(%) Increased Rate in 2021 over 2020(%)
A级及以上旅游景点数(个)	Scenic Spots of A Level and above (unit)	95	96	100	4.2
# 5A级景点	AAAAA-Level	2	2	2	
4A级景点	AAAA-Level	30	31	33	6.5
3A级景点	AAA-Level	43	43	45	4.7
2A级景点	AA-Level	20	20	20	

18-7 国内旅游者来津人数和人均消费支出(2021年)
Number of Domestic Tourists Visiting Tianjin and per Capita Consumption Expenditures,2021

项　　目	Item	2021
国内旅游人数	**Number of Domestic Tourists Visiting Tianjin**	
(万人次)	**(10 000 person-times)**	**17894**
外省市来津旅游人数	Number of Tourists from other Provinces Visiting Tianjin	6373
本市市民在津旅游人数	Number of Local Tourists	11521
国内旅游者人均消费支出(元)	**Consumption Expenditure per Person (yuan)**	**1100**
国内旅游者消费支出(亿元)	**Consumption Expenditure (100 million yuan)**	**1968.81**
住　宿	Accommodation	172.92
餐　饮	Catering Service	346.02
游　览	Tour	143.18
购　物	Shopping	804.60
娱　乐	Entertainment	63.52
交　通	Transportation	368.30
休　闲	Leisure	18.77
其　他	Others	51.49

主要统计指标解释

住宿和餐饮业营业额

指住宿和餐饮业单位在经营活动中因提供服务或销售商品等取得的全部收入（含增值税），收入主要来源于提供客房、餐费服务、商品销售和其他服务，如商务服务。不包括多产业法人企业附营的其他行业产业活动单位的餐费收入、商品销售收入等各项收入。

住宿和餐饮业统计限额标准

行业类别	统计指标名称	限额标准
住宿业	年主营业务收入	200 万元
餐饮业	年主营业务收入	200 万元

国内游客

指报告期内在中国（大陆）观光游览、度假、探亲访友、就医疗养、购物、参加会议或从事经济、文化、体育、宗教活动的中国（大陆）居民人数，其出游的目的不是通过所从事的活动谋取报酬。统计时，国内游客按每出游一次统计 1 人次。

国内旅游收入

指国内游客在国内旅行、游览过程中用于交通、参观游览、住宿、餐饮、购物、娱乐等全部花费。

Explanatory Notes on Main Statistical Indicators

Business Revenue of Accommodation and Catering Services

refers to the total revenue received (including value-added taxes) from providing services or selling commodities by establishments engaged in hotels and catering services. The income is mainly originated from supplying services of hotels and catering, selling commodities and other services, such as business services. Excluding the income received from catering services, and selling of commodities by other industrial activity units of corporate enterprises.

Statistical Limit Standard of Accommodation and Catering Services

Industry Category	*Statistical Index Name*	*Limit Standard*
Hotel Services	*Annual Revenue from Principal Business*	*2 million yuan*
Catering Services	*Annual Revenue from Principal Business*	*2 million yuan*

Number of Domestic Tourists

refers to the number of Chinese (mainland) residents who travel within China (mainland) for sight-seeing, vacation, visiting relatives, medical treatment, shopping, attending conference, or to engage in economic, cultural, sports and religious activities. In compiling statistics, each travel is counted as one person-time.

Income from Domestic Tourism

refer to expenditure of domestic tourists on transportation, sighting, accommodation, food, shopping and entertainment while they travel.

第十九篇　金融业

Chapter 19　Financial Intermediation

19-1 各类金融机构(2000—2021年)
Financial Institutions,2000-2021

单位：个(unit)

年 份 Year	银行类 Banking Institutions			非银行类 Non-banking Institutions		
	合 计 Total	商业银行 Commercial Banks	外资银行 Foreign Funded Banks	合 计 Total	保险公司机构 Insurance Companies	证券经营机构 Securities Business Companies
2000	1744	1718	14	725	102	96
2001	1703	1677	14	1076	105	93
2002	1653	1627	14	1215	311	85
2003	1594	1567	15	1264	369	78
2004	1564	1537	15	1294	386	79
2005	1552	1526	14	1347	371	79
2006	2094	2065	17	922	367	74
2007	2549	2520	17	557	426	71
2008	2599	2568	19	566	491	73
2009	2521	2487	22	588	520	87
2010	2641	2605	22	595	531	98
2011	2691	2654	22	662	577	102
2012	2698	2660	23	676	591	105
2013	2909	2837	57	1603	605	111
2014	3011	2939	57	1867	621	131
2015	3239	3167	57	2318	643	148
2016	3282	3213	54	3073	662	166
2017	3191	3124	52	3639	675	179
2018	3144	3084	45	4381	664	185
2019	3103	3043	45	4290	689	187
2020	3058	3000	43	4050	695	186
2021	3017	2964	38	3700	682	186

注：银行类金融机构自2006年起含农村合作银行；自2007年起含邮政储蓄银行。非银行类金融机构自2013年起含新兴金融机构。

Note: Banking financial institutions included rural cooperative bank since 2006, and include postal savings bank since 2007. Non-banking institutions included emerging financial institutions since 2013.

19-2 各类金融机构(2019—2021)
Financial Institutions,2019-2021

单位：个(unit)

项　　目	Item	2019	2020	2021
总　计	**Total**	**7393**	**7108**	**6717**
银行类	**Banking Institutions**	**3103**	**3058**	**3017**
中央银行	Central Banks	2	2	2
政策性银行	Policy Banks	13	13	13
商业银行	Commercial Banks	3043	3000	2964
外资银行	Foreign Funded Banks	45	43	38
非银行类	**Non-banking Institutions**	**4290**	**4050**	**3700**
保险公司机构	Insurance Institutions	689	695	682
保险中介机构	Insurance Intermediary Institutions	305	299	293
保险资产管理公司	Insurance Asset Management Companies	1	1	1
证券经营机构	Securities Business Companies	187	186	186
基金管理公司	Fund Management Companies	1	1	1
独立基金销售机构分公司	Independent Fund Sales Institution Branches	4	4	4
证券投资咨询公司	Security Investment Consulting Companies	1	1	1
证券信用评级公司	Security Credit Rating Companies	1		
期货经营机构	The Futures Management Agencies	40	39	39
信托投资公司	Trust Investment Companies	2	2	2
金融租赁公司	Financial Leasing Companies	12	12	12
汽车金融公司	Auto Financing Companies	2	2	2
财务公司	Financial Companies	8	8	8
货币经纪公司	Currency Brokerage Companies	1	1	1
消费金融公司	Consumer Finance Companies	1	1	1
金融资产管理公司	Financial Assets Supervision Corporations	4	4	4
货币兑换公司	Currency Exchange Companies	6	6	6
第三方支付公司	The Third Party Payment Companies	41	42	42
小额贷款公司	Micro-credit Companies	155	147	120
融资性担保机构	Financing Guarantee Agencies	41	44	47
典当公司	Mortgage Companies	162	130	123
内资融资租赁公司	Domestic Financial Leasing Companies	120	128	128
外资融资租赁公司	Foreign Financial Leasing Companies	1795	1623	1360
保理公司	Factoring Company	711	674	637

注：小额贷款公司包含银监会监管的兴农贷款公司。
Note: Micro-credit companies contains xingnong credit company.

19-3 中外资金融机构本外币存贷款余额(2002—2021年)

RMB & Foreign Deposit and Loan Balance of Chinese & Foreign Financial Institutions,2002-2021

单位：亿元(100 million yuan)

年 份 Year	存款余额(折人民币) Deposit Balance (as RMB)	中资金融机构 Chinese Financial Institutions	人民币 RMB	外汇(亿美元) Foreign Exchange(USD 100 million)	外资金融机构 Foreign-funded Financial Institutions	外汇(亿美元) Foreign Exchange(USD 100 million)	人民币 RMB
2002	3358.89	3297.79	3018.26	33.77	61.08	7.23	1.24
2003	4362.60	4317.98	4033.51	34.37	44.63	4.26	9.37
2004	5139.72	5044.07	4729.61	37.99	95.65	9.06	20.67
2005	6090.50	5990.37	5684.40	37.91	100.13	8.48	31.69
2006	6839.20	6762.39	6531.94	29.51	76.81	5.67	32.52
2007	8242.07	8116.19	7856.65	35.54	125.88	7.15	73.67
2008	9954.16	9726.64	9490.11	34.62	227.52	16.28	116.25
2009	13887.11	13637.31	13390.21	36.19	249.80	13.39	158.35
2010	16499.25	16179.94	15912.21	40.43	319.31	13.41	230.49
2011	17586.91	17218.32	16910.52	48.85	368.59	12.95	286.99
2012	20293.79	19887.26	19356.08	84.51	406.53	13.83	319.60
2013	23316.56	22825.25	22268.27	91.35	491.31	12.30	416.32
2014	24777.75	24219.94	23484.54	120.18	557.81	13.55	474.88
2015	28149.37	27681.73	26754.31	142.82	483.36	11.71	407.34
2016	30067.03	29617.71	28676.38	135.70	449.41	12.16	365.07
2017	30940.81	30505.99	29392.33	170.44	438.65	12.39	357.66
2018	30983.17	30586.30	29601.43	143.50	404.44	12.79	316.66
2019	31788.78	31365.16	30384.60	140.56	423.63	15.54	315.22
2020	34145.00	33692.19	32685.23	154.33	456.24	15.39	355.84
2021	35903.09	35467.90	34355.20	174.52	441.37	14.03	351.92

19-3续表 *Continued*

单位：亿元(100 million yuan)

年 份 Year	贷款余额 (折人民币) Loan Balance (as RMB)	中资金融机构 Chinese Financial Institutions	人民币 RMB	外汇(亿美元) Foreign Exchange(USD 100 million)	外资金融机构 Foreign-funded Financial Institutions	外汇(亿美元) Foreign Exchange(USD 100 million)	人民币 RMB
2002	2868.93	2765.09	2519.04	29.72	103.84	12.06	4.02
2003	3791.22	3679.61	3426.02	30.64	112.76	12.77	7.06
2004	4146.49	4010.17	3821.38	22.81	136.32	14.39	17.21
2005	4722.38	4571.40	4417.45	19.08	150.98	13.73	40.18
2006	5415.72	5243.71	5106.94	17.52	172.02	12.32	75.82
2007	6543.83	6345.25	6131.63	29.25	198.57	12.20	109.44
2008	7689.12	7501.98	7277.46	32.84	187.15	11.89	105.83
2009	11152.19	10937.95	10513.44	62.17	214.24	12.06	131.88
2010	13774.11	13422.51	12864.75	84.22	351.60	15.82	246.81
2011	15924.71	15470.16	14897.72	90.85	454.55	17.47	344.45
2012	18396.81	17873.39	16977.76	142.49	523.42	17.36	414.29
2013	20857.80	20294.04	18987.54	214.29	563.75	16.07	465.77
2014	23223.42	22551.30	21189.30	222.58	672.12	23.77	474.88
2015	25994.68	25477.79	24104.91	211.42	543.78	21.30	405.47
2016	28754.04	28325.42	27019.19	188.30	467.92	15.59	359.77
2017	31602.54	31152.44	29723.04	218.76	494.46	14.69	398.44
2018	34084.90	33691.60	32186.96	219.23	437.58	10.02	368.80
2019	36141.27	35793.65	34546.86	178.72	356.30	2.93	335.86
2020	38859.42	38478.94	37340.85	174.42	386.77	4.73	355.88
2021	41054.17	40702.40	39717.35	154.50	359.20	4.33	331.56

19-4 中外资金融机构人民币存贷款余额
RMB Deposit and Loan Balance of Chinese & Foreign Financial Institutions

单位：亿元(100 million yuan)

年份 Year	存款合计 Total Deposits	# 单位存款 Corporate Deposits	# 财政性存款 Treasury Deposits	# 住户存款 Household Deposits	# 农业存款 Agricultural Deposits	# 其他存款 Other Deposits	贷款合计 Total Loans	# 中长期贷款 Medium-term & Long-term Loans
1981	53.25	25.08	10.23	9.70	4.70	3.54	107.73	5.64
1985	114.25	58.48	13.82	29.38	4.52	8.05	191.04	19.63
1990	263.21	86.66	19.15	126.92	9.42	21.07	415.91	50.00
1995	1079.97	385.21	37.59	549.97	22.87	84.33	1113.95	262.01
2000	2281.55	871.31	53.97	1172.40	44.10	139.76	1863.60	431.27
2001	2562.55	946.89	63.82	1284.95	56.32	210.56	2159.86	637.76
2002	3018.26	1115.35	102.30	1486.38	73.86	240.37	2519.04	846.93
2003	4033.51	1542.75	136.89	1825.32	164.72	363.83	3426.02	1468.35
2004	4750.28	1843.25	35.34	2116.97	157.14	450.89	3838.59	1789.90
2005	5716.09	2216.28	43.55	2462.66	163.66	638.74	4457.63	2204.62
2006	6564.47	2693.37	77.88	2811.71	189.50	619.63	5182.76	2758.33
2007	7930.31	3411.50	138.76	3083.79	237.47	810.50	6241.07	3491.79
2008	9606.36	3707.97	74.12	3980.14	288.59	1227.81	7383.29	4255.78
2009	13548.56	6007.93	127.78	4885.86	425.77	1564.18	10645.32	7006.87
2010	16142.69	6887.60	183.26	5558.23	558.47	2065.60	13111.57	8976.72
2011	17197.51	10155.74	305.20	6123.08		480.12	15242.17	9649.42
2012	19675.68	11591.00	271.08	7055.38		567.41	17392.06	10306.11
2013	22684.59	13533.26	395.47	7612.31		518.99	19453.31	11168.25
2014	23959.42	14076.93	566.46	7916.90		806.62	21715.99	12362.90
2015	27145.93		431.59	8743.79			24500.91	13991.90
2016	29041.36		532.48	9125.38			27367.97	15608.00
2017	29746.16		556.84	9558.05			30103.05	17806.63
2018	29910.53		441.30	10746.17			32539.43	19283.57
2019	30699.80		181.40	12639.64			34874.04	21095.40
2020	33037.64		205.64	14865.71			37690.44	23073.12
2021	34700.95		403.33	16244.12			40043.39	24954.55

注：1.中长期贷款1994年以前为固定资产贷款,1998年起中长期贷款中含中期流动资金贷款。2."单位存款"2011年以前为"企业存款",统计口径有所调整。3.农业存款1996年以前为农村存款，2011年取消该分类。4.其他存款含临时性存款、委托存款。5."住户存款"2015年以前为"储蓄存款"。6.表19-5同。

Note: a) Medium-term & long-term loans refer to fixed assets loans before 1994, and include medium-term circulating capital loans since 1998. b) Deposits of enterprises are changed to corporate deposits since 2011, and the coverage is changed accordingly. c) Agricultural deposits refer to rural deposits before 1996.The section was canceled in 2011. d) Others deposits include temporary deposits and entrusted deposits. e) Saving deposits are changed to household deposits since 2015. f) Same as table 19-5.

19-5 中资金融机构人民币存贷款余额
RMB Deposit and Loan Balance of Chinese Financial Institutions

单位：亿元(100 million yuan)

年 份 Year	存款合计 Total Deposits	# 单 位 存 款 Corporate Deposits	# 财政性 存 款 Treasury Deposits	# 住 户 存 款 Household Deposits	# 农 业 存 款 Agricultural Deposits	# 其 他 存 款 Other Deposits	贷 款 合 计 Total Loans	# 中长期贷款 Medium-term & Long-term Loans
1981	53.25	25.08	10.23	9.70	4.70	3.54	107.73	5.64
1985	114.25	58.48	13.82	29.38	4.52	8.05	191.04	19.63
1990	263.21	86.66	19.15	126.92	9.42	21.07	415.91	50.00
1995	1079.97	385.21	37.59	549.97	22.87	84.33	1113.95	262.01
2000	2281.55	871.31	53.97	1172.40	44.10	139.76	1863.60	431.27
2001	2562.55	946.89	63.82	1284.95	56.32	210.56	2159.86	637.76
2002	3018.26	1115.35	102.30	1486.38	73.86	240.37	2519.04	846.93
2003	4033.51	1542.75	136.89	1825.32	164.72	363.83	3426.02	1468.35
2004	4729.61	1823.00	182.03	2116.73	157.14	450.71	3821.38	1789.78
2005	5684.40	2185.23	234.75	2462.41	163.66	638.35	4417.45	2203.93
2006	6531.94	2661.96	250.26	2811.02	189.50	619.20	5106.94	2756.82
2007	7856.65	3344.20	387.05	3078.72	237.47	809.21	6131.63	3473.96
2008	9490.11	3617.14	401.85	3956.86	288.59	1225.67	7277.46	4235.22
2009	13390.21	5879.48	664.82	4860.12	425.77	1560.02	10513.44	6950.44
2010	15912.21	6695.81	1072.78	5525.28	558.47	2059.86	12864.75	8856.51
2011	16910.52	9919.16	305.20	6072.66		480.12	14897.72	9458.86
2012	19356.08	11335.69	271.08	6991.09		567.41	16977.76	10091.39
2013	22268.27	13199.60	395.47	7563.46		509.71	18987.54	10931.13
2014	23484.54	13687.84	566.46	7863.57		794.41	21189.30	12099.47
2015	26754.31		431.59	8721.52			24104.91	13860.53
2016	28676.38		532.48	9105.15			27019.19	15473.35
2017	29392.33		556.53	9536.46			29723.04	17673.97
2018	29601.43		441.07	10723.30			32186.96	19174.47
2019	30384.60		181.35	12614.95			34546.86	20977.43
2020	32685.23		205.61	14843.50			37340.85	22956.80
2021	34355.20		403.33	16223.20			39717.35	24853.27

19-6 中外资金融机构本外币信贷资金平衡表(2021年)
RMB & Foreign Currency Credit Funds Balance Sheet of Chinese & Foreign Financial Institutions,2021

单位：亿元(100 million yuan)

项 目	Item	2021	比年初增减数 Increase or Decrease Compared to the Beginning of the Year		2021比2020年增长(%) Increase Rate in 2021 over 2020(%)
			2020	2021	
资金来源合计	**All Sources**	**47855.22**	**3298.94**	**2104.79**	**4.6**
各项存款	Total Deposits	35903.09	2356.22	1758.08	5.2
# 住户存款	Household Deposits	16440.93	2228.71	1373.50	9.1
非金融企业存款	Non-financial Enterprise Deposits	13554.00	233.25	60.68	0.5
广义政府存款	General Government Deposits	3049.86	-272.43	184.44	6.4
非银行业金融机构存款	Non-bank Financial Institution Deposits	2412.77	135.64	146.66	6.5
金融债券	Financial Bond	762.64	-26.59	-218.03	-22.2
卖出回购资产	Sold for Repurchase Assets	10.47	-20.51	-11.78	-53.0
借款及非银行业金融机构拆入	Borrowing and Non-bank Financial Institution Borrowing	285.24	-114.48	-36.37	-12.0
联行往来(净)	Interbank Transactions (net)	873.02	-205.32	462.24	104.1
应付及暂收款	Accounts Payable and Suspense Credits	1191.54	64.21	-6.88	-0.6
各项准备	All Preparation	1534.73	290.95	-194.66	-10.9
所有者权益	Owner's Equity	2579.95	251.01	144.11	7.6
其 他	Others	4714.54	703.44	208.08	3.9
资金运用合计	**All Uses**	**47855.22**	**3298.94**	**2104.79**	**4.6**
各项贷款	Total Loans	41054.17	2718.15	2194.78	5.7
# 住户贷款	Household Loans	11277.31	1066.07	770.47	7.3
非金融企业及机关团体贷款	Non-financial Enterprise and Institution Loans	29378.29	1680.87	1375.83	4.9
非银行业金融机构贷款	Non-bank Financial Institution Loans	51.25	-10.30	42.25	469.5
债券投资	Bond Investment	3368.92	671.83	332.55	6.3
股权及其他投资	Stocks and Other Investments	2277.10	-222.30	-183.94	-2.4
买入返售资产	Buying Back the Sale of Assets	82.58	2.61	-39.04	-32.1
存放非银行业金融机构款项	Deposits of Non-bank Financial Institution	82.88	-22.54	33.80	68.9
联行往来(净)	Interbank Transactions (net)				
金银占款	Funds Outstanding for Gold and Silver				
外汇买卖	Foreign Exchange Trading				
应收及预付款	Accounts Receivable and Advance Charge	606.88	191.38	-197.85	-24.6
投资性房地产	Investment Real Estate	1.15	0.31	-0.14	-11.1
固定资产	Fixed Assets	381.54	-40.50	-35.39	-8.5

注：表中增长速度按可比口径计算。表19-7、19-8同。
Note: The increase rates are calculated at constant coverage. Same as table 19-7, 19-8.

19-7 中外资金融机构人民币各项存贷款余额(2021年)
RMB Deposit and Loan Balance of Chinese & Foreign Financial Institutions,2021

单位：亿元(100 million yuan)

项　目	Item	2021	比年初增减数 Increase or Decrease Compared to the Beginning of the Year		2021比2020年增长(%) Increase Rate in 2021 over 2020(%)
			2020	2021	
各项存款合计	**Total Deposits**	**34700.95**	**2337.84**	**1663.31**	**5.0**
境内存款	Domestic Deposits	34542.95	2277.92	1627.77	5.0
住户存款	Household Deposits	16244.12	2226.07	1378.44	9.3
活期存款	Demand Deposits	4385.09	370.11	190.12	4.5
定期及其他存款	Time Deposits and Other Deposits	11859.03	1855.97	1188.31	11.1
非金融企业存款	Non-financial Enterprise Deposits	12863.45	185.00	-92.79	-0.7
活期存款	Demand Deposits	4581.07	22.77	-406.44	-8.5
定期及其他存款	Time Deposits and Other Deposits	8282.38	162.23	313.65	4.2
广义政府存款	General Government Deposits	3045.96	-271.93	186.30	6.5
财政性存款	Treasury Deposits	403.33	24.24	197.69	96.1
机关团体存款	Deposits of Non-profit Institutions	2642.63	-296.17	-11.39	-0.4
非银行业金融机构存款	Non-bank Financial Institution Deposits	2389.42	138.78	155.82	7.0
境外存款	Overseas Deposits	158.00	59.91	35.54	29.1
各项贷款合计	**Total Loans**	**40043.39**	**2816.40**	**2352.99**	**6.2**
境内贷款	Domestic Loans	40014.30	2824.04	2355.32	6.3
住户贷款	Household Loans	11277.00	1066.47	770.47	7.3
短期贷款	Short-term Loans	2052.29	408.20	156.90	8.3
消费贷款	Consumption Loans	1264.58	224.26	-62.06	-4.7
经营贷款	Business Loans	787.71	183.94	218.97	38.5
中长期贷款	Medium-term & Long-term Loans	9224.71	658.27	613.56	7.1
消费贷款	Consumption Loans	8420.69	545.61	545.16	6.9
经营贷款	Business Loans	804.02	112.66	68.40	9.3
非金融企业及机关团体贷款	Non-financial Enterprise and Institution Loans	28686.05	1767.87	1542.60	5.7
短期贷款	Short-term Loans	5604.95	119.43	-851.32	-13.2
中长期贷款	Medium-term & Long-term Loans	15729.84	1274.58	1268.03	8.8
票据融资	Bill Financing	2514.38	114.23	1097.18	77.4
融资租赁	Financing Lease	4775.61	303.12	49.96	1.1
各项垫款	Money Advanced	61.27	-43.48	-21.25	-25.8
非银行业金融机构贷款	Non-bank Financial Institution Loans	51.25	-10.30	42.25	469.5
境外贷款	Overseas Loans	29.09	-7.65	-2.33	-7.4

19-8 中资金融机构人民币各项存贷款余额(2021年)
RMB Deposit and Loan Balance of Chinese Financial Institutions,2021

单位：亿元(100 million yuan)

项　目	Item	2021	比年初增减数 Increase or Decrease Compared to the Beginning of the Year 2020	2021	2021比2020年增长(%) Increase Rate in 2021 over 2020(%)
各项存款合计	**Total Deposits**	**34355.20**	**2300.63**	**1669.98**	**5.1**
境内存款	Domestic Deposits	34210.06	2240.55	1632.46	5.0
住户存款	Household Deposits	16223.20	2228.55	1379.73	9.3
活期存款	Demand Deposits	4377.95	370.75	190.31	4.5
定期及其他存款	Time Deposits and Other Deposits	11845.25	1857.80	1189.42	11.2
非金融企业存款	Non-financial Enterprise Deposits	12553.10	144.76	-90.53	-0.7
活期存款	Demand Deposits	4529.72	32.27	-403.66	-8.5
定期及其他存款	Time Deposits and Other Deposits	8023.38	112.49	313.13	4.3
广义政府存款	General Government Deposits	3045.49	-272.12	186.46	6.5
财政性存款	Treasury Deposits	403.33	24.26	197.72	96.2
机关团体存款	Deposits of Non-profit Institutions	2642.17	-296.37	-11.26	-0.4
非银行业金融机构存款	Non-bank Financial Institution Deposits	2388.28	139.35	156.80	7.0
境外存款	Overseas Deposits	145.14	60.09	37.51	34.9
各项贷款合计	**Total Loans**	**39717.35**	**2793.99**	**2376.53**	**6.4**
境内贷款	Domestic Loans	39688.40	2801.40	2378.28	6.4
住户贷款	Household Loans	11269.19	1067.53	770.23	7.3
短期贷款	Short-term Loans	2047.84	408.65	157.41	8.3
消费贷款	Consumption Loans	1264.58	224.25	-62.06	-4.7
经营贷款	Business Loans	783.27	184.40	219.47	38.9
中长期贷款	Medium-term & Long-term Loans	9221.35	658.88	612.82	7.1
消费贷款	Consumption Loans	8418.82	545.57	544.38	6.9
经营贷款	Business Loans	802.52	113.30	68.44	9.3
非金融企业及机关团体贷款	Non-financial Enterprise and Institution Loans	28367.96	1744.17	1565.80	5.8
短期贷款	Short-term Loans	5409.67	114.10	-877.90	-14.0
中长期贷款	Medium-term & Long-term Loans	15631.92	1275.61	1283.81	9.0
票据融资	Bill Financing	2492.83	97.25	1132.02	83.2
融资租赁	Financing Lease	4775.61	303.12	49.96	1.1
各项垫款	Money Advanced	57.93	-45.91	-22.09	-27.6
非银行业金融机构贷款	Non-bank Financial Institution Loans	51.25	-10.30	42.25	469.5
境外贷款	Overseas Loans	28.95	-7.41	-1.74	-5.7

19-9 金融机构人民币法定存款基准利率(1996—2015年)
Official Benchmark Interest Rates on RMB Deposits of Financial Institutions,1996-2015

单位：年利率%(% p.a.)

调整时间 Adjust Time	活 期 Demand Deposits	定 期 Time Deposits					
		三个月 3 Months	半 年 6 Months	一 年 1 Year	二 年 2 Years	三 年 3 Years	五 年 5 Years
1996.05.01	2.97	4.86	7.20	9.18	9.90	10.80	12.06
1996.08.23	1.98	3.33	5.40	7.47	7.92	8.28	9.00
1997.10.23	1.71	2.88	4.14	5.67	5.94	6.21	6.66
1998.03.25	1.71	2.88	4.14	5.22	5.58	6.21	6.66
1998.07.01	1.44	2.79	3.96	4.77	4.86	4.95	5.22
1998.12.07	1.44	2.79	3.33	3.78	3.96	4.14	4.50
1999.06.10	0.99	1.98	2.16	2.25	2.43	2.70	2.88
2002.02.21	0.72	1.71	1.89	1.98	2.25	2.52	2.79
2004.10.29	0.72	1.71	2.07	2.25	2.70	3.24	3.60
2006.08.19	0.72	1.80	2.25	2.52	3.06	3.69	4.14
2007.03.18	0.72	1.98	2.43	2.79	3.33	3.96	4.41
2007.05.19	0.72	2.07	2.61	3.06	3.69	4.41	4.95
2007.07.21	0.81	2.34	2.88	3.33	3.96	4.68	5.22
2007.08.22	0.81	2.61	3.15	3.60	4.23	4.95	5.49
2007.09.15	0.81	2.88	3.42	3.87	4.50	5.22	5.76
2007.12.21	0.72	3.33	3.78	4.14	4.68	5.40	5.85
2008.10.09	0.72	3.15	3.51	3.87	4.41	5.13	5.58
2008.10.30	0.72	2.88	3.24	3.60	4.14	4.77	5.13
2008.11.27	0.36	1.98	2.25	2.52	3.06	3.60	3.87
2008.12.23	0.36	1.71	1.98	2.25	2.79	3.33	3.60
2010.10.20	0.36	1.91	2.20	2.50	3.25	3.85	4.20
2010.12.26	0.36	2.25	2.50	2.75	3.55	4.15	4.55
2011.02.09	0.40	2.60	2.80	3.00	3.90	4.50	5.00
2011.04.06	0.50	2.85	3.05	3.25	4.15	4.75	5.25
2011.07.07	0.50	3.10	3.30	3.50	4.40	5.00	5.50
2012.06.08	0.40	2.85	3.05	3.25	4.10	4.65	5.10
2012.07.06	0.35	2.60	2.80	3.00	3.75	4.25	4.75
2014.11.22	0.35	2.35	2.55	2.75	3.35	4.00	
2015.03.01	0.35	2.10	2.30	2.50	3.10	3.75	
2015.05.11	0.35	1.85	2.05	2.25	2.85	3.50	
2015.06.28	0.35	1.60	1.80	2.00	2.60	3.25	
2015.08.26	0.35	1.35	1.55	1.75	2.35	3.00	
2015.10.24	0.35	1.10	1.30	1.50	2.10	2.75	

注：自2014年11月22日起，人民银行不再公布金融机构人民币五年期定期存款基准利率。
Note: Since Nov. 22, 2014, central bank does not publish official interest rates of 5-year time deposits of financial institutions.

19-10 金融机构人民币法定贷款基准利率(1996—2015年)
Official Benchmark Interest Rates on RMB Loans of Financial Institutions,1996-2015

单位：年利率%(% p.a.)

调整时间 Adjust Time	6个月 6 Months	1年 1 Year	1-3年 1-3 Years	3-5年 3-5 Years	5年以上 Above 5 Years
1996.05.01	9.72	10.98	13.14	14.94	15.12
1996.08.23	9.18	10.08	10.98	11.70	12.42
1997.10.23	7.65	8.64	9.36	9.90	10.53
1998.03.25	7.02	7.92	9.00	9.72	10.35
1998.07.01	6.57	6.93	7.11	7.65	8.01
1998.12.07	6.12	6.39	6.66	7.20	7.56
1999.06.10	5.58	5.85	5.94	6.03	6.21
2002.02.21	5.04	5.31	5.49	5.58	5.76
2004.10.29	5.22	5.58	5.76	5.85	6.12
2006.04.28	5.40	5.85	6.03	6.12	6.39
2006.08.19	5.58	6.12	6.30	6.48	6.84
2007.03.18	5.67	6.39	6.57	6.75	7.11
2007.05.19	5.85	6.57	6.75	6.93	7.20
2007.07.21	6.03	6.84	7.02	7.20	7.38
2007.08.22	6.21	7.02	7.20	7.38	7.56
2007.09.15	6.48	7.29	7.47	7.65	7.83
2007.12.21	6.57	7.47	7.56	7.74	7.83
2008.09.13	6.21	7.20	7.29	7.56	7.74
2008.10.09	6.12	6.93	7.02	7.29	7.47
2008.10.30	6.03	6.66	6.75	7.02	7.20
2008.11.27	5.04	5.58	5.67	5.94	6.12
2008.12.23	4.86	5.31	5.40	5.76	5.94
2010.10.20	5.10	5.56	5.60	5.96	6.14
2010.12.26	5.35	5.81	5.85	6.22	6.40
2011.02.09	5.60	6.06	6.10	6.45	6.60
2011.04.06	5.85	6.31	6.40	6.65	6.80
2011.07.07	6.10	6.56	6.65	6.90	7.05
2012.06.08	5.85	6.31	6.40	6.65	6.80
2012.07.06	5.60	6.00	6.15	6.40	6.55
2014.11.22	5.60	5.60	6.00	6.00	6.15
2015.03.01	5.35	5.35	5.75	5.75	5.90
2015.05.11	5.10	5.10	5.50	5.50	5.65
2015.06.28	4.85	4.85	5.25	5.25	5.40
2015.08.26	4.60	4.60	5.00	5.00	5.15
2015.10.24	4.35	4.35	4.75	4.75	4.90

19-11 人民币汇率(年平均价)
Reference Exchange Rate of RMB(Period Average)

单位：人民币元(RMB yuan)

年 份 Year	100美元 100 US Dollars	100日元 100 Japanese Yen	100港元 100 Hong Kong Dollars	100欧元 100 Euros
1981	170.50	0.7735	30.41	
1985	293.67	1.2457	37.57	
1990	478.32	3.3233	61.39	
1995	835.10	8.9225	107.96	
2000	827.84	7.6864	106.18	
2001	827.70	6.8075	106.08	
2002	827.70	6.6237	106.07	800.58
2003	827.70	7.1466	106.24	936.13
2004	827.68	7.6552	106.23	1029.00
2005	819.17	7.4484	105.30	1019.53
2006	797.18	6.8570	102.62	1001.90
2007	760.40	6.4632	97.46	1041.75
2008	694.51	6.7427	89.19	1022.27
2009	683.10	7.2986	88.12	952.70
2010	676.95	7.7279	87.13	897.25
2011	645.88	8.1050	82.97	900.11
2012	631.25	7.9037	81.38	810.67
2013	619.32	6.3323	79.85	822.19
2014	614.28	5.8196	79.22	816.51
2015	622.84	5.1543	80.34	691.41
2016	664.23	6.1243	85.58	734.26
2017	675.18	6.0244	86.64	763.03
2018	661.74	5.9890	84.43	780.16
2019	689.85	6.3347	88.05	772.55
2020	689.76	6.4626	88.93	787.55
2021	645.15	5.8735	83.00	762.93

19-12 个人贷款总额(2004—2021年)
Total Amount of Personal Loans,2004-2021

单位：亿元(100 million yuan)

年份 Year	个人贷款总额 Total Amount of Personal Loans	# 个人消费贷款 Personal Consumption Loans	# 住房贷款 Housing Mortgage Loans	# 汽车消费贷款 Car Consumption Loans	个人住房贷款占个人消费贷款的比重(%) Percentage of Housing Mortgage Loans in Personal(%)
2004	629.00	347.04	306.03	22.00	88.2
2005	716.04	407.22	375.20	14.56	92.1
2006	729.85	451.52	419.44	10.64	92.9
2007	921.83	575.09	531.00	9.61	92.3
2008	994.22	622.18	565.17	10.41	90.8
2009	1386.82	912.03	832.69	10.36	91.3
2010	1895.53	1246.23	1116.00	10.28	89.6
2011	1728.46	1454.43	1297.91	8.96	89.2
2012	1988.65	1642.88	1453.98	7.57	88.5
2013	2482.74	1999.57	1735.77	5.01	86.8
2014	2834.24	2290.44	1993.23	5.68	87.0
2015	3353.05	2803.73	2441.60	14.72	87.1
2016	4847.50	4314.52	3905.63	47.20	90.5
2017	6316.37	5714.52	5043.53	135.30	88.3
2018	7832.44	6959.09	5706.29	257.86	82.0
2019	9440.77	8432.86	6301.05	369.19	74.7
2020	10506.84	9202.32	6797.41	402.55	73.9
2021	11277.31	9685.58	7248.65	447.88	74.8

19-13 证券市场交易情况(2008—2021年)
Trading Statistics on Securities Markets,2008-2021

单位：亿元(100 million yuan)

年份 Year	证券市场交易量 Trading Volume of Securities Market	股票 Stock	基金 Fund	债券 Securities	权证 Warrant	其他 Others	股市开户数(万户) Total Investors (10 000 households)
2008	8016.23	6638.35	107.53	30.75	1182.00	57.60	151.23
2009	14832.34	13608.06	141.62	29.52	878.60	174.55	156.32
2010	15754.45	15100.67	152.07	19.45	247.03	235.23	160.34
2011	12726.07	11068.87	189.77	25.51	61.40	1380.53	167.09
2012	10743.11	7751.70	171.11	90.76		2729.54	196.78
2013	16834.80	10461.89	419.24	464.98		5488.69	201.64
2014	25400.20	15573.26	675.95	299.23		8851.76	209.11
2015	67040.06	51148.59	2764.93	330.52		12796.02	251.83
2016	43811.79	26160.21	1926.83	188.43		15536.33	438.96
2017	43527.96	22299.66	1597.96	248.59		19381.75	477.74
2018	37183.74	17661.73	2526.00	257.53		16738.48	516.78
2019	39933.63	21328.83	1659.11	244.98		16700.71	554.92
2020	61342.30	36207.68	2535.10	1082.02		21517.50	626.15
2021	66785.14	39145.30	3174.58	1370.26		23095.00	684.20

19-14 上市公司股票发行基本情况(1993—2021年)

Basic Statistics on Listed Companies Issue,1993-2021

年 份 Year	境内上市公司(个) Companies Listed in Mainland(unit)					股票发行总股本(万股) General Capitalization (10 000 shares)	累计股票首发数量(万股) Accumulated Issued Volume (10 000 shares)	累计股票筹资额(万元) Accumulated Capital Raised (10 000 yuan)
	上交所 Shanghai Stock Exchange	深交所 Shenzhen Stock Exchange	发A股公司 A Share Only	发A、B股公司 A&B Share	创业板 GEM			
1993	1	1	2			112399	5950	11957
1994	2	1	3			154026	10000	11957
1995	3	1	4			296749	16898	27957
1996	6	3	7	2		834794	44663	41757
1997	8	5	11	2		1028130	57563	89558
1998	9	5	12	2		1108486	62063	114633
1999	9	7	14	2		1429730	90863	274189
2000	10	8	16	2		1535184	102363	327867
2001	15	8	21	2		1796284	129463	507875
2002	17	8	23	2		2169204	142463	654039
2003	18	8	24	2		2248265	152463	692868
2004	18	8	24	2		2248265	152463	692868
2005	18	8	24	2		2248265	152463	692868
2006	18	8	24	2		2248265	152463	692868
2007	20	10	28	2		3792292	395850	2935590
2008	20	10	28	2		3792292	395850	2935590
2009	20	11	29	2	1	3797327	397109	3007666
2010	20	11	35	2	3	3886688	417069	3616566
2011	20	11	36	2	4	3896688	419569	3716566
2012	20	11	37	2	5	3908288	422469	3765228
2013	20	11	37	2	5	3908288	422469	3765228
2014	22	21	41	2	7	3927970	432289	3867230
2015	22	21	41	2	7	5447961	437289	3936180
2016	23	22	40	1	7	5922512	448645	4181280
2017	25	24	44	1	8	6203400	463981	4446380
2018	26	24	45	1	8	6446800	473918	4537540
2019	29	25	54	1	8	7908500	481494	5627340
2020	32	28	60	1	11	8836800	549461	7927240
2021	33	30	63	1	12	9072600	560167	10183740

注：总股本为截至2021年12月31日的数据。

Note: Data of general capitalization are figures until Dec. 31, 2021.

19-15 保险机构(2019—2021年)
Insurance Institutions,2019-2021

单位：个(unit)

项　目	Item	2019	2020	2021
合　计	**Total**	**995**	**995**	**976**
保险公司机构	**Insurance Companies**	**689**	**695**	**682**
总公司	Parent Companies	6	7	7
# 中外合资、外资公司	Joint-venture and Sole Foreign Investment Companies	2	2	3
分公司	Branches	69	70	73
支公司	Sub-branches	260	241	265
营销服务部	Marketing Departments	349	372	332
专属机构(电销中心)	Specialized Agency (Telephone Direct Sale Center)	5	5	5
专业保险中介机构	**Professional Insurance Intermediary Institutions**	**305**	**299**	**293**
保险代理公司	Insurance Agent Companies	204	197	192
保险公估公司	Insurance Assessment Companies	22	23	20
保险经纪公司	Insurance Broker Companies	79	79	81
资产管理公司	**Assets Management Company**	**1**	**1**	**1**

注：本表中支公司包含中心支公司和营业部。
Note: In this table, sub-branches include sub-branches in center cities and business departments.

19-16 保险业务主要指标(1996—2021年)
Main Indicators of Insurance Business,1996-2021

年份 Year	保险金额(亿元) Amount Insured (100 million yuan)	保费(万元) Premium (10 000 yuan)	# 人身险 Personal Insurance	# 财产险 Property Insurance	赔款及给付(万元) Claim and Payment (10 000 yuan)	# 人身险 Personal Insurance	# 财产险 Property Insurance
1996	2488.21	171768	63373	74399	62613	10186	33257
1997	3306.04	243377	125327	112401	83528	18334	61900
1998	3949.15	271654	161097	110557	70075	14206	55869
1999	4848.10	291382	175804	115578	69163	14703	54460
2000	3696.19	314663	191786	122877	71950	7714	64236
2001	5176.91	417049	276050	140999	119062	56364	62698
2002	5632.35	649698	505966	143732	114818	46513	68305
2003	6497.87	753098	597450	155648	173608	72493	101115
2004	9852.79	809874	622284	187590	174178	77905	96273
2005	12141.02	906391	688629	217762	174637	67284	107353
2006	16690.02	1051842	785664	266178	218608	92220	126388
2007	20068.17	1509092	1154858	354234	413417	242197	171221
2008	26065.40	1756212	1338017	418195	510252	300335	209917
2009	29295.34	1512873	1054914	457959	599226	304282	294944
2010	30410.48	2140074	1488739	651335	541885	222606	319278
2011	46937.30	2117433	1366397	751036	661749	306605	355144
2012	51136.36	2381572	1473712	907859	810180	362788	447392
2013	76630.97	2768020	1745237	1022783	1020030	430278	589752
2014	80022.67	3177501	2088796	1088705	1043856	444715	599141
2015	120584.85	3983408	2780605	1202803	1395316	730736	664580
2016	155543.42	5294869	4019275	1275594	1776733	832682	944051
2017	251078.13	5650144	4234417	1415727	1553242	812257	740984
2018	291846.60	5599842	4155414	1444428	1641388	837462	803927
2019	501713.50	6178941	4657057	1521884	1581659	788719	792940
2020	895558.52	6720933	5078366	1642568	1681806	845418	836388
2021	1523943.29	6604715	5063603	1541112	1872962	911026	961936

注：1.2011年起保险业全面执行财政部《企业会计准则2号解释》，各项指标口径按照准则要求相应调整。
2.2020年起，保险金额为财产险保险金额和人身险保险金额之和，其中人身险保险金额为累计新增保险金额。3.表19-17同。

Note: a) Because the insurance industry executed Accounting Standards Interpretation No.2 issued by Ministry of Finance since 2011, the coverages of indicators in this table have changed accordingly. b)The amount insured is the sum of property insurance and personal insurance since 2020 of which the personal insurance is the cumulative new insured amount. c)Same as table 19-17.

19-17 保险业务情况(2019—2021年)
Basic Statistics on Insurance Business,2019-2021

单位：亿元(100 million yuan)

项　　目	Item	2019	2020	2021
保险金额	**Amount Insured**	**501713.50**	**895558.52**	**1523943.29**
财产保险	Property Insurance	336042.26	611182.63	1168464.37
人身保险	Personal Insurance	165671.24	284375.89	355478.92
保　费	**Premium**	**617.89**	**672.09**	**660.47**
财产保险	Property Insurance	152.19	164.26	154.11
# 机动车辆保险	Motor Vehicle Insurance	108.66	112.48	101.55
人寿保险	Life Insurance	355.27	382.33	372.47
人身意外伤害保险	Personal Accident Insurance	18.49	19.79	18.25
健康保险	Health Insurance	91.95	105.71	115.64
赔款及给付额	**Claim and Payment**	**158.17**	**168.18**	**187.30**
财产保险	Property Insurance	79.29	83.64	96.19
# 机动车辆保险	Motor Vehicle Insurance	56.46	56.87	67.70
人寿保险	Life Insurance	48.12	50.57	49.30
人身意外伤害保险	Personal Accident Insurance	2.96	3.32	4.15
健康保险	Health Insurance	27.79	30.66	37.65
赔付率(%)	**Claim and Payment Rate (%)**			
财产保险公司综合赔付率	Property Insurance Comprehensive Claim and Payment Rate	59.8	49.6	64.5
人身保险公司短期险赔付率	Personal Insurance Short-term Claim and Payment Rate	84.5	58.5	65.1

注：人身保险金额为期末有效保险金额。
Note: Amount insured of personal insurance is the efficiency amount insured at the end of term.

19-18 租赁业基本情况(2012—2021年)
Basic Statistics on Leasing industry,2012-2021

单位：个(unit)

年 份 Year	企业家数 Number of Enterprises			
		金融租赁 Financial Leasing	内资租赁 Domestic Leasing	外资租赁 Leasing of Foreign Capital
2012	116	3	8	105
2013	206	5	10	191
2014	335	5	15	315
2015	697	7	18	672
2016	1185	9	30	1146
2017	1574	11	79	1484
2018	2010	11	112	1887
2019	1927	12	120	1795
2020	1763	12	128	1623
2021	1500	12	128	1360

19-18续表 *Continued*

单位：亿元(100 million yuan)

年 份 Year	注册资金 Registered Capital			
		金融租赁 Financial Leasing	内资租赁 Domestic Leasing	外资租赁 Leasing of Foreign Capital
2012	574	166	120	288
2013	840	241	131	468
2014	1353	241	161	951
2015	2683	291	185	2207
2016	5013	365	419	4229
2017	6729	406	769	5554
2018	8568	506	951	7111
2019	8876	546	1016	7314
2020	8446	546	1046	6854
2021	7083	546	945	5592

主要统计指标解释

信贷资金

指金融机构以信用方式积聚和分配的货币资金。金融机构信贷资金的来源有各项存款、金融债券、对国际金融机构负债、流通中现金、其他项目等；信贷资金的运用有各项贷款、有价证券及投资、金银占款、外汇占款、财政借款及在国际金融机构中的资产等。

存　款

指金融机构接受客户存入的货币款项，存款人可随时或按约定时间支取款项的信用业务。包括活期存款、定期存款、住户储蓄存款、财政存款、外汇存款和其他存款等。

贷　款

指金融机构将其所吸收的资金，按一定的利率贷放给客户并约期归还的信用业务。包括短期贷款、中长期贷款、财政贷款、外汇贷款和其他贷款。

保险公司

指在中国境内的、经过保险监督管理部门批准设立，并依法登记注册的各类商业保险公司。

保险金额

指保险人承担赔偿或者给付保险金责任的最高限额。

保　费

指投保人为取得保险人在约定范围内所承担赔偿责任而支付给保险人的费用。

赔　款

指保险人根据保险合同的规定，向被保险人支付的赔偿保险责任损失的金额。

给　付

包括死伤医疗给付和满期给付。死伤医疗给付是指保险人根据人寿保险及长期健康保险合同的规定，因被保险人在保险期内发生保险责任范围内的保险事故支付给被保险人（或受益人）的金额。满期给付是指被保险人生存期满，保险人按人寿保险合同规定支付给被保险人的满期保险金额。

Explanatory Notes on Main Statistical Indicators

Credit Funds

refer to the monetary funds accumulated and distributed in the means of credit by the financial institutions. The sources of credit funds include various deposits, financial bonds, liabilities to international financial institutions, currency in circulation and other items. The uses of credit funds include loans, securities and investment, position for bullion and silver purchase, position for foreign exchange purchase, advances to treasury, and assets with international financial institutions.

Deposits

refer to the credit business that financial institutions accept the money deposited by clients, and the depositor can withdraw the money at any time or at an agreed time. It include current deposits, fixed term deposits, household savings deposits, financial deposits, foreign exchange deposits and other deposits.

Loans

refers to the credit business that financial institutions lend the funds they absorb to clients at a certain interest rate and return them at an agreed date. It include short-term loans, medium and long-term loans, financial loans, foreign exchange loans and other loans.

Insurance Companies

refer to commercial insurance companies of various forms registered by law and established in China with the approval of insurance regulatory agencies.

Amount Insured

refers to the maximum that the insurer to assume compensation or to pay the insurance.

Premium

is the fee paid by the insurant to the insurer to obtain the obligation of compensation from the insurance within the agreed terms.

Claim

is the compensation paid by the insurer to insurant in accordance with the insurance contract.

Payment

includes payment for death, injury or medical treatment and mature payment. Payment for death, injury or medical treatment refers to the money paid to insurant (or the beneficiary) in accordance with the life or health insurance contract when the insurant encounters accidents within the insured period covered in the contract. Mature payment refers to the mature payment to the insurant in accordance with the life insurance contract at the end of the insured period.

第二十篇 科学技术

Chapter 20 Science and Technology

20-1 科学研究和技术服务业机构课题情况
Projects of Science Research Institutions and Technological Service Development

项 目 Item	课题数(项) Number of Projects (item)		课题投入人力(人年) Labour Force Input Projects(person-year)		课题经费内部支出(万元) Internal Expenditure of Project Funds (10 000 yuan)	
	2020	2021	2020	2021	2020	2021
合 计 Total	**3128**	**3468**	**5531**	**5518**	**213307**	**213058**
基础研究 Basic Research	406	425	567	610	13139	12412
应用研究 Application Research	717	958	1380	1587	54441	50653
试验发展 Experimental Development	1195	1186	2215	1786	89519	105584
R&D成果应用 R&D Achievements Used	200	241	432	434	23339	14377
科技服务 Services of Science and Technology	610	658	937	1101	32869	30032

注：本表统计范围为科学研究与技术服务业的非企业机构。
Note: The statistical range of this table refers to non-enterprise institutions in scientific research and technical services.

20-2 专利授权数(2019—2021年)
Patent Granted,2019-2021

单位：件(item)

项 目	Item	授权量 Granted			有效量 Patent in Force		
		2019	2020	2021	2019	2020	2021
合 计	**Total**	**57799**	**75434**	**97910**	**198946**	**245540**	**308263**
按申请类型分	**Grouped by Applications Type**						
发 明	Inventions	5025	5262	7376	34726	38152	43409
实用新型	Utility Models	48252	64221	85076	149930	189936	244766
外观设计	Designs	4522	5951	5458	14290	17452	20088
按申请人划分	**Grouped by Applicator**						
职务发明	Official Inventions	55199	71701	93215	190263	235328	295762
工矿企业	Industrial and Mineral Enterprises	48737	63888	84591	167131	206341	262841
大专院校	Universities and Colleges	4699	5643	5877	16383	20926	23196
科研单位	Scientific Research Institutions	1174	1453	1719	4865	6391	7424
机关团体	Government Agencies and Organizations	589	717	1028	1884	1670	2301
非职务发明	Non-Official Inventions	2600	3733	4695	8683	10212	12501

20-3 科学技术成果(2019—2021年)
Achievements in Science and Technology,2019-2021

单位：项(item)

项　目	Item	2019	2020	2021
市级科学技术成果登记数	**Number of City Level Major Achievements in Science and Technology**	**2345**	**1880**	**1972**
国际领先	Leading Level in the World	93	94	137
国际先进	Advanced World Standard	239	231	253
国内领先	Leading Level in China	298	94	97
国内先进	Advanced National Standard	185	51	33
其　他	Others	1530	1410	1452
获天津市科学技术奖	**Number of Tianjin Scientific and Technological Prizes Awarded**	**195**	**191**	**197**
自然科学奖	Natural Science Award	13	9	13
技术发明奖	Technological Invention Award	7	10	10
科技进步奖	Prize for Progress in Science and Technology	174	172	174
科技重大成就奖	Major Science and Technology Achievement Award			
国际科技合作奖	International Scientific and Technological Cooperation Prizes Award	1		

20-4 高等学校科技专著和论文(2018—2021年)(理、工、农、医类)
S&T Works and Papers in Universities and Colleges,2018-2021 (Science, Engineering, Agriculture and Medicine)

项　目	Item	单　位	Unit	2018	2019	2020	2021
科技专著	**Scientific and Technological Works**	**部**	**copy**	**89**	**84**	**57**	**70**
		万 字	**10 000 words**	**1788**	**1565**	**1178**	**1349**
自然科学	Natural Science	部	copy	15	16	10	10
		万 字	10 000 words	228	215	175	194
工程科学	Engineering	部	copy	41	37	24	34
		万 字	10 000 words	686	831	428	803
医学科学	Medicine	部	copy	32	30	21	22
		万 字	10 000 words	858	509	525	342
农业科学	Agriculture	部	copy	1	1	2	4
		万 字	10 000 words	16	10	50	10
科学论文	**Scientific Papers**	**篇**	**piece**	**25344**	**25389**	**26146**	**28664**
# 国外发表	Published Abroad	篇	piece	13861	15355	17423	17208

20-5 高等学校科研课题开展与投入(2021年)(理、工、农、医类)

Projects of Development and Input of Scientific Research in Universities and Colleges,2021(Science, Engineering, Agriculture and Medicine)

项　目	Item	课题数(项) Number of Projects (item)	投入人力(人年) Labour Force Input (person-year)	# 科学家和工程师 Scientists and Engineers	投入经费(万元) Funds Input (10 000 yuan)
总　计	**Total**	**20399**	**10654**	**9482**	**470665**
按课题活动类型分	**Grouped by Type of Projects**				
基础研究	Basic Research	5940	3428	2923	140101
应用研究	Application Research	9270	4902	4419	166077
试验发展	Experimental Development	3533	1729	1589	63536
R&D成果应用	R&D Achievement Used	505	226	208	64534
科技服务	Service of Science and Technology	1151	369	344	36418
按(课题)项目类别分	**Grouped by Project**				
国家科技重大专项	National Science and Technology Major Projects	43	34	30	5460
国家重点研发计划	Supported by the National Key R&D Programs	1070	616	562	68346
国家科技部项目	Projects Supported by National Science and Technology Ministry	90	58	49	824
国家自然科学基金项目	National Natural Science Fund Projects	4323	2495	2197	63260
教育部科技项目	Projects Supported by National Ministry of Education	5	2	2	17
国家部委其他科技项目	Other Projects of National Ministries and Commissions	428	366	312	47403
省、自治区、直辖市科技项目	Provincial-level Projects	2747	1616	1419	21759
地市厅局(含县)项目	Prefecture-level Projects	915	558	427	1999
企业单位委托科技项目	Enterprise Entrusted Projects	8704	4001	3689	236709
事业单位委托科技项目	Public Institution Entrusted Projects	696	283	259	12304
国际合作项目	International Cooperation Projects	17	15	13	649
自选课题	Optional Objects	1328	578	498	11789
其他课题	Other Objects	33	35	26	147

20-6 全社会研发活动主要指标(2001-2021年)
Main Indicators of Total Science and Technology and R&D Activities,2001-2021

年份 Year	有R&D活动单位数(个) With R&D Activities (unit)	R&D人员数(人) R&D Personnel (person)	R&D人员折合全时当量(人年) R&D Personnel as Full-time Equivalent (person-year)	R&D经费支出(亿元) R&D Expenditures (100 million yuan)	R&D经费投入强度(%) Ratio of Expenditure on R&D to GDP (%)
2001			23893	25.16	1.43
2002			26216	31.19	1.62
2003			28808	40.43	1.79
2004			29553	53.75	2.05
2005			33441	72.57	2.30
2006			37164	95.24	2.69
2007			44988	114.70	2.76
2008			52096	169.42	3.27
2009			52039	178.47	3.13
2010			58771	229.56	3.36
2011	1362	111586	74293	297.76	3.67
2012	1601	126436	89609	360.49	3.99
2013	2057	143667	100219	428.09	4.30
2014	2379	164076	113335	464.69	4.37
2015	2434	177725	124321	510.18	4.69
2016	2439	177165	119384	537.32	4.68
2017	2138	165638	103087	458.72	3.68
2018	1811	160683	99490	492.40	3.68
2019	1834	143888	92502	462.97	3.29
2020	1978	136341	90640	485.01	3.46
2021	2261	166037	102986	574.33	3.66

20-7 科学技术协会和所属学会科技活动(2021年)
Scientific and Technological Activities of Science and Technology Associations and Affiliated Institutions,2021

项目	Item	合计 Total	市及区科协 Science Association of City and District	市级学会 Institution of City Level
机构与人员	**Institutions and Personnel**			
机构(个)	Institutions(unit)	164	17	147
人员(人)	Personnel(person)	2585	380	2205
学术交流情况	**Academic Activities of Exchange**			
学术会议(次)	Academic Meetings(time)	475	64	411
国内	Domestic	464	62	402
国际	International	11	2	9
参加人数(人次)	Number of Participants(person-time)	1080255	2605	1077650
国内	Domestic	873084	2520	870564
国际	International	207171	85	207086
科技出版物	**Science and Technology Publication**			
出版科技期刊(种)	Science and Technology Magazine(kind)	17		17

20-8 企业科技及研发活动基本情况(2019—2021年)

Basic Statistics on Science and Technology and R&D Activities in Enterprises,2019-2021

项　目	Item	2019	2020	2021
调查单位数(个)	Number of Units (unit)	8992	9540	10618
# 有R&D活动单位	With R&D Activities	1649	1820	2112
R&D人员(人)	R&D Personnel (person)	92879	89837	113995
# 全时人员	Full-time	63247	64092	75398
R&D人员折合全时当量(人年)	R&D Personnel as Full-time Equivalent (person-year)	62332	61357	70201
基础研究	Basic Research	393	305	123
应用研究	Application Research	2014	2712	2902
试验发展	Experimental Development	59925	58341	67176
R&D经费支出(亿元)	**R&D Expenditures(100 million yuan)**	**344.09**	**361.87**	**406.78**
1. 政府资金	Government Funds	7.00	6.93	6.49
企业资金	Enterprise Funds	337.06	349.74	396.84
境外资金	Offshore Funds	0.01	1.71	0.99
其他资金	Other Funds	0.01	3.50	2.46
2. 基础研究	Basic Research	0.99	0.54	1.89
应用研究	Application Research	6.99	8.98	10.86
试验发展	Experimental Development	336.11	352.35	394.03
企业办研发机构数(个)	Research and Development Institutions Set by Enterprise(unit)	673	763	678
研发机构R&D人员数(人)	R&D Personnel in Research and Development Institutions (person)	31510	32185	42352
# 博士毕业	Doctor Graduate	724	685	820
硕士毕业	Master Graduate	5187	5773	8260
研发机构R&D经费支出(亿元)	R&D Expenditure in Research and Development Institutions (100 million yuan)	119.38	127.37	171.75

20-9 规模以上企业研发活动基本情况
R&D Activities in Enterprises above Designated Size

		规模以上工业 Industrial Enterprises above Designated Size		资质以上建筑业企业 Construction Enterprises above Designate Size		规模以上重点服务业企业 Key Services Enterprises above Designate Size	
		2020	2021	2020	2021	2020	2021
调查单位数(个)	Number of Units (unit)	5118	5659	341	362	4059	4575
# 有R&D活动单位	With R&D Activities	1444	1649	75	79	282	365
R&D人员(人)	R&D Personnel (person)	65505	77928	9190	12087	14953	23791
# 全时人员	Full-time	48498	54582	5495	7119	9979	13577
R&D人员折合全时当量(人年)	R&D Personnel as Full-time Equivalent (person-year)	45227	49404	6573	7904	9435	12771
基础研究	Basic Research	252	69	5	1	48	54
应用研究	Application Research	1476	1404	479	200	754	1294
试验发展	Experimental Development	43499	47931	6089	7703	8633	11423
R&D经费支出(亿元)	**R&D Expenditures(100 million yuan)**	**228.77**	**251.26**	**75.43**	**74.11**	**50.12**	**73.52**
1. 政府资金	Government Funds	3.80	2.80	0.75	0.44	2.34	3.20
企业资金	Enterprise Funds	220.80	245.25	74.68	73.65	46.75	70.10
境外资金	Offshore Funds	1.23	0.79			0.47	0.20
其他资金	Other Funds	2.93	2.43		0.02	0.56	0.02
2. 基础研究	Basic Research	0.34	1.51		0.03	0.20	0.35
应用研究	Application Research	4.86	5.71	2.10	0.85	2.01	4.30
试验发展	Experimental Development	223.57	244.05	73.32	73.23	47.91	68.87
企业办研发机构数(个)	Research and Development Institutions Set by Enterprise(unit)	601	639	63	66	99	129
研发机构人员数(人)	Personnel in Research and Development Institutions (person)	38771	41949	7369	9369	11806	11559
# 博士毕业	Doctor Graduate	721	660	81	87	385	423
硕士毕业	Master Graduate	6678	7311	905	907	4918	3950
研发机构经费支出(亿元)	Expenditure in Research and Development Institutions (100 million yuan)	120.90	160.79	31.64	43.22	44.77	46.99

注：本表建筑业指特一级总承包、一级专业承包建筑业企业。
Note: Constructions in this table refer to master and one-level general contracting and specialized contracting construction enterprises.

20-10 规模以上工业企业研发活动基本情况(2021年)
R&D Activities in Industrial Enterprises above Designated Size,2021

项目 Item	合计 Total	国有经济 State-owned	外商及港澳台经济 Hong Kong, Macao,Taiwan and Foreign Funded	其他经济 Others
调查单位数(个) Number of Units (unit)	5659	130	1119	4410
有R&D活动企业数(个) Number of Enterprises with R&D Activities (unit)	1649	55	259	1335
R&D人员合计(人) Total R&D Personnel (person)	77928	7051	18121	52756
参加项目人员 Engaged in Projects	72161	6543	16913	48705
管理和服务人员 Engaged in Management and Service	5767	508	1208	4051
R&D经费支出(亿元) R&D Expenditures (100 million yuan)	251.26	18.89	63.64	168.73
1. 基础研究支出 Cost of Basic Research	1.51	0.12	0.01	1.38
应用研究支出 Cost of Application Research	5.71	0.50	0.46	4.75
试验发展支出 Cost of Experimental Development	244.05	18.27	63.17	162.61
2. 政府资金 Government Funds	2.80	0.69	0.15	1.96
企业资金 Enterprise Funds	245.25	18.17	60.36	166.72
境外资金 Offshore Funds	0.79		0.78	0.02
其他资金 Other Funds	2.43	0.04	2.36	0.04
企业办研发机构数(个) Research and Development Institutions Set by Enterprise (unit)	639	33	118	488
研发机构人员数(人) Persons in Research and Development Institutions (person)	41949	2978	10606	28365
研发机构经费支出(亿元) Expenditures of Research and Development Institutions (100 million yuan)	160.79	8.44	45.23	107.12
研发机构科研用仪器设备原价(亿元) Original Cost of Scientific Research Equipment in Research and Development Institutions(100 million yuan)	122.50	12.37	23.89	86.24
专利申请数(件) Number of Patent Applications (item)	18952	1508	2592	14852
# 发明专利 Number of Inventions	5928	931	798	4199
新产品销售收入(亿元) Sales Revenue of New Products (100 million yuan)	4814.09	196.52	1678.18	2939.39
# 出口销售收入 Sales Revenue of Exports	766.10	0.59	549.88	215.63
技术改造经费支出(亿元) Expenditures of Technology Innovation (100 million yuan)	36.37	0.52	1.15	34.70
引进境外技术经费支出(亿元) Expenditures of Foreign Technology Introduction (100 million yuan)	4.22	0.07	4.15	

20-11 按行业分规模以上工业企业科学研究与试验发展(R&D)活动情况(2021年)

R&D Activities in Industrial Enterprises above Designated Size by Sector,2021

项　目	Item	有R&D活动企业数(个) Enterprises with R&D Activities (unit)	R&D人员折合全时当量(人年) R&D Personnel as Full-time Equivalent (person-year)
总　计	**Total**	**1649**	**49404**
采矿业	**Minerals Mining**	**7**	**2050**
煤炭开采和洗选业	Mining and Washing of Coal	1	12
石油和天然气开采业	Extraction of Petroleum and Natural Gas	2	770
黑色金属矿采选业	Mining and Processing of Ferrous Metal Ores		
有色金属矿采选业	Mining and Processing of Non-ferrous Metal Ores		
非金属矿采选业	Mining and Processing of Nonmetal Ores	2	343
开采专业及辅助性活动	Professional and Support Activities for Mining	2	924
其他采矿业	Mining of Other Ores		
制造业	**Manufacturing**	**1620**	**46979**
农副食品加工业	Processing of Food from Agricultural Products	24	440
食品制造业	Manufacture of Food	37	731
酒、饮料和精制茶制造业	Manufacture of Alcohol, Beverages and Refined Tea	7	172
烟草制品业	Manufacture of Tobacco		
纺织业	Manufacture of Textile	8	391
纺织服装、服饰业	Manufacture of Textile Wearing and Apparel	2	11
皮革、毛皮、羽毛(绒)及其制品和制鞋业	Manufacture of Leather, Fur, Feather and Related Products, Footwear	4	121
木材加工和木、竹、藤、棕、草制品业	Processing of Timber, Manufacture of Wood, Bamboo, Rattan, Palm and Straw Products	2	18
家具制造业	Manufacture of Furniture	10	467
造纸和纸制品业	Manufacture of Paper and Paper Products	28	604
印刷和记录媒介复制业	Printing,Reproduction of Recording Media	23	493
文教、工美、体育和娱乐用品制造业	Manufacture of Articles for Culture, Education and Industrial Arts, Sport Activity, Amusement Manufacturing	16	521
石油、煤炭及其他燃料加工业	Processing of Petroleum, Coal and Other Fuels	10	136
化学原料和化学制品制造业	Manufacture of Raw Chemical Materials and Chemical Products	111	3364
医药制造业	Manufacture of Medicines	76	5426
化学纤维制造业	Manufacture of Chemical Fibers	1	16
橡胶和塑料制品业	Manufacture of Rubber and Plastic	107	1861
非金属矿物制品业	Manufacture of Non-metallic Mineral Products	62	1394
黑色金属冶炼和压延加工业	Smelting and Pressing of Ferrous Metals	49	2289
有色金属冶炼和压延加工业	Smelting and Pressing of Non-ferrous Metals	22	631
金属制品业	Manufacture of Metal Products	150	3356
通用设备制造业	Manufacture of General Purpose Machinery	198	3055
专用设备制造业	Manufacture of Special Purpose Machinery	172	4206
汽车制造业	Manufacture of Motorcar	104	2915
铁路、船舶、航空航天和其他运输设备制造业	Railway, Watercraft, Aerospace and Other Transport Equipment	79	2830
电气机械和器材制造业	Manufacture of Electrical Machinery and Equipment	120	2956
计算机、通信和其他电子设备制造业	Manufacture of Computers, Communication and Other Electronic Equipment	121	6905
仪器仪表制造业	Manufacture of Measuring Instruments	55	1121
其他制造业	Other Manufacturing	5	53
废弃资源综合利用业	Comprehensive Recycling of Waste	9	104
金属制品、机械和设备修理业	Metal Products, Machine and Equipment Repair	8	390
电力、热力、燃气及水生产和供应业	**Production and Supply of Electricity, Heat, Gas and Water**	**22**	**375**
电力、热力生产和供应业	Production and Supply of Electric Power and Heat Power	10	271
燃气生产和供应业	Production and Supply of Gas	2	19
水的生产和供应业	Production and Supply of Water	10	85

20-11续表 *Continued*

项　目	Item	R&D经费内部支出总额(亿元) R&D Internal Expenditures (100 million yuan)	R&D投入强度(%) Ratio of R&D to Operating Income (%)
总　计	**Total**	**251.26**	**1.09**
采矿业	**Minerals Mining**	**13.83**	**0.94**
煤炭开采和洗选业	Mining and Washing of Coal	0.01	0.52
石油和天然气开采业	Extraction of Petroleum and Natural Gas	4.54	0.43
黑色金属矿采选业	Mining and Processing of Ferrous Metal Ores		
有色金属矿采选业	Mining and Processing of Non-ferrous Metal Ores		
非金属矿采选业	Mining and Processing of Nonmetal Ores	1.50	2.83
开采专业及辅助性活动	Professional and Support Activities for Mining	7.78	2.71
其他采矿业	Mining of Other Ores		
制造业	**Manufacturing**	**235.80**	**1.18**
农副食品加工业	Processing of Food from Agricultural Products	2.07	0.28
食品制造业	Manufacture of Food	2.16	0.55
酒、饮料和精制茶制造业	Manufacture of Alcohol, Beverages and Refined Tea	0.60	0.57
烟草制品业	Manufacture of Tobacco		
纺织业	Manufacture of Textile	0.78	0.74
纺织服装、服饰业	Manufacture of Textile Wearing and Apparel	0.04	0.25
皮革、毛皮、羽毛(绒)及其制品和制鞋业	Manufacture of Leather, Fur, Feather and Related Products, Footwear	0.18	0.89
木材加工和木、竹、藤、棕、草制品业	Processing of Timber, Manufacture of Wood, Bamboo, Rattan, Palm and Straw Products	0.11	0.62
家具制造业	Manufacture of Furniture	1.09	1.30
造纸和纸制品业	Manufacture of Paper and Paper Products	4.16	1.48
印刷和记录媒介复制业	Printing,Reproduction of Recording Media	1.39	1.75
文教、工美、体育和娱乐用品制造业	Manufacture of Articles for Culture, Education and Industrial Arts, Sport Activity, Amusement Manufacturing	0.84	0.65
石油、煤炭及其他燃料加工业	Processing of Petroleum, Coal and Other Fuels	1.87	0.17
化学原料和化学制品制造业	Manufacture of Raw Chemical Materials and Chemical Products	17.51	1.35
医药制造业	Manufacture of Medicines	23.31	3.18
化学纤维制造业	Manufacture of Chemical Fibers	0.04	1.21
橡胶和塑料制品业	Manufacture of Rubber and Plastic	7.97	1.84
非金属矿物制品业	Manufacture of Non-metallic Mineral Products	7.34	1.48
黑色金属冶炼和压延加工业	Smelting and Pressing of Ferrous Metals	26.32	0.76
有色金属冶炼和压延加工业	Smelting and Pressing of Non-ferrous Metals	3.61	0.39
金属制品业	Manufacture of Metal Products	17.23	1.40
通用设备制造业	Manufacture of General Purpose Machinery	14.75	1.67
专用设备制造业	Manufacture of Special Purpose Machinery	17.87	2.58
汽车制造业	Manufacture of Motorcar	11.63	0.51
铁路、船舶、航空航天和其他运输设备制造业	Railway, Watercraft, Aerospace and Other Transport Equipment	12.07	1.74
电气机械和器材制造业	Manufacture of Electrical Machinery and Equipment	13.98	1.07
计算机、通信和其他电子设备制造业	Manufacture of Computers, Communication and Other Electronic Equipment	42.64	2.06
仪器仪表制造业	Manufacture of Measuring Instruments	3.31	2.61
其他制造业	Other Manufacturing	0.11	0.63
废弃资源综合利用业	Comprehensive Recycling of Waste	0.22	0.16
金属制品、机械和设备修理业	Metal Products, Machine and Equipment Repair	0.61	1.77
电力、热力、燃气及水生产和供应业	**Production and Supply of Electricity, Heat, Gas and Water**	**1.63**	**0.10**
电力、热力生产和供应业	Production and Supply of Electric Power and Heat Power	1.22	0.12
燃气生产和供应业	Production and Supply of Gas	0.09	0.02
水的生产和供应业	Production and Supply of Water	0.32	0.27

注：R&D投入强度是指R&D经费内部支出与营业收入比值。

Note: Ratio of R&D to operating income refers to the ratio of R&D internal expenditures to revenue from principle business.

20-12 按行业分规模以上工业企业研发机构情况(2021年)

R&D Institutions of Industrial Enterprises above Designated Size by Sector,2021

项　目	Item	研发机构数(个) R&D Institutions (unit)	研发机构经费支出(亿元) Expenditure in R&D Institutions (100 million yuan)
总　计	**Total**	**639**	**160.79**
采矿业	**Minerals Mining**	**8**	**5.28**
煤炭开采和洗选业	Mining and Washing of Coal		
石油和天然气开采业	Extraction of Petroleum and Natural Gas	4	3.12
黑色金属矿采选业	Mining and Processing of Ferrous Metal Ores		
有色金属矿采选业	Mining and Processing of Non-ferrous Metal Ores		
非金属矿采选业	Mining and Processing of Nonmetal Ores	3	0.53
开采专业及辅助性活动	Professional and Support Activities for Mining	1	1.64
其他采矿业	Mining of Other Ores		
制造业	**Manufacturing**	**626**	**153.76**
农副食品加工业	Processing of Food from Agricultural Products	7	0.55
食品制造业	Manufacture of Food	16	1.40
酒、饮料和精制茶制造业	Manufacture of Alcohol, Beverages and Refined Tea	6	0.27
烟草制品业	Manufacture of Tobacco		
纺织业	Manufacture of Textile	2	0.19
纺织服装、服饰业	Manufacture of Textile Wearing and Apparel		
皮革、毛皮、羽毛(绒)及其制品和制鞋业	Manufacture of Leather, Fur, Feather and Related Products, Footwear	1	0.06
木材加工和木、竹、藤、棕、草制品业	Processing of Timber, Manufacture of Wood, Bamboo, Rattan, Palm and Straw Products		
家具制造业	Manufacture of Furniture	2	0.82
造纸和纸制品业	Manufacture of Paper and Paper Products	6	3.66
印刷和记录媒介复制业	Printing,Reproduction of Recording Media	3	0.37
文教、工美、体育和娱乐用品制造业	Manufacture of Articles for Culture, Education and Industrial Arts, Sport Activity, Amusement Manufacturing	8	0.65
石油、煤炭及其他燃料加工业	Processing of Petroleum, Coal and Other Fuels	7	1.24
化学原料和化学制品制造业	Manufacture of Raw Chemical Materials and Chemical Products	63	10.26
医药制造业	Manufacture of Medicines	51	12.09
化学纤维制造业	Manufacture of Chemical Fibers		
橡胶和塑料制品业	Manufacture of Rubber and Plastic	38	4.57
非金属矿物制品业	Manufacture of Non-metallic Mineral Products	21	3.17
黑色金属冶炼和压延加工业	Smelting and Pressing of Ferrous Metals	19	8.33
有色金属冶炼和压延加工业	Smelting and Pressing of Non-ferrous Metals	13	2.15
金属制品业	Manufacture of Metal Products	39	11.94
通用设备制造业	Manufacture of General Purpose Machinery	51	6.59
专用设备制造业	Manufacture of Special Purpose Machinery	83	11.16
汽车制造业	Manufacture of Motorcar	48	5.62
铁路、船舶、航空航天和其他运输设备制造业	Railway, Watercraft, Aerospace and Other Transport Equipment	21	6.41
电气机械和器材制造业	Manufacture of Electrical Machinery and Equipment	52	13.84
计算机、通信和其他电子设备制造业	Manufacture of Computers, Communication and Other Electronic Equipment	50	46.59
仪器仪表制造业	Manufacture of Measuring Instruments	18	1.76
其他制造业	Other Manufacturing		
废弃资源综合利用业	Comprehensive Recycling of Waste		
金属制品、机械和设备修理业	Metal Products, Machine and Equipment Repair	1	0.09
电力、热力、燃气及水生产和供应业	**Production and Supply of Electricity, Heat, Gas and Water**	**5**	**1.74**
电力、热力生产和供应业	Production and Supply of Electric Power and Heat Power	1	0.94
燃气生产和供应业	Production and Supply of Gas	2	0.69
水的生产和供应业	Production and Supply of Water	2	0.11

20-13 按行业分规模以上工业企业专利情况(2021年)

Patents of Industrial Enterprises above Designated Size by Sector,2021

单位：件(piece)

项 目	Item	专利申请数 Patent Applications	#发明专利数 Invention Patents
总 计	**Total**	**18952**	**5928**
采矿业	**Minerals Mining**	**533**	**377**
煤炭开采和洗选业	Mining and Washing of Coal	19	1
石油和天然气开采业	Extraction of Petroleum and Natural Gas	282	190
黑色金属矿采选业	Mining and Processing of Ferrous Metal Ores		
有色金属矿采选业	Mining and Processing of Non-ferrous Metal Ores		
非金属矿采选业	Mining and Processing of Nonmetal Ores	38	17
开采专业及辅助性活动	Professional and Support Activities for Mining	194	169
其他采矿业	Mining of Other Ores		
制造业	**Manufacturing**	**17313**	**5026**
农副食品加工业	Processing of Food from Agricultural Products	244	30
食品制造业	Manufacture of Food	163	38
酒、饮料和精制茶制造业	Manufacture of Alcohol, Beverages and Refined Tea	32	11
烟草制品业	Manufacture of Tobacco		
纺织业	Manufacture of Textile	66	7
纺织服装、服饰业	Manufacture of Textile Wearing and Apparel	18	
皮革、毛皮、羽毛(绒)及其制品和制鞋业	Manufacture of Leather, Fur, Feather and Related Products, Footwear	26	1
木材加工和木、竹、藤、棕、草制品业	Processing of Timber, Manufacture of Wood, Bamboo, Rattan, Palm and Straw Products	19	1
家具制造业	Manufacture of Furniture	139	13
造纸和纸制品业	Manufacture of Paper and Paper Products	232	28
印刷和记录媒介复制业	Printing,Reproduction of Recording Media	222	23
文教、工美、体育和娱乐用品制造业	Manufacture of Articles for Culture, Education and Industrial Arts, Sport Activity, Amusement Manufacturing	164	24
石油、煤炭及其他燃料加工业	Processing of Petroleum, Coal and Other Fuels	123	68
化学原料和化学制品制造业	Manufacture of Raw Chemical Materials and Chemical Products	940	345
医药制造业	Manufacture of Medicines	621	255
化学纤维制造业	Manufacture of Chemical Fibers	8	7
橡胶和塑料制品业	Manufacture of Rubber and Plastic	838	114
非金属矿物制品业	Manufacture of Non-metallic Mineral Products	685	142
黑色金属冶炼和压延加工业	Smelting and Pressing of Ferrous Metals	497	119
有色金属冶炼和压延加工业	Smelting and Pressing of Non-ferrous Metals	189	36
金属制品业	Manufacture of Metal Products	1206	210
通用设备制造业	Manufacture of General Purpose Machinery	1897	501
专用设备制造业	Manufacture of Special Purpose Machinery	2149	573
汽车制造业	Manufacture of Motorcar	1015	166
铁路、船舶、航空航天和其他运输设备制造业	Railway, Watercraft, Aerospace and Other Transport Equipment	1110	245
电气机械和器材制造业	Manufacture of Electrical Machinery and Equipment	1594	469
计算机、通信和其他电子设备制造业	Manufacture of Computers, Communication and Other Electronic Equipment	2309	1414
仪器仪表制造业	Manufacture of Measuring Instruments	581	168
其他制造业	Other Manufacturing	94	2
废弃资源综合利用业	Comprehensive Recycling of Waste	56	3
金属制品、机械和设备修理业	Metal Products, Machine and Equipment Repair	76	13
电力、热力、燃气及水生产和供应业	**Production and Supply of Electricity, Heat, Gas and Water**	**1106**	**525**
电力、热力生产和供应业	Production and Supply of Electric Power and Heat Power	990	515
燃气生产和供应业	Production and Supply of Gas	59	5
水的生产和供应业	Production and Supply of Water	57	5

20-14 按行业分规模以上非工业企业科学研究与试验发展(R&D)活动情况(2021年)
R&D Activities in Non-Industrial Enterprises above Designated Size by Sector,2021

项　目	Item	有R&D活动企业数(个) Enterprises with R&D Activities (unit)	R&D人员折合全时当量(人年) R&D Personnel as Full-time Equivalent (person-year)
总　计	**Total**	**444**	**20675**
建筑业	**Construction**	**79**	**7904**
房屋建筑业	Building Engineering	18	2812
土木工程建筑业	Civil Engineering	36	4141
建筑安装业	Building Installation	16	850
建筑装饰、装修和其他建筑业	Building Decoration and Others	9	101
服务业	**Service**	**365**	**12771**
交通运输、仓储和邮政业	Transportation, Storage and Post Services	24	432
铁路运输业	Railway Transport		
道路运输业	Highway Transport	6	69
水上运输业	Waterway Transport	10	268
航空运输业	Air Transport		
管道运输业	Pipeline Transport	1	3
多式联运和运输代理业	Intermodality and Forwarding	2	34
装卸搬运和仓储业	Loading, Unloading and Storage	5	58
邮政业	Post Services		
信息传输、软件和信息技术服务业	Information Transmitting, Software and Information Technology Services	90	4264
电信、广播电视和卫星传输服务	Telecommunication, Broadcast Television and Satellite Transmission Services	1	3
互联网和相关服务	Internet and Relative Services	17	1022
软件和信息技术服务业	Software and Information Technology Services	72	3239
租赁和商务服务业	Leasing and Business Services	30	630
租赁业	Leasing Services	4	22
商务服务业	Business Services	26	609
科学研究和技术服务业	Scientific Research and Technical Services	207	7128
研究和试验发展	R&D	29	1100
专业技术服务业	Special Technical Services	157	5792
科技推广和应用服务业	Science and Technology Generalizing and Application Services	21	235
水利、环境和公共设施管理业	Management for Water Conservancy, Environment and Public Facilities	10	169
水利管理业	Management for Water Conservancy		
生态保护和环境治理业	Ecological Protection and Management for Environment	5	90
公共设施管理业	Management for Public Facilities	5	78
土地管理业	Management for Land		
卫生和社会工作	Health Care and Social Work	2	36
卫　生	Health Care	2	36
社会工作	Social Work		
文化、体育和娱乐业	Culture, Sports and Recreational Services	2	111
新闻和出版业	News Publication		
广播、电视、电影和录音制作业	Broadcast, TV, Movies and Record Production Industry	2	111
文化艺术业	Culture and Art		
体　育	Sports		
娱乐业	Recreational Services		

20-14续表 *Continued*

项　　目	Item	R&D经费内部支出总额(亿元) R&D Internal Expenditures (100 million yuan)	R&D投入强度(%) Ratio of R&D to Operating Income (%)
总　　计	**Total**	**147.63**	**1.13**
建筑业	**Construction**	**74.11**	**1.85**
房屋建筑业	Building Engineering	23.64	1.84
土木工程建筑业	Civil Engineering	46.59	1.98
建筑安装业	Building Installation	3.47	1.43
建筑装饰、装修和其他建筑业	Building Decoration and Others	0.40	0.29
服务业	**Service**	**73.52**	**0.81**
交通运输、仓储和邮政业	Transportation, Storage and Post Services	1.51	0.04
铁路运输业	Railway Transport		
道路运输业	Highway Transport	0.16	0.01
水上运输业	Waterway Transport	0.82	0.31
航空运输业	Air Transport		
管道运输业	Pipeline Transport	0.00	0.01
多式联运和运输代理业	Intermodality and Forwarding	0.33	0.03
装卸搬运和仓储业	Loading, Unloading and Storage	0.20	0.04
邮政业	Post Services		
信息传输、软件和信息技术服务业	Information Transmitting, Software and Information Technology Services	21.26	1.39
电信、广播电视和卫星传输服务	Telecommunication, Broadcast Television and Satellite Transmission Services	0.01	0.01
互联网和相关服务	Internet and Relative Services	6.58	0.88
软件和信息技术服务业	Software and Information Technology Services	14.67	2.46
租赁和商务服务业	Leasing and Business Services	1.91	0.11
租赁业	Leasing Services	0.17	0.16
商务服务业	Business Services	1.74	0.11
科学研究和技术服务业	Scientific Research and Technical Services	46.99	3.10
研究和试验发展	R&D	8.37	10.57
专业技术服务业	Special Technical Services	37.76	2.78
科技推广和应用服务业	Science and Technology Generalizing and Application Services	0.86	1.10
水利、环境和公共设施管理业	Management for Water Conservancy, Environment and Public Facilities	0.76	0.39
水利管理业	Management for Water Conservancy		
生态保护和环境治理业	Ecological Protection and Management for Environment	0.34	3.15
公共设施管理业	Management for Public Facilities	0.43	0.32
土地管理业	Management for Land		
卫生和社会工作	Health Care and Social Work	0.19	0.29
卫　生	Health Care	0.19	0.30
社会工作	Social Work		
文化、体育和娱乐业	Culture, Sports and Recreational Services	0.89	0.54
新闻和出版业	News Publication		
广播、电视、电影和录音制作业	Broadcast, TV, Movies and Record Production Industry	0.89	0.83
文化艺术业	Culture and Art		
体　育	Sports		
娱乐业	Recreational Services		

注：R&D投入强度是指R&D经费内部支出与营业收入比值。

Note: Ratio of R&D to operating income refers to the ratio of R&D internal expenditures to revenue from principle business.

20-15 按行业分规模以上非工业企业研发机构情况(2021年)

R&D Institutions of Non-Industrial Enterprises above Designated Size by Sector,2021

项 目	Item	研发机构数(个) R&D Institutions (unit)	研发机构经费支出(亿元) Expenditure in R&D Institutions (100 million yuan)
总 计	**Total**	**195**	**90.20**
建筑业	**Construction**	**66**	**43.22**
房屋建筑业	Building Engineering	12	12.28
土木工程建筑业	Civil Engineering	37	26.89
建筑安装业	Building Installation	16	4.00
建筑装饰、装修和其他建筑业	Building Decoration and Others	1	0.04
服务业	**Service**	**129**	**46.99**
交通运输、仓储和邮政业	Transportation, Storage and Post Services	5	0.60
铁路运输业	Railway Transport		
道路运输业	Highway Transport	2	0.54
水上运输业	Waterway Transport	2	0.01
航空运输业	Air Transport		
管道运输业	Pipeline Transport		
多式联运和运输代理业	Intermodality and Forwarding		
装卸搬运和仓储业	Loading,Unloading and Storage	1	0.05
邮政业	Post Services		
信息传输、软件和信息技术服务业	Information Transmitting, Software and Information Technology Services	25	12.96
电信、广播电视和卫星传输服务	Telecommunication, Broadcast Television and Satellite Transmission Services		
互联网和相关服务	Internet and Relative Services	2	2.79
软件和信息技术服务业	Software and Information Technology Services	23	10.17
租赁和商务服务业	Leasing and Business Services	2	0.06
租赁业	Leasing Services	1	0.01
商务服务业	Business Services	1	0.05
科学研究和技术服务业	Scientific Research and Technical Services	93	32.83
研究和试验发展	R&D	24	7.56
专业技术服务业	Special Technical Services	64	25.02
科技推广和应用服务业	Science and Technology Generalizing and Application Services	5	0.26
水利、环境和公共设施管理业	Management for Water Conservancy, Environment and Public Facilities	4	0.55
水利管理业	Management for Water Conservancy		
生态保护和环境治理业	Ecological Protection and Management for Environment	3	0.24
公共设施管理业	Management for Public Facilities	1	0.31
土地管理业	Management for Land		
卫生和社会工作	Health Care and Social Work		
卫 生	Health Care		
社会工作	Social Work		
文化、体育和娱乐业	Culture, Sports and Recreational Services		
新闻和出版业	News Publication		
广播、电视、电影和录音制作业	Broadcast, TV, Movies and Record Production Industry		
文化艺术业	Culture and Art		
体 育	Sports		
娱乐业	Recreational Services		

20-16 按行业分规模以上非工业企业专利情况(2021年)

Patents of Non-Industrial Enterprises above Designated Size by Sector,2021

单位：件(piece)

项 目	Item	专利申请数 Patent Applications	#发明专利数 Invention Patents
总 计	**Total**	**8183**	**3075**
建筑业	**Construction**	**3754**	**933**
房屋建筑业	Building Engineering	1316	330
土木工程建筑业	Civil Engineering	2033	543
建筑安装业	Building Installation	366	49
建筑装饰、装修和其他建筑业	Building Decoration and Others	39	11
服务业	**Service**	**4429**	**2142**
交通运输、仓储和邮政业	Transportation, Storage and Post Services	166	48
铁路运输业	Railway Transport		
道路运输业	Highway Transport	49	13
水上运输业	Waterway Transport	72	23
航空运输业	Air Transport	1	1
管道运输业	Pipeline Transport	1	1
多式联运和运输代理业	Intermodality and Forwarding	7	3
装卸搬运和仓储业	Loading,Unloading and Storage	36	7
邮政业	Post Services		
信息传输、软件和信息技术服务业	Information Transmitting, Software and Information Technology Services	986	721
电信、广播电视和卫星传输服务	Telecommunication, Broadcast Television and Satellite Transmission Services	20	15
互联网和相关服务	Internet and Relative Services	199	194
软件和信息技术服务业	Software and Information Technology Services	767	512
租赁和商务服务业	Leasing and Business Services	158	35
租赁业	Leasing Services	70	22
商务服务业	Business Services	88	13
科学研究和技术服务业	Scientific Research and Technical Services	2987	1300
研究和试验发展	R&D	467	300
专业技术服务业	Special Technical Services	2349	966
科技推广和应用服务业	Science and Technology Generalizing and Application Services	171	34
水利、环境和公共设施管理业	Management for Water Conservancy, Environment and Public Facilities	87	14
水利管理业	Management for Water Conservancy		
生态保护和环境治理业	Ecological Protection and Management for Environment	61	10
公共设施管理业	Management for Public Facilities	26	4
土地管理业	Management for Land		
卫生和社会工作	Health Care and Social Work	22	8
卫 生	Health Care	22	8
社会工作	Social Work		
文化、体育和娱乐业	Culture, Sports and Recreational Services	23	16
新闻和出版业	News Publication		
广播、电视、电影和录音制作业	Broadcast, TV, Movies and Record Production Industry	23	16
文化艺术业	Culture and Art		
体 育	Sports		
娱乐业	Recreational Services		

20-17 创新企业分布情况(2021年)
The Distribution of Innovating Enterprise,2021

单位：个,%(unit,%)

项 目	Item	企业数 Number of Enterprises	# 开展创新的企业 To Carry Out Innovative Enterprises		# 实现创新的企业 To Achieve Innovative Enterprises	
			企业数 Numbers	比 重 Percentage of Total	企业数 Numbers	比 重 Percentage of Total
总 计	**Total**	**19934**	**6531**	**32.8**	**6054**	**30.4**
按行业分	**Grouped by Sector**					
采矿业	Minerals Mining	13	8	61.5	8	61.5
制造业	Manufacturing	5403	3107	57.5	2859	52.9
电力、热力、燃气及水生产和供应业	Production and Supply of Electricity, Heat, Gas and Water	243	90	37.0	73	30.0
建筑业	Construction	1372	412	30.0	384	28.0
批发和零售业	Wholesale and Retail Trade	8711	1540	17.7	1520	17.5
交通运输、仓储和邮政业	Transportation, Storage and Post Services	1646	327	19.9	300	18.2
信息传输、软件和信息技术服务业	Information Transmitting, Software and Information Technology Services	490	311	63.5	254	51.8
租赁和商务服务业	Leasing and Business Services	1251	287	22.9	268	21.4
科学研究和技术服务业	Scientific Research and Technical Services	707	418	59.1	363	51.3
水利、环境和公共设施管理业	Management for Water Conservancy, Environment and Public Facilities	98	31	31.6	25	25.5
按地区分	**Grouped by District**					
和平区	Heping District	439	113	25.7	108	24.6
河东区	Hedong District	404	113	28.0	105	26.0
河西区	Hexi District	792	191	24.1	181	22.9
南开区	Nankai District	683	194	28.4	181	26.5
河北区	Hebei District	230	56	24.4	54	23.5
红桥区	Hongqiao District	165	42	25.5	40	24.2
东丽区	Dongli District	1027	267	26.0	250	24.3
西青区	Xiqing District	1359	557	41.0	511	37.6
津南区	Jinnan District	1098	436	39.7	405	36.9
北辰区	Beichen District	1407	462	32.8	430	30.6
武清区	Wuqing District	1853	693	37.4	638	34.4
宝坻区	Baodi District	738	271	36.7	250	33.9
滨海新区	Binhai New Area	7338	2448	33.4	2252	30.7
宁河区	Ninghe District	439	130	29.6	127	28.9
静海区	Jinghai District	1668	453	27.2	426	25.5
蓟州区	Jizhou District	280	93	33.2	84	30.0

注：按地区分为在地口径，地区数据不包含非网报和直报数据，表20-18至20-20同。

Note: The datum grouped by district in this table adopt coverage of register units,and regional data does not include network data reporting and direct reporting data. Same as table 20-18 to 20-20.

20-18 产品和工艺创新企业分布情况(2021年)
The Distribution of Product and Process Innovative Enterprise,2021

单位：个,%(unit,%)

项 目	Item	有产品或工艺创新活动企业 To Carry Out Product or Process Innovation Activity Enterprise	
		企业数 Numbers of Enterprises	比 重 Percentage of Total Enterprises
总 计	**Total**	**4530**	**22.7**
按行业分	**Grouped by Sector**		
采矿业	Minerals Mining	7	53.9
制造业	Manufacturing	2788	51.6
电力、热力、燃气及水生产和供应业	Production and Supply of Electricity, Heat, Gas and Water	60	24.7
建筑业	Construction	261	19.0
批发和零售业	Wholesale and Retail Trade	462	5.3
交通运输、仓储和邮政业	Transportation, Storage and Post Services	140	8.5
信息传输、软件和信息技术服务业	Information Transmitting, Software and Information Technology Services	286	58.4
租赁和商务服务业	Leasing and Business Services	130	10.4
科学研究和技术服务业	Scientific Research and Technical Services	375	53.0
水利、环境和公共设施管理业	Management for Water Conservancy, Environment and Public Facilities	21	21.4
按地区分	**Grouped by District**		
和平区	Heping District	62	14.1
河东区	Hedong District	62	15.4
河西区	Hexi District	105	13.3
南开区	Nankai District	122	17.9
河北区	Hebei District	38	16.5
红桥区	Hongqiao District	27	16.4
东丽区	Dongli District	180	17.5
西青区	Xiqing District	434	31.9
津南区	Jinnan District	329	30.0
北辰区	Beichen District	326	23.2
武清区	Wuqing District	508	27.4
宝坻区	Baodi District	203	27.5
滨海新区	Binhai New Area	1662	22.7
宁河区	Ninghe District	89	20.3
静海区	Jinghai District	305	18.3
蓟州区	Jizhou District	66	23.6

20-18续表 *Continued*

单位：个,%(unit,%)

项 目	Item	# 实现产品创新企业 Implementing Product Innovation Enterprise		# 实现工艺创新企业 Implementing Process Innovation Enterprise	
		企业数 Numbers of Enterprises	比 重 Percentage of Total Enterprises	企业数 Numbers of Enterprises	比 重 Percentage of Total Enterprises
总 计	**Total**	**2482**	**12.5**	**3053**	**15.3**
按行业分	**Grouped by Sector**				
采矿业	Minerals Mining	4	30.8	7	53.9
制造业	Manufacturing	1749	32.4	1966	36.4
电力、热力、燃气及水生产和供应业	Production and Supply of Electricity, Heat, Gas and Water	6	2.5	31	12.8
建筑业	Construction	104	7.6	190	13.9
批发和零售业	Wholesale and Retail Trade	200	2.3	328	3.8
交通运输、仓储和邮政业	Transportation, Storage and Post Services	47	2.9	85	5.2
信息传输、软件和信息技术服务业	Information Transmitting, Software and Information Technology Services	152	31.0	155	31.6
租赁和商务服务业	Leasing and Business Services	48	3.8	72	5.8
科学研究和技术服务业	Scientific Research and Technical Services	170	24.1	207	29.3
水利、环境和公共设施管理业	Management for Water Conservancy, Environment and Public Facilities	2	2.0	12	12.2
按地区分	**Grouped by District**				
和平区	Heping District	25	5.7	49	11.2
河东区	Hedong District	26	6.4	36	8.9
河西区	Hexi District	54	6.8	78	9.9
南开区	Nankai District	56	8.2	73	10.7
河北区	Hebei District	18	7.8	24	10.4
红桥区	Hongqiao District	16	9.7	22	13.3
东丽区	Dongli District	104	10.1	128	12.5
西青区	Xiqing District	274	20.2	274	20.2
津南区	Jinnan District	186	16.9	238	21.7
北辰区	Beichen District	193	13.7	235	16.7
武清区	Wuqing District	271	14.6	330	17.8
宝坻区	Baodi District	126	17.1	139	18.8
滨海新区	Binhai New Area	880	12.0	1076	14.7
宁河区	Ninghe District	42	9.6	71	16.2
静海区	Jinghai District	161	9.7	227	13.6
蓟州区	Jizhou District	38	13.6	43	15.4

20-19 产品或工艺创新主要活动形式(2021年)
The Form of Product and Process Innovative Enterprise,2021

单位：个,%(unit,%)

项 目	Item	有产品或工艺创新活动企业数 Number of Product and Process Innovative Enterprise	各类创新活动企业比重 Proportion of All Kinds of Innovative Enterprise			
			# 内部 R&D Internal	# 外部 R&D External	# 获得机器设备和软件 The Machine, Equipment, and Software	# 从外部获取相关技术 External Acquisition of Related Technologies
总 计	**Total**	**4530**	**11.7**	**2.1**	**9.2**	**1.0**
按行业分	**Grouped by Sector**					
采矿业	Minerals Mining	7	53.9	38.5	46.2	
制造业	Manufacturing	2788	30.0	4.1	25.7	0.5
电力、热力、燃气及水生产和供应业	Production and Supply of Electricity, Heat, Gas and Water	60	9.1	2.5	16.1	0.4
建筑业	Construction	261	10.5	2.6	6.1	2.3
批发和零售业	Wholesale and Retail Trade	462	2.1	0.8	1.0	0.4
交通运输、仓储和邮政业	Transportation, Storage and Post Services	140	1.5	0.3	1.9	0.7
信息传输、软件和信息技术服务业	Information Transmitting, Software and Information Technology Services	286	18.4	4.7	12.5	6.3
租赁和商务服务业	Leasing and Business Services	130	2.4	1.0	1.8	0.9
科学研究和技术服务业	Scientific Research and Technical Services	375	29.3	6.5	15.1	6.2
水利、环境和公共设施管理业	Management for Water Conservancy, Environment and Public Facilities	21	10.2	2.0	7.1	1.0
按地区分	**Grouped by District**					
和平区	Heping District	62	4.3	0.5	4.1	1.4
河东区	Hedong District	62	6.7	1.7	1.5	0.7
河西区	Hexi District	105	6.9	2.0	4.3	1.5
南开区	Nankai District	122	6.6	1.8	7.6	1.0
河北区	Hebei District	38	7.8	2.6	5.2	1.3
红桥区	Hongqiao District	27	9.1	2.4	4.2	1.2
东丽区	Dongli District	180	9.1	2.3	7.5	1.0
西青区	Xiqing District	434	17.8	2.8	14.9	0.7
津南区	Jinnan District	329	15.2	1.6	12.6	0.7
北辰区	Beichen District	326	13.9	2.1	9.8	0.9
武清区	Wuqing District	508	12.5	1.3	13.2	0.9
宝坻区	Baodi District	203	16.4	1.6	11.0	0.3
滨海新区	Binhai New Area	1662	11.8	2.9	8.5	1.4
宁河区	Ninghe District	89	7.1	0.5	9.6	0.2
静海区	Jinghai District	305	8.8	0.6	8.3	0.2
蓟州区	Jizhou District	66	19.3	1.4	4.6	

20-20 组织和营销创新企业分布情况(2021年)

The Distribution of Organization and Marketing Innovative Enterprise,2021

单位：个,%(unit,%)

项　目	Item	企业数 Numbers of Enterprises	有组织或营销创新企业 Number of Organization and Marketing Innovative Enterprise	
			企业数 Numbers of Enterprises	比　重 Percentage of Total Enterprises
总　计	**Total**	**19934**	**4878**	**24.5**
按行业分	**Grouped by Sector**			
采矿业	Minerals Mining	13	7	53.9
制造业	Manufacturing	5403	2064	38.2
电力、热力、燃气及水生产和供应业	Production and Supply of Electricity, Heat, Gas and Water	243	65	26.8
建筑业	Construction	1372	316	23.0
批发和零售业	Wholesale and Retail Trade	8711	1429	16.4
交通运输、仓储和邮政业	Transportation, Storage and Post Services	1646	273	16.6
信息传输、软件和信息技术服务业	Information Transmitting, Software and Information Technology Services	490	199	40.6
租赁和商务服务业	Leasing and Business Services	1251	240	19.2
科学研究和技术服务业	Scientific Research and Technical Services	707	266	37.6
水利、环境和公共设施管理业	Management for Water Conservancy, Environment and Public Facilities	98	19	19.4
按地区分	**Grouped by District**			
和平区	Heping District	439	90	20.5
河东区	Hedong District	404	91	22.5
河西区	Hexi District	792	163	20.6
南开区	Nankai District	683	155	22.7
河北区	Hebei District	230	42	18.3
红桥区	Hongqiao District	165	36	21.8
东丽区	Dongli District	1027	218	21.2
西青区	Xiqing District	1359	380	28.0
津南区	Jinnan District	1098	311	28.3
北辰区	Beichen District	1407	345	24.5
武清区	Wuqing District	1853	514	27.7
宝坻区	Baodi District	738	200	27.1
滨海新区	Binhai New Area	7338	1825	24.9
宁河区	Ninghe District	439	104	23.7
静海区	Jinghai District	1668	329	19.7
蓟州区	Jizhou District	280	65	23.2

20-20续表 *Continued*

单位：个,%(unit,%)

项　目	Item	#实现组织创新企业 Implementing Organization Innovation Enterprise		#实现营销创新企业 Implementing Marketing Innovation Enterprise	
		企业数 Numbers of Enterprises	比重 Percentage of Total Enterprises	企业数 Numbers of Enterprises	比重 Percentage of Total Enterprises
总　计	**Total**	**3949**	**19.8**	**2984**	**15.0**
按行业分	**Grouped by Sector**				
采矿业	Minerals Mining	7	53.9	4	30.8
制造业	Manufacturing	1648	30.5	1411	26.1
电力、热力、燃气及水生产和供应业	Production and Supply of Electricity, Heat, Gas and Water	56	23.1	27	11.1
建筑业	Construction	300	21.9	112	8.2
批发和零售业	Wholesale and Retail Trade	1047	12.0	944	10.8
交通运输、仓储和邮政业	Transportation, Storage and Post Services	248	15.1	112	6.8
信息传输、软件和信息技术服务业	Information Transmitting, Software and Information Technology Services	171	34.9	131	26.7
租赁和商务服务业	Leasing and Business Services	207	16.6	120	9.6
科学研究和技术服务业	Scientific Research and Technical Services	247	34.9	117	16.6
水利、环境和公共设施管理业	Management for Water Conservancy, Evironment and Public Facilities	18	18.4	6	6.1
按地区分	**Grouped by District**				
和平区	Heping District	70	16.0	60	13.7
河东区	Hedong District	74	18.3	50	12.4
河西区	Hexi District	125	15.8	100	12.6
南开区	Nankai District	125	18.3	89	13.0
河北区	Hebei District	33	14.4	29	12.6
红桥区	Hongqiao District	27	16.4	22	13.3
东丽区	Dongli District	177	17.2	123	12.0
西青区	Xiqing District	305	22.4	239	17.6
津南区	Jinnan District	256	23.3	200	18.2
北辰区	Beichen District	288	20.5	221	15.7
武清区	Wuqing District	409	22.1	341	18.4
宝坻区	Baodi District	156	21.1	132	17.9
滨海新区	Binhai New Area	1515	20.7	1040	14.2
宁河区	Ninghe District	80	18.2	65	14.8
静海区	Jinghai District	250	15.0	222	13.3
蓟州区	Jizhou District	49	17.5	44	15.7

20-21 特种设备监督监察情况 Supervision of Special Equipment

项　目	Item	单　位	Unit	2020	2021
在用的特种设备	**Special Equipment in Use**				
锅　炉	Boiler	台	set	4847	4935
压力容器	Pressure Vessel	台、套	set, series	70910	75770
压力管道	Pressure Conduit	单元	unit	31991	36343
电　梯	Elevator	台	set	118219	129444
起重机械	Hoisting Machinery	台	set	49904	52075
厂内机动车辆	Automobiles Used in Factories	辆	set	34482	39754
客运索道	Cableway Transport	条	strip	12	13
大型游乐设施	Large Entertainment Facilities	台、套	set, series	339	313
监督监察情况	**Supervision Condition**				
监督监察特种设备	Supervision of Special Equipment	台、套	set, series	44274	26369
发现隐患	Hidden Danger Found	项	unit	2219	1622
下达安全监察指令书	Safety Supervision Order Issued	份	unit	1283	1072
取得生产许可证	**Production Licence Acquired**	个	**unit**	**592**	**574**

资料来源：天津市市场和质量监督管理委员会。表20-22同。
Source: Tianjin Market and Quality Supervision Administration. Same as table 20-22.

20-22 质量技术监督检验情况(2019—2021年) Check and Administration on Quality & Technique,2019-2021

类　别	Sort	2019	2020	2021
计量仪器检定(台、件)	**Measuring Implements Tested (set, piece)**			
总　计	**Total**	**4023980**	**3399188**	**1774996**
长　度	Length	35212	28762	36243
温　度	Temperature	152516	150947	101291
力　学	Mechanics	3286573	2690953	909002
#衡　器	Weighing Apparatus	32379	29061	56111
电　磁	Electrology	514414	484921	683201
光　学	Optics	15		
声　学	Acoustics	275	1486	1838
化　学	Chemistry	31130	31154	32077
电离辐射	Ionization Radiation		120	242
无线电	Radio	1433	798	928
时间频率	Time Frequency	141	1573	944
其　他	Others	2271	8474	9230
产品质量监督抽查	**Products Quality Supervision**			
抽查企业(个)	Number of Enterprises Checked (unit)	1315	2914	2173
抽查产品(批)	Variety of Products Checked (batch)	1617	6093	3233
不合格产品(批)	Substandard Products (batch)	83	221	164

20-23 技术市场基本情况(2021年)
Basic Statistics on Technology Market,2021

项　　目	Item	签订合同数(项) Number of Contracts Signed (item)	合同金额(亿元) Value of Contracts Signed (100 million yuan)	#技　术交易额 Transaction Value of Technology
合　　计	**Total**	**12560**	**1321.83**	**620.12**
按技术合同类别分	**Grouped by the Type of Technical Contract**			
技术开发合同	Technology Development Contracts	4527	62.11	51.39
技术转让合同	Technology Transfer Contracts	1044	73.42	60.42
技术咨询合同	Technology Consultation Contracts	518	68.94	17.51
技术服务合同	Technology Services Contracts	6471	1117.35	490.81
按合同卖方类别分	**Grouped by the Type of Sellers**			
机关法人	Agencies as Legal Persons	72	4.86	4.86
事业法人	Institutions as Legal Persons	7026	98.99	47.02
社团法人	Social Organizations as Legal Persons	20		
企业法人	Enterprises as Legal Persons	5427	1217.37	567.63
自然人	Persons	6		
其他组织	Other Organizations	9		
按合同买方类别分	**Grouped by the Type of Buyers**			
机关法人	Agencies as Legal Persons	990	165.15	26.29
事业法人	Institutions as Legal Persons	2136	34.37	20.16
社团法人	Social Organizations as Legal Persons	45		
企业法人	Enterprises as Legal Persons	9050	1116.80	571.43
自然人	Persons	44		
其他组织	Other Organizations	295	5.24	1.98
按社会经济目标分	**Grouped by the Social and Economic Activities**			
环境保护、生态建设及污染防治	Environmental Protection, Ecological Construction and Pollution Control	1183	31.08	15.50
能源生产、分配和合理利用	Energy Production, Distribution, and Reasonable Use	459	134.10	74.69
卫生事业发展	Health Development	709	23.96	17.07
教育事业发展	Education Development	132	2.28	
基础设施以及城市和农村规划	Infrastructure,Urban and Rural Planning	979	386.76	127.49
社会发展和社会服务	Social Development & Social Service	4486	349.68	210.51
地球和大气层的探索与利用	Exploration and Utilization of the Earth and Atmosphere	28		
民用空间探测及开发	Civilian Space Exploration and Development	33		
农林牧渔业发展	Development of Farming, Forestry, Animal Husbandry and Fishery	650	2.65	1.48
工商业发展	Development of Industrial and Commercial	787	68.86	24.68
非定向研究	The Nondirectional Research	503	44.04	6.03
其他民用目标	Other Civilian Targets	2545	276.77	141.11
国　防	National Defense	66	1.11	1.02
按技术流向分	**Grouped by the Buyer's Region**			
天　津	Tianjin	4687	337.67	178.07
外省市	Other Provinces and Cities	7841	963.91	421.80
技术出口	Technology Export	32	20.25	20.25

主要统计指标解释

专　利

是专利权的简称，是对发明人的发明创造经审查合格后，由专利局依据专利法授予发明人和设计人对该项发明创造享有的专有权。包括发明、实用新型和外观设计。反映拥有自主知识产权的科技和设计成果情况。

研究与试验发展（R＆D）

指为增加知识存量（也包括有关人类、文化和社会的知识）以及设计已有知识的新应用而进行的创造性、系统性工作,包括基础研究、应用研究和试验发展三种类型。基础研究和应用研究统称为科学研究。R&D 活动应当满足五个条件：新颖性、创造性、不确定性、系统性、可转移性（可复制性）。

基础研究　指一种不预设任何特定应用或使用目的的实验性或理论性工作，其主要目的是为获得（已发生）现象和可观察事实的基本原理、规律和新知识。其成果通常表现为提出一般原理、理论或规律，并以论文、著作、研究报告等形式为主。包括纯基础研究和定向基础研究。纯基础研究是不追求经济或社会效益，也不谋求成果应用，只是为增加新知识而开展的基础研究。定向基础研究是为当前已知的或未来可预料问题的识别和解决而提供某方面基础知识的基础研究。

应用研究　指为获取新知识，达到某一特定的实际目的或目标而开展的初始性研究。应用研究是为了确定基础研究成果的可能用途，或确定实现特定和预定目标的新方法。其研究成果以论文、著作、研究报告、原理性模型或发明专利等形式为主。

试验发展　指利用从科学研究、实际经验中获取的知识和研究过程中产生的其他知识，开发新的产品、工艺或改进现有产品、工艺而进行的系统性研究。其研究成果以专利、专有技术，以及具有新颖性的产品原型、原始样机及装置等形式为主。

R&D 人员

指参报告期 R&D 活动单位中从事基础研究、应用研究和试验发展活动的人员。包括直接参加上述三类 R&D 活动的人员，以及与上述三类 R&D 活动相关的管理人员和直接服务人员，即直接为 R&D 活动提供资料文献、材料供应、设备维护等服务的人员。不包括为 R&D 活动提供间接服务的人员，如餐饮服务、安保人员等。

R&D 人员全时当量

指报告期 R&D 人员按实际从事 R&D 活动时间计算的工作量，以“人年”为计量单位。为国际上比较科技人力投入而制定的可比指标。

技术市场

从狭义看，是指在一定时间、地点进行技术转让和技术商品交易的场所。目前统计反映的是企业购买技术开发、技术转让、技术咨询、技术服务项目的合同数和成交额。

创　新

指本企业推出了新的或有重大改进的产品或工艺，或采用了新的组织管理方式或营销方法。此处的“新”是指它们对本企业而言必须是新的，但对于其他企业或整个市场而言不要求一定是新的。

产品创新　指企业推出了全新的或有重大改进的产品。产品创新的“新”要体现在产品的功能或特性上，包括技术规范、材料、组件、用户友好性等方面的重大改进。不包括产品仅有外观变化或其他微小改变的情况，也不包括直接转销。此处的“新”是指该产品对本企业而言必须是新的，但对于其他企业或整个市场而言不一定是新的。

工艺创新　指企业采用了全新的或有重大改进的生产方法、工艺设备或辅助性活动。工艺创新的“新”要体现在技术、设备或流程上；它对本企业而言必须是新的，但对于其他企业或整个市场而言不一定是新的。不包括单纯的组织管理方式的变化。此处的辅助性活动指企业的采购、物流、财务、信息化等活动。

组织（管理）创新　指企业采取了此前从未使用过的全新的组织管理方式，主要涉及企业的经营模式、组织结构或外部关系等方面。不包括单纯的合并或收购。组织（管理）创新应是企业管理层战略决策的结果。此处的“新”是指它对本业而言必须是新的，但对于其他企业而言不一定是新的。

经营模式方面组织（管理）创新的例子有首次使用供应链管理、质量管理、信息共享制度等；组织结构方面组织（管理）创新的例子有首次使用机构设置、职责划分、权限管理、决策方式等；外部关系方面组织（管理）创新的例子有首次使用商业联盟、新式合作、外包或分包等。

营销创新　指企业采用了此前从未使用过的全新的营销概念或营销策略，主要涉及产品设计或包装、产品推广、产品销售渠道、产品定价等方面。不包括季节性、周期性变化和其他常规的营销方式变化。此处的“新”是指它对本企业而言必须是新的，但对于其他企业或整个市场而言不一定是新的。

Explanatory Notes on Main Statistical Indicators

Patent

is an abbreviation for the patent right and refers to the exclusive right of ownership of the inventors or designers for the creation or inventions, given from the patent offices after due process of assessment and approval in accordance with the Patent Law. Patents are granted for inventions, utility models and designs. This indicator reflects the achievements of S&T and design with independent intellectual property.

Research and Experimental Development (R&D)

refers to creative and systematic work undertaken in order to increase the stock of knowledge (including knowledge of humankind, culture and society) and to devise new applications of available knowledge. R&D includes three categories of activities: basic research, applied research and experimental development. Basic research and applied research are collectively referred to as scientific research. R&D activities should meet five conditions: novelty, creativity, uncertainty, systematicness, and transferability (reproducibility).

Basic Research refers to experimental or theoretical work undertaken primarily to acquire new knowledge of the underlying foundations of phenomena and observable facts, without any particular application or use in view. Basic research usually formulates hypotheses, theories or laws, and its results are mainly released or disseminated in the form of scientific papers or monographs or research reports. It includes pure basic research and directed basic research. Pure basic research is the basic research carried out to increase new knowledge, without the pursuit of economic or social benefits or the application of results. Directed basic research is basic research that provides a certain aspect of basic knowledge for the identification and solution of currently known or foreseeable problems in the future.

Applied Research refers to original investigation undertaken in order to acquire new knowledge. It is directed primarily towards a specific, practical aim or objective. Purpose of the applied research is to identify the possible uses of results from basic research, or to explore new (fundamental) methods or new approaches. Results of applied research are expressed in the form of scientific papers, monographs, fundamental models or invention patents.

Experimental Development refers to systematic work, drawing on knowledge gained from research and practical experience and producing additional knowledge, which is directed to producing new products or processes or to improving existing products or processes. Results of experimental development activities are embodied in patents, exclusive technology, and monotype of new products or equipment.

R&D Personnel

refer to persons of R&D activities units engaged in basic research, applied research, and experimental development at the reference period, including persons of directly participating in the three activities above, as well as management and direct service staff related to R&D activities, such as literature provision, material supply, equipment maintenance staff, it excludes persons providing indirect support and ancillary services, such as canteen and security staff.

R&D Personnel as Full-time Equivalent

refers to the ratio of working hours actually spent on R&D during a specific reference period (usually a calendar year) divided by the total number of hours conventionally worked in the same period by an individual or by a group. The measurement unit of the ratio is “man-years”. This is an internationally comparable indicator of S&T manpower input.

Technology Market

can be regarded narrowly as technical-dealings place where technique transfer is made or technology-related good traded at certain time. As shown in statistical datum presently, turnovers are resulting either from purchase or from transfer of techniques, together with numbers related to the inquiry or services involved in technologies.

Innovation

refers to the introduction of new or significantly improved products or process by enterprises. It must be new to the enterprise, but it is not necessarily new to other enterprises or the whole market.

Product Innovation refers to the introduction of new or significantly improved products by enterprises. The innovation should be reflected by the functions or features of the products including improvement on technical specifications, materials, parts, user-friendliness etc. Simple appearance change or other subtle changes are not included, neither is direct reselling. It must be new to the enterprise, but it is not necessarily new to other enterprises or the whole market.

Process Innovation refers to the adoption of new or significantly improved production methods, process equipments or supporting activities by enterprises. The innovation should be reflected by technology, equipment, or process. It must be new to the enterprise, but it is not necessarily new to other enterprises or the whole market Simple change of organization and management mode is not included. Supporting activities cover purchase, logistics, account, and compute activities.

Organizational (management) Innovation refers to the adoption of a completely new organizational management mode, which has never been used before. It mainly involves the business model, organizational structure, or external relations of enterprises. It does not include pure mergers or acquisitions. Organizational (management) innovation should be the result of strategic decision-making of enterprise management. The term "new" here means that it must be new to the enterprise, but not necessarily new to other enterprises.

Examples of innovation on organizational (management) include first-time use of chain management, quality management, and information sharing system; in terms of organizational structure, examples of organizational (management) innovation include first-time use of institutional settings, division of responsibilities, authority management, decision-making methods, etc.; in terms of external relations, examples of organizational (Management) innovation include the first use of business alliances, new cooperation, outsourcing or subcontracting, etc.

Marketing Innovation refers to the adoption of brand-new marketing concepts or marketing strategies that have never been used before. It mainly involves product design or packaging, product promotion, product sales channels, product pricing and so on. It does not include seasonal, cyclical, and other conventional marketing changes. The term "new" here means that it must be new for its own business, but not necessarily new for other businesses or the whole market.

第二十一篇 教 育

Chapter 21 Education

21-1 各级各类学校、教职工和专任教师情况(2021年)

Number of Schools, Educational Personnel and Full-time Teachers by Type and Level,2021

单位：所、人(unit, person)

类别	Item	学校数 Number of Schools	教职工数 Teachers, Staff and Workers	专任教师数 Full-time Teachers
高等教育	**Higher Education**			
研究生培养机构	Institutions Providing Graduate Programs	(24)		
普通高校	Regular Higher Education Institutions	(18)		
科研机构	Research Institutions	(6)		
普通高等学校	Regular Higher Education Institutions	56	48368	32459
本科院校	HEIs Offering Degree Programs	30	38298	25413
# 独立学院	Independent Schools	8	3063	1883
高职(专科)院校	Higher Vocational Colleges	26	10070	7046
成人高等学校	Adult HEIs	13	799	467
民办的其他高等教育机构	Other Non-public HEIs	(12)		3574
中等教育	**Secondary Education**			
高中阶段教育	Senior Secondary Education	275	42389	24229
普通高中	Regular Senior Secondary Schools	191	32595	17123
中等职业教育	Secondary Vocational Education	84	9794	7106
技工学校	Skilled Workers Schools	21	2428	1635
其他中等职业学校	Other Secondary Vocational Schools	63	7366	5471
初中阶段教育	Junior Secondary Education	344	26887	30401
初等教育	**Primary Education**			
普通小学	Regular Primary Schools	895	49609	49277
工读学校	**Correctional Work-Study Schools**	**1**	**26**	**16**
特殊教育	**Special Education Schools**	**20**	**831**	**640**
学前教育	**Pre-school Education Institutions**	**2346**	**49837**	**25300**

注：1.各级各类教育学校的教职工按照学校类型统计，专任教师按照教育层级统计。2."()"内数据为不计校数，以下相关表同。

Note: a)The educational personnel are counted by school type. The full-time teachers are counted by educational level. b)Data within "( )" do not include the number of schools, same as relevant following tables.

21-2 各级各类学历教育学生情况(2021年)
Number of Students of Formal Education by Type and Level,2021

单位：人(person)

类 别	Item	毕业生数 Graduates	招生数 New Students Enrollment	在校学生数 Students Enrollment
高等教育	**Higher Education**			
研究生	Graduates	21465	30040	86320
博 士	Doctor's Degree	2057	3616	14210
硕 士	Master's Degree	19408	26424	72110
普通本专科	Undergraduates in Regular HEIs	143462	161795	583353
本 科	Normal Courses	84843	92958	372830
专 科	Short-cycle Courses	58619	68837	210523
成人本专科	Undergraduates in Adult HEIs	14991	24078	45045
本 科	Normal Courses	6376	13062	23900
专 科	Short-cycle Courses	8615	11016	21145
网络本专科	Undergraduates in Network HEIs	53288	35946	132727
本 科	Normal Courses	23917	34515	96268
专 科	Short-cycle Courses	29371	1431	36459
中等教育	**Secondary Education**			
高中阶段教育	Senior Secondary Education	82834	101490	292290
普通高中	Regular Senior Secondary Schools	51828	64707	190701
中等职业教育	Secondary Vocational Education	31006	36783	101589
技工学校	Skilled Workers Schools	6528	8342	21472
其他中等职业学校	Other Secondary Vocational Schools	24478	28441	80117
初中阶段教育	Junior Secondary Education	98175	113051	340858
初等教育	**Primary Education**			
普通小学	Regular Primary Schools	111992	124168	751918
特殊教育	**Special Education Schools**	**801**	**562**	**4734**
学前教育	**Pre-school Education Institutions**	**91243**	**110471**	**315967**

21-3 民办教育基本情况(2021年)
Statistics of Private Education,2021

单位：人(person)

项　目	Item	学校数(所) Number of Schools (unit)	在校学生数 Students Enrollment	专任教师数 Full-time Teachers
合　计	**Total**	**1469**	**342243**	**21396**
民办高等学校	Private Institutions of Higher Education	12	103389	3574
民办中学	Private Secondary Schools	56	48366	4640
高　中	Senior Secondary Schools		16031	
初　中	Junior Secondary Schools		32335	
民办小学	Private Primary Schools	21	32131	1329
民办幼儿园	Private Kindergartens	1380	158357	11853

21-4 每万人口各级学校平均在校学生数(2017—2021年)
Number of Students Enrollment per 10 000 Persons,2017-2021

单位：人(person)

项　目	Item	2017	2018	2019	2020	2021
高等学校	Higher Education Institutions	361	375	390	413	425
中等学校	Secondary Schools	380	392	406	425	461
技工学校	Skilled Workers Schools	16	15	15	15	16
其他中等职业学校	Other Secondary Vocational Schools	48	46	42	42	58
职业中学	Secondary Vocational Schools	18	16	14	14	
普通中学	Regular Secondary Schools	299	315	334	354	387
高　中	Senior Secondary Schools	115	114	115	122	139
初　中	Junior Secondary Schools	184	201	219	232	248
普通小学	Regular Primary Schools	454	482	507	527	548
学前教育	Pre-school Education Institutions	185	190	199	215	230

注：1.本表数据根据第七次全国人口普查常住人口修订数进行了调整。2.其他中等职业学校2021年前为中等专业学校，表21-5同。

Note: a)The data in the table are adjusted based on the revision of the resident population of the 7th National Population Census. b)The data for other secondary vocational schools until 2021 are for specialized secondary schools. Same as table 21-5.

21-5 各级普通学校生师比(2017—2021年)
The Ratio of Students to Teachers in Ordinary Schools at all Levels,2017-2021

单位：人(person)

项　目	Item	2017	2018	2019	2020	2021
高等学校	Higher Education Institutions	17.0	17.0	16.5	16.7	12.1
中等学校	Secondary Schools	11.0	10.6	10.8	11.1	9.1
技工学校	Skilled Workers Schools	14.5	11.0	13.4	12.3	8.8
其他中等职业学校	Other Secondary Vocational Schools	16.5	16.1	14.7	15.2	10.4
职业中学	Secondary Vocational Schools	14.7	13.3	12.4	13.2	
普通中学	Regular Secondary Schools	9.8	10.0	10.3	10.7	8.9
高　中	Senior Secondary Schools	9.8	9.6	9.6	10.0	5.9
初　中	Junior Secondary Schools	9.8	10.2	10.7	11.0	12.7
小　学	Primary Schools	15.0	15.0	15.1	15.4	15.2
学前教育	Pre-school Education Institutions	9.2	7.9	7.2	6.8	6.3

21-6 各级学校学生升、入学率(2017—2021年)
Percentage of Graduate Students and Enrollment in all Schools by Level,2017-2021

单位：%(%)

项　目 Item	2017	2018	2019	2020	2021
初中毕业生升学率 Percentage of Graduates in Junior Secondary Schools Entering Senior Secondary Schools	96.20	96.00	96.06	98.17	98.22
初中学生净入学率 Net Percentage of Graduates in Primary Schools Entering Junior Secondary Schools	100.00	100.00	100.00	100.00	100.00
小学学龄儿童毛入学率 Percentage of School-age Children Enrolled	105.02	105.59	105.68	105.08	107.52

21-7 研究生培养人数(2017—2021年) Number of Postgraduate Students,2017-2021

单位：人(person)

指　　标	Item	2017	2018	2019	2020	2021
总　　计	**Total**					
在校生数	Students Enrollment	60297	68103	73290	79019	86320
毕业生数	Graduates	16189	17182	18520	21741	21465
招生人数	New Students Enrollment	23292	24798	25494	28260	30040
攻读博士学位	**Postgraduate for Doctor Degree**					
在校生数	Students Enrollment	9473	10463	11646	12940	14210
毕业生数	Graduates	1584	1731	1734	1965	2057
招生人数	New Students Enrollment	2433	2697	3126	3388	3616
攻读硕士学位	**Postgraduate for Master Degree**					
在校生数	Students Enrollment	50824	57640	61644	66079	72110
毕业生数	Graduates	14605	15451	16786	19776	19408
招生人数	New Students Enrollment	20859	22101	22368	24872	26424

21-8 分学科研究生在校人数(2019—2021年) Number of Enrolled Postgraduate Students by Subject,2019-2021

单位：人(person)

学　　科	Item	博士生 Postgraduate for Doctor Degree			硕士生 Postgraduate for Master Degree		
		2019	2020	2021	2019	2020	2021
总　　计	**Total**	**11646**	**12940**	**14210**	**61644**	**66079**	**72110**
按学科分	**By Subject**						
哲　学	Philosophy	99	97	97	217	199	153
经济学	Economics	807	846	872	3165	3254	3878
法　学	Law	538	599	675	2572	3018	3344
教育学	Education	290	354	424	3228	3399	3758
文　学	Literature	333	343	338	2872	3065	3165
历史学	History	353	348	357	505	511	533
理　学	Science	1607	1622	1860	3470	3780	4165
工　学	Engineering	5460	6176	6825	24854	26654	28979
农　学	Agriculture	20	24	23	893	1168	1568
医　学	Medicine	1139	1491	1676	7164	7419	7706
管理学	Management	1000	1040	1063	10953	11471	12324
艺术学	Art				1751	2141	2537
按学位分	**By Degree**						
学术学位	Academic Degree	11017	11774	12363	26103	27501	29299
专业学位	Professional Degree	629	1166	1847	35541	38578	42811

21-9 各类高等学校基本情况

Basic Statistics on Institutions of Higher Education

单位：人(person)

项 目	Item	学校数(所) Number of Schools(unit)		毕业生数 Graduates		招生数 New Students Enrollment	
		2020	2021	2020	2021	2020	2021
综合大学	Comprehensive Universities	16	16	40337	39415	51087	45970
理工院校	Science and Engineering Colleges	16	16	54057	55865	68100	60670
农业院校	Agriculture Colleges	1	1	3200	3066	3676	3587
医药院校	Medicine Colleges	5	5	8969	8931	10624	10077
师范院校	Teacher Training Colleges	2	2	10725	10259	11234	11131
语文院校	Linguistics and Literary Colleges	2	2	3566	3495	3457	2681
政法院校	Political Science and Law Colleges	1	1	1089	1057	1374	1347
财经院校	Economics and Finance Colleges	5	5	15153	15489	17968	18692
体育院校	Physical Education Colleges	3	3	2643	2871	4538	4776
艺术院校	Art Colleges	5	5	2981	3014	2976	2864

21-9续表 *Continued*

单位：人(person)

项 目	Item	在校学生数 Students Enrollment		教职工数 Teachers, Staff and Workers		专任教师数 Full-time Teachers	
		2020	2021	2020	2021	2020	2021
综合大学	Comprehensive Universities	152957	157183	12318	12247	8246	7878
理工院校	Science and Engineering Colleges	219030	220813	18830	18747	13403	13283
农业院校	Agriculture Colleges	12466	12850	1058	1066	705	717
医药院校	Medicine Colleges	36836	37765	4905	4043	3431	2460
师范院校	Teacher Training Colleges	43719	44228	3657	3838	2609	2704
语文院校	Linguistics and Literary Colleges	15027	14247	1416	1381	987	950
政法院校	Political Science and Law Colleges	3914	4074	397	391	204	203
财经院校	Economics and Finance Colleges	63835	66362	4291	4010	3010	2717
体育院校	Physical Education Colleges	13885	15610	1293	1339	830	833
艺术院校	Art Colleges	10483	10221	1386	1306	814	789

21-10 普通本专科学生数(2021年)
Number of Students in General Colleges,2021

单位：人(person)

学科	Item	毕业生数 Graduates 本科 Normal Courses	毕业生数 Graduates 专科 Short-cycle Courses	招生数 Entrants 本科 Normal Courses	招生数 Entrants 专科 Short-cycle Courses	在校学生数 Enrollment 本科 Normal Courses	在校学生数 Enrollment 专科 Short-cycle Courses
合　计	**Total**	**84843**	**58619**	**92958**	**68837**	**372830**	**210523**
按类型分	**Grouped by Type**						
本科院校	Institutions of Higher Education Offering Degree Programs	84843	5606	92958	3678	372830	12493
普通本科	Regular Colleges	84843	5606	92958	3678	372830	12493
# 独立学院	Independent Institutions	15191		13749		62851	
专科院校	Postsecondary specialized Colleges		53013		65159		198030
高等职业学校	Higher Vocational Colleges		50522		62698		189906
高等专科学校	Higher Technical Colleges		2491		2461		8124
按性质类别分	**Grouped by Character**						
综合大学	Comprehensive University	14220	25195	15017	30953	62442	94741
理工院校	Science and Engineering College	32938	22927	35383	25287	141268	79545
农业院校	Agriculture College	2882	184	3527	60	12649	201
林业院校	Forestry College						
医药院校	Medicine College	4786	4145	5806	4271	24411	13354
师范院校	Normal College	9723	536	10636	495	42817	1411
语文院校	Language and Literature College	3495		2681		14247	
财经院校	Economics and Finance College	12600	2889	14368	4324	55235	11127
政法院校	Politics and Law College		1057		1347		4074
体育院校	Physical Culture College	2551	320	3886	890	13090	2520
艺术院校	Art College	1648	1366	1654	1210	6671	3550
民族院校	Ethnic College						
按举办者分	**Grouped by Organizer**						
中央部门办	Central Departments	12781	1977	14044	1272	56942	4647
教育部门	Education Departments	8378	295	8830		35797	13
其他部门	Other Departments	4403	1682	5214	1272	21145	4634
地方公办	Local Public Departments	50901	55966	55092	65333	219838	198537
教育部门	Education Departments	49821	12698	52533	14916	211623	44221
其他部门	Other Departments	1080	15195	2559	17354	8215	53155
地方企业	Local Enterprises		28073		33063		101161
民　办	Private Units	21161	676	23822	2232	96050	7339
中外合作办	Sino-foreign Cooperation Institutions						

21-11 中等职业教育基本情况(2021年)
Basic Statistics on Secondary Vocational Education,2021

单位：人(person)

学 科	Item	毕业生数 Graduates	招生数 New Students Enrollment	在校学生数 Students Enrollment
总 计	**Total**	**24478**	**28441**	**80117**
农林牧渔类	Farming, Forestry, Animal Husbandry and Fishery	208	2537	3322
资源环境与安全大类	Resources, Environment and Safety	83	167	445
能源动力与材料大类	Energy Power and Material	23	45	133
土木建筑大类	Civil Engineering and Architecture	690	971	2684
水利大类	Water Resources			
装备制造大类	Equipment Manufacturing	4113	4704	13673
生物与化工大类	Biology and Chemical Engineering	119	167	502
轻工纺织大类	Light Industry and Textile		22	43
食品药品与粮食大类	Food, Medicine and Grain	374	378	1225
交通运输大类	Transportation and Communication	1734	1872	5518
电子与信息大类	Electronic Information	8764	6865	22253
医药卫生大类	Medical and Health	468	702	2006
财经商贸大类	Finance, Economics and Business	3987	4820	13383
旅游大类	Tourism	781	1157	2953
文化艺术大类	Culture and Arts	658	1212	3573
新闻传播大类	Journalism and Communication	411	551	1566
教育与体育大类	Education and Sport	1982	2235	6693
公安与司法大类	Public Security and Justice			
公共管理与服务大类	Public Administration and Service	83	36	145

注：此表中等职业学校包括普通中专、职业高中、成人中专，不包括技工学校。

Note: Secondary vocational schools in this table refer to regular specialized secondary schools, senior secondary vocational schools and adult specialized secondary schools, excluding skilled workers schools.

21-12 基础教育基本情况(2021年)
Basic Statistics on Basic Education,2021

单位：人(person)

项　目	Item	毕业生数 Graduates	招生数 New Students Enrollment	在校学生数 Students Enrollment
总　计	**Total**	**353791**	**412729**	**1602708**
按城乡分组	**By Urban and Rural**			
城　区	City	265796	327963	1257448
镇　区	County	50611	52237	198788
乡　村	Rural	37384	32529	146472
按教育性质分组	**By School Type**			
学前教育	Pre-school Education Institutions	91243	110471	315967
义务教育	Compulsory Education	210167	237219	1092776
普通小学	Regular Primary Schools	111992	124168	751918
小　学	Primary Schools	105032	111321	686966
九年一贯制学校	9-Year Schools	5083	9152	47641
十二年一贯制学校	12-Year Schools	1877	3695	17311
初　中	Junior Secondary Schools	98175	113051	340858
初级中学	Regular Junior Secondary Schools	64813	66725	212650
九年一贯制学校	9-Year Schools	5970	9239	24421
十二年一贯制学校	12-Year Schools	2714	3406	10307
完全中学	Combined Secondary Schools	24678	33681	93480
职业初中	Junior Secondary Vocational Schools			
普通高中	Regular Senior Secondary Schools	51828	64707	190701
完全中学	Combined Secondary Schools	24504	31981	91756
高级中学	Regular High Schools	25614	30046	91121
十二年一贯制学校	12-Year Schools	1710	2680	7824
特殊教育学校	Special Education Schools	553	332	3264
专门学校	Correctional Work-Study Schools			

21-13 幼儿园基本情况(2018—2021年)
Basic Statistics on Kindergartens,2018-2021

指 标	Item	2018	2019	2020	2021
幼儿园所数(所)	Number of Kindergartens (unit)	2223	2374	2575	2346
在园(班)儿童数(人)	Children Enrollment (person)	262907	275871	298628	315967
教职工数(人)	Teachers, Staff and Workers (person)	33141	38495	43895	49837
# 专任教师	Full-time Teachers	19635	21549	23661	25300

21-14 普通中小学分布情况(2021年)
Distribution of Regular Secondary Schools and Primary Schools,2021

地 区	Region	学校数(所) Number of Schools (unit)		在校学生数(人) Students Enrollment (person)		专任教师(人) Full-time Teachers (person)	
		中 学 Secondary Schools	小 学 Primary Schools	中 学 Secondary Schools	小 学 Primary Schools	中 学 Secondary Schools	小 学 Primary Schools
总 计	**Total**	**535**	**895**	**531559**	**751918**	**47524**	**49277**
和平区	Heping District	18	20	25852	39993	2683	2931
河东区	Hedong District	22	29	22704	36712	2162	2262
河西区	Hexi District	24	39	34055	60956	2879	3351
南开区	Nankai District	22	31	35307	61683	3103	3148
河北区	Hebei District	18	27	20689	31607	2197	2236
红桥区	Hongqiao District	14	17	14106	17208	1739	1690
东丽区	Dongli District	21	36	18375	28791	1744	2143
西青区	Xiqing District	19	39	19720	35453	1636	2541
津南区	Jinnan District	18	33	25570	39249	1660	2144
北辰区	Beichen District	21	50	19932	35318	1678	2335
武清区	Wuqing District	60	123	62476	68665	5262	4033
宝坻区	Baodi District	46	84	39574	39054	3816	3169
滨海新区	Binhai New Area	95	98	77565	123619	7261	8240
宁河区	Ninghe District	29	60	21292	27206	1904	2118
静海区	Jinghai District	48	96	43086	55436	3561	3556
蓟州区	Jizhou District	60	113	51256	50968	4239	3380

注：专任教师数中不包括民办教师数。
Note: Number of full-time teachers excludes citizen-managed teachers.

21-15 普通中小学及幼儿园校舍情况(2021年)
Statistics on Schoolhouses in Regular Secondary Schools, Primary Schools and Kindergartens,2021

地区	Region	占地面积(万平方米) Areas (10 000 sq.m)	校舍建筑面积(万平方米) Floor Space of Schoolhouses (10 000 sq.m)			学生人均建筑面积(平方米) Average Floor Space of Students (sq.m)		
			中学 Secondary Schools	小学 Primary Schools	幼儿园 Kindergartens	中学 Secondary Schools	小学 Primary Schools	幼儿园 Kindergartens
总计	**Total**	**3261.12**	**906.03**	**546.51**	**341.31**	**17.04**	**7.27**	**10.80**
和平区	Heping District	51.31	36.96	19.84	7.09	14.30	4.96	10.32
河东区	Hedong District	101.14	26.76	23.37	15.90	11.79	6.37	9.97
河西区	Hexi District	122.74	58.08	36.55	16.32	17.05	6.00	9.59
南开区	Nankai District	109.59	53.18	24.13	18.17	15.06	3.91	10.80
河北区	Hebei District	76.70	30.30	19.48	10.11	14.65	6.16	9.65
红桥区	Hongqiao District	66.48	28.55	13.44	7.74	20.24	7.81	11.51
东丽区	Dongli District	147.51	46.47	27.54	22.46	25.29	9.57	10.56
西青区	Xiqing District	138.41	55.66	32.83	26.49	28.23	9.26	11.19
津南区	Jinnan District	194.84	48.42	44.08	21.21	18.94	11.23	10.25
北辰区	Beichen District	156.97	37.41	35.38	21.12	18.77	10.02	10.63
武清区	Wuqing District	432.19	101.27	64.97	34.35	16.21	9.46	10.88
宝坻区	Baodi District	280.81	50.77	30.75	24.51	12.83	7.87	12.19
滨海新区	Binhai New Area	552.23	176.52	69.76	56.29	22.76	5.64	10.97
宁河区	Ninghe District	161.96	26.05	19.23	10.10	12.23	7.07	10.02
静海区	Jinghai District	346.21	70.00	40.88	27.51	16.25	7.37	13.03
蓟州区	Jizhou District	322.04	59.64	44.27	21.94	11.64	8.69	9.78

注：占地面积包括中等师范学校、幼儿园教师进修学校、特殊教育学校及其他。
Note: Areas of schools include middle teacher training, kindergarten teacher training, special education and other schools.

21-16 网络教育学生情况

Statistics on Network Education Students

单位：人(person)

学科	Item	毕业生数 Graduates 2020	毕业生数 Graduates 2021	招生数 New Students Enrollment 2020	招生数 New Students Enrollment 2021	在校学生数 Students Enrollment 2020	在校学生数 Students Enrollment 2021
本科	**Normal Courses**	**24245**	**23917**	**22327**	**34515**	**90253**	**96268**
# 女生	Female	11240	11708	10585	15514	42073	43960
经济学	Economics	1896	1727	1496	2128	6285	6286
法学	Law	1369	1321	1456	2103	5098	5629
文学	Literature	653	630	994	1292	3148	3641
工学	Engineering	4655	4339	3724	7327	16296	18584
医学	Medicine	1130	1394	2055	2949	6605	7907
管理学	Management	14542	14506	12478	18088	52697	53477
艺术学	Art			124	628	124	744
专科	**Short-cycle Courses**	**48047**	**29371**	**9163**	**1431**	**67676**	**36459**
# 女生	Female	23187	13415	4581	512	30459	16343
土木建筑大类	Civil Engineering	5591	2961			5167	1863
装备制造大类	Equipment Manufacture Industry	1465	820			1428	454
电子信息大类	Electronic Information	3580	2474	1482	455	8173	5802
医药卫生大类	Medicine and Health	2280	1696	1550	125	5958	4231
财经商贸大类	Finance and Economics Trade and Business	26186	17476	4601	629	37061	18543
旅游大类	Tourism	783	464	256	15	1483	963
教育与体育大类	Education and Sport	528	103			224	67
公安与司法大类	Public Security and Justice	952	189			359	71
公共管理与服务大类	Public Administration and Services	6682	3188	1274	207	7823	4465

21-17 外国留学生情况(2021年)

Statistics on Foreign Students,2021

单位：人(person)

项目	Item	毕(结)业生数 Graduates (Completion)	授予学位数 Degrees Awarded	招生数 New Students Enrollment	在校学生数 Students Enrollment
总计	**Total**	**6093**	**780**	**5555**	**10983**
学历教育	**Record Education**				
按层次分	By Degree				
博士	Doctor	33	24	174	580
硕士	Master	268	240	325	1134
本科	Undergraduate	611	516	760	4079
专科	Junior College	118		147	452
按大洲分	By Continent				
亚洲	Asia	731	524	1053	4689
非洲	Africa	211	174	244	1083
欧洲	Europe	53	58	85	310
北美洲	North America	14	11	13	79
南美洲	Latin America	16	10	7	59
大洋洲	Oceania	5	3	4	25
非学历教育(培训)	**Non-record Education(Training)**	**5063**		**4149**	**4738**

主要统计指标解释

初中学生净入学率

指初级中学（普通初中和职业初中）在校学龄学生总数占初中学龄人口数的比重。

学龄儿童毛入学率

指调查范围内已入小学学习的在校生数与全部小学学龄儿童人口数之比（包括弱智儿童，不包括盲聋哑儿童）的比重。计算公式为：

$$学龄儿童毛入学率=\frac{小学在校学生数}{小学学龄人口数}\times 100\%$$

网络教育

指经教育部批准的现代远程教育试点学校设立的网络教育，基于互联网招收普通和成人本科、专科学生实施高等学历教育。

Explanatory Notes on Main Statistical Indicators

Percentage of Graduates in Primary Schools Entering Junior Secondary Schools

refers to the proportion of school-age students in junior secondary schools (regular junior secondary schools and vocational junior secondary schools) to the total number of junior school-age students.

Percentage of School-age Children Enrolled

refers to the proportion of children enrolled at primary schools to the total number of primary school-age children (including retarded children, but excluding blind, deaf and mute children). The formula is:

$$\textit{Percentage of School-age Children Enrolled} = \frac{\textit{Total Primary School-age Children at School}}{\textit{Total Primary School-age Children}} \times 100\%$$

Network Education

refers to the net education implemented by modern distance education selected institute approved by the Ministry of Education, who recruit the regular and adult undergraduate students and junior college students base on Internet to give high level education.

第二十二篇　卫生和社会服务

Chapter 22　Public Health and Social Services

22-1 卫生资源基本情况

Statistics on Health Resources

年份 Year	卫生机构(个) Number of Health Care Institutions (unit)	# 医院、卫生院 Hospitals and Health Care Centers	卫生机构床位数(张) Beds (unit)	# 医院、卫生院 Hospitals and Health Care Centers	卫生技术人员数(人) Medical Technical Personnel (person)	# 执业(助理)医师 Licensed (Assistant) Doctors	# 注册护士 Registered Nurses
1978	3065	310	18974	17288	40653	15776	12629
1980	3535	332	20911	18753	50662	20474	15839
1985	3550	285	27402	25191	60412	25555	18520
1990	3392	293	35581	33382	67485	32034	21228
1995	3182	416	39092	37280	71806	33693	23177
2000	2983	488	40039	38842	65145	30031	21667
2001	2665	495	41637	40394	63475	29215	21298
2002	2636	486	40090	38837	56705	23888	19257
2003	2671	485	40194	38074	55629	22780	19173
2004	2577	474	40994	38876	60722	25299	19602
2005	2489	461	41556	39491	61284	25088	19624
2006	2384	401	43643	38893	62258	25358	20030
2007	2352	411	44335	39708	63900	26228	21339
2008	2784	428	46124	41212	65115	25865	21967
2009	2617	437	46353	41921	67560	27261	23081
2010	2687	438	48828	44080	70040	28478	24193
2011	4431	461	49423	44661	73321	29833	25815
2012	4551	465	53509	48896	76922	30710	27637
2013	4696	482	57743	53062	80983	32059	29715
2014	4990	522	60984	56484	84783	33340	31577
2015	5221	546	63693	59689	90701	35871	33804
2016	5442	571	65832	61764	94906	37804	36088
2017	5538	573	68193	64285	100949	41127	38205
2018	5686	566	68247	64603	104447	43020	39377
2019	5964	584	68262	64960	109849	46421	41410
2020	5836	566	68381	65417	114042	49236	42714
2021	6076	570	68681	66241	121725	51777	46810

注：2011年以前卫生机构不含村卫生室。

Note: Number of health care institutions before 2011 excludes village health room.

22-2 卫生机构数(2018—2021年)

Number of Health Care Institutions,2018-2021

单位：个(unit)

项　目	Item	2018	2019	2020	2021
总　计	**Total**	**5686**	**5964**	**5836**	**6076**
医　院	Hospitals	420	441	423	432
基层医疗卫生机构	Health Care Institutions at the Basic Level	5101	5348	5256	5489
社区卫生服务中心(站)	Community Health Care Centers	601	624	637	673
卫生院	Health Care Centers	146	143	143	138
村卫生室	Village Health Rooms	2511	2374	2196	2214
门诊部	Outpatient Departments	611	713	698	819
诊所、卫生所、医务室	Clinics	1232	1494	1582	1645
专业公共卫生机构	Specialized Public Health Institutions	96	97	87	73
# 疾病预防控制中心	Disease Prevention and Control Centers	23	23	22	20
妇幼保健院(所、站)	Maternity and Children Care Centers	20	19	18	17
卫生监督所(中心)	Health Supervision Offices	19	19	20	18
其他卫生机构	Other Health Care Institutions	69	78	70	82
平均每个医院、卫生院负担人口(人)	Average Burden Population of Each Hospital and Health Care Centers (person)	24673	23699	24488	24207

22-3 卫生机构基本情况(2021年)
Statistics on Health Care Institutions,2021

项　目	Item	卫生机构(个) Health Care Institutions (unit)	卫生机构床位(张) Number of Institution Beds (unit)	卫生技术人员(人) Medical Technical Personnel (person)	执　业(助理)医师 Licensed (Assistant) Doctors
总　计	**Total**	**6076**	**68681**	**121725**	**51777**
按经济类型分	**Grouped by Ownership**				
公　立	Public	3263	54152	89886	35354
民　营	Private	2813	14529	31839	16423
按设置主办单位分	**Grouped by Management**				
政府办	Run by Government	1556	51077	84462	32717
社会办	Run by Community	2342	7792	14307	6925
其他办	Others	2178	9812	22956	12135

22-3续表　*Continued*

单位：人(person)

项　目	Item	注册护士 Registered Nurses	药　师(士) Pharmacists	技　师(士) Technicians	其他人员 Others
总　计	**Total**	**46810**	**7185**	**7588**	**8365**
按经济类型分	**Grouped by Ownership**				
公　立	Public	36833	4920	5684	7095
民　营	Private	9977	2265	1904	1270
按设置主办单位分	**Grouped by Management**				
政府办	Run by Government	34953	4646	5355	6791
社会办	Run by Community	4995	842	905	640
其他办	Others	6862	1697	1328	934

22-4 卫生技术人员数(2021年)
Number of Medical Technical Personnel,2021

单位：人(person)

项　目	Item	总　计 Total	# 执　业 (助理)医师 Licensed (Assistant) Doctors	# 注　册 护　士 Registered Nurses	# 药　师 (士) Pharmacists	# 技　师 (士) Technicians
总　计	**Total**	**121725**	**51777**	**46810**	**7185**	**7588**
医　院	Hospitals	84169	32359	37044	4617	4996
# 综合类医院	Comprehensive Hospitals	49022	19006	21179	2542	2884
中医类医院	Hospitals Specialized in Traditional Chinese and Chinese Medicine	11922	5428	4403	1025	635
中西医结合类医院	Hospitals of Integrated Traditional Western Medicine	1541	604	732	85	61
专科医院	Special Hospitals	21662	7312	10721	964	1413
# 妇产(科)类医院	Gynecology Hospitals	2605	927	1306	121	150
儿童类医院	Children Hospitals	2623	860	1084	135	170
精神病类医院	Mental Disease Hospitals	2317	612	1366	105	76
基层医疗卫生机构	Health Care Institutions at the Basic Level	30922	16760	8703	2429	1485
社区卫生服务中心(站)	Community Health Care Centers	9176	4206	2874	864	561
卫生院	Health Care Centers	5375	2763	1291	431	353
村卫生室	Village Health Rooms	862	819	25	18	
门诊部	Outpatient Departments	11132	6446	2907	1007	527
诊所、卫生所、医务室	Clinics	4377	2526	1606	109	44
专业公共卫生机构	Specialized Public Health Institutions	5186	2269	900	107	663
疾病预防控制中心	Disease Prevention and Control Centers	1796	985	119	24	406
专科疾病防治院(所、站)	Specialized Prevention Centers	636	199	293	37	74
健康教育所(站、中心)	Health Education Institutes (station, center)					
妇幼保健院(所、站)	Maternity and Children Care Centers	1052	607	208	45	118
急救中心(站)	First-aid Centers	623	427	165	1	1
采供血机构	Blood Collection and Supplying Institutions	261	39	115		64
卫生监督所(中心)	Sanitation Supervision Institutions	806				
计划生育技术服务机构	The Family Planning Technical Service Institutions	12	12			
其他卫生机构	Other Health Care Institutions	1448	389	163	32	444
每千人口卫生技术人员	Medical Technical Personnel of per 1000 Population	8.87	3.77	3.41	0.52	0.55

22-5 卫生机构床位数(2018—2021年)
Number of Beds in Health Care Institutions,2018-2021

单位：张(unit)

项　目	Item	2018	2019	2020	2021
总　计	**Total**	**68247**	**68262**	**68381**	**68681**
# 医　院	Hospitals	60337	60990	61524	62238
社区卫生服务中心	Community Health Care Centers	2675	2435	2206	1776
卫生院	Health Care Centers	4266	3970	3893	4003
门诊部	Outpatient Departments	31	12	14	84
专科疾病防治院	Specialized Prevention Centers	375	625	514	351
妇幼保健院(所、站)	Maternity and Children Care Centers	63			
疗养院	Sanatoriums	230	230	230	200
每千人口医院床位	Hospital Beds per 1000 Population	4.32	4.41	4.44	4.51

22-6 医疗机构诊疗和病床使用情况(2018—2021年)
Diagnosis, Treatment and Used Beds of Medical Institutions,2018-2021

项　目	Item	2018	2019	2020	2021
诊疗情况(万人次)	**Diagnosis and Treatment(10 000 person-times)**				
诊疗人次数	Patients Treated	11998	12289	9842	10854
# 门、急诊人次数	Out-patients and Emergency	11560	11910	9526	10308
住院病人手术人次	Inpatient Operation Times	75.9	81.0	73.8	94.4
入院人数(万人)	In-patients(10 000 persons)	162.5	169.9	128.9	162.7
医师人均全年担负诊疗(人次)	Visits per Doctor Annual(person-time)	2679.3	2597.8	1972.5	2116.5
平均每月诊疗(万人次)	Number of Out-patients per Month(10 000 person-times)	999.8	1024.0	820.1	904.5
平均每月入院诊疗(万人)	Number of In-patients per Month(10 000 persons)	13.5	14.2	10.7	13.6
病床使用情况	**Sickbeds Used**				
病床周转次数(次)	Turnover of Beds(time)	26	27	20	25
病床使用率(%)	Utilization Rate(%)	71.7	73.2	56.8	63.4
病床工作日(日)	Working Days of Beds(day)	261.7	267.3	207.4	231.4
出院者平均住院日数(日)	Average Hospitalization Period(day)	9.6	9.4	9.7	8.5

22-7 医院、卫生院运营情况
Operation of Hospitals, Health Care Centers

指　　标	Item	医院 Hospitals		卫生院 Health Care Centers	
		2020	2021	2020	2021
机构数(个)	Number of Institutions(unit)	**423**	**432**	**143**	**138**
总诊疗人次数(万人次)	Patients Treated(10 000 person-times)	5536.7	6557.7	695.5	782.3
# 门、急诊人次数	Out-patients and Emergency	5475.2	6476.1	668.5	746.6
观察室收容人数(万人)	Observation Room(10 000 persons)	66.0	76.1	0.7	0.4
健康检查人数(万人)	Health Check(10 000 persons)	231.0	503.1	17.6	21.0
入院人数(万人)	In-patients(10 000 persons)	126.8	160.9	1.4	1.1
出院人数(万人)	Leaving Hospital(10 000 persons)	127.5	160.9	1.4	1.1
住院病人手术(万人次)	In-patients Surgery Trips(10 000 person-times)	73.7	94.4		0.2
病床工作日(日)	Working Days of Beds(day)	225.0	231.4	38.3	34.3
出院者平均住院日数(日)	Average Hospitalization Period(day)	9.6	8.4	6.7	7.0

22-8 社区卫生服务中心(站)基本情况
Basic Statistics on Community Health Care Centers

项　　目	Item	2020	2021
机构数(个)	Number of Institutions(unit)	637	673
总诊疗人次数(万人次)	Patients Treated(10 000 person-times)	1984.3	1897.6
# 门、急诊人次数(万人次)	Out-patients and Emergency(10 000 person-times)	1907.9	1798.0
观察室收容人数(万人)	Observation Room(10 000 persons)	10.7	13.8
健康检查人数(万人)	Health Check(10 000 persons)	36.7	48.3
入院人数(万人)	In-patients(10 000 persons)	0.2	0.2
出院人数(万人)	Leaving Hospital(10 000 persons)	0.2	0.2
病床工作日(日)	Working Days of Beds(day)	44.5	68.4
出院者平均住院日数(日)	Average Hospitalization Period(day)	19.3	21.3

22-9 村卫生室基本情况(2018—2021年)
Basic Statistics on Village Health Room,2018-2021

项　　目	Item	2018	2019	2020	2021
机构数(个)	Number of Institutions(unit)	2511	2374	2196	2214
执业(助理)医师(人)	Licensed (Assistant) Doctors(person)	622	876	829	819
乡村医生和卫生员(人)	Rural Doctors & Hygienists(person)	4600	4107	3535	3745
乡村医生	Rural Doctors	4447	3999	3485	3557
卫生员	Hygienists	153	108	50	188
诊疗人次数(万人次)	Number of Patients Treated(10 000 person-times)	962	793	578	411

22-10 妇女儿童卫生保健状况(2017—2021年)
Basic Statistics on Maternity and Children Care,2017-2021

指 标	Item	2017	2018	2019	2020	2021
妇幼保健经费(万元)	Expenses for Maternity and Children Care(10 000 yuan)	52680	53450	49606	42962	45645
计划生育事业费(万元)	Operating Expenses for Children Planning(10 000 yuan)	59194	65605	74443	76180	76568
0-4岁户籍人口(万人)	Registered Population Aged 0-4(10 000 persons)	52.3	53.8	52.9	54.2	48.9
# 女 性	Female	25.2	26.0	25.6	26.2	23.6
0-17岁户籍人口	Registered Population Aged 0-17	166.2	173.4	181.8	187.6	195.8
# 女 性	Female	78.9	82.5	86.5	89.3	93.2
育龄妇女户籍人口(15-49岁)	Women of Child-bearing Age of Registered Population(Age 15-49)	245.5	251.7	256.4	261.1	263.6
婴儿死亡率(‰)	Death Rate of Infants(‰)	3.6	3.0	2.7	2.4	2.2
5岁以下儿童死亡率(‰)	Death Rate of Children at Age 5 and Below(‰)	4.3	3.8	3.4	3.2	2.8
孕产妇死亡率(1/10万)	Death Rate of Pregnant and Lying-in Women(1/100 000)	6.0	5.1	5.1	7.5	8.1
卡介苗接种率(%)	BCG Vaccination Rate(%)	99.8	99.8	99.9	99.2	97.1
脊灰疫苗接种率(%)	Poliovirus Vaccination Rate(%)	99.9	99.7	99.9	99.4	94.8
百白破三联制剂接种率(%)	Pertussis, Diphtheria & Tetanus Vaccination Rate(%)	99.9	99.9	99.9	99.5	95.3
麻疹疫苗接种率(%)	Measles Virus Vaccination Rate(%)	99.9	99.9	99.9	99.4	95.7
乙肝疫苗接种率(%)	Hepatitis B Vaccination Rate(%)	99.9	99.9	99.9	99.9	98.1
5岁以下儿童中、重度营养不良患病率(%)	Incidence Disease Rate from Medium and Serious Malnutrition of Children at Age 5 and Below(%)	0.4	0.5	0.6	0.6	0.6
7岁以下儿童保健管理率(%)	Management Rate of Children Health Care System at Age 7 and Below(%)	94.0	93.7	95.4	92.7	93.7

22-11 全市居民前十位疾病死亡专率及死因构成
Death Rate of Top 10 Diseases and Proportion

序位及死因	Position and Cause of Death	死亡专率(1/100 000) Mortality(1/100 000)		占全部死亡人数的比例 Proportion(%)	
		2020	2021	2020	2021
1. 心脏病	Heart Disease	202.83	212.02	28.74	29.31
2. 恶性肿瘤	Malignant Tumour	176.30	173.52	24.98	23.99
3. 脑血管病	Cerebrovascular Disease	151.61	156.08	21.48	21.57
4. 损伤和中毒外部原因	Trauma and Toxicosis	33.25	32.76	4.71	4.53
5. 内分泌、营养和代谢的其他疾病	Internal System, Nutrition, Metabolism and Immunity Disease	28.06	29.08	3.98	4.02
6. 呼吸系统疾病	Respiratory Disease	27.68	27.99	3.92	3.87
7. 神经系统疾病	Neuropathy	15.74	16.12	2.23	2.23
8. 消化系统疾病	Digestive Disease	15.72	15.29	2.23	2.11
9. 泌尿生殖系统病	Urinary Disease	5.99	6.18	0.85	0.85
10.传染病和寄生虫病	Perinatal Diseases	2.69	2.33	0.38	0.32

22-12 卫生总费用及构成(1996—2021年)
Total Expenditure on Health and Composition,1996-2021

年 份 Year	卫生总费用 (亿元) Total Expenditure on Health (100 million yuan)	人均卫生费用 (元) Per Capita Expenditure on Health (yuan)	卫生总费用占地区生产总值比重(%) Total Expenditure on Health as Percentage of GDP(%)	卫生总费用筹资构成(%) Composition by Source(%)		
				政府卫生支出 Government Health Expenditure	社会卫生支出 Social Health Expenditure	居民个人现金卫生支出 Individual Cash Expenditure on Health
1996	39.71	418.85	3.5	18.5	54.1	27.4
1997	46.40	487.04	3.7	20.4	51.2	28.4
1998	46.65	487.61	3.5	18.9	45.4	35.7
1999	53.27	555.21	3.7	17.2	42.8	40.0
2000	66.75	666.74	4.2	15.1	41.5	43.4
2001	71.21	709.25	4.1	16.6	38.0	45.4
2002	96.97	962.83	5.0	17.0	36.0	47.0
2003	117.60	1162.84	5.2	19.1	39.3	41.5
2004	129.94	1269.38	5.0	18.8	37.1	44.1
2005	152.24	1459.63	4.8	16.9	36.7	46.3
2006	171.73	1597.45	4.9	19.1	36.2	44.8
2007	225.88	2025.80	5.4	19.7	37.4	43.0
2008	264.13	2246.02	5.1	20.3	37.3	42.4
2009	315.45	2568.46	5.5	20.6	41.0	38.3
2010	355.65	2737.28	5.2	23.3	41.0	35.7
2011	411.10	3034.87	5.1	25.4	37.8	36.8
2012	479.75	3394.90	5.3	25.2	38.4	36.4
2013	552.09	3750.10	5.6	26.3	38.5	35.2
2014	650.91	4291.29	6.1	26.3	41.0	32.7
2015	752.79	4866.32	6.9	26.8	42.2	31.0
2016	827.02	5294.21	7.2	25.6	43.7	30.7
2017	864.74	5554.36	6.9	23.3	46.0	30.8
2018	888.72	5698.41	6.7	24.3	45.6	30.0
2019	973.51	6233.15	6.9	22.4	47.8	29.8
2020	907.57	6545.33	6.4	21.1	49.8	29.1
2021	1072.40	7810.62	6.8	18.7	53.3	28.1

22-13 主要年份卫生总费用机构流向构成
Composition of Total Expenditure on Health by Flow

单位：%(%)

指 标	Indicators	2000	2005	2010	2015	2018	2019	2020	2021
费 用 总 额	**Total Expenditure**	**100.0**	**100.0**	**100.0**	**100.0**	**100.0**	**100.0**	**100.0**	**100.0**
医 院	Hospitals	67.7	64.3	70.8	68.3	71.0	70.1	71.5	72.3
城市医院	City Hospitals	54.2	52.5	56.9	55.9	58.7	58.8	58.9	63.3
县医院	County Hospitals	4.3	4.2	5.2	4.5	2.7	2.6	2.7	
社区卫生服务中心	Community Health Care Centers		5.1	6.5	5.4	6.8	6.3	7.2	6.5
卫生院	Health Care Centers	4.1	2.3	1.9	2.4	2.7	2.3	2.6	2.4
其他医院	Other Hospitals	5.1	0.2	0.3	0.1	0.1	0.1	0.0	0.1
门诊机构	Ambulatory Health Facilities	6.2	4.8	5.0	6.1	9.0	9.7	6.8	6.9
药品零售机构	Retail Sales of Medical Goods	17.0	20.8	10.7	10.6	9.7	9.8	8.7	7.8
公共卫生机构	Public Health Facilities	4.9	4.7	6.5	4.8	4.6	4.2	5.2	4.8
卫生行政管理	Health Administration	0.2	0.2	1.1	2.2	2.1	1.9	2.6	1.9
其他卫生	Others	4.0	5.2	5.9	8.0	3.6	4.5	5.2	6.3

22-14 各区卫生情况(2021年)
Basic Statistics on Public Health Care Institution by District,2021

地 区 Region	卫生机构数(个) Health Care Institutions (unit)	# 医院 Hospitals	卫生机构床位数(张) Beds (unit)	# 医院 Hospitals
全市总计 Total	6076	432	68681	62238
和平区 Heping District	201	28	4715	4621
河东区 Hedong District	232	46	3446	2784
河西区 Hexi District	322	49	9101	8946
南开区 Nankai District	342	54	9174	8807
河北区 Hebei District	208	31	3980	3831
红桥区 Hongqiao District	131	17	3962	3642
东丽区 Dongli District	276	14	1782	1741
西青区 Xiqing District	320	26	2671	2601
津南区 Jinnan District	270	25	4193	4079
北辰区 Beichen District	255	25	4545	4431
武清区 Wuqing District	794	16	4116	3164
宝坻区 Baodi District	425	12	2668	1511
滨海新区 Binhai New Area	739	55	8880	8581
宁河区 Ninghe District	299	4	1500	820
静海区 Jinghai District	514	17	1919	1394
蓟州区 Jizhou District	748	13	2029	1285

注：滨海新区数据不含东丽区无瑕街、津南区葛沽镇数据。
Note: Data of Binhai New Area exclude figures of Wuxia Street, Dongli District and Gegu Town, Jinnan District.

22-15 提供住宿的社会服务机构(2021年)
Social Welfare Institutions with Accommodations,2021

指 标	Item	单位数(个) Institutions (unit)	职工人数(人) Staff and Workers (person)	床位数(张) Number of Beds (unit)	年末在院人数(人) Adopted Personnel at Year-end (person)
总 计	**Total**	**429**	**7870**	**62091**	**26219**
老年人与残疾人服务机构	**Elderly and Disabled Service Institutions**	**409**	**7190**	**60019**	**24712**
# 城市养老服务机构	Urban Old-Age Service Institutions	407	7103	59580	24367
社会福利院	Social Welfare Homes	2	87	439	345
光荣院	Homes for Disabled Veterans	7	67	205	21
智障与精神疾病服务机构	Mental Disability and Psychiatric Disease Services Institution	1	262	620	589
# 社会福利医院	Social Welfare Hospitals	1	262	620	589
儿童收养机构	Residential Institutions for children	3	151	867	649
其他提供住宿的社会服务机构	Other Social Service Institutions Providing Accommodation	9	200	380	248
# 生活无着人员救助管理站	Salvation Stations	9	200	380	248

22-16 不提供住宿的社会服务机构
Social Welfare Institutions without Accommodations

指 标	Item	单位数(个) Institutions(unit)		职工人数(人) Staff and Workers(person)	
		2020	2021	2020	2021
救灾物资储备站	Relief Reserve Units	1	1	18	21
福利彩票发行单位	Welfare Lottery Issuing Institutions	7	3	114	88
烈士纪念建筑物管理单位	Martyr Memorial Building Management Units	10	8	105	113
社区服务机构	The Community Welfare Institutions	5963	6331	24239	26620

22-17 社区服务机构情况(2017—2021年)
Basic Statistics on Community Services Agencies,2017-2021

指 标 Item	2017	2018	2019	2020	2021
社区服务机构(个) Community Service Institutions (unit)	2786	3965	3660	5963	7164
社区养老机构 The Community Old-Age Care	121	1301	1089	1157	1230
社区指导中心 The Community Guiding Center	9	9	9	9	7
社区服务中心 The Community Service Center	274	376	322	162	164
社区服务站 The Community Service Station	1836	1739	1703	4173	5402
其他社区服务机构 Other Community Service Institutions	546	540	537	462	361
机构建筑面积(万平方米) Floor Square of Institutions (10 000 sq.m)	113	125	153	242	192
年末职工人数(人) Staff and Workers in the End of the Year (person)	13587	15707	15080	24239	27383
# 女 性 Female	7789	9727	8328	12776	12368
# 社会工作师 Social Worker	269	601	622	953	1241
助理社会工作师 Junior Social Worker	933	1740	1789	2954	3139
社区服务志愿者人次数(人次) Community Service Volunteer (person-time)	63100	14484	28524	314565	11152
日间照料床位数(张) The Beds of Day-care (unit)	9992	9279	9801	10056	9909

22-18 社会救助人员情况(2018—2021年)
Basic Statistics on Social Relief Personnel,2018-2021

指　标 Item	2018	2019	2020	2021
社会救助总人数(人)				
Number of Social Relief Personnel(person)	**153978**	**152953**	**153580**	**151240**
城市居民最低生活保障人数				
Urban Residents Receiving Lowest Cost-of-living	80373	70561	73139	67000
# 老年人				
Senile	11734	11973	12755	8999
登记失业人员				
Registered Unemployed	23229	20425	19884	18469
无就业条件人员				
Non Employment Condition	20423	19403	12890	16125
未成年人				
Minors	15188	10621	10949	13686
农村居民最低生活保障人数				
Rural Residents Receiving Lowest Cost-of-living	62178	58916	68258	60583
特困人员救助供养人数(人)				
Number of Destitute Households Receiving Almsgiving (person)	**11482**	**11971**	**12183**	**12056**
临时救助人次数(人次)				
Persons Received Temporary Almsgiving(person-time)	**102632**	**83077**	**71436**	**67586**
医疗救助				
Medical Aid				
直接医疗救助人次数(人次)				
Direct Medical Aid(person-time)	726632	1468648	1110248	943523
资助参保医疗人数(人)				
Persons Participating in Medical Insurance with Aid (person)	299578	293188	299699	160607
流浪乞讨人员救助(人次)				
The Aid of Vagrants and Beggars(person-time)	**7640**	**5729**	**4664**	**2170**

22-19 社会救助支出情况(2018—2021年)
Basic Statistics on Social Relief Expenditure, 2018-2021

单位：万元(10 000 yuan)

指　标	Item	2018	2019	2020	2021
社会救助总支出	**Relief Expenditures**	**236736**	**180955**	**225792**	**232651**
# 城市低保费	Urban Relief Funds	112217	91050	94186	99264
农村低保费	Rural Relief Funds	65880	57135	64182	67531
特困人员救助供养	Expenses of Destitute Households Receiving Almsgiving	23841	21502	25238	26815
临时救助	Temporary Almsgiving	22331	11267	15029	18188
# 流浪乞讨人员救助	The Aid of Vagrants and beggars	3844	2475	2518	3460
医疗救助	**Medical Aid**	**64647**	**61267**	**46853**	**38830**
自然灾害物资采购经费支出	**Expenditure on the Procurement of Natural Disasters Materials**	**1168**	**1165**	**1574**	**1406**

22-20 养老事业基本情况(2018—2021年)
Basic Statistics on Senile Citizen Undertakings,2018-2021

指　标　Item	2018	2019	2020	2021
60岁以上老年人(万人) Aged 60 and over(10 000 persons)	259.08	266.74	278.36	285.85
65岁以上老年人(万人) Aged 65 and over(10 000 persons)	167.63	178.46	193.03	206.50
80岁以上老年人(万人) Aged 80 and over(10 000 persons)	32.77	33.40	35.05	37.64
养老机构(个) Pension Agency(unit)	335	364	397	399
养老机构床位数(万张) The Beds of Pension Agency(10 000 units)	5.00	5.60	6.30	6.20
日间照料中心(个) Center of Day-care(unit)	2847	1089	1157	1357
福利彩票公益金投入养老服务业比例(%) Proportion of Senior Citizen Service Industry to Welfare Lottery(%)	50	57	55	67
困难老年人居家养老(护理)补贴人数(万人) Taking Subsidy of Home-based Care (Nursing) for Senior Citizen(10 000 persons)	2.20	1.60	2.30	2.30

22-21 红十字会基本情况(2019—2021年)
Basic Statistics on Red Cross Society,2019-2021

指　　标	Item	2019	2020	2021
组织机构(个)	**Institutions of Red Cross Society(unit)**			
基层组织机构	Basic Institutions of Red Cross Society	1462	1514	1283
会员情况	**Statistics on Red Cross Member**			
团体会员单位(个)	Team Members(unit)	1846	1834	1423
会员人数(万人)	Number of Members(10 000 persons)	28	31	31
# 青少年会员	Adolescent Members	19	21	21
志愿服务工作	**Voluntary Work**			
志愿者人数(万人)	Volunteers(10 000 persons)	3	5	6
红十字志愿服务队(个)	Voluntary Service Teams of Red Cross Society(unit)	231	245	202
参加各种宣传活动人次数(万人次)	**Person-time Attended Publicizing Activity (10 000 person-times)**			
参加艾滋病预防宣传救助活动	AIDS Prevention Activities	2	3	3
参加普及宣传无偿献血活动	Publicizing Volunteer Blood Donation Activities	1	154	206
参加卫生救护培训人次数(人次)	**Person-time Attended Sanitation Rescue Training(person-time)**			
参加救护员培训	Ambulanceman Training	22497	14475	27316
参加救护师资培训	Rescue Teacher Training	224	138	77
造血干细胞捐献工作(人)	**Contributing Stem Cell(person)**			
当年入库志愿者人数	Quantity of Subscribers Entered Program in Current Year	5500	9000	6000
当年供患配型相合人数	Quantity of Matching of Contributing and Transplanting in Current Year	524	252	687
当年实现捐献人数	Quantity of Transplanting in Current Year	11	22	39
人体器官捐献(人)	**Donation of Human Organ(person)**			
当年报名登记捐献志愿者人数	Quantity of Registered Subscribers in Current Year	8959	12526	16888
当年实现捐献者人数	Quantity of Contributing Human Organ in Current Year	467	52	37
遗体捐献工作(人)	**Body Donations(person)**			
全年接受捐献遗体登记	Quantity of Registration of Body Donations	360	270	353
实现生前遗愿人数	Quantity of Realizing Last Wish	91	35	94
社会赈济和社区救助工作	**Working on Social Relieving**			
全年募捐款数(万元)	Donation(10 000 yuan)	6196	32002	15839
全年救灾款数(万元)	Disaster Relief(10 000 yuan)	1	31915	6239
全年救助款数（万元）	Salvation Relief(10 000 yuan)	6196	9476	8769

主要统计指标解释

社区卫生服务中心

指为本社区居民提供预防、医疗、保健、康复、健康教育、计划生育技术服务等的基层卫生机构。

卫生技术人员

指执业医师、执业助理医师、注册护士、药师(士)、检验技师(士)、影像技师、卫生监督员和见习医(药、护、技)师(士)等卫生专业人员。不包括从事管理工作的卫生技术人员(如院长、副院长、党委书记等)。

执业（助理）医师

包括执业医师和执业助理医师。执业医师是指具有《医师执业证》及其“级别”为“执业医师”且实际从事医疗、预防保健工作的人员,不包括实际从事管理工作的执业医师。执业助理医师是指具有《医师执业证》及其“级别”为“执业助理医师”且实际从事医疗、预防保健工作的人员,不包括实际从事管理工作的执业助理医师。

婴儿死亡率

指一年内未满周岁死亡的婴儿数与当年活产数之比。计算公式为：

$$婴儿死亡率=\frac{一年内未满周岁的婴儿死亡数}{当年活产数}\times 1000‰$$

孕产妇死亡率

指年内孕产妇死亡人数与活产数之比。孕产妇死亡一般指从妊娠开始至产后 42 天内死亡者，包括外科原因、计划生育手术、宫外孕、葡萄胎死亡者，但不包括意外原因死亡者。

卡介苗、脊灰疫苗、百白破三联制剂、麻疹、乙肝疫苗接种率

指按照儿童免疫程度进行合格接种的人数占全部应接种人数的百分比。应接种人数包括禁忌症人数和外地寄居 3 个月及以上的适龄人数，不包括外出 3 个月及以上的适龄人数。计算公式为：

$$单项疫苗接种率=\frac{合格接种该疫苗人数}{应接种人数}\times 100\%$$

分子：按“合格接种判断”标准，判定当年实际完成合格接种的儿童数。

分母：按免疫程序规定当年应在 12 月龄内完成该项疫苗接种的儿童数。

城镇居民最低生活保障人数

指在报告期末共同生活的家庭成员人均收入低于当地最低生活保障标准,且家庭财产状况符合相关规定的城镇居民,并已发放补助经费的人数。

社区服务机构和设施

指面向全体城乡居民提供社区服务的机构和设施。原则上,城乡社区服务机构应能提供以公共服务为主体的综合性服务,城乡社区服务设施面积应能满足社区组织办公和社区综合服务所需,并配置多功能社区居民活动场所。在此基础上可根据社区居民的实际需求,重点强化若干类服务功能。社区服务机构和设施包括(1)社区服务指导中心;(2)社区服务中心;(3)社区服务站;(4)未登记注册的农村特困供养机构;(5)社区养老照料机构和设施;(6)社区互助型养老设施;(7)其他社区服务机构和设施。

Explanatory Notes on Main Statistical Indicators

Community Health Care Centers (Stations)

refer to the primary units that provide the health care for community residents, such as disease prevention and control, medical treatment, health care, rehabilitation, health education, family planning technical services.

Medical Technical Personnel

refer to the professional staff engaged in health care, including licensed physicians and physician assistants, registered nurses, pharmacists, laboratory and imaging technicians, health care supervisors and intern doctors, pharmacists, nurses, and technical personnel, excluding health technical personnel engaged in management (e.g. president, vice president and secretary of the party committee ,etc.)

Licensed (Assistant) Doctors

include licensed doctors and licensed physician assistants. Licensed doctors refer to the medical workers with licenses of qualified doctors and are employed in medical treatment, disease prevention or healthcare institutions, excluding the licensed doctors engaged in management. Licensed physician assistants refer to the medical workers with licenses of qualified assistant doctors and are employed in medical treatment, disease prevention or healthcare institutions, excluding the licensed assistant doctors engaged in management.

Death Rate of Infants

refers to the ratio of the number of dead infant below 1 year to the number of living in one year. The following formula is used:

$$\text{The Death Rate of Infant} = \frac{\text{Number of Dead Infant below 1 Year}}{\text{Number of Living}} \times 1000‰$$

Death Rate of Pregnant and Lying-in Women

refers to the ratio of the number of dead pregnant women to the living number in one year. The death of pregnant woman usually refers from gestation to die after give birth to child in 42 days, including surgery reason, family planning operation, pregnancy outside the womb, grape embryo dead women, excluding die due to accident trouble.

Bcg Vaccine, Poliovirus, Pertussis, Diphtheria Tetanus, Measles and Hepatitis B Vaccine Inoculation Rate

refers to the ratio of the number of children inoculating vaccine in accordance with the degree of immunity to the children on the age to inoculate vaccine. The children on the age to inoculate vaccine include the children avoiding inoculating vaccine and living in some other places for 3 and more than 3 months, but exclude the children on age going out for 3 months. The following formula is used:

$$\text{Vaccine Inoculation Rate} = \frac{\text{The Number of Children Inoculating Vaccine}}{\text{The Children on the Age to Inoculate Vaccine}} \times 100\%$$

The molecule: the actual number of children inoculating vaccine according to the standard of vaccine inoculation.

The denominator: the number of children according to the process of immunity should inoculate the vaccine in 12 months.

Urban Residents Receiving Lowest Cost-of-living

refer to the number of urban residents whose per capita income of family members living together is below than the local minimum living standard at the end of the reporting period, and whose family property status complies with relevant regulations, and who have paid subsidies.

Community Service Institutions and Facilities

refers to institutions and facilities that provide community services to all urban and rural residents. In principle, community service institutions should be able to provide comprehensive services focusing on public services. The area of community service facilities should be able to meet the needs of community office and comprehensive services, and be equipped with multi-functional activity places. It can focus on strengthening several types of service functions according to the actual needs of community residents. It include: (1) Community service guidance center; (2) Community service center; (3) Community service station; (4) Unregistered rural poverty-stricken support institutions; (5) Community elderly care institutions and facilities; (6) Community mutual assistance Elderly care facilities; (7) Other community service institutions and facilities.

第二十三篇 文化和体育

Chapter 23 Culture and Sports

23-1 文化机构和人员情况
Basic Statistics on Cultural Institutions and Personnel

单位：个(unit)

年 份 Year	艺 术 Art	电 影 Movie	公 共 图书馆 Public Library	档案机构 Archives Institution	群众文化活 动 Mass Culture	文 物 保护单位 Agency of Historic Relics Preservation	博物馆 Museums
机构数							
Institutions							
1978	39	1702	19		18	2	5
1980	39	1755	19		19	2	5
1985	41	1158	26	22	19	3	10
1990	39	668	30	27	19	6	10
1995	49	662	31	31	19	7	14
2000	49	236	31	31	19	8	14
2001	49	236	31	31	19	8	14
2002	49	236	31	32	19	8	15
2003	49	236	31	32	19	8	17
2004	70	239	32	35	19	8	17
2005	61	190	32	34	19	8	18
2006	61	190	32	35	19	8	19
2007	61	187	32	341	19	8	18
2008	46	181	32	386	19	8	18
2009	43	172	31	399	19	8	18
2010	44	243	31	361	19	8	18
2011	73	286	31	324	19	8	19
2012	51	295	31	310	19	8	20
2013	50	294	31	291	19	8	20
2014	44	316	31	217	19	8	22
2015	66	262	31	257	19	8	22
2016	67	269	31	236	19	8	22
2017	72	278	32	49	19	8	62
2018	84	288	29	49	17	8	65
2019	90	117	29	48	17	8	68
2020	101	123	27	50	17	8	71
2021	127	109	20	48	17	7	69

注：2019年对电影放映单位的统计口径进行了调整，后表及表23-6同。
Note: The statistics coverage of film projecting units was adjusted in 2019. Same as the following next and table 23-6.

23-1续表 *Continued*

单位：人(person)

年 份 Year	艺 术 Art	电 影 Movie	公 共 图书馆 Public Library	档案机构 Archives Institution	群众文化 活 动 Mass Culture	文 物 保护单位 Agency of Historic Relics Preservation	博物馆 Museums
人员数 Personnel							
1990	2729	4521	1182		955	80	482
1995	3552	4003	1084		847	93	456
2000	2468	1930	1111		798	102	686
2001	2562	1930	1014	1044	752	116	672
2002	2483	1930	974	1046	755	127	689
2003	2322	1930	1095	999	750	131	629
2004	2937	1959	1082	1144	706	117	658
2005	2663	1118	1057	913	710	133	679
2006	2686	842	1086	784	707	132	724
2007	2509	767	1074	553	679	130	728
2008	2276	767	1098	1154	681	137	711
2009	2287	1257	1087	1175	682	123	699
2010	2262	1738	1077	1180	656	119	719
2011	3547	2095	1051	911	643	108	698
2012	2426	2275	1272	911	626	102	717
2013	2511	2270	1248	968	646	112	669
2014	2322	2528	1217	946	612	115	747
2015	2836	2523	1189	887	588	131	783
2016	2722	2694	969	898	571	132	760
2017	2623	2294	986	673	552	111	1406
2018	2897		1047	740	531	65	1473
2019	2724		1060	739	523	75	1465
2020	3387		1163	833	660	50	1545
2021	4133		1090	851	768	105	1567

23-2 报纸期刊出版情况
Newspapers and Magazines Publication

项 目	Item	种 类 (种) Number of Publications (kind)		总印数 (万份、万册) Total Copies (10 000 volumes, 10 000 copies)		总印张 (千印张) Total Printed Sheets (1 000 sheets)	
		2020	2021	2020	2021	2020	2021
报纸总计	**Total Publication of Newspapers**	**16**	**16**	**19621**	**18775**	**533138**	**485602**
综合报	Comprehensive Newspapers	4	4	12241	11548	431627	388107
专业报	Professional Newspapers	8	8	2851	2711	32662	30800
生活服务	Life Services						
读者对象	Reader	3	3	3281	3263	43869	41629
文 摘	Abstract	1	1	1249	1253	24980	25067
期刊总计	**Total Publication of Magazines**	**237**	**237**	**2648**	**2528**	**125291**	**120304**
# 综 合	Comprehensive	2	2	2	2	190	154
哲学、社会科学	Philosophy and Social Sciences	43	43	1056	1029	46359	44999
自然科学、技术	Natural Sciences and Technology	138	138	530	485	32780	31452
文化、教育	Culture and Education	33	33	512	479	19526	17907
文学、艺术	Literature and Art	20	21	544	533	26180	25792
# 少儿期刊	Juvenile and Children's Magazines	8	9	427	412	14464	13926

23-3 图书出版情况
Publication of Books by Category

类别 Item	种类(种) Number of Publication (kind)		总印数(万册) Total Printed Copies (10 000 copies)		总印张(千印张) Total Printed Sheets (1 000 sheets)	
	2020	2021	2020	2021	2020	2021
总计 **Total**	**7278**	**7857**	**9485**	**9746**	**843166**	**875992**
马列主义、毛泽东思想 Marxism-Leninism, Mao Zedong Thought	4	9	1	3	141	320
哲学 Philosophy	115	139	169	358	15837	29316
社会科学总论 General Social Sciences	47	56	55	34	7356	4363
政治、法律 Politics and Law	81	115	23	86	3038	8321
军事 Military Affairs	4	7	1	8	192	459
经济 Economics	266	294	114	98	17105	13461
文化、科学、教育、体育 Culture, Science, Education and Sports	3022	3731	5689	6332	494257	559131
语言、文字 Languages	130	167	64	60	7759	6094
文学 Literature	1207	1177	1745	1647	159688	147261
艺术 Art	420	422	314	366	18533	22323
历史、地理 History and Geography	205	232	67	91	10638	11762
自然科学总论 General Natural Sciences	10	12	25	14	3597	2088
数理科学、化学 Mathematics and Chemistry	152	152	207	179	9291	8899
天文学、地球科学 Astronomy and Geology	29	45	13	26	1636	2251
生物科学 Biology	33	40	42	25	3067	2462
医药、卫生 Medicine and Health Care	934	544	788	209	65064	27069
农业科学 Agricultural Science	36	45	14	12	1620	1214
工业技术 Industrial Technology	415	477	104	112	17753	17758
交通运输 Communication and Transportation	46	61	4	6	665	925
航空、航天 Aviation and Spaceflight	3	5	2	3	136	150
环境科学 Environmental Science	30	29	5	18	768	1297
综合性图书 Comprehensive Books	89	98	39	58	5025	9067

23-4 少年儿童读物和课本出版情况(2002—2021年)
Number of Books Published for Children and Textbooks,2002-2021

年 份 Year	种 数(种) Number of Publications(kind)		总印数(万册) Total Printed Copies(10 000 copies)		总印张(千印张) Total Printed Sheets(1 000 sheets)	
	儿童读物 Books for Children	课 本 Textbooks	儿童读物 Books for Children	课 本 Textbooks	儿童读物 Books for Children	课 本 Textbooks
2002	239	814	250	3933	11376	289589
2003	211	582	197	2351	9149	178873
2004	253	608	334	2317	19792	167558
2005	247	571	350	3366	24208	224128
2006	208	566	252	2133	14366	166393
2007	136	695	155	2066	7688	175036
2008	192	562	235	1732	14773	143138
2009	144	618	255	1535	20499	125343
2010	219	639	462	247	29627	41272
2011	412	418	675	1210	41061	101900
2012	385	645	628	1480	42285	124501
2013	652	667	804	1501	39889	117421
2014	687	944	918	1143	54146	104494
2015	993	763	1263	883	59607	82065
2016	958	591	1688	1422	79565	117983
2017	1046	421	2075	1365	95070	101293
2018	964	339	2274	1147	113332	85930
2019	1078	385	2454	1570	128101	120346
2020	883	330	1576	1645	77525	120487
2021	1013	459	1744	1801	93103	136797

23-5 录像和录音制品出版情况
Publication of Video and Audio Products

项 目	Item	种 数(种) Number of Category (kind)		出版数量(万盒、万张) Amount of Publication (10 000 cassettes, 10 000 pieces)		发行数量(万盒、万张) Amount of Issuing (10 000 cassettes, 10 000 pieces)	
		2020	2021	2020	2021	2020	2021
录音制品合计	**Total of Audio Products**	**16**	**13**	**3**	**1**	**3**	**1**
录音带	Audio-tapes	4		1		1	
激光唱盘	CD	11	4	2	1	2	1
高密度激唱盘及其他	DVD-A and Others	1	9				
录像制品合计	**Total of Video Products**	**1**	**12**		**1**		**1**
# 高密度激视盘	DVD-V	1	11		1		1
电子出版物合计	**Total of Electronic Publications**	**14**	**1**	**5**		**5**	
# 只读光盘	CD-ROM	8		2		2	
高密度只读光盘	DVD-ROM	6		3		3	

23-6 广播电视事业发展情况(2018—2021年)

Basic Statistics on Radio and Television Industry,2018-2021

指 标 Item	单 位 Unit	2018	2019	2020	2021
广 播 Broadcasting					
全年制作节目时间 Annual Production of Programs	万小时 10 000 hours	9.8	9.8	9.7	9.7
全年播出节目时间 Annual Broadcasting of Programs	万小时 10 000 hours	15.2	15.0	14.2	15.0
平均每日播音时间 Broadcasting Hours per Day	时：分 hour：minute	415:51	410:08	388:38	393:19
电 视 Television					
全年制作节目时间 Annual Production of Programs	万小时 10 000 hours	2.0	1.7	1.7	2.9
全年播出节目时间 Annual Television of Programs	万小时 10 000 hours	16.2	15.3	14.6	17.1
平均每周播出时间 Program Hours per Week	时：分 hour：minute	3105:51	2948:40	2811:10	3296:18
有线电视 Cable Television					
有线电视实际用户数 Actual Number of Cable TV Users	万 户 10 000 households	353	356	359	361
# 有线数字电视实际用户数 Actual Number of Digital Cable TV Users	万 户 10 000 households	348	351	354	356
有线广播电视传输网络干线长度(皮长) Transmission Network Line Length (Skin Length)	公 里 kilometer	3864	4108	4227	4244
电 影 Film					
影院数量 Theaters	个 unit	101	117	123	109
放映场次 Projecting Performances	场 次 time	1144322	1271376	624539	1119196
观影人次 Viewers	万人次 10 000 person-times	2540	2565	770	1682
电影票房 Film Box Office	亿 元 100 million yuan	8.83	9.44	2.89	7.00

23-7 公有制艺术事业基本情况(2018—2021年)
Basic Statistics on Public Ownership Art,2018-2021

项　　目	Item	2018	2019	2020	2021
艺术表演团体	**Art Performance Troupes**				
机构数(个)	Institutions (unit)	16	16	16	13
话剧、儿童剧、滑稽剧类	Drama, Children Drama and Comedy	2	2	2	2
歌舞、音乐类	Dance and Music	4	4	4	3
京剧、昆曲类	Peking Opera and Kunqu Opera	7	7	7	2
# 京　剧	Peking Opera	2	2	2	2
杂技、魔术、马戏、曲艺类	Acrobatics, Magic, Circus and Quyi	3	3	3	2
地方戏曲类	Local Opera				4
从业人员数(人)	Employment (person)	1995	1804	1752	1648
演出场次(场)	Number of Performances (time)	2910	2705	1727	2135
# 到农村演出	Shows in Rural Areas	640	451	290	315
艺术表演场馆	**Art Performance Venues**				
机构数(个)	Institutions (unit)	68	74	85	114
剧场、影剧院	Theaters and Cinemas	49	41	47	57
书场、曲艺场	Storytelling Places, Folk Art Forms	3	10	7	15
综合性、其他场所	Comprehensive Places and Others	15	22	30	41
音乐厅	Concert Hall	1	1	1	1
坐席数(个)	Seats (unit)	35000	37093	50539	67367
从业人员数(人)	Employment (person)	902	920	1635	2485
演出场次(场)	Number of Performances (time)	64290	36330	29500	24000
观众人次(万人次)	Number of Spectators (10 000 person-times)	400	370	141	301

资料来源：天津市文化和旅游局
Source: Tianjin Municipal Bureau of Culture and Tourism

23-8 档案机构和人员情况(2017—2021年)
Statistics on Archives Institutions and Personnel,2017-2021

单位：个、人 (unit, person)

项 目 Item	2017	2018	2019	2020	2021
机构数					
Number of Institutions	**49**	**49**	**48**	**50**	**48**
# 档案行政管理部门					
Administrate Department of Archives	17	17	17	17	17
国家综合档案馆					
National Comprehensive Archives	20	20	18	18	18
国家专门档案馆					
National Special Archives	2	2	2	1	1
部门档案馆					
Department Archives	5	5	5	6	6
文化事业档案馆					
Culture Archives Institutions	3	3	3	6	5
企业档案馆					
Enterprise Archives Institutions	2	2	3	2	1
专职工作人员					
Full-time Personnel	**673**	**740**	**739**	**833**	**851**
# 档案行政管理部门					
Administrate Department of Archives	291	82	62	61	67
国家综合档案馆					
National Comprehensive Archives	235	511	526	590	614
国家专门档案馆					
National Special Archives	59	58	66	56	53
部门档案馆					
Department Archives	60	60	56	84	81
文化事业档案馆					
Culture Archives Institutions	21	23	21	37	33
企业档案馆					
Enterprise Archives Institutions	7	6	8	5	3

23-9 公共图书馆情况(2018—2021年)
Basic Statistics on Public Libraries,2018-2021

项 目	Item	单 位	Unit	2018	2019	2020	2021
公共图书馆	Public Libraries	个	unit	29	29	27	20
工作人员	Employment	人	person	1047	1060	1163	1090
藏 量	Collections	万 册	10 000 volumes	1867	2099	2175	2282
书刊文献外借人次	Person-time of Lent-out	万人次	10 000 person-times	389	360	133	212
书刊文献外借册次	Book-time of Lent-out	万册次	10 000 volume-times	1137	1067	459	741
实际使用公用房屋面积	Actual Use of Public Building Area	平方米	sq.m	405180	435370	435256	436303
阅览室座席数	Seating Capacity of Reading Room	个	unit	19038	20317	21433	21658

23-10 博物馆和文物保护单位基本情况(2018—2021年)
Basic Statistics on Museums and Cultural Relic Protection Units,2018-2021

项 目	Item	单 位	Unit	2018	2019	2020	2021
博物馆	**Museums**						
个 数	Units	个	unit	65	68	71	69
工作人员数	Employment	人	person	1473	1465	1545	1567
藏品数	Collection	万 件	10 000 pieces	70	71	76	76
举办陈列展览	Displays and Exhibitions	次	time	437	458	406	430
参观人次	Visitors	万人次	10 000 person-times	1400	1487	521	1130
文物保护单位	**Cultural Relic Protection Units**						
单位数	Units	个	unit	8	8	8	7
工作人员数	Employment	人	person	65	75	50	105
藏品数	Collection	件	piece	508	508	58	58

注：2020年起藏品数为博物馆收藏的藏品数量。

Note: Number of collections from 2020 refer to the collections in museums.

23-11 群众文化事业基本情况(2018—2021年)
Basic Statistics on Mass Art,2018-2021

项 目	Item	单 位	Unit	2018	2019	2020	2021
机构数	**Units**	个	**unit**	**261**	**261**	**262**	**272**
群众艺术馆	Mass Art Centers	个	unit	1	1	1	1
文化馆	Cultural Centers	个	unit	16	16	16	16
文化站	Cultural Stations	个	unit	244	244	245	255
工作人员数	**Employment**	人	**person**	**1455**	**1372**	**1598**	**1733**
文化活动情况	**Cultural Activities**						
举办展览	Exhibitions	次	time	1265	1239	1079	1239
组织文艺活动次数	Art Performances	次	time	11547	19209	13718	16055
举办训练班	Training Courses						
班 次	Classes	次	time	11298	15984	13674	13935
培训人次	Persons Completed	人	person	529550	747830	678700	817000

23-12 体育工作基本情况(2018—2021年)
Basic Statistics on Physical Work,2018-2021

单位：人(person)

指　　标	Item	2018	2019	2020	2021
社会体育指导员	Social Physical Instructors	3924	4532	2340	4382
年末实有等级教练员	Grade Coaches (year-end)	247	245	492	620
# 国家级	National Coaches	22	24	19	20
等级裁判员	Grade Referees	230	236	57	428
# 女　性	Female	132	88	9	115
一　级	First Grade	111	104	21	60
二　级	Second Grade	119	132	36	81
三　级	Third Grade				287
等级运动员人数	Grade Athletes	1284	1105	601	1317
# 女　性	Female	415	373	196	480
一　级	First Grade	365	342	173	339
二　级	Second Grade	919	763	428	909
三　级	Third Grade				69

注：2021年以前等级裁判员和等级运动员数据中未含三级人数。

Note: Number of grade referees and grade athletes before 2021 excludes third-level people.

23-13 国际国内体育比赛获奖牌情况(2018—2021年)
Statistics on Medals Won in International & National Competitions,2018-2021

单位：块(piece)

项　　目	Item	2018	2019	2020	2021
总　　计	**Total**	**115**	**112**	**44**	**75**
金　牌	Gold Medal	39	65	27	38
银　牌	Silver Medal	29	29	6	13
铜　牌	Bronze Meda	47	18	11	24
国际比赛	**International Competitions**	**24**	**29**	**2**	**9**
# 世界比赛	World Competitions	8	20	2	8
金　牌	Gold Medal	13	23	2	8
# 世界比赛	World Competitions	5	14	2	7
银　牌	Silver Medal	7	5		
铜　牌	Bronze Meda	4	1		1
国内比赛(全国)	**Domestic Competitions (National)**	**91**	**83**	**42**	**66**
金　牌	Gold Medal	26	42	25	30
银　牌	Silver Medal	22	24	6	13
铜　牌	Bronze Meda	43	17	11	23

23-14 规模以上文化及相关产业企业经营情况(2015—2021年)

Operation of Cultural Industry Enterprises,2015-2021

年 份 Year	法人单位数 (个) Number of Corporate Units (unit)	年末从业人员 (万人) Engaged Persons at Year-end (10 000 persons)	资产总计 (亿元) Total Assets (100 million yuan)	营业收入 (亿元) Business Income (100 million yuan)	利润总额 (亿元) Total Profits (100 million yuan)
2015	1047	16.30	2270.66	2291.84	199.54
2016	1090	15.31	2418.07	2331.74	246.58
2017	911	10.10	2339.67	1784.24	150.45
2018	775	9.43	2938.34	1890.59	183.92
2019	883	7.79	2497.61	1944.68	161.23
2020	888	6.81	2231.19	1654.43	88.30
2021	989	6.45	2038.18	1354.23	76.33

23-15 各区规模以上文化及相关产业法人单位数(2021年)

Number of Corporate Units of Cultural and Related Industries above Designated Size by Region,2021

单位：个(unit)

地 区	Region	法人单位数 Corporate Units	文化制造业 Culture-Related Manufacturing	文化批发和零售业 Culture-Related Wholesale and Retail	文化服务业 Culture-Related Services
合 计	**Total**	**989**	**180**	**177**	**632**
和平区	Heping District	55		14	41
河东区	Hedong District	20	2	7	11
河西区	Hexi District	62	4	15	43
南开区	Nankai District	68	6	16	46
河北区	Hebei District	12	1	2	9
红桥区	Hongqiao District	14		2	12
东丽区	Dongli District	23	11	7	5
西青区	Xiqing District	38	19	4	15
津南区	Jinnan District	32	10	9	13
北辰区	Beichen District	24	9	8	7
武清区	Wuqing District	159	51	24	84
宝坻区	Baodi District	32	19	10	3
滨海新区	Binhai New Area	411	23	50	338
宁河区	Ninghe District	10	6	3	1
静海区	Jinghai District	17	13	3	1
蓟州区	Jizhou District	12	6	3	3

注：规模以上文化及相关产业法人单位包括规模以上文化制造业企业、限额以上文化批发和零售业企业以及规模以上文化服务业企业。

Note: Corporate units of culture and related industries above designated size include culture-related manufacturing enterprises above designated size, culture-related wholesale and retail enterprises above designated size, and culture-related service enterprises above designated size.

23-16 规模以上文化产业法人单位基本情况(2021年)
Statistics of Cultural Industry above Designated Size,2021

项　目 Item	资产总计 (亿元) Total Assets (100 million yuan)	营业收入 (亿元) Business Income (100 million yuan)	年末从业人员 (万人) Engaged Persons at Year-end Persons (10 000 persons)
合　计 **Total**	**2038.18**	**1354.23**	**6.45**
文化核心领域 **Core Fields of Culture**	**1532.74**	**1055.36**	**4.08**
新闻信息服务 News and Information Service	306.89	347.94	0.40
内容创作生产 Content Creation and Production	530.40	257.34	1.01
创意设计服务 Creative Design Service	364.73	312.78	1.87
文化传播渠道 Culture Transmission Channel	246.72	128.99	0.64
文化投资运营 Cultural Investment and Operation	45.64	1.73	0.01
文化娱乐休闲服务 Cultural, Entertainment and Recreational Service	38.37	6.59	0.16
文化相关领域 **Culture-related Fields**	**505.43**	**298.87**	**2.37**
文化辅助生产和中介服务 Cultural Auxiliary Production and Intermediary Service	364.65	148.80	1.44
文化装备生产 Cultural Equipment Production	76.68	42.92	0.63
文化消费终端生产 Cultural Consumption Terminal Production	64.11	107.15	0.30

主要统计指标解释

文化事业机构

指从事专业文化工作和为专业文化工作服务的单独核算、独立建制的单位，不包括文化主管部门直属单位举办的其他行业和各部门的业余文化组织。

艺术表演团体

指从事戏曲、音乐、舞蹈、杂技等专业艺术表演，有独立账户、实行单独核算的团体。

公共图书馆数

指文化和旅游部门主办的面向社会服务的图书馆数量，不包含部队、高校系统及文化馆内设的图书馆。

博物馆

指国办的博物馆和部分在文物局博物馆处年检的民营博物馆。博物馆指为了研究、教育、欣赏的目的，收藏、保护、展示人类活动和自然环境的见证物，向公众开放，非营利性、永久性社会服务机构，包括以博物馆（院）、纪念馆（舍）、科技馆、陈列馆等专有名称开展活动的单位。

等级运动员人数

指经考核正式批准授予等级运动员称号的人数。分为国际级运动健将，运动健将，一、二、三级运动员和少年级运动员。

等级裁判员人数

指经考核正式批准授予等级裁判员称号的人数。分为国际裁判、国家级裁判、一级裁判、二级裁判、三级裁判。

Explanatory Notes on Main Statistical Indicators

Cultural Institutions

refer to units which have their own organizational system and independent accounting system and specialize in or serve cultural development. They exclude other establishments run by these cultural institutions and amateur cultural groups established by various departments.

Art Performance Troupe

refers to the troupe which is engaged in drama, opera, music, dance, acrobatics or other art performance, opens independent accounts with banks and has self-supporting accounting system.

Number of Public Libraries

refers to the number of libraries sponsored by the culture and tourism departments that serve the society, excluding those in the military, university systems and cultural centers.

Museums

include state-run museums and some private museums that are inspected annually by the Museum of the Cultural Relics Bureau. Museums refer to non-profit, permanent social service institutions which are open to the public for the purpose of research, education and appreciation, and collect, protect, and display witnesses of human activities and the natural environment, include units that carry out activities under the proper names of museums (courts), memorial halls (houses), science and technology museums, exhibition halls, etc.

Number of Athletes in Grades

refers to the number of athletes who have been given titles through examination. The titles of athletes include international masters of sports, masters of sports, first-grade, second-grade and third-grade sportsmen and young athletes.

Number of Referees in Grades

refers to the number of referees who have been given titles after examination. They are classified as international referees, national referees and referees of the first, second and third grades.

第二十四篇 公共管理及其他

Chapter 24 Public Management and Others

24-1 天津市历届人代会代表人数性别构成及议案、建议意见数

Number and Sex Composition of Delegacy, Proposal and Suggestion by Tianjin Municipal People's Congress

单位：人、件(person, unit)

届别	Session	起止年月 The Time of Inauguration and Concluding	代表人数 Number of Delegate 总计 Total	# 女性 Female	# 少数民族 Ethnic Minority	议案数 Number of Proposal	建议、批评和意见数 Number of Suggestion, Criticism and Comment
第一届	First Congress	1954.08-1956.12	519	109		1614	
第二届	Second Congress	1956.12-1958.06	568	122		1201	
第三届	Third Congress	1958.06-1961.02	535	110			
第四届	Fourth Congress	1961.02-1963.12	845	208		133	
第五届	Fifth Congress	1963.12-1965.12	675	169		104	
第六届	Sixth Congress	1965.12-1966.05	698	171		27	
第七届	Seventh Congress						
第八届	Eighth Congress	1977.11-1980.06	959	224			
第九届	Ninth Congress	1980.06-1983.04	960	175		1958	
第十届	Tenth Congress	1983.04-1988.05	800	179	40	26	5337
第十一届	Eleventh Congress	1988.06-1993.05	719	134	42	65	3762
第十二届	Twelfth Congress	1993.05-1998.05	719	130	35	34	1924
第十三届	Thirteenth Congress	1998.05-2003.01	710	141	37	80	3597
第十四届	Fourteenth Congress	2003.01-2008.01	710	150	39	83	3147
第十五届	Fifteenth Congress	2008.01-2013.01	709	156	32	41	2456
第十六届	Sixteenth Congress	2013.01-2018.01	707	180	40	136	6913
第十七届	Seventeenth Congress	2018.01-	703	227	53	281	4853

资料来源：天津市人民代表大会常务委员会

注：天津市第一届至第九届人民代表大会期间代表所提出的议案、建议统称为“提案”。

Source: Tianjin Municipal People's Congress(MPC)Standing Committee

Note: The Registered Cases and Advice Proposed from Tianjin First Congress until Ninth Congress are calculated to Proposals as total.

24-2 天津市历届政协委员会委员人数及提案立案数

Number of Commissary, Proposal and Resolution Put on Record by Tianjin Political Consultative Conference

单位：人、件(person, unit)

届别	Session	起止年月 The Time of Inauguration and Concluding	委员人数 Number of Commissary 总计 Total	# 女性 Female	# 少数民族 Ethnic Minority	提案立案数 Number of Resolution Put on Record
第一届	First Congress	1955.03-1960.03	188	42		
第二届	Second Congress	1960.03-1963.12	498	76		
第三届	Third Congress	1963.12-1965.11	432	73		
第四届	Fourth Congress	1965.11-1977.11	457	81		
第五届	Fifth Congress	1977.11-1980.06	615	132		
第六届	Sixth Congress	1980.06-1983.03	723	142		5028
第七届	Seventh Congress	1983.03-1988.04	739	162		4410
第八届	Eighth Congress	1988.04-1993.05	743	177		4869
第九届	Ninth Congress	1993.05-1998.05	757	179		3800
第十届	Tenth Congress	1998.05-2003.01	780	185		4563
第十一届	Eleventh Congress	2003.01-2008.01	780	200		5181
第十二届	Twelfth Congress	2008.01-2013.01	783	208		3255
第十三届	Thirteenth Congress	2013.01-2018.01	774	207	52	5232
第十四届	Fourteenth Congress	2018.01-	698	242	61	3883

资料来源：中国人民政治协商会议天津市委员会

Source: Tianjin Municipal Committee of CPPCC

24-3 基层工会组织情况(2018—2021年)
Statistics on Grassroots Unions,2018-2021

项 目	Item	2018	2019	2020	2021
机构数(个)	**Institutions(unit)**	**100204**	**92858**	**85195**	**84105**
# 国有企业	State-owned Enterprises	837	842	853	846
集体企业	Collective-owned Enterprises	505	289	294	263
私营企业	Private Enterprises	76556	76468	65944	64265
港澳台商投资企业	Enterprises with Investment from Hong Kong, Macao and Taiwan	268	317	349	310
外商投资企业	Foreign Funded Enterprises	1491	1014	943	1018
事 业	Utilities	5574	3426	3106	2655
机 关	Government Agencies	1753	1708	1783	1701
工会会员人数(万人)	**Number of Union Members(10 000 persons)**	**338.62**	**276.08**	**260.85**	**249.89**
# 国有企业	State-owned Enterprises	29.60	27.52	26.83	26.24
集体企业	Collective-owned Enterprises	5.61	5.09	4.93	4.40
私营企业	Private Enterprises	118.22	91.40	84.36	79.46
港澳台商投资企业	Enterprises with Investment from Hong Kong, Macao and Taiwan	5.57	4.69	4.90	5.70
外商投资企业	Foreign Funded Enterprises	29.87	21.99	18.21	15.87
事 业	Utilities	36.07	34.76	35.27	34.78
机 关	Government Agencies	15.71	17.17	18.66	19.65

24-4 妇联组织情况(2019—2021年)
Statistics on Women's Federation Organizations,2019-2021

项 目	Item	2019	2020	2021
基层妇联组织(个)	**Basic Women's Federation Organizations(unit)**	**7147**	**7254**	**7096**
乡镇妇联	Township Women's Federation Organizations	129	128	128
街道妇联	Street Women's Federation Organizations	113	116	117
行政村妇联	Executive Village Women's Federation Organizations	3547	3521	3519
社区妇联	Community Women's Federation Organizations	1663	1664	1853
机关、事业单位妇联(妇委会)	Women's Federation Organizations of Organs and Utilities	1695	1825	1479
地方妇联组织(个)	**Local Women's Federation Organizations(unit)**	**17**	**17**	**17**
市妇联	Municipal Women's Federation Organizations	1	1	1
区妇联	District Women's Federation Organizations	16	16	16
妇联干部总数(人)	**Cadres in Women's Federation Organizations(person)**	**423**	**445**	**451**
市妇联	Municipal Women's Federation Organizations	54	55	54
区妇联	District Women's Federation Organizations	153	152	152
乡镇、街道妇联	Township and Street Women's Federation Organizations	216	238	245

24-5 人民调解工作基本情况(2019—2021年)
Basic Statistics on People's Mediation,2019-2021

项　目	Item	2019	2020	2021
人民调解委员会(个)	People's Mediation Committees(unit)	5643	5713	5885
人民调解员(人)	People's Mediator(person)	22455	22117	21721
调解纠纷(件)	Disputes(case)	31375	41240	55828
# 成功数	Success	30943	40180	55371
# 婚姻家庭纠纷	Marriage and Family	2130	2573	2855
邻里纠纷	Neighbour	6031	10978	13250
合同纠纷	Contract	1077	2116	3684
劳动纠纷	Labour	8207	2156	3508
征地拆迁纠纷	Land Requisition and Demolition	180	96	38
房屋宅基地纠纷	House Site	379	958	485

24-6 律师工作基本情况(2018—2021年)
Basic Statistics on Lawyers,2018-2021

项　目 Item	单　位 Unit	2018	2019	2020	2021
律师事务所 Law Offices	所 unit	819	884	912	902
执业律师 Certified Lawyers	人 person	7270	8229	8801	9778
# 专职律师 Full-time Lawyers	人 person	6414	7003	7142	7722
兼职律师 Part-time Lawyers	人 person	203	209	227	233
担任常年法律顾问 As Permanent Legal Advisers	家 unit	8084	9174	9571	10529
民商事务 Civil and Commercial Affairs	件 case	49831	67381	64906	100782
刑事辩护 Defense in Criminal Cases	件 case	6500	17800	10385	17419
行政诉讼代理 Agent of Administrative Actions	件 case	1417	2725	2975	3166
非诉讼事务 Off-court Cases	件 case	15025	17398	14505	18781
咨询和代写法律文书 Consulting and Legal Documents Ghostwriting	件 case	16158	20464	17855	17804

24-7 法律援助工作情况(2017—2021年)
Statistics on The Legal Aid Work,2017-2021

项目 Item	2017	2018	2019	2020	2021
法律援助中心(个) Legal Aid Center(unit)	18	18	18	18	18
妇女法律援助工作站点(个) Number of Women's Legal Aid Workstations(unit)	17	17	17	15	15
未成年人法律援助工作站点(个) Number of Legal Aid Centers for Minor(unit)	17	17	17	11	11
注册法律援助律师(人) Registered Legal Aid Lawyer(person)	40	44	44	41	40
法律援助人数(人) Number of Persons Received Legal Aid(person)	5170	5730	19767	21212	11770
# 援助残疾人 Assistance to The Disabled	687	836	1178	1095	1467
援助老年人 Assistance to The Aged	738	1110	1963	2071	3030
援助未成年人 Assistance to Minor	1319	1346	1419	1323	1748
援助妇女 Assistance to Feme	1230	1474	3145	2780	3313
援助农民工 Assistance to Migrant Workers	1075	838	1716	1476	1507
法律援助案件(件) Number of Cases Received Legal Aid(case)	5170	5730	10322	9679	11751
刑事案件 Criminal Case	2059	2137	5231	5011	5358
民事案件 Civil Case	2996	3447	4866	4446	6016
行政案件 Administrative Case	115	146	225	222	377
法律咨询(万人次) Legal Consultation(10 000 person-times)	5.68	7.98	12.12	31.79	46.13

24-8 公证工作基本情况(2019—2021年)
Basic Statistics on Notarization,2019-2021

项 目	Item	2019	2020	2021
公证机构(个)	Notary Offices(unit)	23	24	22
公证员(人)	Notarial Personnel(person)	478	527	562
办理公证(件)	Notarized Documents(case)	203767	146270	166596
国内公证	Total Domestic Affairs	136196	116034	131548
涉外公证	Total Concerned Foreign Affairs	66590	29636	34303
涉港澳台公证	Total Concerned Hong Kong, Macao and Taiwan Affairs	981	600	745

24-9 监察机关立案审查情况(2019—2021年)
Economic Cases under Investigation by Supervisory Organs,2019-2021

项 目	Item	2019	2020	2021
违纪违法立案(件)	**Cases Registered(case)**	**5902**	**5606**	**5787**
# 5万元至10万元	50-100 thousand yuan	156	134	119
10万元至50万元	100-500 thousand yuan	346	237	262
50万元至100万元	500-1 000 thousand yuan	109	73	79
100万元以上	Over 1 000 thousand yuan	298	250	277
被调查人	**Respondent**	**5954**	**5640**	**5815**
厅局级	Bureau Level	131	99	73
县处级	County Level	1248	907	907
乡科级	Rural Level	1302	972	961
一般干部	Ordinary Cadres	676	285	329
其他人员	Others	2597	3377	3545
结 案	**Cases Settled**			
件 数	Number of Cases(case)	5481	5424	6136
处 分	**Punishment**			
人 数	Number of Persons(person)	5245	5063	5743
移送审查	**Transfer for Examination**			
件 数	Number of Cases(case)	356	206	239
人 数	Number of Persons(person)	356	206	239
挽回经济损失(亿元)	**Retrieve Pecuniary Losses(100 million yuan)**	**12.8**	**15.6**	**13.8**

资料来源：天津市监察委员会
Source: Tianjin Municipal Supervisory Commission

24-10 法院民事案件收案和结案情况(2021年)

Civil Cases Accepted & Settled by Courts,2021

单位：件(case)

项 目	Item	收 案 Cases Accepted	结 案 Cases Settled	# 调 解 Mediation	# 判 决 Judgement
合同纠纷案件	**Contracts Disputes**	**193468**	**183819**	**35161**	**70802**
# 买卖合同	Buying and Selling Contracts	21997	20402	5248	7074
房地产合同	Real Estate Contracts	26	30	1	15
借款合同	Debts Contracts	41267	39604	8737	18455
建设工程合同	Construction Project Contracts	9998	8865	2161	3600
劳动争议案件	Labour Disputes	12897	12012	2190	5771
运输合同	Transportation Contracts	1013	937	239	310
婚姻家庭案件	**Marriages and Family Affairs**	**20270**	**19238**	**7628**	**6329**
# 离 婚	Divorce	13906	13154	5291	4392
抚 育	Foster	2842	2709	1115	864
赡 养	Support	1279	1232	643	298
继承纠纷案件	**Inheritance Disputes**	**3099**	**2905**	**1184**	**932**
# 法定继承	Statutory Inheritance	761	708	362	176
遗嘱继承	Testament Inheritance	136	134	52	52
继承权确认纠纷	Inheritance Confirmation Disputes				
遗赠扶养协议	Legacy-support Agreement	25	25	9	9
权属侵权案件	**Ownership Infringement Disputes**	**23901**	**22038**	**4281**	**11933**
其 他	**Others**	**57121**	**52823**	**7915**	**20920**

24-11 法院行政案件收案和结案情况(2021年)

Administrative Cases Accepted and Settled by Courts,2021

单位：件(case)

项 目	Item	收 案 Cases Accepted	结 案 Cases Settled	# 判 决 Judgement	# 驳回起诉 Dismiss Prosecution	# 撤 诉 Withdrawn	未 结 Cases Unsettled
合 计	**Total**	**4739**	**4219**	**1663**	**1050**	**945**	**979**
公 安	Public Security	341	314	145	73	57	41
资 源	Resources	62	51	9	7	3	11
城 建	City Construction	591	554	185	160	105	59
工 商	Industry and Commerce	104	99	22	46	25	12
技术监督	Technical Supervision						
计划生育	Birth Control	3	3	3			
卫 生	Health Care	10	8	3	2		3
药 品	Medicine	8	7	2	1	3	2
环 保	Environment Protection	52	54	11	14	29	4
交 通	Transportation	10	10	2	1	5	2
专 利	Patent						
税 务	Tax	9	11	2	5	4	1
财 政	Finance	3	3				
劳动和社会保障	Labour & Social Security	128	134	74	20	31	12
水 利	Water Conservancy	2	2			2	
司法行政	Judicature	24	18	3	14		6
民 政	Civil Affairs	24	22	4	1	9	2
教 育	Education	14	13	4	3	2	2
乡政府	Township Government	95	149	50	32	65	15
其 他	Others	3259	2767	1144	671	605	807

24-12 社会保障基本情况(2000—2021年)
Basic Statistics on Social Security,2000-2021

单位：万人(10 000 persons)

年 份 Year	城镇职工基本养老保险参保人数 Urban Staff and Workers Participated in Basic Pension Insurance	城镇职工基本医疗保险参保人数 Urban Staff and Workers Participated in Basic Medical Insurance	城乡居民养老保险参保人数 Urban and Rural Residents Participated in Pension Insurance	城乡居民医疗保险参保人数 Urban and Rural Residents Participated in Medical Insurance	失业保险参保人数 Staff and Workers Participated in Unemployment Insurance	工伤保险参保人数 Staff and Workers Participated in Work Injury Insurance
2000	288.00				225.00	
2001	281.44				214.00	
2002	295.97	193.41			189.55	
2003	283.28	227.58			193.45	
2004	297.08	263.00			195.06	147.23
2005	308.28	299.06			197.51	162.91
2006	328.20	344.20			216.66	209.67
2007	344.76	382.46			221.50	257.17
2008	376.63	399.13			232.50	274.90
2009	401.53	444.06			239.22	292.21
2010	431.45	469.98	92.30	489.00	246.09	304.45
2011	458.70	474.52	97.80	498.27	258.75	320.42
2012	490.26	479.07	102.60	502.23	268.69	330.06
2013	520.67	493.08	106.40	508.44	278.69	335.06
2014	545.44	509.59	111.84	514.03	287.57	345.18
2015	565.18	522.00	121.10	532.11	295.32	385.61
2016	639.03	535.68	134.47	531.10	302.47	388.11
2017	655.01	554.14	156.81	534.31	311.30	395.33
2018	683.16	575.26	161.15	541.46	323.44	398.52
2019	695.57	595.04	164.49	541.94	335.51	400.22
2020	730.83	618.43	169.72	545.67	349.12	405.63
2021	765.14	637.64	171.96	537.38	372.30	408.41

24-12续表 *Continued*

单位：万人、元/月(10 000 persons,yuan per month)

年　份 Year	生育保险参保人数 Staff and Workers Participated in Maternity Insurance	最　低工资标准 Minimum Standard of Wages	城镇居民生活保障最低标准 Minimum Standard of Urban Residents Living Security	农村居民生活保障最低标准 Minimum Standard of Rural Residents Living Security	城镇居民最低生活保障人数 Urban Residents Receiving Lowest Cost-of-living	农村居民最低生活保障人数 Rural Residents Receiving Lowest Cost-of-living
2000			241		2.85	1.73
2001			241			
2002			241		30.14	2.26
2003		450	241		24.13	2.61
2004		480	265		20.51	2.90
2005	157.42	530	265	127.1	15.08	3.19
2006	180.10	590	265	136.6	15.13	3.73
2007	194.03	670	320	165.6	14.87	4.38
2008	196.49	740	330	200	15.63	5.23
2009	204.61	820	400	230	17.94	7.27
2010	212.02	920	450	250	19.79	8.61
2011	234.60	1160	480	280	17.95	9.76
2012	242.72	1310	520	320	16.64	10.15
2013	249.14	1500	600	400	16.04	10.74
2014	260.73	1680	640	440	13.58	10.14
2015	269.73	1850	705	540	13.07	10.37
2016	284.96	1950	780	700	12.17	10.16
2017	296.95	2050	860	860	10.71	9.13
2018	330.42	2050	920	920	8.04	6.22
2019	341.26	2050	980	980	7.06	5.89
2020	353.51	2050	1010	1010	7.31	6.83
2021	366.05	2180	1010	1010	6.70	6.06

资料来源：天津市人力资源和社会保障局、天津市民政局。表24-13同。
Source: Tianjin Municipal Human Resources & Social Security Bureau, Tianjin Municipal Civil Affairs Bureau.Same as table 24-13.
注：2005-2007年农村居民生活保障最低标准为农村居民平均生活保障水平。
Note:The data of minimum standard of rural residents living security are average level from 2005 to 2007.

24-13 社会保障事业发展情况(2019—2021年)
Development Statistics on Social Security,2019-2021

单位：万人、亿元(10 000 persons,100 million yuan)

指 标	Item	2019	2020	2021
基本养老保险	**Basic Pension Insurance**			
城镇职工参保人数	Urban Staff and Workers Participated	695.57	730.83	765.14
城乡居民参保人数	Urban and Rural Residents Participated	164.49	169.72	171.96
城镇职工实际缴费人数	Urban Staff and Workers Paying	386.15	403.23	419.02
城镇职工基本养老保险基金收入	Revenue of Basic Pension Insurance Programme	1136.67	988.50	1317.02
城镇职工基本养老保险基金支出	Expenditure of Basic Pension Insurance Programme	1110.52	1186.39	1349.01
城镇职工基本养老保险基金累计结余	Balance of Basic Pension Insurance Programme	556.47	358.58	326.59
基本医疗保险	**Basic Medical Insurance**			
城镇职工参保人数	Urban Staff and Workers Participated	595.04	618.43	637.64
城乡居民参保人数	Urban and Rural Residents Participated	541.94	545.67	537.38
城镇职工基本医疗保险基金收入	Revenue of Basic Medical Insurance Programme	333.01	324.32	386.62
城镇职工基本医疗保险基金支出	Expenditure of Basic Medical Insurance Programme	303.68	294.70	324.05
城镇职工基本医疗保险基金累计结余	Balance of Basic Medical Insurance Programme	276.93	311.70	374.27
失业保险	**Unemployment Insurance**			
参保人数	Staff and Workers Participated in Unemployment Insurance	335.51	349.12	372.30
领取失业保险金期末人数	Final Personnel Drawing Unemployment Insurance Programme	6.62	6.62	7.70
领取保险金累计新增人数	Newly Total Increased in Current Year	6.17	5.95	7.04
保险基金收入	Revenue of Unemployment Insurance Programme	25.24	24.97	28.83
保险基金支出	Expenditure of Unemployment Insurance Programme	34.07	33.44	33.75
保险基金累计结余	Balance of Unemployment Insurance Programme	56.99	48.53	43.60
工伤保险	**Work Injury Insurance**			
参保人数	Staff and Workers Participated in Work Injury Insurance	400.22	405.63	408.41
保险基金收入	Revenue Insurance Programme	12.60	5.86	15.30
保险基金支出	Expenditure Insurance Programme	12.30	12.08	14.08
保险基金累计结余	Balance Insurance Programme	17.67	11.45	12.67
生育保险	**Maternity Insurance**			
参保人数	Staff and Workers Participated in Maternity Insurance	341.26	353.51	366.05
社会保障标准(元/月)	**Social Security Standard(yuan per month)**			
最低工资标准	Minimum Standard of Wages of Staff and Workers	2050	2050	2180
城镇居民最低生活保障标准	Minimum Standard of Urban Living Security	980	1010	1010
农村居民最低生活保障标准	Minimum Standard of Rural Residents	980	1010	1010

24-14 劳动争议处理情况(2018—2021年)
The Disposal of Labour Disputes,2018-2021

单位：件 (case)

项　　目　　Item	2018	2019	2020	2021
上期未结案数　Number of Cases Left Over from Last Period	**1292**	**1630**	**2820**	**2819**
案件受理情况　Cases Accepted				
当期案件受理数 Number of Cases	23614	27772	27057	30110
# 集体劳动争议数 Number of Collective Labour Disputes	216	175	104	87
# 劳动者申诉案件数 Number of Cases Appealed by Labourers	23192	26011	24769	29804
按争议原因分 By Cause of Disputes				
# 确认劳动关系 Confirmation of Labour Relations	1590	2305	3145	3416
解除、终止劳动合同 Relieve the Labour Contract	4135	3773	4401	4546
劳动报酬 Labor Remuneration	12623	15269	14417	16096
社会保险 Social Insurance	1783	1446	1044	1126
其　他 Others	3475	4979	4050	4926
劳动者当事人数(人) Number of Persons Involved (person)	26284	29540	28337	31696
# 集体争议劳动者当事人数 Number of Persons Involved in Collective Disputes	3906	3426	2348	1752
案件处理情况　Cases Settled				
结案数 Number of Cases Settled	23276	26582	27058	32002
按处理方式分 By Manners of Settlement				
仲裁调解 Mediation	13758	15134	16100	19315
仲裁裁决 Arbitration Lawsuit	9518	11448	10958	12687
按处理结果分 By Results of Settlement				
用人单位胜诉 Won by Units	2505	2519	2730	3444
劳动者胜诉 Won by Labours	7718	6324	4620	4975
双方部分胜诉 Partly by Both Parties	13053	17739	19708	23583
本期未结案数　Number of Cases Unsettled	**1630**	**2820**	**2819**	**927**

资料来源：天津市人力资源和社会保障局
Source: Tianjin Municipal Human Resources & Social Security Bureau

24-15 残疾人事业基本情况
Basic Statistics on Persons with Disabilities

单位：人(person)

项　目	Item	2020	2021
接受服务的各类别残疾人	**All Types of Persons with Disabilities Served**		
视　力	Vision	3215	3567
听　力	Hearing	2946	2499
言　语	Speech	141	111
肢　体	Body	26934	23726
智　力	Intelligence	3169	2983
精　神	Mentation	6589	7116
多　重	Multiple	1525	1517
新增社区康复协调员	New Community Rehabilitation Coordinator	209	16
接受过培训的社区康复协调员	Trained Community Rehabilitation Coordinator	3569	3553
教　育	**Education**		
特殊教育普通高中在校学生	Students Enrollment of Special Education in Regular Senior Secondary Schools	183	115
盲	Blind	109	28
聋	Deafness	74	87
高等特殊教育机构录取残疾考生	Handicapped Students Matriculated by Institutions of Higher Special Education Institution	130	133
普通高等院校录取残疾考生	Handicapped Students Matriculated by Institutions of Higher Education	69	82
社会保障	**Social Security**		
符合参保条件残疾居民	Disabled Residents Who Meet the Insured Conditions	78749	79188
实际参保残疾居民	Disabled Residents Who Are Actually Insured	78728	78992
# 60周岁以下参保残疾居民	Disabled Residents under 60 Years of Age Who Are Actually Insured	27092	27066
扶　贫	**Poverty Alleviation**		
残疾人扶贫基地(个)	Bases of Poverty Alleviation for Disabled Persons(unit)	11	9
扶贫基地安置残疾人就业(人次)	Employment of Persons with Disabilities in Poverty Alleviation Bases(person-time)	122	122
组织建设	**Organization Construction**		
持证残疾人总数(万人)	Sum of Disabled Persons with Certificates of Disability(10 000 persons)	36.93	37.65
各级残联实有人数	Staff and Workers of Disabled Persons' Federations	965	886

资料来源：天津市残疾人联合会
Source: Tianjin Disabled Persons' Federation

24-16 受理消费者投诉情况(2021年)
Basic Statistics on Accepted Cases of Consumer Institution,2021

单位：件(item)

项　　目	Item	总　计 Total	质　量 Quality	售后服务 After-sale Service	价　格 Price	计　量 Measure
受理投诉件数总计	**Total Number of Accepted Cases**	**1697**	**490**	**95**	**34**	**7**
家用电子电器类	Household Electric Appliance	180	92	28	4	
服装鞋帽类	Garments, Shoes and Hats	156	113	7	3	1
食品类	Food	134	67	3	8	5
烟、酒饮料类	Tobacco, Liquor and Drink	24	8	1	1	
房屋及建材类	House and Decoration Materials	47	7	2	1	1
日用商品类	Daily Use Household Articles	137	58	10	1	
首饰及文体用品类	Jewelry, Cultural and Sports Articles	26	12	1	1	
医药及医疗用品类	Medicine and Medical Treatment Articles	8	3		2	
交通工具类	Transportations	449	55	10	1	
农用生产资料类	Agricultural Production Materials	2	2			
生活、社会服务类	Living and Social Services	114	25	7	6	
房屋装修及物业服务类	House Decoration and Property Management	37	6	1		
旅游服务	Tourism Services	1				
文化、娱乐、体育服务	Cultural, Recreational and Sports Services	28		1	1	
邮政业服务	Post Services	4	2			
电信服务	Telecommunication Services	7				
互联网服务	Internet Services	7	2		1	
金融服务	Finance Services	1				
保险服务	Insurance Services	5		3	1	
卫生保健服务	Health Care Services	28	22	1	1	
教育培训服务	Educational Services	43	2	10		
公共设施服务	Public Facility Services	7			1	
销售服务	Sales Services	38	4	2		
其他商品和服务	Other Commodities and Services	214	10	8	1	
解决件数总计	**Total Cases Solved**	**1016**				

注：本资料为天津市消费者协会系统的统计数据，不含各监测站的统计资料。
Note: Data of this table are provided by Tianjin Municipal Consumer Institution, excluding those data calculated by each monitor station.

24-16续表 *Continued*

单位：件(item)

项　目	Item	合　同 Contract	虚假宣传 False Propaganda	假　冒 Counterfeit	安　全 Safe	其　他 Others
受理投诉件数总计	**Total Number of Accepted Cases**	**124**	**20**	**6**	**31**	**890**
家用电子电器类	Household Electric Appliance	5	2		1	48
服装鞋帽类	Garments, Shoes and Hats	3		1	1	27
食品类	Food	4	4		16	27
烟、酒饮料类	Tobacco, Liquor and Drink		3	3	5	3
房屋及建材类	House and Decoration Materials	7	4			25
日用商品类	Daily Use Household Articles	4	1		1	62
首饰及文体用品类	Jewelry, Cultural and Sports Articles	1				11
医药及医疗用品类	Medicine and Medical Treatment Articles					3
交通工具类	Transportations	6	1	1		375
农用生产资料类	Agricultural Production Materials					
生活、社会服务类	Living and Social Services	23	1		5	47
房屋装修及物业服务类	House Decoration and Property Management	21				9
旅游服务	Tourism Services				1	
文化、娱乐、体育服务	Cultural, Recreational and Sports Services	4				22
邮政业服务	Post Services	1				1
电信服务	Telecommunication Services	2				5
互联网服务	Internet Services	2	1			1
金融服务	Finance Services	1				
保险服务	Insurance Services	1				
卫生保健服务	Health Care Services	2				2
教育培训服务	Educational Services	12				19
公共设施服务	Public Facility Services	4	1			1
销售服务	Sales Services	14	1			17
其他商品和服务	Other Commodities and Services	7	1	1	1	185
解决件数总计	**Total Cases Solved**					

24-17 生产安全事故发生数
Number of Production Safety Accidents

单位：起(case)

指 标	Item	2020	2021
总　计	**Total**	**92**	**118**
按事故等级分	**By Accident Level**		
一般事故	Ordinary Accident	91	115
较大事故	Large Accident	1	3
重大事故	Major Accident		
特别重大事故	Tremendous Devastating Accident		
按事故单位经济性质分	**By the Economic Nature of Accident Unit**		
国　有	State-owned Enterprises	9	16
集　体	Collective-owned Enterprises	1	
私　营	Private Enterprises	70	94
港澳台商投资	Enterprises with Investment from Hong Kong,Macao and Taiwan	3	1
外商投资	Foreign Funded Enterprises	8	3
其　他	Others	1	4
按事故类别分	**By Accident Classification**		
物体打击	Object Strike	13	14
车辆伤害	Vehicle Injury	10	7
机械伤害	Mechanical Injury	8	11
起重伤害	Crane Injury	11	13
触　电	Electric Shock	8	8
淹　溺	Drowning		2
灼　烫	Thermal Injury		
火　灾	Fire	1	
高处坠落	Fall from Height	24	33
坍　塌	Collapse	4	17
锅炉爆炸	Boiler Explosion	1	
容器爆炸	Vessel Explosion		1
其他爆炸	Other Explosions	4	2
中毒和窒息	Poisoning and Asphyxia	5	3
其他伤害	Other Injuries	3	7

注：不含道路交通、铁路交通、农业机械事故，下表同。
Note: Excluding road traffic, railway traffic and agricultural machinery, same as next table.

24-18 生产安全事故死亡人数
Death Toll Caused by Production Safety Accidents

单位：人(person)

指　标	Item	2020	2021
总　计	**Total**	**99**	**127**
按事故等级分	**By Accident Level**		
一般事故	Ordinary Accident	96	117
较大事故	Large Accident	3	10
重大事故	Major Accident		
特别重大事故	Tremendous Devastating Accident		
按事故单位经济性质分	**By the Economic Nature of Accident Unit**		
国　有	State-owned Enterprises	10	19
集　体	Collective-owned Enterprises	1	
私　营	Private Enterprises	74	100
港澳台商投资	Enterprises with Investment from Hong Kong, Macao and Taiwan	3	1
外商投资	Foreign Funded Enterprises	8	3
其　他	Others	3	4
按事故类别分	**By Accident Classification**		
物体打击	Object Strike	14	14
车辆伤害	Vehicle Injury	10	7
机械伤害	Mechanical Injury	8	11
起重伤害	Crane Injury	11	13
触　电	Electric Shock	8	8
淹　溺	Drowning		2
灼　烫	Thermal Injury		
火　灾	Fire	1	
高处坠落	Fall from Height	25	33
坍　塌	Collapse	4	22
锅炉爆炸	Boiler Explosion	1	
容器爆炸	Vessel Explosion		1
其他爆炸	Other Explosions	4	4
中毒和窒息	Poisoning and Asphyxia	10	5
其他伤害	Other Injuries	3	7

主要统计指标解释

律　师

按照现行律师法规定，律师，是指依法取得律师执业证书，接受委托或者指定，为当事人提供法律服务的执业人员。

公证人员

指在公证处工作的人员总称，包括公证处主任、副主任、公证员、公证员助理(助理公证员)和其他从事辅助性工作的人员。

人民调解员

指在人民调解委员会担负调解民间纠纷工作的人员，包括人民调解委员会委员和人民调解委员会聘任的人员担任。

劳动争议案件数

指仲裁委员会立案处理的劳动争议案件总数。

城镇职工基本养老保险参保人数

指报告期末按照国家法律、法规和有关政策规定参加城镇职工基本养老保险并在社保经办机构已建立缴费记录档案的职工人数，包括中断缴费但未终止养老保险关系的职工和参加城镇职工基本养老保险的离休、退休和退职人员，不包括只登记未建立缴费记录档案的人数。

城乡居民基本养老保险参保人数

指报告期末，参加城乡居民养老保险(在经办机构参保登记并已建立缴费记录以及制度实施当年已经年满 60 周岁并在经办机构参保登记)的总人数(不包括已经办理注销登记手续的人数)。

职工基本医疗保险参保人数

指报告期末参加职工基本医疗保险(实施统账结合和单建统筹基金)的职工人数和退休人数的合计。

城乡居民基本医疗保险参保人数

指报告期末参加由医疗保障部门管理的城乡居民基本医疗保险的人数。

失业保险参保人数

指报告期末按照国家法律、法规和有关政策规定参加了失业保险的城镇企业、事业单位的职工及地方政府规定参加失业保险的其他人员的人数。

工伤保险参保人数

指报告期末依据国家有关规定参加工伤保险的职工人数和有雇工的个体工商户的雇工数。

Explanatory Notes on Main Statistical Indicators

Lawyers

according to the existing law of lawyers, 'lawyer' refers to a practitioner who has acquired a lawyer's practice certificate pursuant to law and provides legal services to the party.

Notarial Personnel

refers to people working for notary offices including: directors, deputy director, notaries, assistant notaries, and other people providing assistance.

People's Mediators

refer to workers on the people's mediation committees responsible for mediating in civil disputes and cases of slight infraction of the law. They include members of the people's mediation committees and personnel appointed by the people's mediation committees.

Number of Labour Dispute Cases Accepted

refers to the total number of labor dispute cases and handled by the Arbitration Commission.

Number of Participants of Basic Endowment Insurance for Urban Workers

refers to staff and workers participating in the basic endowment insurance for urban workers according to relevant regulations at the end of the reference period, who have already had payment records in social security management agencies, including those who have interrupt payment without terminating the insurance programme and and retirees who participate in the basic endowment insurance for urban workers. Those who have registered in the programme but with no payment records are not included.

Number of Participants of Basic Endowment Insurance for Urban and Rural Residents

refers to people participating in the basic endowment insurance for urban and rural residents who registered with the participation and established payment records, and who were 60 years old or above when the system was established and registered with the participation. Those who cancelled their registration are not included.

Number of Participants of Basic Medical Insurance for Workers

refers to the total number of workers and retirees who participate in the basic medical insurance for workers (implementation of unified accounts and separate establishment of pooled funds) at the end of the reference period.

Number of Participants of Basic Medical Insurance for Urban and Rural Residents

refers to the number of people participating in the basic medical insurance for urban and rural residents managed by the medical security department at the end of reference period.

Number of Participants of Unemployment Insurance

refers to the number of staff and workers in urban enterprises or institutions who have participated in the unemployment insurance according to relevant regulations, and other people who have participated according to local regulations at the end of the reference period.

Number of Participants of Work-related Injury Insurance

refers to staff and workers who have participated in the work-related injury insurance according to relevant regulations and employees who work as self-employed and have participated in the work-related injury insurance at the end of the reference period.

第二十五篇 各区基本情况

Chapter 25 Basic Statistics on Districts

25-1 各区主要经济指标(2021年)
Basic Statistics on Districts,2021

单位：亿元(100 million yuan)

地 区	Region	地区生产总值 Gross Domestic Product of District	第一产业 Primary Industry	第二产业 Secondary Industry	第三产业 Tertiary Industry
和平区	Heping District	791.25		9.18	782.07
河东区	Hedong District	400.93		26.27	374.66
河西区	Hexi District	1025.83		54.21	971.62
南开区	Nankai District	669.44		71.89	597.55
河北区	Hebei District	410.18		185.73	224.45
红桥区	Hongqiao District	193.76		8.39	185.37
东丽区	Dongli District	706.60	4.12	317.10	385.38
西青区	Xiqing District	932.41	11.93	414.11	506.37
津南区	Jinnan District	603.11	5.04	257.95	340.11
北辰区	Beichen District	722.50	5.20	358.43	358.88
武清区	Wuqing District	941.88	40.29	361.71	539.88
宝坻区	Baodi District	418.66	38.46	162.65	217.55
滨海新区	Binhai New Area	6715.49	24.94	3152.06	3538.50
宁河区	Ninghe District	359.73	30.13	169.49	160.11
静海区	Jinghai District	497.23	24.46	252.44	220.33
蓟州区	Jizhou District	250.40	40.36	58.52	151.52

注：本表数据为2021年初步核算数据，表25-2至25-17同。
Note: Data in this table are season primary consequence in 2021. Same as 25-2 to 25-17.

25-1续表1 *Continued*

地　区	Region	区级一般公共预算收入(亿元) General Public Budget Revenue at District Level (100 million yuan)	区级一般公共预算支出(亿元) General Public Budget Expenditure at District Level (100 million yuan)	规模以上工业企业总资产贡献率(%) Ratio of Total Assets to Industrial Output Value of Industrial Enterprises above Designated Size(%)	固定资产投资(不含农户)2021比2020年增长(%) Increase Rate in 2021 over 2020 of Investment in Fixed Assets (Non-agricultural)(%)
和平区	Heping District	37.78	52.47	0.4	16.0
河东区	Hedong District	33.91	60.43	4.2	31.2
河西区	Hexi District	55.81	79.39	3.5	19.1
南开区	Nankai District	39.65	56.79	7.4	9.2
河北区	Hebei District	21.35	42.91	2.3	9.1
红桥区	Hongqiao District	19.23	41.94	10.9	31.6
东丽区	Dongli District	58.57	79.04	7.9	7.6
西青区	Xiqing District	69.41	103.61	6.8	0.3
津南区	Jinnan District	61.53	157.62	7.4	5.2
北辰区	Beichen District	59.46	83.90	7.6	9.3
武清区	Wuqing District	95.33	144.32	5.1	9.5
宝坻区	Baodi District	31.74	90.60	4.7	0.9
滨海新区	Binhai New Area	572.41	807.91	13.2	7.2
宁河区	Ninghe District	23.06	54.78	12.2	0.1
静海区	Jinghai District	48.61	83.37	4.4	1.7
蓟州区	Jizhou District	22.52	115.68	2.3	-14.9

25-1续表2 *Continued*

地 区	Region	外贸出口总额（亿元）Total Value of Exports in Foreign Trade (100 million yuan)	2021比2020年增长(%) Increase Rate in 2021 over 2020(%)	实际使用外资金额（万美元）Actual Use of Foreign Capital (USD 10 000)	年末有效发明专利数（件）Year-end Patent in Force (item)
和平区	Heping District	111.35	8.1	2151	569
河东区	Hedong District	29.75	6.8	2004	1088
河西区	Hexi District	109.62	51.7	1145	1464
南开区	Nankai District	101.60	31.8	4550	10091
河北区	Hebei District	14.45	26.1	373	1022
红桥区	Hongqiao District	23.11	42.0	34	1760
东丽区	Dongli District	143.66	54.9	3909	2113
西青区	Xiqing District	176.87	24.8	24769	3341
津南区	Jinnan District	86.71	22.1	3310	2185
北辰区	Beichen District	196.38	25.2	8832	3687
武清区	Wuqing District	209.98	14.3	16008	1795
宝坻区	Baodi District	37.73	10.8	1912	482
滨海新区	Binhai New Area	2445.29	26.1	432394	13066
宁河区	Ninghe District	49.31	142.8	90	137
静海区	Jinghai District	135.93	9.5	1681	402
蓟州区	Jizhou District	3.86	13.1	9850	207

25-2 和平区基本情况

Basic Statistics on Heping District

指　　标	Item	2020	2021
常住人口(万人)	Permanent Population(10 000 persons)	35.50	35.45
户籍户数(万户)	Registered Households(10 000 households)	15.43	16.04
户籍人口(万人)	Registered Population(10 000 persons)	44.91	46.39
男　性	Male	21.37	22.09
女　性	Female	23.54	24.30
年平均人口(万人)	Average Annual Population(10 000 persons)	44.61	45.65
城镇非私营单位从业人员(万人)	Employment Personnel in Urban Non-private Units(10 000 persons)	13.57	13.87
城镇非私营单位从业人员平均工资(元)	Average Remuneration of Employment Personnel in Urban Non-private Units(yuan)	121872	133129
地区生产总值(亿元)	Gross Domestic Product of District (100 million yuan)	740.11	791.25
第二产业	Secondary Industry	8.42	9.18
第三产业	Tertiary Industry	731.68	782.07
第三产业比重(%)	The Proportion of Tertiary Industry in GDP(%)	98.9	98.8
区级一般公共预算收入(亿元)	General Public Budget Revenue at District Level(100 million yuan)	32.04	37.78
# 税收收入	Revenue from Taxes	28.15	32.26
区级一般公共预算支出(亿元)	General Public Budget Expenditure at District Level(100 million yuan)	46.95	52.47
# 教　育	Education	14.89	15.35
社会保障和就业	Social Security and Employment	12.17	15.69
卫生健康	Health and Wellness	3.32	3.83
规模以上工业企业	Industrial Enterprises above Designated Size		
单位数(个)	Number of Units(unit)	11	9
资产总计(亿元)	Total Assets(100 million yuan)	165.99	155.36
营业收入利润率(%)	Ratio of Profits to Operating Revenue(%)	1.5	-1.1
每百元营业收入成本(元)	Costs on Operating Revenue per 100 Yuan(yuan)	95.87	93.39
资产负债率(%)	Ratio of Debts to Assets(%)	69.4	69.8
固定资产投资(不含农户)增速(%)	Increase Rate of Investment in Fixed Assets(Non-agricultural)(%)	-55.5	16.0
建筑业总产值(亿元)	Gross Output Value of Construction(100 million yuan)	66.13	67.12
限额以上批发和零售业商品销售额(亿元)	Total Sales of Wholesale and Retail Trade above Designated Size (100 million yuan)	1088.35	1122.44
外贸进出口总额(亿元)	Total Value of Imports and Exports in Foreign Trade (100 million yuan)	186.31	213.62
# 出　口	Exports	103.09	111.35
实际使用外资金额(万美元)	Actual Use of Foreign Capital(USD 10 000)	5440	2151
实际利用内资(亿元)	Domestic Investment Actually Used(100 million yuan)	24.95	69.23
中资金融机构本外币存款余额(亿元)	RMB and Foreign Currencies Deposits of Chinese Financial Institutions(100 million yuan)	4462.57	4735.13
中资金融机构本外币贷款余额(亿元)	RMB and Foreign Currencies Loans of Chinese Financial Institutions(100 million yuan)	4877.76	5056.22
普通小学校数(所)	Number of Regular Primary Schools(unit)	21	20
普通小学在校学生数(万人)	Students Enrollment of Regular Primary Schools(10 000 persons)	3.67	4.00
普通中学校数(所)	Number of Regular Secondary Schools(unit)	18	18
普通中学在校学生数(万人)	Students Enrollment of Regular Secondary Schools(10 000 persons)	2.34	2.59
幼儿园数(所)	Number of Kindergartens(unit)	31	36
在园儿童数(万人)	Number of Children Enrolled in Kindergartens(10 000 persons)	0.62	0.69
卫生机构数(个)	Health Care Institutions(unit)	210	201
# 医　院	Hospitals	27	28
卫生机构床位数(张)	Beds in Health Care Institutions(unit)	4751	4715
# 医　院	Hospitals	4641	4621
每千人卫生机构床位数(张)	Beds in Health Care Institutions per 1 000 Persons(unit)	13.97	13.29
每千人执业(助理)医师数(人)	Number of Licensed (Assistant) Doctors per 1 000 Persons(person)	11.47	10.93
每千人注册护士数(人)	Number of Registered Nurses per 1 000 Persons(person)	10.90	11.34

注：2020年地区生产总值为最终核实数据，表25-3至25-17同。
Note: Gross domestic product in 2020 is the final verified data. Same as table 25-3 to 25-17.

25-3 河东区基本情况
Basic Statistics on Hedong District

指　标	Item	2020	2021
常住人口(万人)	Permanent Population(10 000 persons)	85.88	84.89
户籍户数(万户)	Registered Households(10 000 households)	31.34	31.70
户籍人口(万人)	Registered Population(10 000 persons)	77.13	77.70
男　性	Male	38.21	38.43
女　性	Female	38.92	39.27
年平均人口(万人)	Average Annual Population(10 000 persons)	76.77	77.42
城镇非私营单位从业人员(万人)	Employment Personnel in Urban Non-private Units(10 000 persons)	10.10	11.07
城镇非私营单位从业人员平均工资(元)	Average Remuneration of Employment Personnel in Urban Non-private Units(yuan)	110948	107107
地区生产总值(亿元)	Gross Domestic Product of District (100 million yuan)	365.77	400.93
第二产业	Secondary Industry	22.81	26.27
第三产业	Tertiary Industry	342.96	374.66
第三产业比重(%)	The Proportion of Tertiary Industry in GDP(%)	93.8	93.4
区级一般公共预算收入(亿元)	General Public Budget Revenue at District Level(100 million yuan)	27.48	33.91
# 税收收入	Revenue from Taxes	23.89	29.55
区级一般公共预算支出(亿元)	General Public Budget Expenditure at District Level(100 million yuan)	64.87	60.43
# 教　育	Education	16.25	16.46
社会保障和就业	Social Security and Employment	18.36	17.19
卫生健康	Health and Wellness	6.67	5.84
规模以上工业企业	Industrial Enterprises above Designated Size		
单位数(个)	Number of Units(unit)	15	15
资产总计(亿元)	Total Assets(100 million yuan)	94.09	111.06
营业收入利润率(%)	Ratio of Profits to Operating Revenue(%)	8.6	6.6
每百元营业收入成本(元)	Costs on Operating Revenue per 100 Yuan(yuan)	89.50	88.22
资产负债率(%)	Ratio of Debts to Assets(%)	63.5	67.0
固定资产投资(不含农户)增速(%)	Increase Rate of Investment in Fixed Assets(Non-agricultural)(%)	-4.5	31.2
建筑业总产值(亿元)	Gross Output Value of Construction(100 million yuan)	280.90	227.82
限额以上批发和零售业商品销售额(亿元)	Total Sales of Wholesale and Retail Trade above Designated Size (100 million yuan)	713.23	906.98
外贸进出口总额(亿元)	Total Value of Imports and Exports in Foreign Trade (100 million yuan)	36.96	42.88
# 出　口	Exports	27.85	29.75
实际使用外资金额(万美元)	Actual Use of Foreign Capital(USD 10 000)	1100	2004
实际利用内资(亿元)	Domestic Investment Actually Used(100 million yuan)	44.38	67.77
中资金融机构本外币存款余额(亿元)	RMB and Foreign Currencies Deposits of Chinese Financial Institutions(100 million yuan)	1434.68	1536.04
中资金融机构本外币贷款余额(亿元)	RMB and Foreign Currencies Loans of Chinese Financial Institutions(100 million yuan)	1340.16	1434.70
普通小学校数(所)	Number of Regular Primary Schools(unit)	28	29
普通小学在校学生数(万人)	Students Enrollment of Regular Primary Schools(10 000 persons)	3.57	3.67
普通中学校数(所)	Number of Regular Secondary Schools(unit)	22	22
普通中学在校学生数(万人)	Students Enrollment of Regular Secondary Schools(10 000 persons)	2.05	2.27
幼儿园数(所)	Number of Kindergartens(unit)	83	90
在园儿童数(万人)	Number of Children Enrolled in Kindergartens(10 000 persons)	1.43	1.60
卫生机构数(个)	Health Care Institutions(unit)	217	232
# 医　院	Hospitals	45	46
卫生机构床位数(张)	Beds in Health Care Institutions(unit)	3603	3446
# 医　院	Hospitals	2888	2784
每千人卫生机构床位数(张)	Beds in Health Care Institutions per 1 000 Persons(unit)	4.21	4.03
每千人执业(助理)医师数(人)	Number of Licensed (Assistant) Doctors per 1 000 Persons(person)	3.77	4.01
每千人注册护士数(人)	Number of Registered Nurses per 1 000 Persons(person)	2.42	2.50

25-4 河西区基本情况
Basic Statistics on Hexi District

指　标	Item	2020	2021
常住人口(万人)	Permanent Population(10 000 persons)	82.22	80.90
户籍户数(万户)	Registered Households(10 000 households)	32.64	33.65
户籍人口(万人)	Registered Population(10 000 persons)	90.93	93.29
男　性	Male	43.91	45.03
女　性	Female	47.02	48.26
年平均人口(万人)	Average Annual Population(10 000 persons)	89.83	92.11
城镇非私营单位从业人员(万人)	Employment Personnel in Urban Non-private Units(10 000 persons)	18.50	17.57
城镇非私营单位从业人员平均工资(元)	Average Remuneration of Employment Personnel in Urban Non-private Units(yuan)	130957	135377
地区生产总值(亿元)	Gross Domestic Product of District (100 million yuan)	934.60	1025.83
第二产业	Secondary Industry	43.34	54.21
第三产业	Tertiary Industry	891.27	971.62
第三产业比重(%)	The Proportion of Tertiary Industry in GDP(%)	95.4	94.7
区级一般公共预算收入(亿元)	General Public Budget Revenue at District Level(100 million yuan)	50.44	55.81
# 税收收入	Revenue from Taxes	43.85	48.81
区级一般公共预算支出(亿元)	General Public Budget Expenditure at District Level(100 million yuan)	71.20	79.39
# 教　育	Education	19.07	19.01
社会保障和就业	Social Security and Employment	19.04	20.69
卫生健康	Health and Wellness	6.58	6.90
规模以上工业企业	Industrial Enterprises above Designated Size		
单位数(个)	Number of Units(unit)	28	27
资产总计(亿元)	Total Assets(100 million yuan)	132.53	124.25
营业收入利润率(%)	Ratio of Profits to Operating Revenue(%)	8.5	6.4
每百元营业收入成本(元)	Costs on Operating Revenue per 100 Yuan(yuan)	80.43	79.61
资产负债率(%)	Ratio of Debts to Assets(%)	52.4	50.2
固定资产投资(不含农户)增速(%)	Increase Rate of Investment in Fixed Assets(Non-agricultural)(%)	10.8	19.1
建筑业总产值(亿元)	Gross Output Value of Construction(100 million yuan)	165.49	198.82
限额以上批发和零售业商品销售额(亿元)	Total Sales of Wholesale and Retail Trade above Designated Size (100 million yuan)	1268.29	1684.99
外贸进出口总额(亿元)	Total Value of Imports and Exports in Foreign Trade (100 million yuan)	109.60	167.31
# 出　口	Exports	72.27	109.62
实际使用外资金额(万美元)	Actual Use of Foreign Capital(USD 10 000)	121	1145
实际利用内资(亿元)	Domestic Investment Actually Used(100 million yuan)	115.50	129.00
中资金融机构本外币存款余额(亿元)	RMB and Foreign Currencies Deposits of Chinese Financial Institutions(100 million yuan)	4990.33	5109.08
中资金融机构本外币贷款余额(亿元)	RMB and Foreign Currencies Loans of Chinese Financial Institutions(100 million yuan)	4425.68	4591.26
普通小学校数(所)	Number of Regular Primary Schools(unit)	38	39
普通小学在校学生数(万人)	Students Enrollment of Regular Primary Schools(10 000 persons)	5.52	6.10
普通中学校数(所)	Number of Regular Secondary Schools(unit)	22	24
普通中学在校学生数(万人)	Students Enrollment of Regular Secondary Schools(10 000 persons)	3.03	3.41
幼儿园数(所)	Number of Kindergartens(unit)	56	58
在园儿童数(万人)	Number of Children Enrolled in Kindergartens(10 000 persons)	1.66	1.70
卫生机构数(个)	Health Care Institutions(unit)	321	322
# 医　院	Hospitals	47	49
卫生机构床位数(张)	Beds in Health Care Institutions(unit)	9150	9101
# 医　院	Hospitals	8974	8946
每千人卫生机构床位数(张)	Beds in Health Care Institutions per 1 000 Persons(unit)	11.16	11.16
每千人执业(助理)医师数(人)	Number of Licensed (Assistant) Doctors per 1 000 Persons(person)	6.40	6.94
每千人注册护士数(人)	Number of Registered Nurses per 1 000 Persons(person)	6.85	7.40

25-5 南开区基本情况
Basic Statistics on Nankai District

指 标	Item	2020	2021
常住人口(万人)	Permanent Population(10 000 persons)	89.04	87.73
户籍户数(万户)	Registered Households(10 000 households)	34.56	35.14
户籍人口(万人)	Registered Population(10 000 persons)	90.02	91.48
男 性	Male	43.96	44.65
女 性	Female	46.06	46.84
年平均人口(万人)	Average Annual Population(10 000 persons)	89.42	90.75
城镇非私营单位从业人员(万人)	Employment Personnel in Urban Non-private Units(10 000 persons)	20.16	21.06
城镇非私营单位从业人员平均工资(元)	Average Remuneration of Employment Personnel in Urban Non-private Units(yuan)	103545	112883
地区生产总值(亿元)	Gross Domestic Product of District (100 million yuan)	610.82	669.44
第二产业	Secondary Industry	60.27	71.89
第三产业	Tertiary Industry	550.54	597.55
第三产业比重(%)	The Proportion of Tertiary Industry in GDP(%)	90.1	89.3
区级一般公共预算收入(亿元)	General Public Budget Revenue at District Level(100 million yuan)	33.15	39.65
# 税收收入	Revenue from Taxes	25.59	32.12
区级一般公共预算支出(亿元)	General Public Budget Expenditure at District Level(100 million yuan)	55.18	56.79
# 教 育	Education	15.90	16.03
社会保障和就业	Social Security and Employment	14.80	13.88
卫生健康	Health and Wellness	6.62	6.12
规模以上工业企业	Industrial Enterprises above Designated Size		
单位数(个)	Number of Units(unit)	52	52
资产总计(亿元)	Total Assets(100 million yuan)	382.16	423.22
营业收入利润率(%)	Ratio of Profits to Operating Revenue(%)	8.7	9.4
每百元营业收入成本(元)	Costs on Operating Revenue per 100 Yuan(yuan)	82.06	80.86
资产负债率(%)	Ratio of Debts to Assets(%)	44.7	46.1
固定资产投资(不含农户)增速(%)	Increase Rate of Investment in Fixed Assets(Non-agricultural)(%)	2.8	9.2
建筑业总产值(亿元)	Gross Output Value of Construction(100 million yuan)	101.54	121.54
限额以上批发和零售业商品销售额(亿元)	Total Sales of Wholesale and Retail Trade above Designated Size (100 million yuan)	810.71	936.94
外贸进出口总额(亿元)	Total Value of Imports and Exports in Foreign Trade (100 million yuan)	96.78	124.54
# 出 口	Exports	77.12	101.60
实际使用外资金额(万美元)	Actual Use of Foreign Capital(USD 10 000)	5738	4550
实际利用内资(亿元)	Domestic Investment Actually Used(100 million yuan)	62.29	81.87
中资金融机构本外币存款余额(亿元)	RMB and Foreign Currencies Deposits of Chinese Financial Institutions(100 million yuan)	2953.75	3090.27
中资金融机构本外币贷款余额(亿元)	RMB and Foreign Currencies Loans of Chinese Financial Institutions(100 million yuan)	2406.95	2505.17
普通小学校数(所)	Number of Regular Primary Schools(unit)	30	31
普通小学在校学生数(万人)	Students Enrollment of Regular Primary Schools(10 000 persons)	5.63	6.17
普通中学校数(所)	Number of Regular Secondary Schools(unit)	24	22
普通中学在校学生数(万人)	Students Enrollment of Regular Secondary Schools(10 000 persons)	3.03	3.53
幼儿园数(所)	Number of Kindergartens(unit)	84	95
在园儿童数(万人)	Number of Children Enrolled in Kindergartens(10 000 persons)	1.54	1.68
卫生机构数(个)	Health Care Institutions(unit)	334	342
# 医 院	Hospitals	56	54
卫生机构床位数(张)	Beds in Health Care Institutions(unit)	9374	9174
# 医 院	Hospitals	9017	8807
每千人卫生机构床位数(张)	Beds in Health Care Institutions per 1 000 Persons(unit)	10.47	10.38
每千人执业(助理)医师数(人)	Number of Licensed (Assistant) Doctors per 1 000 Persons(person)	7.40	7.62
每千人注册护士数(人)	Number of Registered Nurses per 1 000 Persons(person)	6.22	7.26

25-6 河北区基本情况

Basic Statistics on Hebei District

指 标	Item	2020	2021
常住人口(万人)	Permanent Population(10 000 persons)	64.77	63.98
户籍户数(万户)	Registered Households(10 000 households)	25.64	25.87
户籍人口(万人)	Registered Population(10 000 persons)	64.21	64.51
男 性	Male	31.71	31.88
女 性	Female	32.49	32.63
年平均人口(万人)	Average Annual Population(10 000 persons)	63.98	64.36
城镇非私营单位从业人员(万人)	Employment Personnel in Urban Non-private Units(10 000 persons)	6.07	5.80
城镇非私营单位从业人员平均工资(元)	Average Remuneration of Employment Personnel in Urban Non-private Units(yuan)	134554	146652
地区生产总值(亿元)	Gross Domestic Product of District (100 million yuan)	360.67	410.18
第二产业	Secondary Industry	155.44	185.73
第三产业	Tertiary Industry	205.23	224.45
第三产业比重(%)	The Proportion of Tertiary Industry in GDP(%)	56.9	54.7
区级一般公共预算收入(亿元)	General Public Budget Revenue at District Level(100 million yuan)	18.28	21.35
# 税收收入	Revenue from Taxes	13.42	18.76
区级一般公共预算支出(亿元)	General Public Budget Expenditure at District Level(100 million yuan)	45.44	42.91
# 教 育	Education	13.89	14.24
社会保障和就业	Social Security and Employment	10.00	10.62
卫生健康	Health and Wellness	5.86	4.76
规模以上工业企业	Industrial Enterprises above Designated Size		
单位数(个)	Number of Units(unit)	17	15
资产总计(亿元)	Total Assets(100 million yuan)	906.29	847.64
营业收入利润率(%)	Ratio of Profits to Operating Revenue(%)	1.2	1.8
每百元营业收入成本(元)	Costs on Operating Revenue per 100 Yuan(yuan)	97.64	96.24
资产负债率(%)	Ratio of Debts to Assets(%)	59.9	53.8
固定资产投资(不含农户)增速(%)	Increase Rate of Investment in Fixed Assets(Non-agricultural)(%)	-36.5	9.1
建筑业总产值(亿元)	Gross Output Value of Construction(100 million yuan)	112.96	119.29
限额以上批发和零售业商品销售额(亿元)	Total Sales of Wholesale and Retail Trade above Designated Size (100 million yuan)	542.37	741.31
外贸进出口总额(亿元)	Total Value of Imports and Exports in Foreign Trade (100 million yuan)	17.80	23.70
# 出 口	Exports	11.47	14.45
实际使用外资金额(万美元)	Actual Use of Foreign Capital(USD 10 000)	574	373
实际利用内资(亿元)	Domestic Investment Actually Used(100 million yuan)	74.21	93.30
中资金融机构本外币存款余额(亿元)	RMB and Foreign Currencies Deposits of Chinese Financial Institutions(100 million yuan)	1254.47	1275.55
中资金融机构本外币贷款余额(亿元)	RMB and Foreign Currencies Loans of Chinese Financial Institutions(100 million yuan)	845.40	840.22
普通小学校数(所)	Number of Regular Primary Schools(unit)	26	27
普通小学在校学生数(万人)	Students Enrollment of Regular Primary Schools(10 000 persons)	3.10	3.16
普通中学校数(所)	Number of Regular Secondary Schools(unit)	21	18
普通中学在校学生数(万人)	Students Enrollment of Regular Secondary Schools(10 000 persons)	1.91	2.07
幼儿园数(所)	Number of Kindergartens(unit)	45	47
在园儿童数(万人)	Number of Children Enrolled in Kindergartens(10 000 persons)	0.99	1.05
卫生机构数(个)	Health Care Institutions(unit)	211	208
# 医 院	Hospitals	32	31
卫生机构床位数(张)	Beds in Health Care Institutions(unit)	4026	3980
# 医 院	Hospitals	3852	3831
每千人卫生机构床位数(张)	Beds in Health Care Institutions per 1 000 Persons(unit)	6.15	6.19
每千人执业(助理)医师数(人)	Number of Licensed (Assistant) Doctors per 1 000 Persons(person)	4.67	4.99
每千人注册护士数(人)	Number of Registered Nurses per 1 000 Persons(person)	3.97	4.16

25-7 红桥区基本情况

Basic Statistics on Hongqiao District

指　标	Item	2020	2021
常住人口(万人)	Permanent Population(10 000 persons)	48.31	42.90
户籍户数(万户)	Registered Households(10 000 households)	21.05	21.16
户籍人口(万人)	Registered Population(10 000 persons)	50.93	50.86
男　性	Male	25.13	25.06
女　性	Female	25.80	25.79
年平均人口(万人)	Average Annual Population(10 000 persons)	50.95	50.90
城镇非私营单位从业人员(万人)	Employment Personnel in Urban Non-private Units(10 000 persons)	3.04	3.65
城镇非私营单位从业人员平均工资(元)	Average Remuneration of Employment Personnel in Urban Non-private Units(yuan)	133408	133383
地区生产总值(亿元)	Gross Domestic Product of District (100 million yuan)	181.61	193.76
第二产业	Secondary Industry	8.78	8.39
第三产业	Tertiary Industry	172.83	185.37
第三产业比重(%)	The Proportion of Tertiary Industry in GDP(%)	95.2	95.7
区级一般公共预算收入(亿元)	General Public Budget Revenue at District Level(100 million yuan)	20.68	19.23
# 税收收入	Revenue from Taxes	12.39	11.48
区级一般公共预算支出(亿元)	General Public Budget Expenditure at District Level(100 million yuan)	48.58	41.94
# 教　育	Education	12.34	13.14
社会保障和就业	Social Security and Employment	12.64	8.50
卫生健康	Health and Wellness	4.11	4.26
规模以上工业企业	Industrial Enterprises above Designated Size		
单位数(个)	Number of Units(unit)	8	7
资产总计(亿元)	Total Assets(100 million yuan)	12.42	15.05
营业收入利润率(%)	Ratio of Profits to Operating Revenue(%)	12.7	15.8
每百元营业收入成本(元)	Costs on Operating Revenue per 100 Yuan(yuan)	63.82	61.09
资产负债率(%)	Ratio of Debts to Assets(%)	26.3	34.0
固定资产投资(不含农户)增速(%)	Increase Rate of Investment in Fixed Assets(Non-agricultural)(%)	-55.7	31.6
建筑业总产值(亿元)	Gross Output Value of Construction(100 million yuan)	65.85	35.69
限额以上批发和零售业商品销售额(亿元)	Total Sales of Wholesale and Retail Trade above Designated Size (100 million yuan)	233.59	272.81
外贸进出口总额(亿元)	Total Value of Imports and Exports in Foreign Trade (100 million yuan)	18.93	30.92
# 出　口	Exports	16.27	23.11
实际使用外资金额(万美元)	Actual Use of Foreign Capital(USD 10 000)	1417	34
实际利用内资(亿元)	Domestic Investment Actually Used(100 million yuan)	41.71	46.45
中资金融机构本外币存款余额(亿元)	RMB and Foreign Currencies Deposits of Chinese Financial Institutions(100 million yuan)	790.33	786.66
中资金融机构本外币贷款余额(亿元)	RMB and Foreign Currencies Loans of Chinese Financial Institutions(100 million yuan)	918.78	1034.64
普通小学校数(所)	Number of Regular Primary Schools(unit)	20	17
普通小学在校学生数(万人)	Students Enrollment of Regular Primary Schools(10 000 persons)	1.96	1.72
普通中学校数(所)	Number of Regular Secondary Schools(unit)	16	14
普通中学在校学生数(万人)	Students Enrollment of Regular Secondary Schools(10 000 persons)	1.26	1.41
幼儿园数(所)	Number of Kindergartens(unit)	34	33
在园儿童数(万人)	Number of Children Enrolled in Kindergartens(10 000 persons)	0.69	0.67
卫生机构数(个)	Health Care Institutions(unit)	140	131
# 医　院	Hospitals	19	17
卫生机构床位数(张)	Beds in Health Care Institutions(unit)	3645	3962
# 医　院	Hospitals	3224	3642
每千人卫生机构床位数(张)	Beds in Health Care Institutions per 1 000 Persons(unit)	7.52	8.69
每千人执业(助理)医师数(人)	Number of Licensed (Assistant) Doctors per 1 000 Persons(person)	4.54	4.76
每千人注册护士数(人)	Number of Registered Nurses per 1 000 Persons(person)	4.44	4.60

25-8 东丽区基本情况
Basic Statistics on Dongli District

指　标	Item	2020	2021
常住人口(万人)	Permanent Population(10 000 persons)	85.70	84.66
户籍户数(万户)	Registered Households(10 000 households)	17.14	17.81
户籍人口(万人)	Registered Population(10 000 persons)	43.83	45.32
男　性	Male	21.69	22.43
女　性	Female	22.14	22.89
年平均人口(万人)	Average Annual Population(10 000 persons)	42.82	44.57
城镇非私营单位从业人员(万人)	Employment Personnel in Urban Non-private Units(10 000 persons)	10.97	11.42
城镇非私营单位从业人员平均工资(元)	Average Remuneration of Employment Personnel in Urban Non-private Units(yuan)	103433	111108
地区生产总值(亿元)	Gross Domestic Product of District (100 million yuan)	636.59	706.60
第一产业	Primary Industry	4.26	4.12
第二产业	Secondary Industry	267.22	317.10
第三产业	Tertiary Industry	365.11	385.38
第三产业比重(%)	The Proportion of Tertiary Industry in GDP(%)	57.4	54.5
区级一般公共预算收入(亿元)	General Public Budget Revenue at District Level(100 million yuan)	51.33	58.57
# 税收收入	Revenue from Taxes	38.00	41.80
区级一般公共预算支出(亿元)	General Public Budget Expenditure at District Level(100 million yuan)	93.82	79.04
# 教　育	Education	12.33	13.69
社会保障和就业	Social Security and Employment	13.39	13.11
卫生健康	Health and Wellness	6.47	6.16
规模以上工业企业	Industrial Enterprises above Designated Size		
单位数(个)	Number of Units(unit)	205	210
资产总计(亿元)	Total Assets(100 million yuan)	1133.20	1202.83
营业收入利润率(%)	Ratio of Profits to Operating Revenue(%)	-4.1	2.5
每百元营业收入成本(元)	Costs on Operating Revenue per 100 Yuan(yuan)	84.04	86.21
资产负债率(%)	Ratio of Debts to Assets(%)	62.1	64.3
固定资产投资(不含农户)增速(%)	Increase Rate of Investment in Fixed Assets(Non-agricultural)(%)	3.1	7.6
建筑业总产值(亿元)	Gross Output Value of Construction(100 million yuan)	120.55	123.48
限额以上批发和零售业商品销售额(亿元)	Total Sales of Wholesale and Retail Trade above Designated Size (100 million yuan)	1299.15	1745.46
外贸进出口总额(亿元)	Total Value of Imports and Exports in Foreign Trade (100 million yuan)		277.92
# 出　口	Exports		143.66
实际使用外资金额(万美元)	Actual Use of Foreign Capital(USD 10 000)	3195	3909
实际利用内资(亿元)	Domestic Investment Actually Used(100 million yuan)	174.53	189.25
中资金融机构本外币存款余额(亿元)	RMB and Foreign Currencies Deposits of Chinese Financial Institutions(100 million yuan)	832.07	893.03
中资金融机构本外币贷款余额(亿元)	RMB and Foreign Currencies Loans of Chinese Financial Institutions(100 million yuan)	939.99	951.89
普通小学校数(所)	Number of Regular Primary Schools(unit)	35	36
普通小学在校学生数(万人)	Students Enrollment of Regular Primary Schools(10 000 persons)	2.82	2.88
普通中学校数(所)	Number of Regular Secondary Schools(unit)	20	21
普通中学在校学生数(万人)	Students Enrollment of Regular Secondary Schools(10 000 persons)	1.67	1.84
幼儿园数(所)	Number of Kindergartens(unit)	189	184
在园儿童数(万人)	Number of Children Enrolled in Kindergartens(10 000 persons)	1.98	2.13
卫生机构数(个)	Health Care Institutions(unit)	255	276
# 医　院	Hospitals	14	14
卫生机构床位数(张)	Beds in Health Care Institutions(unit)	1807	1782
# 医　院	Hospitals	1731	1741
每千人卫生机构床位数(张)	Beds in Health Care Institutions per 1 000 Persons(unit)	2.14	2.09
每千人执业(助理)医师数(人)	Number of Licensed (Assistant) Doctors per 1 000 Persons(person)	1.74	1.79
每千人注册护士数(人)	Number of Registered Nurses per 1 000 Persons(person)	1.18	1.32

25-9 西青区基本情况
Basic Statistics on Xiqing District

指　标	Item	2020	2021
常住人口(万人)	Permanent Population(10 000 persons)	119.51	118.88
户籍户数(万户)	Registered Households(10 000 households)	16.98	17.58
户籍人口(万人)	Registered Population(10 000 persons)	46.59	47.76
男　性	Male	22.92	23.50
女　性	Female	23.67	24.26
年平均人口(万人)	Average Annual Population(10 000 persons)	45.85	47.18
城镇非私营单位从业人员(万人)	Employment Personnel in Urban Non-private Units(10 000 persons)	16.46	17.09
城镇非私营单位从业人员平均工资(元)	Average Remuneration of Employment Personnel in Urban Non-private Units(yuan)	113697	118436
地区生产总值(亿元)	Gross Domestic Product of District (100 million yuan)	829.43	932.41
第一产业	Primary Industry	11.38	11.93
第二产业	Secondary Industry	352.02	414.11
第三产业	Tertiary Industry	466.03	506.37
第三产业比重(%)	The Proportion of Tertiary Industry in GDP(%)	56.2	54.3
区级一般公共预算收入(亿元)	General Public Budget Revenue at District Level(100 million yuan)	67.62	69.41
# 税收收入	Revenue from Taxes	52.71	53.92
区级一般公共预算支出(亿元)	General Public Budget Expenditure at District Level(100 million yuan)	115.59	103.61
# 教　育	Education	18.12	19.44
社会保障和就业	Social Security and Employment	12.17	12.27
卫生健康	Health and Wellness	9.72	9.06
规模以上工业企业	Industrial Enterprises above Designated Size		
单位数(个)	Number of Units(unit)	568	619
资产总计(亿元)	Total Assets(100 million yuan)	1451.73	1613.97
营业收入利润率(%)	Ratio of Profits to Operating Revenue(%)	5.8	4.8
每百元营业收入成本(元)	Costs on Operating Revenue per 100 Yuan(yuan)	84.65	86.33
资产负债率(%)	Ratio of Debts to Assets(%)	46.7	47.0
固定资产投资(不含农户)增速(%)	Increase Rate of Investment in Fixed Assets(Non-agricultural)(%)	4.6	0.3
建筑业总产值(亿元)	Gross Output Value of Construction(100 million yuan)	170.67	163.40
限额以上批发和零售业商品销售额(亿元)	Total Sales of Wholesale and Retail Trade above Designated Size (100 million yuan)	640.83	841.80
外贸进出口总额(亿元)	Total Value of Imports and Exports in Foreign Trade (100 million yuan)	270.16	331.66
# 出　口	Exports	141.77	176.87
实际使用外资金额(万美元)	Actual Use of Foreign Capital(USD 10 000)	23610	24769
实际利用内资(亿元)	Domestic Investment Actually Used(100 million yuan)	181.67	220.31
中资金融机构本外币存款余额(亿元)	RMB and Foreign Currencies Deposits of Chinese Financial Institutions(100 million yuan)	1219.25	1216.95
中资金融机构本外币贷款余额(亿元)	RMB and Foreign Currencies Loans of Chinese Financial Institutions(100 million yuan)	883.53	904.44
普通小学校数(所)	Number of Regular Primary Schools(unit)	38	39
普通小学在校学生数(万人)	Students Enrollment of Regular Primary Schools(10 000 persons)	3.42	3.55
普通中学校数(所)	Number of Regular Secondary Schools(unit)	16	19
普通中学在校学生数(万人)	Students Enrollment of Regular Secondary Schools(10 000 persons)	1.88	1.97
幼儿园数(所)	Number of Kindergartens(unit)	184	165
在园儿童数(万人)	Number of Children Enrolled in Kindergartens(10 000 persons)	2.10	2.37
卫生机构数(个)	Health Care Institutions(unit)	270	320
# 医　院	Hospitals	24	26
卫生机构床位数(张)	Beds in Health Care Institutions(unit)	3076	2671
# 医　院	Hospitals	2907	2601
每千人卫生机构床位数(张)	Beds in Health Care Institutions per 1 000 Persons(unit)	2.63	2.24
每千人执业(助理)医师数(人)	Number of Licensed (Assistant) Doctors per 1 000 Persons(person)	1.61	1.75
每千人注册护士数(人)	Number of Registered Nurses per 1 000 Persons(person)	1.32	1.50

25-10 津南区基本情况
Basic Statistics on Jinnan District

指　标	Item	2020	2021
常住人口(万人)	Permanent Population(10 000 persons)	92.81	92.71
户籍户数(万户)	Registered Households(10 000 households)	19.43	20.57
户籍人口(万人)	Registered Population(10 000 persons)	53.30	55.66
男　性	Male	26.55	27.73
女　性	Female	26.75	27.92
年平均人口(万人)	Average Annual Population(10 000 persons)	51.88	54.48
城镇非私营单位从业人员(万人)	Employment Personnel in Urban Non-private Units(10 000 persons)	7.43	7.18
城镇非私营单位从业人员平均工资(元)	Average Remuneration of Employment Personnel in Urban Non-private Units(yuan)	107826	121665
地区生产总值(亿元)	Gross Domestic Product of District (100 million yuan)	535.75	603.11
第一产业	Primary Industry	5.79	5.04
第二产业	Secondary Industry	219.76	257.95
第三产业	Tertiary Industry	310.20	340.11
第三产业比重(%)	The Proportion of Tertiary Industry in GDP(%)	57.9	56.4
区级一般公共预算收入(亿元)	General Public Budget Revenue at District Level(100 million yuan)	60.88	61.53
# 税收收入	Revenue from Taxes	36.62	41.15
区级一般公共预算支出(亿元)	General Public Budget Expenditure at District Level(100 million yuan)	149.22	157.62
# 教　育	Education	14.85	27.33
社会保障和就业	Social Security and Employment	10.88	13.70
卫生健康	Health and Wellness	8.31	8.81
规模以上工业企业	Industrial Enterprises above Designated Size		
单位数(个)	Number of Units(unit)	433	482
资产总计(亿元)	Total Assets(100 million yuan)	624.61	691.84
营业收入利润率(%)	Ratio of Profits to Operating Revenue(%)	3.0	3.7
每百元营业收入成本(元)	Costs on Operating Revenue per 100 Yuan(yuan)	90.71	90.41
资产负债率(%)	Ratio of Debts to Assets(%)	52.8	52.0
固定资产投资(不含农户)增速(%)	Increase Rate of Investment in Fixed Assets(Non-agricultural)(%)	9.3	5.2
建筑业总产值(亿元)	Gross Output Value of Construction(100 million yuan)	597.58	624.85
限额以上批发和零售业商品销售额(亿元)	Total Sales of Wholesale and Retail Trade above Designated Size (100 million yuan)	1101.79	1553.92
外贸进出口总额(亿元)	Total Value of Imports and Exports in Foreign Trade (100 million yuan)	123.68	138.86
# 出　口	Exports	71.11	86.71
实际使用外资金额(万美元)	Actual Use of Foreign Capital(USD 10 000)	3122	3310
实际利用内资(亿元)	Domestic Investment Actually Used(100 million yuan)	228.02	239.56
中资金融机构本外币存款余额(亿元)	RMB and Foreign Currencies Deposits of Chinese Financial Institutions(100 million yuan)	913.64	881.51
中资金融机构本外币贷款余额(亿元)	RMB and Foreign Currencies Loans of Chinese Financial Institutions(100 million yuan)	644.99	651.80
普通小学校数(所)	Number of Regular Primary Schools(unit)	33	33
普通小学在校学生数(万人)	Students Enrollment of Regular Primary Schools(10 000 persons)	3.87	3.92
普通中学校数(所)	Number of Regular Secondary Schools(unit)	17	18
普通中学在校学生数(万人)	Students Enrollment of Regular Secondary Schools(10 000 persons)	2.29	2.56
幼儿园数(所)	Number of Kindergartens(unit)	304	74
在园儿童数(万人)	Number of Children Enrolled in Kindergartens(10 000 persons)	2.43	2.07
卫生机构数(个)	Health Care Institutions(unit)	220	270
# 医　院	Hospitals	23	25
卫生机构床位数(张)	Beds in Health Care Institutions(unit)	3843	4193
# 医　院	Hospitals	3802	4079
每千人卫生机构床位数(张)	Beds in Health Care Institutions per 1 000 Persons(unit)	4.20	4.52
每千人执业(助理)医师数(人)	Number of Licensed (Assistant) Doctors per 1 000 Persons(person)	2.97	3.22
每千人注册护士数(人)	Number of Registered Nurses per 1 000 Persons(person)	3.23	3.65

25-11 北辰区基本情况
Basic Statistics on Beichen District

指 标	Item	2020	2021
常住人口(万人)	Permanent Population(10 000 persons)	90.96	94.67
户籍户数(万户)	Registered Households(10 000 households)	18.00	18.59
户籍人口(万人)	Registered Population(10 000 persons)	45.37	46.87
男 性	Male	22.37	23.13
女 性	Female	23.01	23.74
年平均人口(万人)	Average Annual Population(10 000 persons)	44.80	46.12
城镇非私营单位从业人员(万人)	Employment Personnel in Urban Non-private Units(10 000 persons)	11.13	11.46
城镇非私营单位从业人员平均工资(元)	Average Remuneration of Employment Personnel in Urban Non-private Units(yuan)	110777	116389
地区生产总值(亿元)	Gross Domestic Product of District (100 million yuan)	635.79	722.50
第一产业	Primary Industry	5.91	5.20
第二产业	Secondary Industry	297.47	358.43
第三产业	Tertiary Industry	332.41	358.88
第三产业比重(%)	The Proportion of Tertiary Industry in GDP(%)	52.3	49.7
区级一般公共预算收入(亿元)	General Public Budget Revenue at District Level(100 million yuan)	56.24	59.46
# 税收收入	Revenue from Taxes	41.35	41.84
区级一般公共预算支出(亿元)	General Public Budget Expenditure at District Level(100 million yuan)	88.13	83.90
# 教 育	Education	15.85	17.02
社会保障和就业	Social Security and Employment	8.85	9.89
卫生健康	Health and Wellness	7.51	7.74
规模以上工业企业	Industrial Enterprises above Designated Size		
单位数(个)	Number of Units(unit)	510	538
资产总计(亿元)	Total Assets(100 million yuan)	1263.58	1330.02
营业收入利润率(%)	Ratio of Profits to Operating Revenue(%)	3.8	4.4
每百元营业收入成本(元)	Costs on Operating Revenue per 100 Yuan(yuan)	85.98	87.57
资产负债率(%)	Ratio of Debts to Assets(%)	51.5	48.5
固定资产投资(不含农户)增速(%)	Increase Rate of Investment in Fixed Assets(Non-agricultural)(%)	10.5	9.3
建筑业总产值(亿元)	Gross Output Value of Construction(100 million yuan)	37.63	50.39
限额以上批发和零售业商品销售额(亿元)	Total Sales of Wholesale and Retail Trade above Designated Size (100 million yuan)	1464.69	1780.93
外贸进出口总额(亿元)	Total Value of Imports and Exports in Foreign Trade (100 million yuan)	204.25	251.72
# 出 口	Exports	157.17	196.38
实际使用外资金额(万美元)	Actual Use of Foreign Capital(USD 10 000)	14103	8832
实际利用内资(亿元)	Domestic Investment Actually Used(100 million yuan)	169.69	176.51
中资金融机构本外币存款余额(亿元)	RMB and Foreign Currencies Deposits of Chinese Financial Institutions(100 million yuan)	1112.58	1101.98
中资金融机构本外币贷款余额(亿元)	RMB and Foreign Currencies Loans of Chinese Financial Institutions(100 million yuan)	1048.00	1016.13
普通小学校数(所)	Number of Regular Primary Schools(unit)	45	50
普通小学在校学生数(万人)	Students Enrollment of Regular Primary Schools(10 000 persons)	3.25	3.53
普通中学校数(所)	Number of Regular Secondary Schools(unit)	20	21
普通中学在校学生数(万人)	Students Enrollment of Regular Secondary Schools(10 000 persons)	1.81	1.99
幼儿园数(所)	Number of Kindergartens(unit)	96	109
在园儿童数(万人)	Number of Children Enrolled in Kindergartens(10 000 persons)	1.75	1.99
卫生机构数(个)	Health Care Institutions(unit)	217	255
# 医 院	Hospitals	22	25
卫生机构床位数(张)	Beds in Health Care Institutions(unit)	4786	4545
# 医 院	Hospitals	4614	4431
每千人卫生机构床位数(张)	Beds in Health Care Institutions per 1 000 Persons(unit)	5.29	4.90
每千人执业(助理)医师数(人)	Number of Licensed (Assistant) Doctors per 1 000 Persons(person)	3.33	3.67
每千人注册护士数(人)	Number of Registered Nurses per 1 000 Persons(person)	3.18	3.52

25-12 武清区基本情况

Basic Statistics on Wuqing District

指　　标	Item	2020	2021
常住人口(万人)	Permanent Population(10 000 persons)	115.13	113.84
户籍户数(万户)	Registered Households(10 000 households)	35.33	36.33
户籍人口(万人)	Registered Population(10 000 persons)	107.72	110.00
男　性	Male	53.10	54.21
女　性	Female	54.62	55.79
年平均人口(万人)	Average Annual Population(10 000 persons)	106.36	108.86
城镇非私营单位从业人员(万人)	Employment Personnel in Urban Non-private Units(10 000 persons)	20.67	20.86
城镇非私营单位从业人员平均工资(元)	Average Remuneration of Employment Personnel in Urban Non-private Units(yuan)	87484	93615
地区生产总值(亿元)	Gross Domestic Product of District (100 million yuan)	842.10	941.88
第一产业	Primary Industry	40.51	40.29
第二产业	Secondary Industry	294.84	361.71
第三产业	Tertiary Industry	506.75	539.88
第三产业比重(%)	The Proportion of Tertiary Industry in GDP(%)	60.2	57.3
区级一般公共预算收入(亿元)	General Public Budget Revenue at District Level(100 million yuan)	81.47	95.33
# 税收收入	Revenue from Taxes	65.81	72.68
区级一般公共预算支出(亿元)	General Public Budget Expenditure at District Level(100 million yuan)	151.26	144.32
# 教　育	Education	27.38	31.24
社会保障和就业	Social Security and Employment	18.35	19.77
卫生健康	Health and Wellness	14.49	14.28
规模以上工业企业	Industrial Enterprises above Designated Size		
单位数(个)	Number of Units(unit)	626	744
资产总计(亿元)	Total Assets(100 million yuan)	1663.68	1899.63
营业收入利润率(%)	Ratio of Profits to Operating Revenue(%)	6.0	4.2
每百元营业收入成本(元)	Costs on Operating Revenue per 100 Yuan(yuan)	83.05	84.05
资产负债率(%)	Ratio of Debts to Assets(%)	54.6	57.7
固定资产投资(不含农户)增速(%)	Increase Rate of Investment in Fixed Assets(Non-agricultural)(%)	4.1	9.5
建筑业总产值(亿元)	Gross Output Value of Construction(100 million yuan)	237.33	254.46
限额以上批发和零售业商品销售额(亿元)	Total Sales of Wholesale and Retail Trade above Designated Size (100 million yuan)	1823.20	2197.25
外贸进出口总额(亿元)	Total Value of Imports and Exports in Foreign Trade (100 million yuan)	275.43	326.96
# 出　口	Exports	183.72	209.98
实际使用外资金额(万美元)	Actual Use of Foreign Capital(USD 10 000)	9795	16008
实际利用内资(亿元)	Domestic Investment Actually Used(100 million yuan)	238.51	254.42
中资金融机构本外币存款余额(亿元)	RMB and Foreign Currencies Deposits of Chinese Financial Institutions(100 million yuan)	1188.90	1245.62
中资金融机构本外币贷款余额(亿元)	RMB and Foreign Currencies Loans of Chinese Financial Institutions(100 million yuan)	904.84	925.14
普通小学校数(所)	Number of Regular Primary Schools(unit)	123	123
普通小学在校学生数(万人)	Students Enrollment of Regular Primary Schools(10 000 persons)	6.64	6.87
普通中学校数(所)	Number of Regular Secondary Schools(unit)	60	60
普通中学在校学生数(万人)	Students Enrollment of Regular Secondary Schools(10 000 persons)	5.87	6.25
幼儿园数(所)	Number of Kindergartens(unit)	327	332
在园儿童数(万人)	Number of Children Enrolled in Kindergartens(10 000 persons)	2.88	3.16
卫生机构数(个)	Health Care Institutions(unit)	710	794
# 医　院	Hospitals	15	16
卫生机构床位数(张)	Beds in Health Care Institutions(unit)	4043	4116
# 医　院	Hospitals	3100	3164
每千人卫生机构床位数(张)	Beds in Health Care Institutions per 1 000 Persons(unit)	3.55	3.60
每千人执业(助理)医师数(人)	Number of Licensed (Assistant) Doctors per 1 000 Persons(person)	2.31	2.40
每千人注册护士数(人)	Number of Registered Nurses per 1 000 Persons(person)	1.90	1.97

25-13 宝坻区基本情况
Basic Statistics on Baodi District

指　　标	Item	2020	2021
常住人口(万人)	Permanent Population(10 000 persons)	72.24	71.71
户籍户数(万户)	Registered Households(10 000 households)	24.93	25.55
户籍人口(万人)	Registered Population(10 000 persons)	74.87	75.65
男　性	Male	37.45	37.83
女　性	Female	37.42	37.83
年平均人口(万人)	Average Annual Population(10 000 persons)	74.58	75.26
城镇非私营单位从业人员(万人)	Employment Personnel in Urban Non-private Units(10 000 persons)	5.99	5.91
城镇非私营单位从业人员平均工资(元)	Average Remuneration of Employment Personnel in Urban Non-private Units(yuan)	104012	109388
地区生产总值(亿元)	Gross Domestic Product of District (100 million yuan)	369.65	418.66
第一产业	Primary Industry	33.05	38.46
第二产业	Secondary Industry	136.29	162.65
第三产业	Tertiary Industry	200.31	217.55
第三产业比重(%)	The Proportion of Tertiary Industry in GDP(%)	54.2	52.0
区级一般公共预算收入(亿元)	General Public Budget Revenue at District Level(100 million yuan)	31.73	31.74
# 税收收入	Revenue from Taxes	23.35	22.18
区级一般公共预算支出(亿元)	General Public Budget Expenditure at District Level(100 million yuan)	85.42	90.60
# 教　育	Education	19.59	23.67
社会保障和就业	Social Security and Employment	13.26	15.06
卫生健康	Health and Wellness	9.05	8.35
规模以上工业企业	Industrial Enterprises above Designated Size		
单位数(个)	Number of Units(unit)	284	331
资产总计(亿元)	Total Assets(100 million yuan)	508.20	601.76
营业收入利润率(%)	Ratio of Profits to Operating Revenue(%)	4.7	3.4
每百元营业收入成本(元)	Costs on Operating Revenue per 100 Yuan(yuan)	84.53	86.88
资产负债率(%)	Ratio of Debts to Assets(%)	60.1	63.4
固定资产投资(不含农户)增速(%)	Increase Rate of Investment in Fixed Assets(Non-agricultural)(%)	-0.5	0.9
建筑业总产值(亿元)	Gross Output Value of Construction(100 million yuan)	77.41	75.30
限额以上批发和零售业商品销售额(亿元)	Total Sales of Wholesale and Retail Trade above Designated Size (100 million yuan)	305.49	485.08
外贸进出口总额(亿元)	Total Value of Imports and Exports in Foreign Trade (100 million yuan)	41.21	45.69
# 出　口	Exports	34.19	37.73
实际使用外资金额(万美元)	Actual Use of Foreign Capital(USD 10 000)	999	1912
实际利用内资(亿元)	Domestic Investment Actually Used(100 million yuan)	185.51	167.83
中资金融机构本外币存款余额(亿元)	RMB and Foreign Currencies Deposits of Chinese Financial Institutions(100 million yuan)	591.87	619.58
中资金融机构本外币贷款余额(亿元)	RMB and Foreign Currencies Loans of Chinese Financial Institutions(100 million yuan)	643.08	674.59
普通小学校数(所)	Number of Regular Primary Schools(unit)	81	84
普通小学在校学生数(万人)	Students Enrollment of Regular Primary Schools(10 000 persons)	3.89	3.91
普通中学校数(所)	Number of Regular Secondary Schools(unit)	45	46
普通中学在校学生数(万人)	Students Enrollment of Regular Secondary Schools(10 000 persons)	3.82	3.96
幼儿园数(所)	Number of Kindergartens(unit)	162	170
在园儿童数(万人)	Number of Children Enrolled in Kindergartens(10 000 persons)	1.80	2.01
卫生机构数(个)	Health Care Institutions(unit)	424	425
# 医　院	Hospitals	12	12
卫生机构床位数(张)	Beds in Health Care Institutions(unit)	2698	2668
# 医　院	Hospitals	1493	1511
每千人卫生机构床位数(张)	Beds in Health Care Institutions per 1 000 Persons(unit)	3.67	3.71
每千人执业(助理)医师数(人)	Number of Licensed (Assistant) Doctors per 1 000 Persons(person)	2.19	2.28
每千人注册护士数(人)	Number of Registered Nurses per 1 000 Persons(person)	1.81	1.96

25-14 滨海新区基本情况
Basic Statistics on Binhai New Area

指标	Item	2020	2021
常住人口(万人)	Permanent Population(10 000 persons)	206.73	204.57
户籍户数(万户)	Registered Households(10 000 households)	55.70	57.60
户籍人口(万人)	Registered Population(10 000 persons)	149.70	153.85
男性	Male	76.19	78.26
女性	Female	73.51	75.59
年平均人口(万人)	Average Annual Population(10 000 persons)	146.96	151.77
城镇非私营单位从业人员(万人)	Employment Personnel in Urban Non-private Units(10 000 persons)	92.08	91.22
城镇非私营单位从业人员平均工资(元)	Average Remuneration of Employment Personnel in Urban Non-private Units(yuan)	123549	136563
地区生产总值(亿元)	Gross Domestic Product of District (100 million yuan)	5826.63	6715.49
第一产业	Primary Industry	19.03	24.94
第二产业	Secondary Industry	2626.82	3152.06
第三产业	Tertiary Industry	3180.77	3538.50
第三产业比重(%)	The Proportion of Tertiary Industry in GDP(%)	54.6	52.7
区级一般公共预算收入(亿元)	General Public Budget Revenue at District Level(100 million yuan)	515.49	572.41
# 税收收入	Revenue from Taxes	452.75	505.68
区级一般公共预算支出(亿元)	General Public Budget Expenditure at District Level(100 million yuan)	806.60	807.91
# 教育	Education	63.87	83.03
社会保障和就业	Social Security and Employment	20.25	26.96
卫生健康	Health and Wellness	19.47	25.43
规模以上工业企业	Industrial Enterprises above Designated Size		
单位数(个)	Number of Units(unit)	1253	1350
资产总计(亿元)	Total Assets(100 million yuan)	11382.04	12448.75
营业收入利润率(%)	Ratio of Profits to Operating Revenue(%)	7.2	9.8
每百元营业收入成本(元)	Costs on Operating Revenue per 100 Yuan(yuan)	83.26	81.64
资产负债率(%)	Ratio of Debts to Assets(%)	54.4	52.6
固定资产投资(不含农户)增速(%)	Increase Rate of Investment in Fixed Assets(Non-agricultural)(%)	4.9	7.2
建筑业总产值(亿元)	Gross Output Value of Construction(100 million yuan)	2236.48	2458.71
限额以上批发和零售业商品销售额(亿元)	Total Sales of Wholesale and Retail Trade above Designated Size (100 million yuan)	19764.14	26775.01
外贸进出口总额(亿元)	Total Value of Imports and Exports in Foreign Trade (100 million yuan)		6339.11
# 出口	Exports		2445.29
实际使用外资金额(亿美元)	Actual Use of Foreign Capital(USD 100 million)	37.35	43.24
实际利用内资(亿元)	Domestic Investment Actually Used(100 million yuan)	1153.18	1419.30
中资金融机构本外币存款余额(亿元)	RMB and Foreign Currencies Deposits of Chinese Financial Institutions(100 million yuan)	6549.96	7268.50
中资金融机构本外币贷款余额(亿元)	RMB and Foreign Currencies Loans of Chinese Financial Institutions(100 million yuan)	12490.93	13206.28
普通小学校数(所)	Number of Regular Primary Schools(unit)	98	98
普通小学在校学生数(万人)	Students Enrollment of Regular Primary Schools(10 000 persons)	11.86	12.36
普通中学校数(所)	Number of Regular Secondary Schools(unit)	91	95
普通中学在校学生数(万人)	Students Enrollment of Regular Secondary Schools(10 000 persons)	7.03	7.76
幼儿园数(所)	Number of Kindergartens(unit)	239	273
在园儿童数(万人)	Number of Children Enrolled in Kindergartens(10 000 persons)	4.56	5.13
卫生机构数(个)	Health Care Institutions Hospitals(unit)	758	739
# 医院	Hospitals	56	55
卫生机构床位数(张)	Beds in Health Care Institutions(unit)	8220	8880
# 医院	Hospitals	7908	8581
每千人卫生机构床位数(张)	Beds in Health Care Institutions per 1 000 Persons(unit)	3.89	4.32
每千人执业(助理)医师数(人)	Number of Licensed (Assistant) Doctors per 1 000 Persons(person)	3.29	3.62
每千人注册护士数(人)	Number of Registered Nurses per 1 000 Persons(person)	2.95	3.41

25-15 宁河区基本情况
Basic Statistics on Ninghe District

指　标	Item	2020	2021
常住人口(万人)	Permanent Population(10 000 persons)	39.53	38.96
户籍户数(万户)	Registered Households(10 000 households)	15.06	15.22
户籍人口(万人)	Registered Population(10 000 persons)	41.07	41.20
男　性	Male	20.59	20.67
女　性	Female	20.48	20.53
年平均人口(万人)	Average Annual Population(10 000 persons)	40.95	41.13
城镇非私营单位从业人员(万人)	Employment Personnel in Urban Non-private Units(10 000 persons)	4.44	4.36
城镇非私营单位从业人员平均工资(元)	Average Remuneration of Employment Personnel in Urban Non-private Units(yuan)	92690	100796
地区生产总值(亿元)	Gross Domestic Product of District (100 million yuan)	313.02	359.73
第一产业	Primary Industry	29.66	30.13
第二产业	Secondary Industry	134.41	169.49
第三产业	Tertiary Industry	148.96	160.11
第三产业比重(%)	The Proportion of Tertiary Industry in GDP(%)	47.6	44.5
区级一般公共预算收入(亿元)	General Public Budget Revenue at District Level(100 million yuan)	23.83	23.06
# 税收收入	Revenue from Taxes	18.38	18.04
区级一般公共预算支出(亿元)	General Public Budget Expenditure at District Level(100 million yuan)	51.08	54.78
# 教　育	Education	13.14	13.32
社会保障和就业	Social Security and Employment	8.90	9.72
卫生健康	Health and Wellness	5.35	5.44
规模以上工业企业	Industrial Enterprises above Designated Size		
单位数(个)	Number of Units(unit)	187	203
资产总计(亿元)	Total Assets(100 million yuan)	431.94	506.47
营业收入利润率(%)	Ratio of Profits to Operating Revenue(%)	2.5	5.5
每百元营业收入成本(元)	Costs on Operating Revenue per 100 Yuan(yuan)	88.65	89.32
资产负债率(%)	Ratio of Debts to Assets(%)	67.4	66.3
固定资产投资(不含农户)增速(%)	Increase Rate of Investment in Fixed Assets(Non-agricultural)(%)	9.0	0.1
建筑业总产值(亿元)	Gross Output Value of Construction(100 million yuan)	23.18	31.38
限额以上批发和零售业商品销售额(亿元)	Total Sales of Wholesale and Retail Trade above Designated Size (100 million yuan)	495.76	529.90
外贸进出口总额(亿元)	Total Value of Imports and Exports in Foreign Trade (100 million yuan)	30.20	57.78
# 出　口	Exports	20.30	49.31
实际使用外资金额(万美元)	Actual Use of Foreign Capital(USD 10 000)	1669	90
实际利用内资(亿元)	Domestic Investment Actually Used(100 million yuan)	81.50	96.82
中资金融机构本外币存款余额(亿元)	RMB and Foreign Currencies Deposits of Chinese Financial Institutions(100 million yuan)	365.72	392.87
中资金融机构本外币贷款余额(亿元)	RMB and Foreign Currencies Loans of Chinese Financial Institutions(100 million yuan)	259.56	233.37
普通小学校数(所)	Number of Regular Primary Schools(unit)	60	60
普通小学在校学生数(万人)	Students Enrollment of Regular Primary Schools(10 000 persons)	2.78	2.72
普通中学校数(所)	Number of Regular Secondary Schools(unit)	30	29
普通中学在校学生数(万人)	Students Enrollment of Regular Secondary Schools(10 000 persons)	2.08	2.13
幼儿园数(所)	Number of Kindergartens(unit)	194	152
在园儿童数(万人)	Number of Children Enrolled in Kindergartens(10 000 persons)	1.04	1.01
卫生机构数(个)	Health Care Institutions(unit)	319	299
# 医　院	Hospitals	3	4
卫生机构床位数(张)	Beds in Health Care Institutions(unit)	1415	1500
# 医　院	Hospitals	734	820
每千人卫生机构床位数(张)	Beds in Health Care Institutions per 1 000 Persons(unit)	3.54	3.82
每千人执业(助理)医师数(人)	Number of Licensed (Assistant) Doctors per 1 000 Persons(person)	2.00	2.35
每千人注册护士数(人)	Number of Registered Nurses per 1 000 Persons(person)	1.49	1.78

25-16 静海区基本情况
Basic Statistics on Jinghai District

指　　标	Item	2020	2021
常住人口(万人)	Permanent Population(10 000 persons)	78.71	78.07
户籍户数(万户)	Registered Households(10 000 households)	24.02	24.76
户籍人口(万人)	Registered Population(10 000 persons)	62.25	63.26
男　性	Male	31.45	31.97
女　性	Female	30.80	31.29
年平均人口(万人)	Average Annual Population(10 000 persons)	61.87	62.75
城镇非私营单位从业人员(万人)	Employment Personnel in Urban Non-private Units(10 000 persons)	5.96	6.11
城镇非私营单位从业人员平均工资(元)	Average Remuneration of Employment Personnel in Urban Non-private Units(yuan)	99883	103983
地区生产总值(亿元)	Gross Domestic Product of District (100 million yuan)	449.62	497.23
第一产业	Primary Industry	23.23	24.46
第二产业	Secondary Industry	218.26	252.44
第三产业	Tertiary Industry	208.13	220.33
第三产业比重(%)	The Proportion of Tertiary Industry in GDP(%)	46.3	44.3
区级一般公共预算收入(亿元)	General Public Budget Revenue at District Level(100 million yuan)	43.15	48.61
# 税收收入	Revenue from Taxes	36.45	30.52
区级一般公共预算支出(亿元)	General Public Budget Expenditure at District Level(100 million yuan)	94.56	83.37
# 教　育	Education	18.77	19.96
社会保障和就业	Social Security and Employment	12.71	13.56
卫生健康	Health and Wellness	7.59	7.66
规模以上工业企业	Industrial Enterprises above Designated Size		
单位数(个)	Number of Units(unit)	810	934
资产总计(亿元)	Total Assets(100 million yuan)	1246.31	1178.00
营业收入利润率(%)	Ratio of Profits to Operating Revenue(%)	2.3	1.1
每百元营业收入成本(元)	Costs on Operating Revenue per 100 Yuan(yuan)	94.36	95.88
资产负债率(%)	Ratio of Debts to Assets(%)	62.3	64.6
固定资产投资(不含农户)增速(%)	Increase Rate of Investment in Fixed Assets(Non-agricultural)(%)	10.3	1.7
建筑业总产值(亿元)	Gross Output Value of Construction(100 million yuan)	43.62	50.28
限额以上批发和零售业商品销售额(亿元)	Total Sales of Wholesale and Retail Trade above Designated Size (100 million yuan)	2072.95	2647.22
外贸进出口总额(亿元)	Total Value of Imports and Exports in Foreign Trade (100 million yuan)	174.11	190.65
# 出　口	Exports	124.17	135.93
实际使用外资金额(万美元)	Actual Use of Foreign Capital(USD 10 000)	3375	1681
实际利用内资(亿元)	Domestic Investment Actually Used(100 million yuan)	84.18	100.72
中资金融机构本外币存款余额(亿元)	RMB and Foreign Currencies Deposits of Chinese Financial Institutions(100 million yuan)	827.33	854.04
中资金融机构本外币贷款余额(亿元)	RMB and Foreign Currencies Loans of Chinese Financial Institutions(100 million yuan)	430.62	474.31
普通小学校数(所)	Number of Regular Primary Schools(unit)	96	96
普通小学在校学生数(万人)	Students Enrollment of Regular Primary Schools(10 000 persons)	5.72	5.54
普通中学校数(所)	Number of Regular Secondary Schools(unit)	48	48
普通中学在校学生数(万人)	Students Enrollment of Regular Secondary Schools(10 000 persons)	4.09	4.31
幼儿园数(所)	Number of Kindergartens(unit)	272	257
在园儿童数(万人)	Number of Children Enrolled in Kindergartens(10 000 persons)	2.08	2.11
卫生机构数(个)	Health Care Institutions(unit)	489	514
# 医　院	Hospitals	17	17
卫生机构床位数(张)	Beds in Health Care Institutions(unit)	1959	1919
# 医　院	Hospitals	1394	1394
每千人卫生机构床位数(张)	Beds in Health Care Institutions per 1 000 Persons(unit)	2.51	2.45
每千人执业(助理)医师数(人)	Number of Licensed (Assistant) Doctors per 1 000 Persons(person)	2.15	2.08
每千人注册护士数(人)	Number of Registered Nurses per 1 000 Persons(person)	1.38	1.58

25-17 蓟州区基本情况
Basic Statistics on Jizhou District

指　　标	Item	2020	2021
常住人口(万人)	Permanent Population(10 000 persons)	79.55	79.08
户籍户数(万户)	Registered Households(10 000 households)	28.68	28.82
户籍人口(万人)	Registered Population(10 000 persons)	87.85	87.76
男　性	Male	44.47	44.40
女　性	Female	43.39	43.36
年平均人口(万人)	Average Annual Population(10 000 persons)	87.79	87.81
城镇非私营单位从业人员(万人)	Employment Personnel in Urban Non-private Units(10 000 persons)	5.21	5.17
城镇非私营单位从业人员平均工资(元)	Average Remuneration of Employment Personnel in Urban Non-private Units(yuan)	100916	103941
地区生产总值(亿元)	Gross Domestic Product of District (100 million yuan)	230.34	250.40
第一产业	Primary Industry	37.52	40.36
第二产业	Secondary Industry	51.28	58.52
第三产业	Tertiary Industry	141.54	151.52
第三产业比重(%)	The Proportion of Tertiary Industry in GDP(%)	61.4	60.5
区级一般公共预算收入(亿元)	General Public Budget Revenue at District Level(100 million yuan)	20.50	22.52
# 税收收入	Revenue from Taxes	11.88	12.35
区级一般公共预算支出(亿元)	General Public Budget Expenditure at District Level(100 million yuan)	81.52	115.68
# 教　育	Education	22.71	25.03
社会保障和就业	Social Security and Employment	16.82	17.17
卫生健康	Health and Wellness	7.61	8.30
规模以上工业企业	Industrial Enterprises above Designated Size		
单位数(个)	Number of Units(unit)	110	124
资产总计(亿元)	Total Assets(100 million yuan)	182.84	228.98
营业收入利润率(%)	Ratio of Profits to Operating Revenue(%)	1.6	-0.6
每百元营业收入成本(元)	Costs on Operating Revenue per 100 Yuan(yuan)	87.66	91.55
资产负债率(%)	Ratio of Debts to Assets(%)	70.7	71.0
固定资产投资(不含农户)增速(%)	Increase Rate of Investment in Fixed Assets(Non-agricultural)(%)	17.7	-14.9
建筑业总产值(亿元)	Gross Output Value of Construction(100 million yuan)	50.87	50.51
限额以上批发和零售业商品销售额(亿元)	Total Sales of Wholesale and Retail Trade above Designated Size (100 million yuan)	81.41	80.00
外贸进出口总额(亿元)	Total Value of Imports and Exports in Foreign Trade (100 million yuan)	3.75	4.10
# 出　口	Exports	3.42	3.86
实际使用外资金额(万美元)	Actual Use of Foreign Capital(USD 10 000)	45	9850
实际利用内资(亿元)	Domestic Investment Actually Used(100 million yuan)	23.36	25.85
中资金融机构本外币存款余额(亿元)	RMB and Foreign Currencies Deposits of Chinese Financial Institutions(100 million yuan)	584.86	654.55
中资金融机构本外币贷款余额(亿元)	RMB and Foreign Currencies Loans of Chinese Financial Institutions(100 million yuan)	481.09	629.49
普通小学校数(所)	Number of Regular Primary Schools(unit)	113	113
普通小学在校学生数(万人)	Students Enrollment of Regular Primary Schools(10 000 persons)	5.30	5.10
普通中学校数(所)	Number of Regular Secondary Schools(unit)	60	60
普通中学在校学生数(万人)	Students Enrollment of Regular Secondary Schools(10 000 persons)	4.89	5.13
幼儿园数(所)	Number of Kindergartens(unit)	275	271
在园儿童数(万人)	Number of Children Enrolled in Kindergartens(10 000 persons)	2.30	2.24
卫生机构数(个)	Health Care Institutions(unit)	741	748
# 医　院	Hospitals	11	13
卫生机构床位数(张)	Beds in Health Care Institutions(unit)	1985	2029
# 医　院	Hospitals	1245	1285
每千人卫生机构床位数(张)	Beds in Health Care Institutions per 1 000 Persons(unit)	2.47	2.56
每千人执业(助理)医师数(人)	Number of Licensed (Assistant) Doctors per 1 000 Persons(person)	2.74	2.91
每千人注册护士数(人)	Number of Registered Nurses per 1 000 Persons(person)	1.52	1.58